伊藤博文の韓国併合構想と朝鮮社会

伊藤博文の
韓国併合構想と朝鮮社会

王権論の相克

小川原宏幸

岩波書店

目　次

凡　例

序　章 ―― 1

本書の課題――韓国併合構想の再検討 …… 3

分析視角――帝国主義研究としての韓国併合史・日朝関係史の課題 …… 10

国際関係史研究における民衆史的視座の導入 …… 15

日本および朝鮮における王権観の位相 …… 21

第一章　日露戦争と朝鮮植民地化の展開 ―― 31

はじめに …… 33

第一節　朝鮮における近代国家構想と王権観 …… 36

第一項　朝鮮における近代国家構想――甲午改革をめぐって　36

第二項　小国構想のゆくえ――中立化構想を中心に　52

第二節　日露戦争下における日本の朝鮮植民地化政策 …………60
第一項　「日韓議定書」の締結　60
第二項　閣議決定「帝国ノ対韓方針」、「対韓施設綱領」の成立　71
第三項　韓国統治権力に対する日本の認識と韓国内政改革工作　83
第三節　韓国保護政策構想の対立
——統監の軍隊指揮権問題を手がかりに ……………………95
第一項　日本における対韓統治構想および
大陸構想の対立と統監の軍隊指揮権問題　97
第二項　在韓日本軍と朝鮮社会　111
小　括　124

第二章　伊藤博文の韓国併合構想と第三次日韓協約体制——127
はじめに ……………………………………………………………129
第一節　皇帝権の縮小と第三次「日韓協約」の締結 ………131
第一項　朝鮮半島をめぐる対露関係の調整と日露協約締結　132
第二項　伊藤博文による皇帝権制限の策動　142
第三項　皇帝高宗の強制譲位と第三次「日韓協約」の締結　156

第二節　第三次日韓協約体制の成立と伊藤博文の韓国併合構想……176
第一項　日本人の大量傭聘と第三次日韓協約体制の成立　177
第二項　伊藤博文の韓国併合構想　185
小　括　193

第三章　伊藤博文の併合構想の挫折と朝鮮社会の動向――195
はじめに……197
第一節　第三次日韓協約体制の展開と挫折――韓国司法制度改革の展開過程を事例に……198
第一項　統監府の韓国司法制度改革――第三次日韓協約体制下の司法制度　199
第二項　第三次日韓協約体制下の司法制度改革の蹉跌――知的財産権をめぐるアメリカの在韓領事裁判権の撤廃を契機に　211
第三項　統監府による司法政策の転換　225
小　括　242
第二節　統監伊藤博文の民心帰服策と朝鮮の政治文化――皇帝の南北巡幸をめぐって……245
第一項　伊藤博文の反日運動観と反日運動の動向　249

第二項　韓国皇帝巡幸の企図とその挫折　257
小　括　278

第四章　併合論の相克　281
はじめに　283
第一節　伊藤博文の統監辞任と韓国併合をめぐる日本政府の動向　286
第一項　伊藤博文の統監辞任と閣議決定「韓国併合ニ関スル件」　288
第二項　韓国併合論の展開　295
第二節　「日韓合邦」論の封鎖——一進会・李容九の「政合邦」構想と天皇制国家原理との相克　313
第一項　一進会の合邦請願運動と朝鮮社会の反応　314
第二項　合邦請願運動に対する日本政府の対応　332
小　括　345

第五章　韓国併合　349
はじめに　351
第一節　韓国併合計画の開始　354

第一項　即時併合論の台頭　355
第二項　日本政府による韓国併合実行計画の推進　364
第三項　併合構想の具現化――憲法施行問題を焦点に　374
第四項　韓国併合をめぐる国際関係の調整　393
第二節　韓国併合の断行……400
第一項　「韓国併合ニ関スル条約」締結過程　400
第二項　国称および王称をめぐる交渉　405
小　括　411
終　章――415
まとめ……417
課題と展望――植民地研究の自立的展開のために……424
あとがき　431
索引（人名・事項）

凡　例

（1）朝鮮半島をめぐる呼称については「朝鮮」を基本とし、「韓国」の呼称は一八九七〜一九一〇年の大韓帝国および一九四八年以降の大韓民国関連事項について限定的に用いる。

（2）当時使用されていた「京城」、「支那」については、それぞれ「ソウル」、「中国」を使用したが、引用史料については原文どおりとした。

（3）本研究が対象とする領域では、政府や法令・法規などについて日韓両国のものが混在する。混乱を避けるため、韓国に関するものについては、たとえば「韓国勅令」のように便宜的に表し、日本のものについては単に「勅令」などとする。韓国『官報』についても同様に『韓国官報』と表記する。

（4）史料の引用に際しては、読みやすさを考慮して旧字体等は常用漢字に改め、句読点を適宜施す。また、引用史料中の〔　〕は筆者による補足であり、傍線も特に断らない限り、筆者による強調である。

（5）複数の資料集に重複する史料の引用・註記については、刊行・活字化されているものを原則として優先する。また、刊行物でもたとえば『日本外交文書』と『日韓外交資料集成』で史料が重複する場合には、利便性の観点から『日本外交文書』を優先した。

（6）朝鮮の固有名詞には、節ごとの初出に、原音に近い音で読みガナを付した。

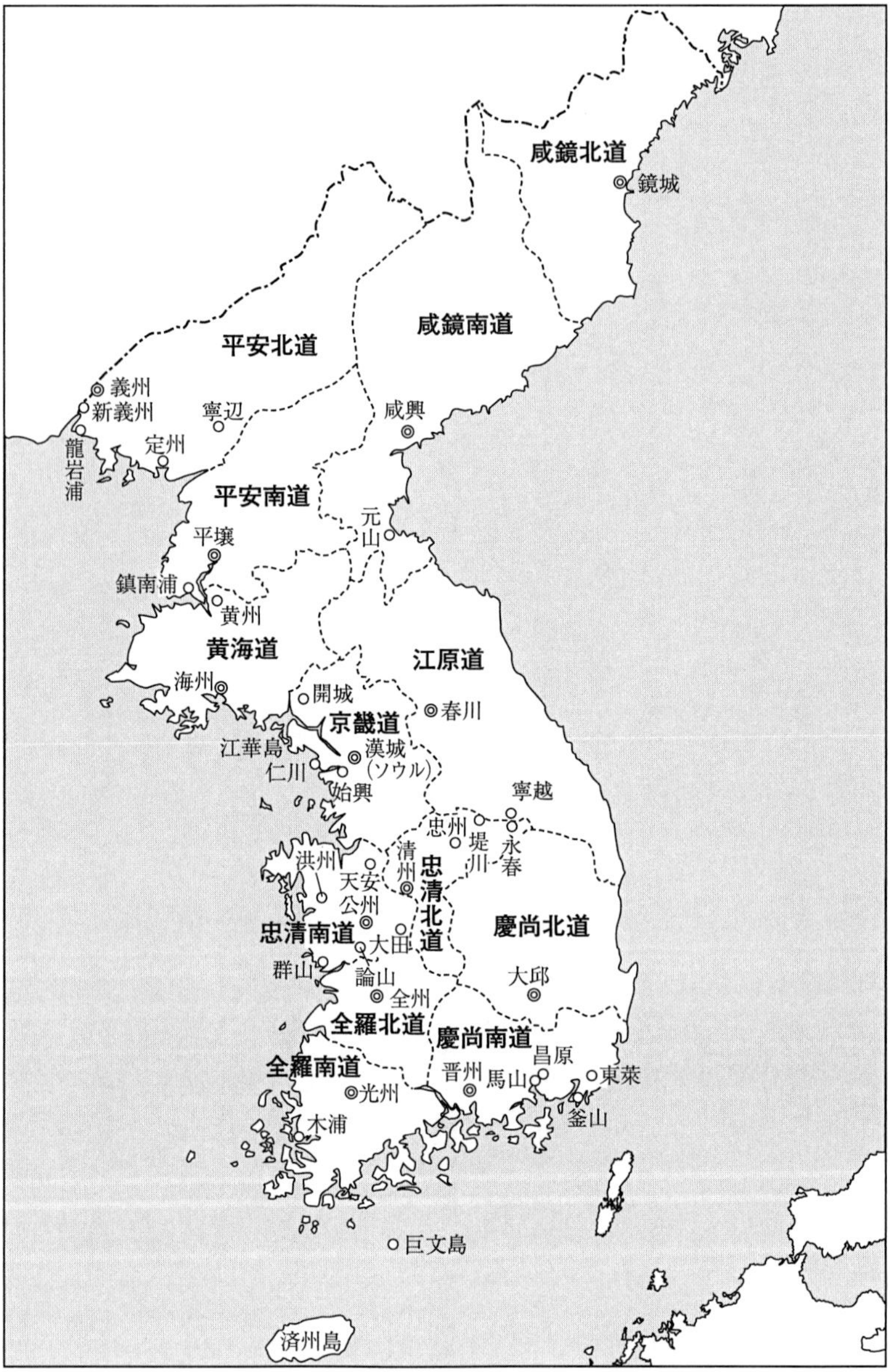

朝鮮全図（1910 年）

◎ 観察府（道庁）所在地
-------- 道界
-·-·-·- 国界

序　章

ソウルの中心街・鍾路

前頁写真＝小川一眞『大日本帝国朝鮮写真帖 日韓併合紀念』(小川一眞出版部，1910)

本書の課題
——韓国併合構想の再検討

本書の課題は、一九〇四年の日露開戦から一九一〇年の韓国併合に至る時期の日本の朝鮮植民地化過程を、日本の政治家間に存在した植民地統治形態をめぐる複数の構想、そしてそれに規定される韓国併合・編入構想の対立・競合という観点から検討することである。日本は一九一〇年に大韓帝国（韓国）を廃滅させて大日本帝国に編入したが（韓国併合）、この時期の日本の対朝鮮政策は、直轄植民地、自治植民地、委任統治など、朝鮮をどのような形態で従属させるかという観点から基本的に構想され、複数の植民地統治構想が形成された。

それでは、そうした日本の朝鮮従属化構想および植民地統治構想の差異はどのような理由によって生じ、またどのような過程を経て韓国の併合に至ったのであろうか。こうした韓国併合をめぐる日本の政治的動向について、朝鮮半島を取り巻く国際関係および朝鮮社会とのかかわりから明らかにしていく。

本書では特に、一九〇七年に締結された第三次「日韓協約」をはじめとする諸条約を契機として成立した、統監府を中核とし、日本人官僚群と親日傀儡政権とで構成された統治構造について、同条約の画期的意義に着目し、第三次日韓協約体制と規定して検討を行う。本書が第三次日韓協約体制を考察の焦点に据えるのは、同体制が、その成立を主導した統監伊藤博文の韓国併合構想を反映したものだったと考えるからである。

一九〇四年二月の日露開戦および「日韓議定書」を足がかりに韓国への本格的な内政干渉を開始した日本は、同年八月に第一次「日韓協約」を結び、さらなる主権の侵奪を行った。そして日露戦争の勝利を通じて欧米列強の了解を取り付けた上で一九〇五年一一月、いわゆる保護条約である第二次「日韓協約」を締結し、韓国を保護国とした。同協約を受けて日本は、同年一二月に植民地統治機関として統監府を設置し(一九〇六年二月開庁)、統監による本格的な韓国への内政「指導」を開始した。さらに一九〇七年七月に第三次「日韓協約」を結ぶと、韓国政府に日本人次官を送り込んで韓国の内政権を掌握し、統監が行政全般にわたって直接指導・監督する体制を構築した。その一方、同年五月に李完用を首班とする親日内閣を組織させると同時に、六月に行われた内閣官制改編で皇帝の権限を縮小させることをもくろんだ。さらに同月に起こったハーグ密使事件を利用して反日的な韓国皇帝高宗《コジョン》を強制的に譲位させ、病弱の純宗《スンジョン》を皇帝につけるなど、皇帝権を制限・縮小する措置を並行して行った。

こうして統監府設置以来進行させていた皇帝権の弱体化工作、および親日傀儡政権の編成に加え、第三次「日韓協約」にもとづき、日本人による韓国内政権掌握を基本的要素としながら、統監を中核とする韓国支配体制である第三次日韓協約体制が一九〇七年七月を前後する時期に成立した。それでは、同体制は一九一〇年に行われた韓国の併合とどのような関係があるのだろうか。あるいは日本の朝鮮植民地化においてどのような歴史的性格をもっているであろうか。

かつて第三次「日韓協約」は、山辺健太郎の韓国併合史研究に典型的に見られるように、日本の韓国主権侵奪過程の一階梯としてとらえられるにすぎなかった(1)。韓国併合過程を、併合という最終目標に向かって段階的に主権侵奪が進められたと把握し、その歴史的役割に特に関心を払わなかったためである。しかし近年では同条約を、日本の韓国併合過程における重要な転換点と位置づける見解が一般的である。なかでも森山茂徳は、韓国の併合過程について先行研究を批判するなかで、第三次「日韓協約」のもつ歴史的役割に着目し、同条約によって伊藤博文の意向を反映した韓国統治体制が成立したと位置づけた(2)。森山は、伊藤を併合論者と規定する一方、伊藤によって推進された第三次「日韓協約」以後の「自治育成」政策は、韓国の「実質的な併合」を達成したものではあるが、必ずしも併合を目指すものではなかったと結論づけた。それは伊藤が併合という目標を放棄し、日本と連携して韓国の「自治育成」を図ることが可能な支配体制を形成したという意味からの評価である。つまり第三次「日韓協約」の締結は、必ずしも併合を志向しない韓国保護国論を成立させる重要な契機としてとらえられた。したがって伊藤の統監辞任はその保護国論の挫折と位置づけられ、併合推進派の山県有朋、桂太郎らによる併合論を伊藤が受け入れるという枠組みとして説明されることとなる。

日本の対韓政策の変遷を、朝鮮半島をめぐる国際関係論的観点および韓国政府の内外政策等との相関関係においてとらえようとする森山の研究の最大のメリットは、日本の韓国併合過程を動態的かつ多角的に検証する枠組みを提示したことにある。韓国併合にかかわる国際関係論的動向を射程に収めたことにより、日本の朝鮮侵略過程を、日朝二国間関係のみで把握する従来の枠組みではとらえきれなかった帝国主義体制下における植民地形成過程として理解することが可能となった。その意味で森山の研究は研究史上画期的意義をもつ。このような森山の枠組み、特に伊藤博文の韓国保護政策をめぐる「自治育成」政策という分析概念は、その後、韓国併合史研究をリードした海野福寿や、保護国下での韓国「国民」創出の契機を探ろうとする月脚達彦をはじめとした韓国保護国期に関する研究に強く影響を与えた。さらに日本の歴史学界だけではなく、大韓民国の歴史学界でも森山の提示した枠組みは大きな影響を及ぼしている。(3)

しかし、第三次「日韓協約」によって成立した韓国統治体制を韓国の併合を志向しないものととらえる森山の評価に問題はないであろうか。確かに、ハーグ密使事件を契機に伊藤が主導して行った日本の対韓善後策では高宗の譲位および第三次「日韓協約」の締結による韓国内政権の掌握にとどまり、韓国の併合は行われなかった。森山が伊藤を保護国論者と位置づけたゆえんである。では、伊藤はなぜこの時点で韓国を併合せず、韓国皇帝を存続させ、第三次「日韓協約」による保護政治の拡張を図ったのであろうか。森山は、その最大の原因をロシアが韓国の併合を承認しなかったためと説明した。韓国の併合を期した伊藤が、ロシアの了承を得られなかったために、次善策としてその方針を第三次「日韓協約」による「実質的な併合」に転換したという理解である。その前提には、一九〇七年初めから始まっていた日露協約交渉に関連して伊藤が韓国の即時併合を主張していたという事実がある。(4)

しかし森山が第三次「日韓協約」をロシアによる韓国併合への了解が得られない段階での便宜的措置であると見なす一方で、それを「実質的な併合」ととらえる理由は必ずしも明確ではない。第三次「日韓協約」後の統治体制がどのような意味において「実質的な併合」なのかを内在的に問う必要があろう。つまり、一方で韓国の併合を唱えながら、他方で保護統治によって韓国皇帝および国家形式を保持するという一見相反する伊藤の主張を統一的に理解する視角が求められるのである。この点は、森山の研究が国際関係論的把握、特にロシアの影響力を重視するあまり、日本の対韓政策および韓国国内の状況に対する検討が不十分であったことと無関係ではない。後述するように、森山による韓国併合史研究の最大の問題点は、朝鮮社会内における下からの動きをほとんど把握していない点に求められる。その結果、朝鮮半島を取り巻く国際関係という外的要因に日本が韓国を併合した本質的理由を求めるというデメリットをも必然的に併せもつこととなったのである。(5)

それでは保護国論と併合論との統一的把握はどのような視角によって可能となるであろうか。そもそも従来の韓国併合史研究においては、実際に行われた韓国併合に適合的か否かという基準から日本の韓国保護政策を評価してきた。実際に行われた併合に整合的であるかどうかをもって統監府、特に伊藤博文の韓国統治を位置づけたのである。換言すれば、単一国としての大日本帝国における一地域化とする形で併合するのか、あるいは保護国のままで統治するのかという二者択一的な観点から韓国の併合をとらえてきた。しかし、実際に行われた併合以外にも日本への韓国編入構想が存在し、伊藤のそれが実際に行われた韓国併合とは別のものであったとすれば、伊藤の韓国統治は従来の研究史の位置づけとは全く異なった評価がなされなければならない。

それではこの時期において日本の政治家間に複数の併合・編入構想が存在したと評価することは可能であろうか。結論を先取りして言えば、韓国併合に至る過程において複数の併合構想が存在した。韓国併合当時、外務省政務局長であった倉知鉄吉は、日本政府が韓国併合方針を決定した一九〇九年当時を回想して、「当時我官民間に韓国併合の論少からざりしも、併合の思想未だ十分明確ならず、或は日韓両国対等にて合一するが如き思想あり、又或は墺匈国〔オーストリア＝ハンガリー二重帝国〕の如き種類の国家を作るの意味に解する者あり(6)」と振り返っている。あるいは統監府外事局長であった小松緑は「唯々漠然と両国合体すべしと云ふに止まり、其形式については、的確なる観念を持つてゐた者は、余り多くなかつた(7)」と述べている。倉知や小松の回想から看取されるように、どのような形で韓国を日本帝国に編入するのかは必ずしも自明であったわけではないのである。

したがって当時の併合論を検討するに際しても、実際に行われた「韓国が全然廃滅に帰して帝国領土の一部となる」（倉知鉄吉）という形の韓国の日本帝国への編入のみが併合あるいは合併を意味するものではなかったという点を考慮しなくてはならない。具体的に言えば、韓国併合に際して、併合後の韓国をたとえば直轄植民地、自治植民地等、どのような形態で統治するのかという問題が存在していた。仮に一九一〇年当時、直轄植民地の形態での編入が当然視されていたとしても、少なくとも第三次「日韓協約」が締結された一九〇七年段階の併合構想においては、それは唯一無二の統治形態ではなかった。つまり韓国併合過程をめぐって、実現されなかった複数の韓国併合構想が存在しており、それらとの関係で伊藤の併合構想を評価する必要がある。逆に言えば、この点を解明することなく第三次「日韓協約」を契機として成立した韓国統治体制のもつ歴史的性格を位置づけることはできない。伊藤が実際に行われた形の併合を構想していなかったからといって、併合論者でないと評価できないのは言うまでもない。明らかにすべきは、伊藤がどのような形の併合を構想しており、それが伊藤の韓国保護政策とどのような関連性をもっていたのかという問題である。

従来の韓国併合史研究はこのような視角をもちえなかったため、複数の併合構想の存在を見落としてきた。したがって「自治育成」政策が実際の併合と整合的ではないという理由から、伊藤を併合論者ではないと判断することとなってしまったのである。その意味で、森山をはじめとする先行研究において伊藤の韓国保護国論および韓国併合構想のとらえ方は平板である。また、従来の韓国併合史研究は、韓国併合という歴史的事件を原因論的に探ろうとすることに急で、歴史主義的な省察が十分に展開されてこなかった。歴史的過程で実現されなかった選択肢をいったん再現し、その上で、そうした選択肢の実現を制約する要因を探りながら歴史的事実を構造的にとらえ直していく作業が必要である。そして、初代統監として日本の対韓政策をリードした伊藤が韓国の併合をどのように構想していたかという問題は、いわゆる保護国期を韓国併合史および日本の朝鮮植民地支配史上にどのように位置づけるのかという課題にも展望を与えるであろう。

ここで、本研究の課題を箇条書きにすれば次のとおりである。

① 日本の政治指導者間に複数存在した韓国併合構想がどのようなものであり、その差異はなぜ生じるのか。そしてどのような過程を経て韓国併合構想が一本化されたのか。

② 複数存在した併合構想のうち、統監伊藤博文による韓国併合構想はどのようなものであり、その構想と第三次「日韓協約」を契機として成立した第三次日韓協約体制はどのような関係にあるのか。また同体制と韓国併合はどのような関係にあるのか。

③ いわゆる「武断統治」と「文化政治」の相対的差異は朝鮮社会との連関性においてどのように位置づけられるのか。

その際、特に高宗の譲位を一つの頂点とする韓国皇帝の政治的権限の縮小・制限過程を焦点に据えて検討する。伊藤の韓国併合構想において、皇帝権をどのように位置づけるかという問題が本質的だと考えるからである。

なお本書は、従来の韓国併合史研究が前提としてきた日本による韓国併合の理由を解明することを一義的課題としない。次に見るように、従来の韓国併合史研究は本質的な意味で植民地研究とはなっていなかったのであるが、その一因は、原因論的に韓国併合過程を研究してきたことに求められると考えるからである。日朝関係史の観点から韓国併合過程を検討するにあたってむしろ必要なのは、日本の朝鮮植民地化に対する朝鮮社会の反応を射程に収めながら、主要課題①に挙げたように、韓国併合過程に韓国併合構想がなぜ複数存在したのかを解明することであり、そうした構想がどのような角逐を経て実際に行われた韓国併合の形態に一元化するのかという併合過程の実態を明らかにすることである。したがって、日本が韓国併合を行った理由については、行論の関係上、必要な限りで言及するにとどめる。

(1) 山辺健太郎『日韓併合小史』(岩波新書、一九六六年)。

(2) 森山茂徳『近代日韓関係史研究』(東京大学出版会、一九八七年)、同『日韓併合』(吉川弘文館、一九九二年)。

(3) たとえば海野福寿『韓国併合』(岩波新書、一九九五年)、同『韓国併合史の研究』(岩波書店、二〇〇〇年)、月脚達彦「大韓帝国における「国民化」・序説」(『人民の歴史学』一二七号、一九九六年)、同「「保護国」期における朝鮮ナショナリズムの展開——伊藤博文の皇室利用策との関連で」(『朝鮮文化研究』七号、二〇〇〇年)などがある。韓国の歴史学界でも、たとえば、都冕会「일제 식민통치기구의 초기 형성과정——一九〇五～一九一〇 년을 중심으로」(韓国精神文化研究院編『일제식민통치연구1 一九〇五～一九一九』백산서당、서울、一九九九年)等の論考で森山の枠組みが前提とされている。さらに近年、森山の枠組みを無批判に援用し、保護国下の韓国に日朝連帯の契機を見ようというきわめて問題の多い議論すら現れている(浅野豊美「保護国下韓国の条約改正と帝国法制」『岩波講座「帝国」日本の学知』第一巻、岩波書店、二〇〇六年)。浅野は同論考において、ハーグ密使事件を起こした韓国皇帝高宗の動きこそが日朝連帯の芽を摘んだのであり、伊藤博文の真意が理解されなかったがために日朝間の断絶が生じたととらえている。同研究は、多分に恣意的な研究史整理を行い、長年にわたって蓄積されてきた植民地研究の成果を無視するなど、その研究姿勢自体にも大きな疑問があるものだが、

植民地下民衆の動向がまったく視野に入っていない点、そもそも植民地とは何かという問いが不在である点により本質的な問題がある。

（4）　森山茂徳『近代日韓関係史研究』、二〇〇～二〇一頁。

後段で明らかにするように、日露協商交渉における伊藤の発言を即時併合論ととらえることには疑問がある。

（5）　具体的には、森山は、満洲権益をめぐるアメリカの動向を通じて間島問題と満洲問題とが接合され、その過程で日露両国が接近するなかで韓国が併合されると説明している。つまり韓国併合の要因は究極的には東アジア国際関係の変動に求められた。しかしこうした森山の見解は、永井和が指摘するとおり、そうした国際関係に対応した日本政府の政治決定などについて直接的な史料を提示して示されたものではなく、実証的に不十分なものとなっている（永井和「統監府の司法制度改革とその転換をめぐる研究」http://www.bun.kyoto-u.ac.jp/˜knagai/kuratomi/judiciaryreform1.html）。

（6）　春畝公追頌会編『伊藤博文伝』下巻（統正社、一九四〇年）、一〇一三頁。

（7）　小松緑『朝鮮併合之裏面』（中外新論社、一九二〇年）、八五頁。

分析視角
――帝国主義研究としての韓国併合史・日朝関係史の課題

朝鮮における日本の植民地政策研究を行う上で必要不可欠となるのが、植民地とされた朝鮮社会から日本の植民地支配をとらえ返すという視座である。朝鮮における日本の植民地支配体制を考察するにあたっては、日本の支配によって在地社会にどのような矛盾関係がもたらされたのかを明らかにすると同時に、その支配が、朝鮮における従前の政治・社会構造にどのように規定されているのかを解明しなければならない。

こうした視座が重要であることは、たとえば日本の統治構造が植民地に一方的に持ち込まれたととらえると、日本の植民地間のさまざまな差異を説明することが困難となることを想起すれば足りよう。植民地統治のあり方を検討するにあたっては、それが被従属地域の従来の統治構造および社会構造にどのように規定されるのかという点に自覚的である必要がある。朝鮮社会との連関性を問うことなく、日本の朝鮮植民地化過程および植民地支配体制を分析することは、結局、日本史的文脈を植民地朝鮮に延長させることになりかねず、朝鮮史的文脈は限りなく客体化されてしまう恐れがあるからである。それでは、この点について従来の韓国併合史研究はどのように取り扱ってきただろうか。

韓国併合過程に関する既往の政治史研究においては、森山茂徳が端的にまとめているように、相対立する二つの解釈がなされてきた[1]。その基本的論点は、いわゆる「文治派」と「武断派」の対立を強調するか否かという点に求められる。両者の対立を方法論上の差異と理解するものには、たとえば井上清、山辺健太郎、そして中塚明に代表される研究がある。一方、文治派の代表である伊藤博文の対韓政策を「武断統治」との比較において相対的に穏当あるいはよりましな帝国主義者として位置づけるのが森山や海野福寿に代表される研究である[2]。

近年は後者の見解に即した研究がより隆盛であるが、「文治派」、「武断派」といった二項対立的理解は日本政治史的枠組みに規定されたものであり、なによりも被支配者との関係性において植民地支配の歴史的性格を解明しようとする視角を欠いた研究を再生産させかねない。植民地政策を把握するにあたって、帝国主義本国の政治的対立を植民地政策上の対立に当てはめようとする立場は、被従属地域民衆の主体性を看過するものでしかないからである。もちろんこうした立場においても、朝鮮における民族運動の動向が考慮に入れられなかったわけではない。しかし、それはあくまでも補足的に言及されるのみであり、また後述するように、実際には帝国主義批判につながるものではなかった。

こうして被抑圧民衆の主体性をくみ上げることができないがために、植民地は客体としてしか扱われなくなり、植民地研究であるにもかかわらず「植民地」が「不在」であるというパラドキシカルな状況が出現する。伊藤のそれが韓国併合後の「武断統治」よりも相対的に穏当であったことを強調しながら日本の朝鮮植民地政策を評価しようとするアプローチは、被従属地域から帝国主義をとらえ返すという批判的作業を軽視するものである。それは、帝国主義のもつ本質的性格についての理解を妨げてしまうどころか、かつて「文治派」と「武断派」の対立図式によって韓国併合過程を描いた徳富蘇峰の朝鮮停滞論的枠組みに近似し、植民地主義的見地に立ち至ってしまう危険すらある。結局、日本の朝鮮植民地政策上の差異を文治派、武断派の対立という図式に求める限り、被従属地域である朝鮮の動きとは関係なく日本の植民地支配を把握することが可能となるからである。その意味において、これらの研究は字義どおりの植民地研究として成立していない。換言すれば、そこには植民地とは何かという問題を構造的に問う視座が欠如しているのである。帝国主義本国の政治的対立を植民地統治方法の差異に敷衍してしまっては、統治者側の意向が植民地に貫徹してしまうかのように把握されかねず、被抑圧民衆の主体性を見落としてしまうことになるであろう。しかし日本国内の政治的葛藤・対立を植民地に敷衍して植民地主義・植民地政策を把握しようとする姿勢は、多くの植民地研究に今なお一般的であるどころか、近年の「帝国史」研究のなかで再生産されているように見受けられる。

ところが、被従属地域の主体性軽視という問題は、前者、特に山辺健太郎の研究においても典型的に生じていた。日本帝国主義史研究の立場からする山辺の枠組みは、日本の朝鮮侵略の問題性を強調するあまり、日本の侵略に対して右往左往する存在としてしか朝鮮民衆を把握しえなかった。このような山辺の研究史的課題は、その継承者を自任する中塚明によって意識化され、その克服が目指された。中塚は、日本による朝鮮支配の軍事的性格の起源について、井上清の影響をも受けながら「朝鮮の民族運動との対抗・矛盾のなかでつくりだされたものであった」と位置づけ(3)、むき出しの暴力による日本の朝鮮支配体制が形成される過程を朝鮮民族運動との対立構造において把握しようとした。日本の植民地支配に抵抗する義兵闘争などとの相関関係から武断統治登場の背景を説明しようとしたのである。

中塚の見解は日本帝国主義史研究の到達点の一つであり、今後も継承されるべきものであるが、なお不十分である。なぜなら、日本帝国主義の朝鮮侵略史という観点からする中塚の視角は、日本の朝鮮支配における矛盾を明らかにはできても、日本の朝鮮支配が世界的な帝国主義体制のなかでどのような特質をもつのかという点については明らかにしえず、一国史的な枠組みでしか植民地支配の問題にアプローチすることができないからである。言い換えれば、世界史において韓国併合過程のもった歴史的役割を考察したり、帝国主義の一般的性格から日本の朝鮮植民地過程を再検証したりする比較史的視角に乏しい。このような限界は、たとえば従来の義兵研究がもっぱら民族運動史的見地から行われていたことと相関関係にある。義兵闘争を単に民族主義の高揚ととらえ、その対抗関係において日本の朝鮮植民地統治が軍事的性格を帯びたことを強調するのであれば、たとえば一九〇九年の「南韓大討伐」により相対的に義兵闘争が沈静化させられた時期に武断統治が採用されたことを説明できないといった問題が生じるであろう。(4)

さらに言えば、植民地社会との関係において植民地支配をとらえ返すという視座の欠如は、韓国併合史研究のみならず、日本帝国主義史研究あるいは日本植民地研究の一般的課題でもある。(5) たとえば、既往の日本植民地研究の総決算として一九九二年から九三年にかけて刊行された『岩波講座 近代日本と植民地』シリーズは、日本の植民地研究の水準を大きく引き上げるものであったが、その基本的視座において中塚の研究がはらむ限界と構造的に共通する問題が横たわっている。(6)

これは、永原慶二が同シリーズを「そこでとくに重視されているのは、日本の植民地獲得とその支配が、欧米列強の植民地獲得と違って、朝鮮そして中国というように近隣国家の本国の全部もしくはその一部を植民地化し、さらにその周辺地域を従属させる形をとったことである。朝鮮のような文明国の本国をそっくり併合する形は、世界の帝国主義の歴史にもほとんど類型がない」と史学史的に評価した点にいみじくも表れている。(7) このようなとらえ方は、植民地問題の一般的論点から中国、朝鮮のみを切り離そうとするものでしかなく、植民地とは何かという構造的な問いに立ち至ることがない。植民地・被従属地域を分節化し、多くの「歴史なき民」の声に耳をふさぐことになるどころか、むしろその再生産に歴史研究者自身が積極的に加担することになりかねない。つまり永原が肯定的に評価した点こそが、日本帝国主義史研究のはらむ最大の桎梏であったといえよう。

日本帝国主義史研究において、日本のアジア侵略過程については緻密な実証作業が積み上げられる一方で、被従属地域、植民地との対抗関係から日本帝国主義が改編させられていく過程への関心が弱く、観念論的な日本帝国主義特殊論から植民地統治を把握したことが、そうした制約をはらむ一因となったと考えられる。そして、もう一方で蓄積されてきた、日本帝国主義への抵抗を強調する民族運動史の立場からする研究もまた、被従属地域の主体性を視野に収めえない日本帝国主義史研究の構造的欠陥を衝くものではなかった。むしろその観念論的日本帝国主義特殊論を補強するものであり、その点で両者は相互補完関係にあった。以上見てきたように、日本帝国主義の特殊性を強調する観点から行われた植民地研究は、世界史的視角に立った植民地問題の比較史的分析という試みには目を閉ざすことになりかねないものであり、その意味で、日本帝国主義史研究および朝鮮民族運動史研究はともに一国史的枠組みからやはり自由ではなかったどころか、そうした枠組みを固定化する機能さえ果たしたといえるだろう。

(1) 森山茂徳『近代日韓関係史研究』(東京大学出版会、一九八七年)、一九七頁、参照。

(2) 井上清『日本の軍国主義』(岩波現代文庫、二〇〇四年)、山辺健太郎『日韓併合小史』(岩波新書、一九六六年)、中塚明『近代日本の朝鮮認識』(研文出版、一九九三年)、森山茂徳『近代日韓関係史研究』、同『日韓併合』(吉川弘文館、一九九二年)、海野福寿『韓国併合』(岩波新書、一九九五年)、同『韓国併合史の研究』(岩波書店、二〇〇〇年)、同『伊藤博文と韓国併合』(青木書店、二〇〇四年)。

(3) 中塚明「アジアの変革と近代——朝鮮」(歴史学研究会編『現代歴史学の成果と課題』三、青木書店、一九七四年)、同『近代日本の朝鮮認識』、一〇二頁。

（4）　後段に示すように、このような民族主義的立場からの義兵研究ではなく、民衆史的立場から義賊としての性格を義兵に読み解いたのが、愼蒼宇「無頼と倡義のあいだ——植民地化過程の暴力と朝鮮人「傭兵」」（須田努・趙景達・中嶋久人編『暴力の地平を超えて——歴史学からの挑戦』青木書店、二〇〇四年、所収。のち、『植民地朝鮮の警察と民衆世界』有志舎、二〇〇八年、所収）である。このような研究成果を支配政策史研究にどのように取り込めるかが本書の課題となる。

（5）　この点については、経済史的側面から日本帝国主義史研究をリードしてきた堀和生によってもすでに課題化されている（同「植民地帝国日本の経済構造——一九三〇年代を中心に」（『日本史研究』四六二、二〇〇一年、五一〜五二頁）。

（6）『岩波講座　近代日本と植民地』（岩波書店、一九九二〜一九九三年）には、戦後歴史学の一分野ともいうべき日本帝国主義史研究の流れを汲む研究と、一九八〇年代以降流行するポストコロニアリズム研究の流れを汲む研究とが混在しているが、ここで俎上に載せたのは前者である。それは、筆者の研究上の主眼が日本帝国主義史研究の批判的継承にあるためである。

（7）　永原慶二『二〇世紀　日本の歴史学』（吉川弘文館、二〇〇三年）、二七〇頁。

国際関係史研究における民衆史的視座の導入

近年隆盛である植民地近代性論は、こうした日本帝国主義史研究および民族運動史研究の一環として蓄積されてきた植民地研究が構造的にもっていた支配と抵抗の二項対立的理解を克服しようとする試みの一つとして位置づけられる（1）。民族主義の相対化を図りながら、支配と抵抗の二項対立では把握できない植民地社会のさまざまな動きを射程に収めて政治史に組み込もうとする植民地近代性論の意図自体は理解できるし、また研究上重要な試みであることは間違いない。しかしポストコロニアリズム研究の影響を強く受けて展開されている植民地近代性論が朝鮮総督府の文化政治期およびそれに引き続く総力戦体制期において、支配の受け皿となりうる植民地公共性が成立したことを主張するために用いている核心的概念であるヘゲモニーの理解には、重大な理論的・方法論的欠陥がある。

柴田三千雄がまとめたように、ヘゲモニーが構築されるためには、「統治が政治的強制力のみでなく、社会的・文化的な分野で「下から」のコンセンサスをとりつけなければならないのだが、これが可能となるのは、「民衆の世界」の凝集性を強める民衆運動それ自体が、反抗＝破壊と同時に秩序形成の両義性〔傍点――柴田〕をもつ」からであり、「この両義性をもつ民衆運動のエネルギーが、より高次の外部から新しい秩序形成へ組織・嚮導されること」[2]が必要となる。したがってヘゲモニーの成立過程を検証するには、民衆運動との動態的な関係性のなかで支配関係をとらえ返すという手続きを経なくてはならない。ところが趙景達が鋭く批判するように、植民地近代性論はもっぱら支配者や植民地知識人の言説分析に終始し、民衆運動への関心を著しく欠いている[3]。このように民衆史的観点を等閑視したヘゲモニー論は、支配と抵抗という従来の二項対立に立ち戻ってしまいかねないだけでなく、従来の帝国主義史研究に比べて抵抗の契機への関心も低下させているため、統合への契機のみが強調され、単なる植民地支配万能論に陥る危険性すらはらんでいる。

こうした韓国併合史研究、ひいては日本帝国主義史研究上の限界を克服するためには、どのような視座が必要であろうか。この点を考えるにあたって参照すべきであるのが江口朴郎の一連の帝国主義研究である[4]。江口は、戦後早くから、帝国主義支配のあり方を規定する被従属地域民衆の主体性把握という枠組みを提示した。そこでは、レーニンの帝国主義概念を読み替えながら、①資本主義社会体制としての帝国主義を「本来帝国主義国内の民衆や、また内外の従属的民族の抵抗を抑圧するための体制」と位置づけるとともに、②帝国主義の不均等発展性、③変革主体としての民衆の主体性把握にもとづく帝国主義批判の必要性、④「人民」を基底に据えた国際関係把握の志向、といった視点が打ち出されている。江口の帝国主義研究の特色は、国際関係のあり方を規定するのは帝国主義内外の民衆の自律的な主体形成であり、帝国主義諸国はその民衆の動きに規定されるととらえる点にある。その指摘は、朝鮮をはじめとする被従属地域のさまざまな動きを歴史の付随的な一動因としてしかとらえない日本帝国主義史研究が多分に帯びる盲点を鋭く衝く。江口の言になぞらえれば、周辺地域ではなく世界史の中心として朝鮮を把握しながら朝鮮植民地化過程をとらえ直すという作業が必要である。

それでは、このような帝国主義の存立を規定する被従属地域民衆の動向は具体的にどのような方法によって把握することができるであろうか。江口の指摘を受けつつ、さらに上原専禄、遠山茂樹の地域論を発展的に継承した板垣雄三は、n地域論のなかでその方法を提唱した。(5) 板垣は、帝国主義体制は、被従属地域の埋め込まれた差別体制の重層的構造を絶えず拡大的に再生産しようとすることによって維持されるものであるととらえた。そして民族形成・民族的発展を獲得しようとする民衆の民族的運動に対応的・対抗的なクサビとして打ち込まれる政治的組織化およびそのイデオロギーである民族主義は、むしろ帝国主義体制を維持させうるものだと指摘している。その指摘に従えば、帝国主義国家と被従属地域あるいは植民地とをナショナリズムの展開とその抑圧という単純な二項対立において把握することはできないということになる。このように、日本帝国主義史研究および朝鮮民族運動史研究の両者が被従属地域の主体性を視野に収めえないばかりか、朝鮮社会に埋め込まれた諸矛盾について目を閉ざしかねない枠組みであったという問題性は板垣のn地域論によって早くから指摘されていた。(6)

したがって、支配の成立過程を動態的にとらえるためには、民衆世界の両義性がどのようなものであるのかという点について明らかにした上で、そうした民衆世界に支配体制がどのように規定されているのかを検証しなければならない。そして右の板垣の指摘を踏まえれば、帝国主義史研究および植民地研究においても民衆史および民衆運動的視座の重要性が喚起されよう。たとえば日本の朝鮮植民地支配への抵抗を取り上げるに際しても、ア・プリオリに設定した民族主義をもって対峙させるのではなく、そうした抵抗運動を下支えする朝鮮民衆の共通の価値観および人々を行動に駆り立てる共有された期待、すなわち朝鮮の政治文化がどのようなものであったのかに着目しながら、植民地支配と民衆世界との相克状況を抽出していく必要がある。(7)「政治過程に関する志向のセット(たとえば、イデオロギー、態度、信念)であり、かつ、政治システムの成員や規範と関連している場合、その志向が表出されたものである」政治文化がそれぞれの地域で特有な形態を示すのは、それが「政治システムに影響を及ぼしてきた歴史的経験の所産であり、かつ、政治システムの成員が経験する政治的社会化過程の結果」だからである。(8)

そしてこうした政治文化という視角を導入することは、朝鮮におけるナショナリズムの展開過程を考察するにあたっても有効である。ナショナリズム研究のあり方をめぐってホブズボームは、「ネイションとは二重の現象であって、本質的には上から構築されるものであるが、同時に下からの分析もなければ理解しがたい。下からとは、普通の人々が抱く様々な憶説、希望、憧れ、関心との関係ということであり、これらは、必ずしも民族的なものではないし、ましてナショナリスト的なものでもない(9)」と指摘している。(10)政治的変革は一般的に、それまでの統合理念が動揺するなかで新たな統合理念が生み出され、それが一定の合意を形成していく歴史的過程として位置づけることができるが、そうした新たな統合理念のあり方は歴史的に培われてきた政治文化に規定されている。(11)そしてホブズボームの指摘から導かれるように、ナショナリズムの発現過程もまた同様である。しかし植民地支配においては、たとえ新たな統合理念が提示されるとしても、それが外在性を本質とし、暴力的かつ一方的に強制されるものであるという意味で、被従属地域の政治文化と最も先鋭的に衝突せざるをえなくなるであろう。そしてそうした日本の統治と朝鮮の政治文化とがせめぎ合う場として韓国併合過程、そして植民地をとらえ返す作業は、新たな統合理念をどのように提示するかという方式をめぐって、日本に複数の韓国併合構想が生じる要因、さらには武断統治および文化政治という日本の朝鮮支配方式の相対的差異をも射程に収めたものとなりうる。(12)

ただし、その際気をつけなければならないのが、対象地域における政治文化を動態的に把握する必要があるという点である。政治文化のありようを固定的にとらえてしまっては、民族という分析概念に代えて政治文化を設定するにすぎず、結局、民衆史的側面を見落としてしまいかねないからである。趙景達が指摘するように、政治文化をとらえるにあたっても、その原理的側面と現実・現象的側面、表象的側面との差異に注意しながら検討を進める必要がある。[13]本書が取り扱う近代移行期の政治文化のありようについては特にそうである。韓国併合に至る時期は、一方では、従来的な政治文化が解体していく過程であり、他方では日本という外的暴力が介在するなかで、そうであるがゆえにその政治文化が再発見・再構成されながら再編・強化されていく過程でもある。したがって朝鮮社会の長期的波動を射程に収めながら、その政治文化について支配―被支配、あるいは統合―逸脱の双方向から動態的に考察した上で、日本による朝鮮植民地化過程を検証していく。ただし、本書が直接的に取り扱うのは日露戦争から韓国併合までの限定的な時期であり、その前史およびその後の歴史的展開については既存の研究に依拠しながら行論に必要な限りで言及するにとどめる。

（1）植民地近代性論の動向については、松本武祝「朝鮮における「植民地的近代」に関する近年の研究動向――論点の整理と再構築の試み」（『アジア経済』四三―九、二〇〇二年）、並木真人「朝鮮における「植民地近代性」・「植民地公共性」・対日協力――植民地政治史・社会史研究のための予備的考察」（『国際交流研究（フェリス女子大学）』五、二〇〇三年）、板垣竜太「〈植民地近代〉をめぐって」（『歴史評論』六五四、二〇〇四年）、高岡裕之・三ツ井崇「問題提起――東アジア植民地の「近代」を問うことの意義」（『歴史学研究』八〇二号、二〇〇五年）、趙景達『植民地期朝鮮の知識人と民衆』（有志舎、二〇〇八年）など参照。なお、植民地近代性論（Colonial Modernity）については植民地近代論とも呼ばれ、筆者も従来使用してきたが、ここでは趙景達の用語法に従う。

（2）柴田三千雄『近代世界と民衆運動』（岩波書店、一九八三年）、三二一～三二三頁。

（3）趙景達「一五年戦争下の朝鮮民衆――植民地近代論批判試論」（『学術論文集（朝鮮奨学会）』二五集、二〇〇五年。のち、

『植民地期朝鮮の知識人と民衆』、所収)。

(4) 江口朴郎『帝国主義と民族』(東京大学出版会、一九五四年)、同『帝国主義時代の研究』(岩波書店、一九七五年)、同『世界史の現段階と日本』(岩波書店、一九八六年)。

(5) 板垣雄三『歴史の現在と地域学』(岩波書店、一九九二年)、一二五~一三〇頁。

(6) 行論から明らかなように、筆者の方法論は日本帝国主義史研究および民族主義研究をも重要な一分野としながら展開されてきた戦後歴史学の批判的継承である。現在隆盛なポストコロニアル研究については、その視角の重要性は理解するが、その方法論において構造的歴史把握を依然欠いていると考えるため、部分的な言及にとどまる。

(7) リン・ハント(松浦義弘訳)『フランス革命の政治文化』(平凡社、一九八九年)、参照。また朝鮮史研究における政治文化論の研究動向については、趙景達「朝鮮の近代とその政治文化」(歴史学研究会編『現代歴史学の成果と課題 一九八〇—二〇〇〇年 Ⅱ 国家像・社会像の変貌』青木書店、二〇〇三年)、参照。

(8) G・K・ロバーツ(岡沢憲芙ほか編訳)『現代政治分析辞典』(早稲田大学出版部、一九七六年)、一四三頁。

(9) E・J・ホブズボーム(浜林正夫・嶋田耕也・庄司信訳)『ナショナリズムの歴史と現在』(大月書店、二〇〇一年)、一二頁。

(10) この点に関連し、月脚達彦は、このホブズボームの議論を援用して「民衆」への着目を喚起してはいるが、その研究は徹頭徹尾国民国家論の立場に立っており、民衆への関心は希薄である。その結果、政治文化の展開過程についても支配あるいは統合の側面でのみとらえ、被支配あるいは逸脱の側が政治文化のあり方を規定していることについて無視しながら、朝鮮における近代政治運動を把握するという方法論的誤りを犯している(月脚達彦『朝鮮の開化思想とナショナリズム』東京大学出版会、二〇〇九年、一四頁)。

(11) 柴田三千雄『近代世界と民衆運動』、参照。

(12) 政治文化の相克状況に着目して武断統治および文化政治の相対的差異、もっと言えば植民地性を抽出するという視角については、趙景達「暴力と公論——植民地朝鮮における民衆の暴力」(須田努・趙景達・中嶋久人編『暴力の地平を超えて』

青木書店、二〇〇四年)から着想を得た。

(13) 趙景達「政治文化の変容と民衆運動――朝鮮民衆運動史研究の立場から」(『歴史学研究』八五九号、二〇〇九年、二一～三二頁)。

日本および朝鮮における王権観の位相

これまで述べてきたように、日本による朝鮮植民地化過程を動態的に把握するためには民衆史的側面を射程に収めることが必要不可欠であり、本書ではその手がかりとして朝鮮における政治文化のありように着目する。その際特に焦点に据えるのは、朝鮮における王権観がどのようなものであり、またそうした王権観が日本のそれとどのように異なるのかという点である。それは、それぞれの社会における秩序観と密接不可分の関係にあると考えるからである。具体的には、朝鮮社会における王権観と日本、特に伊藤博文のそれとがどのように類似し、またどのように相違するのかを検討する。伊藤が近代日本の天皇制国家システムを整備したことは周知のとおりであるが、伊藤は初代統監として、韓国においてもまた皇帝の権威を利用した統治システムを構築しようとした。しかしそうした皇帝利用策は朝鮮の王権観とさまざまな次元で齟齬をきたすものであった。それでは日朝の王権観の相違はどのようなものであったのだろうか。ここでは既存の研究にもとづいて日朝の「一君万民」論的王権観について概観する(1)。

日本における「一君万民」論的天皇観は、一八世紀後半以来の断続的な「外圧」を契機として国学および水戸学によって準備され、そして吉田松陰により体系化された。それは、「外圧」に対応するために必要とされたネーション形成への欲求の高まりを背景としながら、一方では「外」に対する「内」の特殊性に対する認識を深めるために、他方では幕藩体制を超えた全国統一シンボル創出のために天皇の価値を上昇させて成立したものといえる。その際、朝鮮の王権観と著しい対照をなすのは、「国体」論において、究極的な政治的忠誠の対象から「天」観念を棄却し、革命不在、すなわち皇統の連続性という論理により天皇に忠誠を一元化させているという点である。

渡辺浩によれば、享保年間、ペシミスティックな世界観に立脚して「聖人の道」の構築を説き、政治道徳の確立を追求した徂徠学の体系は、事実としての江戸の「泰平」の前に同時代の儒者および国学者から否定的にとらえられ、挫折していった(2)。日本においてそうした「泰平」が「聖人の道」を説かなくても実現されるのは、日本の本性が執拗に政治道徳を説かねばならない中国に比べて優れているからであるという論理的飛躍によって、中国に対する日本の政治道徳の優越性が導かれた。そして日本の政治道徳の優越性は、最終的に皇統が連綿と続いてきたという「皇国」意識に帰着する。「「天下はひとりの天下にして、天下の天下に非らず」(吉田松陰)、統治の主体・主権者は、ただ天皇にのみ限定され、その限りにおいて「万民」は平等に「一君」に対して直接的に忠誠を尽くす(3)(傍点――井上)」という「一君万民」論的天皇観では、「一君」に忠誠対象が独占・一元化されることが企図され、したがってそれまでの藩、幕府、天皇といった複合的忠誠体系であった幕藩体制は、もはや「万民」による平等な忠誠行為を阻害するものと把握されるに至る。

このように日本における「一君万民」論は、歴史的には、「外圧」という危機的状況を背景としながら、「皇国」意識にもとづく倒幕の論理として形成された。したがってその論理は、必然的に上からの統合原理という性格を強く帯びることとなった(4)。

一方、朝鮮においても「一君万民」思想と呼びうる王権観が歴史的に形成されたことが、李泰鎮や趙景達らによって明らかにされている。右に示したように一君万民論は本来、日本の天皇制国家成立過程を説明するための概念であるが、君主と人々とが理念的に直接結びつくという発想自体は、儒教的民本主義の根幹にかかわるものであったからである。以下、朝鮮民衆の秩序観に着目しながら一君万民思想の形成過程を概観する。

朝鮮における一君万民思想の形成に大きく寄与しているのは朝鮮王朝建国(一三九二年)時に正統的支配イデオロギーとして採用された儒教である。儒教においてはそもそも、「民は国の根本である。根本が安定していれば国は安寧である」(『書経』五子之歌)あるいは「民を第一とする。社稷はこれに次ぐものであり、君はそれに比べて軽いものとする」(『孟子』尽心章句下)とする民本主義が規範とされてきた。朝鮮王朝の支配イデオロギーを構築した鄭道伝《チョントジョン》は、戸籍の整備とそれにもとづく適正課税によって「富国安民」を実現できると説きながら、民本主義について次のように述べている。すなわち「思うに、君主は国に拠るのであり、国は民に拠るのである。民は国の根本であり、君にとって天である。したがって周礼が、民の数を王に伝え、王がそれを拝して受けるというのは、天を重要視するからである。人君はこの義を知り、その民を愛する理由にたどり着かなければならない」[5](『朝鮮経国典』上、賦典「版籍」)。民を君主にとっての「天」になぞらえながら、国家の根本として位置づけたのである。

もちろん儒教的民本主義は、「民は之れに由《よ》らしむべし、之れを知らしむべからず」(『論語』泰伯第八)という愚民観にもとづいた被統治者観念であり、民衆を政治客体として把握するものである。[6]しかし、民本主義を実現してこそ「富国安民」を達成できるとする王道論的統治観が朝鮮において常に理想とされていたことは強調しておく必要がある。それは政治に徳義あるいは道徳を求めることに価値観を置く姿勢と密接不可分だからである。したがって民の声に耳を傾けることが統治者には求められており、それを担保するために、たとえば人々が太鼓を叩いて君主に訴えがあることを知らせる申聞鼓《しんもんこ》などの制度が整備されていた。

なお、朝鮮王朝建国において選択された儒教的原理は、高麗王朝から朝鮮王朝への易姓革命を正当化するための政治イデオロギーとして構築されたものであるが、そうした政権交代は究極的には「天」観念によって合理化されている。先に述べたように、日本においては「国体」論の成立過程において「天」観念は意図的に欠落させられていたが、これに対して朝鮮では、本論で展開するように、儒教的規範にもとづいた冊封体制的発想あるいは天譴思想が色濃く残っていた。これは、「天」観念が朝鮮的思惟のあり方を依然規定していたことをうかがわせる。

一方、君主の恣意的な支配を抑制するために、朝鮮王朝では建国当初から両班中央集権体制による君臣共治が採用された。原理的には一君万民的統治が説かれながらも、現実政治においては君臣共治が一般的に行われたのである。そうしたなかで朝鮮王朝の君権は二度にわたって臣権に制御、形骸化させられた。それは、一六世紀から一八世紀初めにかけてのいわゆる朋党政治であり、一九世紀前半において国王姻戚を中心に政治が行われたいわゆる勢道《せどう》政治である。こうした臣権優位の下で、申聞鼓や、非合法ではあるがその後広まった上言（行幸などの折に国王に直接上疏を行うこと）、撃錚《げきそう》（銅鑼《どら》などを打ち鳴らしながら上疏すること）などの、民が国王に直接訴えを行う行為も制限されていった。こうした状況に対抗して君権の拡張が図られたのが一八世紀の英祖《ヨンジョ》（在位一七二四〜七六年）、正祖《チョンジョ》（在位一七七六〜一八〇〇年）のいわゆる蕩平《とうへい》政治であり、一九世紀中葉の興宣大院君《フンソンテウォングン》および高宗による一連の政治改革である。特に前者において、臣権を抑えるためにも、君主と民が直接結びつく「一君万民」論があらためて着目された。堯舜の統治を理想に掲げて英祖・正祖が行った君権拡張策に対する官僚層の抵抗は、儒教的民本主義の名目の前に抑え込まれていった。

こうした君権拡張という政治的変化は、李泰鎮によれば、生産力の増大を背景とした地域秩序の変動に規定されたものであった。(7)一七世紀頃、田植えを行う稲作農法である移秧法《いおうほう》の普及などにより小農社会が成立し、土地生産力が増大するなかで一般民衆の身分上昇が図られ、両班《ヤンバン》の急増という社会的変動が起きる。(8)こうした変動を受け、一六世紀以来、在地士族が郷村秩序を主導すべく結成した郷会（郷約）に、身分上昇した新興両班が関与し始めるようになると、旧郷（伝統士族）・新郷（新興士族）によって、郷村社会運営の主導権を争う郷戦が全国的に頻発するようになった。こうした地域の社会的変動、特に新郷との相互補完関係の上に、相対的に君権が拡張したことが蕩平政治の実現を可能にしたのであり、そうした君権を強固なものとするために一君万民思想が再構成されていったと考えられる。

それでは被治者である朝鮮民衆の秩序観は、そうした支配イデオロギーとしての一君万民思想とどのような連関性をもつものであったのだろうか。次に、民衆運動の展開過程からこの問題を概観する。(9)

正祖の死後、一九〇〇年に幼少の純祖《スンジョ》が即位すると、その外戚である安東金《アンドンキム》氏によって始められた勢道政治下において再び民の訴えは封鎖されていく。勢道政治によって中間収奪が強まるなかで三政(田政(地税)、軍政(軍役、良役)、還政(還穀))紊乱が起こると、農民の流民化、都市への流入、火田民の形成、盗賊活動の活発化といった社会不安が増していった。そうした弊政に対する異議申し立てとして一九世紀に頻発したのが民乱である。民乱とは、全国八道の下にある郡県以下の単位で起きたものであり、王朝の転覆を射程に入れた変乱とは違い、あくまでも王朝の存在を前提にしながら主として地方官庁に対して自らの要求を暴力的に突きつけた民衆闘争をいう。そこには、眼前に広がる社会不安の解決を国王に求める民衆の仁政観念が看取される。民乱の主体はそのほとんどが一般農民であるが、少なからぬ在地士族や没落両班、在郷知識人も民乱に参加した。勢道政治下において地域社会支配構造である「守令(地方官)―吏郷支配構造」が次第に矛盾を深め、従来の士族支配体制が崩壊していく。そうしたなかで、儒教的民本主義にのっとった徳望家として正義を実現することがかえって意識化され、「守令―吏郷支配構造」から阻害されながらも徳望家を自認する旧郷層などの士族が民乱の首謀者として祭り上げられていくという事例も起こっていた。郷村社会における合意システムである郷会が解体されていくなかで、郷村社会に伏在していたあるべき秩序観が意識化されるのであり、こうして人々はあるべき支配、つまり健全な秩序再生を求めるようになっていく。それを暴力的に達成しようとしたのが民乱であり、したがってそこにはあるべき秩序観が顕在化することになる。

一八六二年に慶尚道晋州《キョンサンドチンジュ》を起点として朝鮮南部一帯に広がった壬戌民乱は、一八九四年の甲午農民戦争に先立つ一大民乱であるが、そこでは、農民等による守令放逐という行動が見られた。これは、苛斂誅求を行う守令の罷免を国王に代わって代執行的に行ったものと解されるという。「守令―吏郷支配構造」において苛斂誅求を受けた一般農民や、体制から阻害された士族層は在地社会において徳望家的秩序観を形成し始めていたが、同時に中間勢力との矛盾の激化のなかで、それを掣肘しうる国王への幻想を強めていった。民乱における民衆の行動から、民衆もまた儒教的民本主義を内面化しながら、治者に対してあるべき支配のあり方（この場合は徳治）の回復・再生を突きつけていたことがうかがえる。

そして民乱状況のなかで民衆が鍛え上げてきた一君万民的な王権観は、東学の成立によって全面的に思想的転回を果たす。[10] 周知のとおり、一八九四年に勃発した甲午農民戦争は、それまで個別分散的に行われていた民乱が東学の教団組織を媒介にして全国的規模で展開されたものである。東学は、民衆運動史的側面においても思想史的側面においても重要な意義をもっているが、その一つとして、下からの一君万民思想を結実させる契機となったことが挙げられる。一九世紀中葉の朝鮮半島は、勢道政治が矛盾を深め、民乱が頻発するという対内危機に加え、欧米の商船・軍艦による通商要求や天主教（カトリック）の一部流行などのいわゆるウエスタン・インパクト、そして日本による開国強要という対外危機にさらされていた。こうした内外の収奪や脅威に直面した民衆は漠然とした救済願望を形成させており、真人＝救世主による救済を説く『鄭鑑録《チョンガンノク》』と呼ばれる予言書が民衆の精神世界を席巻していた。同書は王朝変転を内容とする終末思想を説いたものであり、自律的でありながらも自らに容易に主体性を見出しえない民衆の心性をとらえていた。こうした内外危機を背景にして、没落両班である崔済愚《チェチェウ》によって一八六〇年に創始されたのが東学である。

東学は、「人乃《すなわち》天」という標語で平等思想を説いたものとして一般には理解されているが、崔済愚は「輔国安民」を達成するために、①「億兆蒼生」が「同帰一体」すること、すなわち民が天主と一体化する万民君子化を説いた。他方、②唯一絶対の人格化された天＝上帝観も説かれていた。崔済愚の原始東学段階では、①汎神論的な天観と、

②人格化された天＝上帝観という相矛盾した要素を抱え込んでいたのである。崔済愚にあっては、自らを真人と見なすことによって①②は人格的に統一されていたが、彼の殉教後、二代教祖崔時亨《チェシヒョン》のもとで整備された東学正統思想において②の上帝観が否認され、①の汎神論的天観に純化されるに至る。東学正統思想では、人々はア・プリオリに天主に等しい存在とされる一方で、「天人合一」のために「守心正気」という内省主義の修養が絶対条件とされるため、人々は自らを変革主体としては容易に見なしえなくなる。「天人合一」の思想によってひとたび民衆に開かれた変革の契機は、正統東学が体系化した内省主義によって抑制されていった。

こうした正統東学による民衆の没主体化の論理を克服し、人々を変革主体として位置づけていく思想的転回を果たしたのが、甲午農民戦争を主導する全琫準《チョンボンジュン》らが属していた、東学教門＝北接に対抗する勢力であった南接で形成された異端東学であった。依拠しがたい「無」的な天を前提としながら、その課される内省主義により人が容易に天に近づけなくなってしまう正統東学に対し、異端東学においては、人格的な天＝上帝の存在が原始東学以上に明確に意識されることにより、依拠しがいのある「有」的な存在＝救世主として天が位置づけられることとなる。こうして神秘主義が信仰者すべてに解放され、民衆が総体として自らを真人＝変革主体として把握するようになるなかで、内省主義的性格は後景に退くこととなる。「守心正気」を前提として「分」への安住を説く正統東学を離脱し、上帝との一体化を簡便なものと見なし、「自尊自恃」の論理の上に「分」の思想を打ち破ろうという異端東学によって、東学全体に共有されていた一君万民思想は、仲介勢力打破の変革思想として立ち現れることとなる。

このように、いったん汎神論的にすべての人々を真人としてとらえた上で上帝による救済を求める異端東学の論理構造は、変革主体として自らを把握しながらも、容易に政治主体となりえないなかで、人格的な天＝国王に依拠することによって下からの一君万民論的地平を切り開いていった。

以上見てきたように、朝鮮王朝建国以来、支配イデオロギーとして重視されてきた儒教的民本主義を媒介にした徳治的な秩序観にもとづいて一君万民思想が上から形成されただけではなく、朝鮮社会にとっても、あるべき秩序観を再生する際の仁政観念の体現者として国王を見なすなかで、中間勢力を排して君と民が直接結びつこうとする一君万民論的王権観が下からも広く形成されていった。さらにこうした王権観は、一八九四年に勃発した甲午農民戦争、そして大韓帝国期の民衆の変革運動を経て、日本が韓国を保護国化した時期には、さらに広範囲に及ぶようになっていた。したがって伊藤博文の皇帝利用策とそれに対する朝鮮社会の反応には、日朝における王権観の乖離が先鋭的に表出するはずであり、そこにこそ日本の朝鮮植民地政策の桎梏が垣間見えるであろう。

（1）以下、日本における一君万民論の形成および展開過程については、井上勲「ネーションの形成」（『近代日本政治思想史』Ⅰ、有斐閣、一九七一年）、朝鮮における王権観の歴史的展開については、趙景達『異端の民衆反乱——東学と甲午農民戦争』（岩波書店、一九九八年）、同『朝鮮民衆運動の展開——士の論理と救済思想』（岩波書店、二〇〇二年）、李泰鎮（六反田豊訳）『朝鮮王朝社会と儒教』（法政大学出版局、二〇〇〇年）、原武史『直訴と王権』（朝日新聞社、一九九六年）をそれぞれ参照した。

（2）渡辺浩『東アジアの王権と思想』（東京大学出版会、一九九七年）、第六章、参照。

（3）井上勲「ネーションの形成」、九二頁。

（4）ただし、支配者あるいは知識人が提示する天皇制国家像が一方的に地域社会を取り込んでいったととらえられないことは、たとえば安丸良夫が指摘するところである。安丸は、かつては幕藩制権力と結びついて儒教的な仁政観を前提にしながら地域社会の安定的秩序を維持しようとする村落支配者の動向が、一九世紀に入って対外危機感が自覚化されるなかで次第にナショナルな性格を帯びるようになると、より正統的な権威の中枢を求めて天皇崇拝や国体論と結合するようになっていったことを強調している（安丸良夫『近代天皇像の形成』岩波書店、一九九二年、第八章）。安丸の指摘に従えば、地域社会における秩序形成の自律的動向が、その秩序を正当化するより普遍的な権威と結びつこうとするなかで天皇制国家（あるいは幕藩制国家）のあり方を規定するということとなろう。

（5）　釈尾春芿編『三峯集』（朝鮮刊行会、京城、一九一六年）、二〇二頁。

（6）　したがって、朝鮮における儒教的民本主義および一君万民論に近代的契機を読み込もうとする李泰鎮の超歴史的見解にはきわめて問題がある。李泰鎮も自覚してはいるが、それは近代的尺度から歴史を判定しようとする近代主義的態度にほかならず、そうした評価を下すことによってさまざまな歴史的事実が本来もっている歴史像を研究者自身が圧殺してしまうことになるからである。李泰鎮によって明らかにされた個々の知見については多とするが、その歴史解釈には疑問なしとしない。

付言すれば、一九九〇年代を通じて海野福寿と李泰鎮との間に行われた日韓旧条約の有効性をめぐるいわゆる海野―李泰鎮論争の基本的争点は、資本主義萌芽論や内在的発展論などの延長線上に位置づけられ、大韓帝国を近代国家と見なすか否かという、すぐれて歴史認識の問題にかかわるものであったと見るべきであろう。しかし海野の批判は李泰鎮の実証的不備を正すのみであり、その歴史解釈の問題性に切り込んだものとはなっていなかった。同論争は、論者の意図を超え、日本帝国主義史研究および朝鮮民族運動史研究の立場からする日朝関係史の問題点の所在をあぶり出したという意味においては一定の史学史的意義をもっているが、歴史像を積み上げるという歴史学的意義を欠いているように思われる。したがって、その後論争に参入した論者においても、ナショナリズムの応酬、あるいは教条主義的な植民地責任論に終始している嫌いがある。

（7）　李泰鎮『朝鮮王朝社会と儒教』第一四章、参照。

ただし、蕩平政治に引き続いて登場した安東金氏による勢道政治も新郷層を支援し、地域社会における郷権が次第に新郷層に握られていったことを併せ考えるなら、地域社会の変動は君権拡張のみに寄与したとはいえない。郷戦によって旧郷層が退却するなかで「守令―吏郷支配構造」と概念化される中間収奪体制が成立したことを考えると、むしろ、社会経済的変動は国家権力のあり方を長期的に規定していたと見るべきであり、君権と臣権の相克といった単純なとらえ方は適切ではない。そしてそうしたなかで政治文化にも長期的な変動が起こっていたことが推察される。その一つが、趙景達が明らかにした朝鮮社会における徳望家的秩序観であり、それをもとにした「士意識」の変容・拡散という現象である（趙景達『朝鮮民衆運動の展開』、第一章）。

（8）　朝鮮王朝期の支配階層である両班は、法制度的にはその定義がほとんど明確化されていない。特に在地両班の形成過程を社会経済史的にとらえると、これは単なる階級を示す名称ではなく、一種の社会運動として流動的に形成されたものであった（宮嶋博史『両班』中公新書、一九九五年）。したがって趙景達が看破するように、社会が流動化すればするほど、士とは何かが不断に問われるようになるのであり、「士意識の拡散」という現象が進展することになる（趙景達『朝鮮民衆運動の展開』、参照）。

（9）　以下、民乱などの朝鮮民衆運動の展開過程については、特に断らない限り、趙景達『異端の民衆反乱』、同『朝鮮民衆運動の展開』、参照。

（10）　以下、趙景達『異端の民衆反乱』第一章、第二章、参照。

第一章

日露戦争と朝鮮植民地化の展開

ソウルから北部戦線へ向かう日本軍(1904.2). うしろの建物は独立門

前頁写真＝李圭憲『사진으로 보는 独立運動』上，서문당，서울，1987

はじめに

一九〇四年二月一〇日に開戦した日露戦争は、日本が大韓帝国の植民地化を進める上できわめて重要な位置を占めている。日露講和条約締結に際しての日本側の絶対的条件が「韓国ヲ全然我自由処分ニ委スルコトヲ露国ニ約諾セシムルコト」(1)であったという事実が端的に示すように、日露戦争は第一義には日本が朝鮮半島を勢力圏内に収めることを目的としたものだったからである。日本は日露開戦の端緒においてソウルに進軍し、その軍事的制圧下で「日韓議定書」をはじめとする諸条約の締結を強制し、韓国を従属関係に置いた。その際日本は、当該期の韓国の統治構造をどのように把握し、その上でどのように対韓政策を構築したのであろうか。この点を明らかにするのが本章の第一の課題である。

一方、日露戦争は、日清戦争そして義和団事件以降の日本の大陸政策における帰結という性格も併せもっている。日清戦争までの中心的課題であった「韓国問題」に、一九〇〇年に勃発した義和団事件後のロシアの満洲駐屯に伴って浮上した「満洲問題」が組み合わされるなかで、「満韓問題」を解決することが日本の大陸政策の主要課題となった。それは、「満洲問題」の解決なしには日本が韓国を勢力圏下に収めえないと観念されるようになったためである。従来の研究では「満韓問題」の解決策について、日本政府内では、「韓国問題」と「満洲問題」は不可分であるため韓国保護には満洲保護も必要であるとする「満韓不可分論」を前提にした日英同盟論と、満洲がロシアの勢力範囲であることを認める一方、韓国が日本の勢力範囲であることをロシアに承認させるという「満韓交換論」にもとづく日露協商論とが対立し、日英同盟論が主流を占めるなかで日露開戦を迎えたと説明されてきた(2)。日露戦争は、特にロシア軍の満洲駐屯をめぐり、いわゆる南下政策を進めるロシアとこれを「韓国問題」の重要な危機ととらえる日本との間に引き起こされたものであり、日本政府内では日英同盟論の立場からする「満韓不可分論」に意見が集約され、開戦が不可避となったととらえられたのである。このような通説に対し、千葉功は、「満韓不可分論」は満洲と韓国の一括処理を図るという意味でしかなく、①満韓は不可分だから満洲も確保する、②満韓は不可分だからロシアと満韓交換を図る（満韓不可分論＝満韓交換論）という二つに大きく分かれると説明し、日本政府内の意見が一九〇一年八月段階ですでに②に移行していたことを指摘した。そして日露間で満韓交換論にもとづいて交渉が進められていたが、日露の意思疎通が滞るなかで日露戦争が勃発したと展望している(3)。こうした千葉の指摘を踏まえ、日本の対韓政策が大陸政策との連関性においてどのように構想され、それが大陸政策全体にどのような影響を与えたのかを解明することが第二の課題である。日露戦争に至る過程で、「韓国問題」と「満洲問題」が組み合わされ、日本の大陸政策が「満洲問題」を抜きにして構想しがたくなったことは、それまでの日本の対韓政策に一定の変化を与えるはずである。日露開戦後、「満韓問題」がどのように取り扱われ、またどのように変化したのかという問題には、その後の日本の大陸政策構想の方向が表われるであろう。

本章では、第一の課題とかかわって、朝鮮における近代国家構想がどのようなものであったのかを概観する。そして、第二の課題とかかわって、「日韓議定書」締結後、日本政府および満洲軍や在韓日本軍といった出先機関がどのように「満韓問題」を展開させていったのかという点を明らかにする。その上で、日本の対韓政策と大陸政策構想との連関性を考慮に入れながら日本の朝鮮植民地化過程を考察する。その際、特に、一九〇五年一一月の第二次「日韓協約」締結直後に勃発した統監の軍隊指揮権問題を取り上げる。同問題は、在韓日本軍に対する指揮権を統監に付与するか否かをめぐって、初代統監に就任した伊藤博文と陸軍との間で争点となったものである。この問題は一般的に統帥権問題とのかかわりで理解されているが、大陸政策構想、さらには朝鮮社会に対する伊藤と陸軍両者の認識の相違をも内包しており、日露戦争後の対韓政策のあり方をめぐる基本的対立が表面化したものであった。そこで、伊藤および在韓日本軍が韓国統治をどのように構想していたのかを明らかにした上で、その差異がなぜ生じたのかについて検討する。

（1）『日本外交年表竝主要文書』上巻（原書房、一九六五年）、二三九頁。
（2）角田順『満州問題と国防方針』（原書房、一九六七年）に代表される多くの研究がこのような見解をとっている。
（3）千葉功「満韓不可分論＝満韓交換論の形成と多角的同盟・協商網の模索」（『史学雑誌』一〇五―七、一九九六年）。

第一節　朝鮮における近代国家構想と王権観

日本は、日露戦争遂行と並行して大韓帝国に対する「施政改善」政策を展開していった。それでは日本の対韓政策は、朝鮮においてそれまでに行われた近代化政策および近代国家構想とどのような関係にあるのだろうか。そしてそれは朝鮮の政治文化とどう抵触し、あるいはどのように連関性をもつものであったのだろうか。本節では、第二章で検討する統監伊藤博文による対韓政策および韓国皇帝利用策を、朝鮮における近代国家構想との連関性において位置づけるために、甲午改革における近代国家構想および王権観について従来の研究を参照しながら検討する。

第一項　朝鮮における近代国家構想
――甲午改革をめぐって

朝鮮における近代国家構想において、一八九四年に始まった甲午改革は画期的な位置にある。同改革では、内閣制度の導入や宮中・府中の分離などの中央官庁における行政改革、科挙制度の廃止や奴婢の解放、家族制度改編などの身分的・社会的改革、財政制度や税制改革、地方制度改革など、近代的諸制度が多岐にわたって導入された。この改革は、同年に勃発した甲午農民戦争という体制的危機を政治・経済全般にわたる近代的諸制度の整備によって克服しようとしたものであるが、同時に、日清戦争下で日本の強い干渉を受けたという性格をもっている。つまり同改革は王朝末期の内的矛盾に対処するための全面的方策であったが、その当初から外在性を強く帯びざるをえないものであった。それでは甲午改革は、朝鮮における近代国家構想においてどのような歴史的意義をもっているのであろうか。

一　甲午改革の展開

まず、甲午改革の展開過程について概観する(1)。甲午改革は一般に、一八九四年七月の第一次金弘集《キムホンジプ》政権成立から、一八九六年二月に国王高宗《コジョン》がロシア公使館に移るいわゆる露館播遷によって第四次金弘集政権が崩壊するまでに行われた一連の改革を指すが、月脚達彦の整理に従えば、その改革の性格から四つに時期区分される(2)。

日清開戦に先立つ一八九四年七月二三日に日本軍が遂行した朝鮮王宮占拠クーデタによって閔《ミン》氏政権が打倒されると、大院君《テウォングン》を擁立して金弘集政権（第一次金弘集内閣）が成立した。同政権発足から同年一二月の朴泳孝《パクヨンヒョ》入閣までの時期（一八九四年七月二七日～一二月一七日）が改革第一期である。この時期は日本の干渉が相対的に弱かったため、狭義としての甲午改革として位置づけられることもある。改革を中心的に推し進めたのは穏健開化派の金弘集や金允植《キムユンシク》、魚《オ》允中《ユンジュン》らであり、また、一八八四年の甲申政変後に成長してきた少壮開化派の兪吉濬《ユキルジュン》、趙羲淵《チョフィヨン》、安駉寿《アンキョンス》、金嘉鎮《キムカジン》、金鶴《キムハ》羽《グ》、権瀅鎮《クオンヒョンジン》らが甲午派と呼ばれるグループであった。一八九四年七月に発足した金弘集政権は、軍国機務処と呼ばれる機関を設置し、同機関を中心に内政改革を推進した。同機関が中心になって行った諸改革のうち、行政改革としては総理大臣の設置、中央官庁の再編といった議政府の改革、宮内府設置による宮中・府中の分離、科挙制度の廃止、警察制度の再編などがある。また財政制度・税制改革として、度支部への財政一元化、税目の整理と金納化が行われたほか、身分制度の撤廃や早婚の禁止等の家族制度改革などが実施された。また対外関係では、清の年号使用が廃止されるなど、清との宗属関係の廃棄が明確化された点が重要である。甲申政変で壊滅した急進開化派とはやや次元を異にし、穏健開化派の清国に対する姿勢は相対的に妥協的なものであったが(3)、甲申政変後に展開された清国による政治的・軍事的・経済的圧迫に対しては批判的であったことが清との宗属関係廃棄の背景にある。なお、甲午改革に消極的な姿勢を示していた大院君は、日本などを排除するために農民軍との連携を模索しており、大院君らの密旨を契機にして農民軍は第二次甲午農民戦争を再蜂起させるに至った(4)。

　改革第二期は、井上馨の朝鮮駐剳公使就任、そして甲申政変の失敗で日本に亡命していた朴泳孝の内部大臣就任に伴う金弘集・朴泳孝内閣成立から朴泳孝の日本再亡命までの時期（一八九四年一二月一七日〜九五年七月六日）を指し、日本の影響力が最も大きかった時期として位置づけられる。朝鮮内政改革を口実に清国との戦端を開いた日本は、改革に対して当初傍観的であったが、一〇月、駐朝公使に井上が着任すると、甲午改革に積極的に干渉するようになった。井上は、軍国機務処を改編して事実上無効化することなどを盛り込んだ二〇カ条の「内政改革綱領」の承認を朝鮮政府に迫るとともに、日本人顧問官の大量採用、借款供与などにより保護国化工作を進めようとした。さらに、朴泳孝を帰国させると、一二月に内部大臣に就任させた。金弘集、朴泳孝の連立政権（第二次金弘集政権）のもとでは内閣制度の創設、行政機構からの司法機構の分離、財政・税制改革、地方制度改革、軍制改革、新教育実施方針の提示、王室の尊称改定等による対清の独立の明示といった改革が矢継ぎ早に行われたが、日本の干渉が強まる過程で、改革は深刻な矛盾にさらされることとなる。しかし、井上が推進しようとした近代的改革および朝鮮保護国化工作は、列強による干渉への危惧、朝鮮政府閣僚らの非協調あるいは反発などによって頓挫した(5)。特にロシアによる対朝鮮干渉を恐れていた日本政府は、三国干渉以前からすでにロシアに対して朝鮮の独立を宣言するなど(6)、対朝鮮保護国化構想を後退させざるをえない状況にあった。

　日本の相対的勢力後退期に該当する改革第三期は、朴泳孝再亡命から閔妃《ミンビ》殺害事件までの時期（一八九五年七月六日～一〇月七日)をいう。この時期には、三国干渉に伴って朝鮮政府内で親露派が形成されるとともに、日本の影響下にあった甲午派が後退した。こうした状況に危機感を強めた日本は、失意のうちに辞任した井上に代わって駐朝公使に就任した三浦梧楼をはじめとする在朝日本人らが、親露派と見なす王妃閔妃を殺害するという蛮行を引き起こした。改革第四期は、閔妃殺害事件後、親露派の影響力低下を受けて成立した第四次金弘集政権の下で政策が急進化した時期(一八九五年一〇月八日～九六年二月一一日)である。朝鮮民衆は王妃を実力で排除した日本に対して反日感情を強めるとともに、閔妃殺害事件を曖昧に処理しようとする政府に対しても反発を強めていった。さらに断髪令が実施されると、一八九六年一月、衛正斥邪派の在地両班の指導下で初期義兵と呼ばれる反政府・反開化・反日武装闘争が各地に広がった。義兵を鎮圧するために各地に鎮衛隊が派遣されたが、首都防衛が手薄になった間隙を突いていわゆる露館播遷が起こった。こうした親露派によるクーデタにより金弘集政権は瓦解し、金弘集や魚允中らは民衆に殺害された。金允植は済州島《チェジュド》流配、また兪吉濬、趙義淵らが日本へ亡命するなかで甲午改革は終焉を迎えるに至った。

二　甲午改革の歴史的位相
――朝鮮的近代のゆくえ

それでは、先行研究では甲午改革をどのように位置づけてきたのであろうか。戦後朝鮮史研究の一般的課題として朝鮮の内在的発展を否定するいわゆる他律性(停滞性)史観の克服が目指されたことは周知のとおりであるが、甲午改革の評価をめぐってまず克服の対象となったのが戦前に行われた田保橋潔の研究であった(7)。田保橋の研究は、その実証性においていまなお高い水準にあるが、その一方で時代的制約もあり、他律性史観を帯びていたためである。したがってその後展開された甲午改革に関する評価で他律性の克服という課題にもとづいて焦点となったのは、近代的改革である甲午改革が朝鮮における内在的展開にもとづくものなのか、それとも日本の影響下に行われたものなのかという改革主体をめぐる枠組みであった。こうした自律性・他律性という改革主体をめぐる評価においてまず取り上げるべきは柳永益および月脚達彦の研究である。

柳永益は、甲午改革における開化派官僚の自律性および「民族主義・民主主義(民本主義)・平等主義」的志向を強調する。その一方で、改革を行った甲午政権が日本の軍事力を背景として編成されたものであり、日本の対朝鮮政策に加担したため「反民族・反民主・反民衆的性向」をもつものであったと位置づけ、甲午改革は二律背反性を帯びていたとまとめた(8)。すなわち甲午改革は、本質的には自律的に行われたものであるが、改革実現の条件として日本の実力に依拠しなければならなかったことに、その限界があったという位置づけである。他律性史観の克服という研究史的課題を併せ考えるとき、甲午改革の自律性を強調する研究が蓄積されてきたことの意義は高く評価されるべきである。しかし、自律性・他律性という二項対立的な枠組みで議論が行われるに際して問題となるのは、そこで想定される近代像については疑問が差し挟まれなかったという点である。甲午改革が近代的改革であることを自明視した上で、その改革の主体を朝鮮に求めるのか日本に求めるのかという問題設定を立てると、たとえば日本が提示した近代国家構想等を相対化するという課題は視野に収めえない。その研究視角からは、甲午改革で挫折あるいは流産させられた朝鮮的近代像・国家像については看過されることとなるであろう。

甲午改革に対する自律性・他律性という枠組みからの柳永益の評価を近代主義的であるとして明確に批判したのが月脚達彦である(9)。月脚は、柳永益が指摘した甲午改革の二律背反性は、外部から衝撃を受けるなかで近代国家が建設される過程において必然的に帯びざるをえない属性であると位置づけた。つまり後発的な近代国家形成において他律性あるいは従属性を伴うことは避けがたく、むしろ二律背反性はその属性であるため、その二律背反性の忖度よりも、その国家形成過程に関する個別具体的な研究を通じて近代国家あるいは国民国家を相対化する作業が必要だというのである。

ウエスタン・インパクトの下での近代国家建設という東アジア諸地域の近代国家形成史の一般的性格を抽出しようとする際、朝鮮への近代的制度の移植がはらむ問題性を国民国家論にもとづいて明らかにしようとする月脚の指摘は、上からの近代化を比較史的に把握しようとする射程をもつものであり、特に日本の近代国家形成との比較において資するところは大きい。しかし、そうであるがゆえに月脚が想定した近代像もまた、西欧的近代像を相対化しうるようなものにはなりえていない。それは、国民国家論に適合的な枠組みでしかその近代国家像を把握できないという制約を必然的に帯びることとなったからである。そしてその評価は、甲午改革の自律性を強調する枠組みが前提としていた従属性あるいは侵略性を軽視し、帝国主義時代における被従属地域の近代化がもつ固有の問題群を看過しているため、結局のところ甲午改革は他律的であったという結論が導かれざるをえない。帝国主義体制における重層的従属性やその時代的背景に関心を払わずにそれぞれの地域の歴史的展開を個別に把握しようとするその方法的枠組みは、帝国主義的支配の解体に寄与しないどころか、帝国主義的従属性を再生産しかねないものである。東アジアにおける一八五〇年代の国際環境と一八九〇年代のそれとが構造的に異なるという遠山茂樹の古典的指摘や、ウエスタン・インパクト以後の第三世界の歴史的展開に国民国家論を無前提に適用することはできないという中村平治らの批判を想起するとき、問題点の所在は明らかである(10)。

甲午改革に関する自律性・他律性をめぐる従来の議論および国民国家論からのアプローチがはらんでいた陥穽は、そこで提示される近代像あるいは国家像を西欧あるいは日本のそれに適合的であるか否かという点に求めていたことにある。そしてその結果、帝国主義的従属性には関心が及ばなくなるという問題を生じさせていた。こうした課題を克服するためには、甲午改革において示された日本の近代像に対置しうるような「朝鮮固有の近代像」を再現し、その意図が甲午改革において貫徹せず、破産していく過程を考察することが必要である。この観点から内在的発展論が帯びていた近代主義的歴史把握を批判し、「未完の甲午改革」とでもいうべき近代改革像を提示する必要性を主張したのが、宮嶋博史および趙景達の一連の研究である。[11]特に趙景達は、朝鮮における近代国家構想において、儒教的民本主義の思想的構造が開化派にも貫徹しており、その国家構想にも「民本を基礎に置いて内政と儒教的教化の充実を図ることであり、それがよくなされれば侵略されることはないと考えられ、……軍事力増強の道は民本主義に反するものであり、軍事力は防御するに足る最小限度のものでよいとされる」自強論的な発想が認められることを指摘した。したがってそこで展開される具体的政策も、富国強兵策を志向する日本の近代的諸政策と理念的に齟齬をきたすものであることが想起される。

こうした趙景達の指摘を受けながら、警察制度の導入過程という観点から甲午改革の具体相に切り込んだのが伊藤俊介の分析である。[12]伊藤の立論を要約すると次のとおりである。第一次金弘集政権の内部大臣兪吉濬による改革初期段階の警察改革構想は、物理的暴力装置による強制的統合を目指すものではなく、必要以上に民の領域に関与せず、民生安定のための補助的存在として警察を位置づけるものであった。兪吉濬はその著書『西遊見聞』において、「本国の政治を安穏にし人民へ泰平な楽があるようにすること、法律を固守して人民に冤抑することが無いようにすること、外国の交際を信実に行い、民国をして紛乱の憂慮を免ずるようにすること」に政府の役割を求めており、政府が必要以上に民の生活に関与し、「人民の動静を審察し、千事万物に干渉する法を行えば、人民に煩悩であるだけにとどまらず、政府もまたその正当な職分に違うもの」であると批判していた。[13]こうした立場から、近代的中央集権国家を末端で支える警察制度の編成においてすら、必要以上に人々の生活に関与しない儒教的民本主義にもとづいた民衆観を貫徹させようとしていたのである。開化派官僚の改革理論は、伝統的な政治思想に立ちながら近代制度をも採り入れる「変通論」あるいは「旧本新参」の立場からするものであり、日本の提示する近代化構想を全面的に受け入れたものではなかった。ところがこうした開化派官僚の警察改革構想は、井上馨が駐朝公使に赴任し、甲午改革に積極的に干渉するようになった改革第二期において変質させられていく。井上は、その主導する警察制度の改革方針において中央集権的警察制度の導入を図り、朝鮮王朝時代の警察制度と断絶した、民衆の日常生活の統制を役割とする警察機構を設置することを構想していた。したがって日本の影響下で、その警察制度は日本の警察制度に類した国家権力の物理的暴力装置へと変質させられていくこととなった。ここにおいて開化派官僚と井上の近代改革像は深刻な矛盾を露呈することになる。

朝鮮政府と井上ら日本側とのこうした対立は、警察改革構想の次元にとどまらず、甲午改革全般に及ぶものであった。愼蒼宇は、趙景達や伊藤の指摘を受けながら、甲午改革における日朝の基本的矛盾点について具体的かつ重要な指摘を行っている。それは、「文治」的に秩序維持を図りながら民心収攬を優先して漸進的に改革を行うのか、それとも中央集権的な法治体制の構築を意図して急進的に改革を行うとともに、その反対者を「膺懲」して民心の鎮定を図るのかという違いであった(14)。それは農民軍による弊政改革要求、しかも日本による侵略が明確となるなかで「斥倭」のスローガンをもって行われた農民軍の第二次蜂起に対する朝鮮政府と日本の姿勢の違いによく表れている。第二次蜂起に際し、漢の高祖の故事にちなんだ法三章にもとづく政治を行って「先ツ民心ヲ収攬」(大院君)しようとした朝鮮政府に対し、こうした朝鮮政府の態度を批判し、政治を行うためには「千ノ法章、万ノ矩律ヲ要シ、即チ政事ノ多門ヲ出ルヲ防禦スル為、組織権限ヲ明ニセサルヲ得サル」として、「先ツ改良ノ実ヲ挙ケ、国基ノ確定ヲ計ラサルヘカラス。国ノ基礎確立セハ、民心ハ自然鎮定ニ帰スル」と唱える井上とが鋭く対立した(15)。これは、甲午改革を漸進的に行うのか、それとも急進的に行うのかという単なる手続き論上の対立ではない。そこには、儒教的民本主義にもとづき、民衆を教化して民心を収攬しようとする朝鮮側と、法制度の整備を進めて強権的に統治機構を構築することを優先し、秩序紊乱を図る者に対しては徹底的に武力を行使しようとする日本側との秩序観をめぐる本質的差異が横たわっていた。

しかし結局、こうした朝鮮政府の民心収攬策は貫徹しなかった。一方では、そこに日本の意向が強く作用しているからであるが、他方では、開化派政権(甲午政権)が日本に追随することによって朝鮮民衆の反発を招き、それゆえ甲午政権が日本とともに民衆にとって排除の対象となったためである。この点は、朝鮮社会における甲午改革の性格を考える上でより本質的な側面である。日本が朝鮮への干渉を強めるなかで農民軍は「駆逐日本」を掲げて再蜂起し、第二次農民戦争を展開する。その際、忠清南道論山《チュンチョンナムドノンサン》に兵を進めた全琫準《チョンボンジュン》は、官軍に対しても参加を呼びかけた「告示」中で次のように甲午政権を論難した[16]。

日本と朝鮮は開国以降、たとえ隣邦ではあっても累代の敵国である。聖上の仁厚に助けられて三港〔釜山《プサン》、元山《ウォンサン》、仁川《インチョン》〕を詐開し、通商後の甲申〔一八八四年〕一〇月に四凶〔金玉均《キムオッキュン》、朴泳孝、洪英植《ホンヨンシク》、徐光範《ソクァンボム》〕が俠敵して君父の危殆する朝夕となったが、宗社の興復により奸党を消滅した。今年〔一八九四〕一〇月、開化奸党が倭国と締結して夜に乗じて入京し、君父を逼迫して国権を擅恣した。その上、方伯守令がみな開化の味方となって人民を撫恤せず、殺戮を好み、生霊を塗炭に至らせている。いま、わが東徒が義兵を上げて倭敵を消滅し、開化を防いで朝廷を清平し、社稷を安保しようとする際に、いつも義兵のいたるところに兵丁と軍校が義理を考えずにやってきて接戦しようとする。〔中略〕朝鮮人同士であれば、道は違っても斥倭と斥華《ママ》〔化〕はその義が一般である。わずかの句で疑惑を解きわからせるようにしたので、各自顧みて忠君・憂国の心があれば、すぐに義理に立ち返り、商議してともに斥倭・斥華《ママ》〔化〕し、朝鮮が倭国にならないよう同心協力して大事を致そうではないか。

日本によるクーデタを契機に誕生した甲午政権は、人望厚い大院君を擁立しはしたものの、そもそも政権の正統性を欠いていた。したがって好むと好まざるとにかかわらず、その成立当初から親日の母斑が押されていた。そして改革が進行し日本への追随が明らかになり、農民軍から排撃の対象となるに至って朝鮮民衆との矛盾は決定的なものとなった。その際批判の対象となったのは、開化政策によって「方伯守令がみな開化の味方となって人民を撫恤せず、殺戮を好み、生霊を塗炭に至らせ」たことであった。つまり甲午改革に伴って地方官が振恤策を行わなくなり、人々の生死を顧みないことが批判されたのである。したがって保国安民を果たすためには日本とともに開化派政権を排除しなければならないと位置づけられたのであり、そこで目指されたのは、王朝国家的支配を前提にした上での従来的な「あるべき秩序」＝儒教的徳治の回復であった。こうして日本だけでなく甲午政権も、そうした秩序の破壊者として位置づけられるに至った。その意味で農民軍の国家構想は、決して積極的に近代国家建設を目指す具体的なものではなかった。趙景達が指摘するように、東学によって民衆は自らを変革主体ととらえはしても、政治主体としてとらえる回路がいまだ形成されていなかったからであり、農民軍の指導者層においてもそのナショナリズムは政治力の集中化の契機のみを重視し、その拡大化の契機を軽視していたという意味で、いまだ前期的なものにとどまっていたからである(17)。こうして朝鮮におけるナショナリズムの涵養および国民国家化は、甲午農民戦争および甲午改革が果たせなかった課題として次の大韓帝国期の国民化運動＝独立協会運動、そして愛国啓蒙運動へと引き継がれることとなったといえよう(18)。

ところで、柳永益および月脚が看過あるいは軽視しているのが民乱および甲午農民戦争を経て形成されてきた朝鮮民衆の王権観である。特に月脚の論考がはらむ最大の問題点は、甲午改革の直接的契機となった甲午農民戦争を射程に収めた動態的把握となっていないことにあるが、これは民衆史的視点を欠くがゆえに必然的に生じる構造的問題であると思われる。甲午改革が開化政策の歴史的展開の上になされたことは間違いないが、甲午農民戦争との相関関係を射程に入れなければ、たとえば一八九四年時点に甲午改革が始められた理由を説明することができない。これはたとえば、甲午農民戦争を起こしたことをもって逆賊扱いされることを遺憾とする全琫準に対し、彼を裁いた法務参議張博《チャンバク》がそれを否定し、民本と勤王を実践した全琫準の行動ゆえに甲午改革が行われ、公明の政治を行うことができるようになったとその歴史的意義を高く評価したことに端的に表れている。[19] したがって、甲午改革の歴史的意義は朝鮮民衆の動向との連関性において統一的に把握されなければならない。そして、この点にこそ柳永益のいわゆる甲午改革の二律背反性を理解する鍵がある。先に農民軍が、日本とともに開化派政権を排斥の対象としたことを見たが、そうした農民軍および朝鮮民衆が思い描くユートピアを、外勢である日本以上に近代的論理を振りかざして抑圧したのが開化派政権であった。そのため甲午政権は日本の意向に反してでも、民衆の絶大な信頼を集めていた全琫準を処刑しなければならなかったのであり、[20] その点に、第二次蜂起段階で民族矛盾以上に階級矛盾が先鋭化していたことを見て取ることができる。日本の介入は、そうした階級矛盾をより激化させるものであったと評することができるだろう。結局、甲午改革はそうした朝鮮民衆との決定的対立のもとに最終的に挫折させられることとなったのである。[21]

三　甲午改革における王権観

それでは甲午改革では君主権をめぐってどのような改革が行われたのであろうか。この点について月脚達彦の研究をまとめた上で、若干の展望を試みたい。[22] 月脚によれば、開化派政権が行った王権をめぐる政策は、「忠君愛国」的な心性を涵養し、権利の保護を唱えて創出した「国民」を「朕—臣民」という「一君万民」体制へと収斂させようとするものであり、したがって「国民」統合の中心にふさわしい新たな君主権威の構築が模索されることとなった。そしてその際特に課題になったのは、清国との宗属関係の廃棄によって生じた支配の正当性をどのように確保するかという点であったという。朝鮮におけるナショナリズム形成という関心から、この段階で、従来の冊封体制下における伝統的王朝に対応した支配原理ではなく、万国公法体制に即した主権国家の下で国家的アイデンティティを創出する必要性が生じたことを月脚は強調している。この点は具体的には、清国との宗属関係の断絶を図る際に「自主独立」をもたらす主体としての君主像が強調されたことや、開国年号の使用、一世一元の年号の採用、公文書での「勅」「朕」「奏」といった用語の使用、「大君主陛下」の使用、「皇帝進号」の企図などの措置が挙げられる。

しかし、このような君主の権威を確立することは、「公」として君主を位置づけるためにも、君主の「私」的な政治意思の行使を否定するものでなくてはならず、したがって君主の権威確立が試みられる一方で、君主の政治的権限を抑制することが目指された。そうした君主権の抑制の動きが宮中・府中の峻別を図ろうとした君主権・宮中の「制度化」であり、こうした動きは、日本の影響を強く受けることとなった改革第二期に特徴的に推進された。したがって月脚は、実際に君主権の「制度化」が実現されたことの意義に留意をうながしながらも、甲午改革における君主権の制度化の動きを、日本が明治維新において天皇の権威を高める一方で、政治的意思の行使を制限したことにならったものと位置づけた[23]。開化派政権が目指した君主の権威の高揚、そして権限の制約という志向性は、月脚が指摘するように日本の天皇制国家成立過程と対応している。その上で月脚は、甲午改革失敗の原因の一つを、「公」としての君主権を「制度」的に保障する一方で、君主統治権の正統性が確保できなかったことに求めている。対清関係において冊封体制を否定する一方で、中華的な天観を放棄することなく新たなナショナリズム形成の必要性が自覚されていなかったことが問題だったととらえるのである。したがって、ナショナリズムの形成という動きが独立協会運動および愛国啓蒙運動へと継承されていることを明らかにした上で、甲午改革以降に進められた忠君愛国観念との相関関係で統監伊藤博文の皇帝利用策をとらえた[24]。

しかし朝鮮史的文脈から考察する際に、より重要だと思われるのは、朝鮮王朝の王権が臣権に対して一貫して弱体であったという歴史的事実である。たとえば一八九四年一〇月に報聘使随員として日本を訪問した兪吉濬は、朝鮮の王権が放縦に流れていると批判する外務大臣陸奥宗光に対し、「我が国の君権はもともと定域があり、大権は皆政府にある。しかし中葉以後、やや王室が費用の一節に至るようになった。もっとも、厳切して一疋の布、一つの葉銭を私用することはできない。近日〔のような状態〕に至ったのは、皆権臣弄権の所為であって、王室の濫用ではない」[25]と説明した。この発言を陸奥の批判に対する弁解ととらえることももちろん可能である。しかし、序章で述べたように、一君万民論的な王権のあり方を理想としながらも、現実政治においては君臣共治、そして勢道政治などのように臣権が君権に優越する状況が朝鮮王朝においてはむしろ一般的であったことを想起すれば、兪吉濬のこの発言からは、近代的国家原理からというよりも、従来的な君臣共治の立場から王権を掣肘することが当為であったことが見て取れる。

先に見たように月脚は、大韓帝国成立時にナショナリズムの求心点を、近代的なものではなく、伝統的な「天」観念に求めたため、いわゆる「公式ナショナリズム」の導入に失敗したと位置づけた。中華的な文明観が色濃く残っていることがヨーロッパ的な国際秩序である国民国家体系を受容する際に抵抗を生じさせるという評価自体は首肯しうるが、それを「失敗」と評価するのは、国民国家の形成を当為とし、さまざまな歴史的事象を国民国家論に当てはめて理解しようとするものである。重要なのは、そうした抵抗がさまざまな次元で展開されるなかで形成された国家形態がどのようなものであったのかを明らかにすることである。ところが月脚の研究は、政治文化論を射程に収めるとしながらも、先述したように民衆史的動向を等閑視しているため、大韓帝国の成立をめぐってその王権の形態を甲午改革の「鬼子」と、近代主義に即して評価することになってしまった。

甲午改革後に成立した大韓帝国は、皇帝独裁制の実現により、朝鮮史上最も王権が強化された国家形態と評価されるが、では、そうした国家形態が出現したことを歴史的にどのように理解したらよいのであろうか。それは、甲午改革における近代国家構想への反動という評価のみで理解できるであろうか。先に月脚の研究で見たとおり、大韓帝国の成立が、日清戦争における清国の敗戦にもとづき、対清自立、そして冊封体制から万国公法(国際法)体制への移行に対応するものであったことは間違いない。しかし、大韓帝国の成立もまたやはり民衆史的枠組みをも射程に収めて把握する必要がある。この点にかかわって注目すべきなのが、大韓帝国の成立過程を高宗の皇帝即位過程に即して検討した奥村周司の研究である。[26] 奥村によれば、その皇帝号の採用は、単に中華帝国の皇帝制度にならったものではなく、朝鮮の王権の性格や世界観に規定されたものであった。高宗の皇帝即位が、日本および欧米列強との外交関係において、従来の清との宗属関係をどのように処理するのかという側面をもっていたことは疑いえない。しかしそれとともに、皇帝即位の際に重要となる圜丘祀の開設意図が王権と天神との結びつきの強化であったことは、皇帝即位に「天」観が大きく作用していたことを示している。そうした動向は、当時の天主教の浸透や東学勢力の拡大に対応するものという性格をもっていたと解しうる。したがって、国王が天神と直接的な結合関係にある「天子」であることを国民に可視的に示す必要性があり、それゆえ祭天礼を挙行したのだという。高宗が皇帝に即位するにあたっては、甲午農民戦争における「下から」の膨大なエネルギーとしての国王幻想、一君万民論的国王観が強く影響していたということになる。つまり甲午農民戦争を通じた「下から」の膨大なエネルギーが流れ込んでこそ皇帝独裁の実現が可能となったのである。大韓帝国という専制国家の出現は、甲午農民戦争で噴出した民衆の前期的あるいは始原的なナショナリズムの表出形態である国王幻想を鋳型にはめ込もうとして失敗した甲午改革を受け、そうした国王幻想に対応しようとしたものであった。

（1）　本節で取り上げた甲午改革の内容については、特に断らない限り、月脚達彦「甲午改革の近代国家構想」（『朝鮮史研究会論文集』三三集、一九九五年）、愼蒼宇「近代朝鮮における国民国家構想と民衆運動」（久留島浩・趙景達編『アジアの国民国家構想』（青木書店、二〇〇八年）、参照。また甲午改革の概略については、糟谷憲一『朝鮮の近代』（山川出版社、一九九六年）、参照。

（2）　月脚達彦「甲午改革の近代国家構想」、参照。なお柳永益は、月脚が掲げた第二期、第三期を、朴定陽内閣の成立に着目して、それぞれ二つに分け、全六期に区分しているが（秋月望・広瀬貞三訳『日清戦争期の韓国改革運動』法政大学出版局、二〇〇〇年、一四三頁)、大局的な時期区分は月脚のそれと大差ないため、ここでは便宜的に月脚の区分に従う。

(3) ただし、急進開化派の代表ともいえる金玉均も甲申政変失敗後、大国主義への志向を放棄して対清協調を念頭に置いた中立化構想を展開しており、清国に対する文明的親近感は基本的には急進開化派、穏健開化派に共有されていた(趙景達「金玉均から申采浩へ」歴史学研究会編『講座世界史　七　「近代」を人はどう考えてきたか』東京大学出版会、一九九六年)。

(4) 趙景達『異端の民衆反乱』(岩波書店、一九九八年)、二六九〜二八〇頁。

(5) 柳永益『日清戦争期の韓国改革運動』、四一〜四五頁。

(6) 『日本外交文書』二七―一、七〇五頁。

(7) 田保橋潔「近代朝鮮に於ける政治的改革」(朝鮮総督府朝鮮史編集会編『近代朝鮮史研究』朝鮮総督府、京城、一九四四年)。

(8) 柳永益『日清戦争期の韓国改革運動』、一三二頁、一七三頁。

(9) 月脚達彦「甲午改革の近代国家構想」。

(10) 遠山茂樹「東アジアの歴史像の検討――近現代史の立場から」(『歴史学研究』二八一号、一九六三年)、中村平治「方法としてのエスノ民族問題」(『思想』八五〇号、一九九五年)。

いわゆる遠山―芝原論争で深められた主要論点の一つが、東アジアの近代化をめぐる国際的契機の問題である。一地域内での近代化要因のみを強調し、近代化の方向性を規定する国際環境との連関性に配慮しなければ、いわゆる一国史的歴史理解に陥ることとなる。その意味で月脚の議論は東アジア比較史への視座を提示しているように見えながら、逆に視野狭窄に陥っている。

(11) 宮嶋博史「開化派研究の今日的意味」(『季刊三千里』四〇、一九八四年)、同「方法としての東アジア」(『歴史評論』四一二、一九八四年)、趙景達「朝鮮における大国主義と小国主義の相克――初期開化派の思想」(『朝鮮史研究会論文集』二二集、一九八五年)、同「朝鮮における実学から開化への思想的転回――朴珪寿を中心に」(『歴史学研究』六七八号、一九九五

年)、趙景達『異端の民衆反乱』、第一〇章。
(12) 伊藤俊介「朝鮮における近代警察制度の導入過程――甲午改革の評価に関する一考察」(『朝鮮史研究会論文集』四一集、二〇〇三年)。
(13) 兪吉濬『西遊見聞』、一五五頁(『韓国名著大全集』大洋書籍、서울、一九七三年、所収)。
(14) 愼蒼宇『植民地朝鮮の警察と民衆世界』(有志舎、二〇〇八年)、第二章、愼蒼宇「近代朝鮮における国民国家構想と民衆運動」、九〇頁参照。
(15)『日本外交文書』二七―二、二七頁、三三三頁。
(16)『東学乱記録』下(国史編纂委員会、서울、一九五九年)、三七九～三八〇頁。訳出にあたっては趙景達による訳文を参照した(趙景達『異端の民衆反乱』、二九〇～二九一頁)。なお、純ハングルのこの檄文に国史編纂委員会が漢字を当てる際、「척화」を「斥華」としたのは誤まりであり、「斥化」と解すべきというのが、甲午農民戦争研究では一般的である(趙景達『異端の民衆反乱』、三一九頁)。本書もこの見解に従う。
(17) 趙景達『異端の民衆反乱』、三三五頁。
(18) 月脚達彦『朝鮮の開化思想とナショナリズム』(東京大学出版会、二〇〇九年)、第八章、参照。
(19) 趙景達『朝鮮民衆運動の展開』(岩波書店、二〇〇二年)、一一一頁。
(20) 趙景達『異端の民衆反乱』、三五三頁。
(21) 伊藤俊介は、独立協会運動段階になると新興知識人に民衆啓蒙の論調が色濃くなることを展望しているが(伊藤俊介「朝鮮における近代警察制度の導入過程」)、本文で見たように一面的な見方であろう。そうした変化は、月脚が強調するような国民国家論的論理を開化派知識人が内面化したものというよりも、伝統的支配体制を志向しながら社会変革を目指す朝鮮民衆への対抗言説という側面が強いものと思われる。この点については別途考察を要するため、指摘にとどめ、その考察については他日を期したい。
(22) 以下、本段落で掲げた甲午改革における王権制度化の具体的内容については、特に断らない限り、月脚達彦「甲午改革の近代国家構想」、参照。

(23) こうした見解は、韓国の歴史学界でも受け入れられているように思われる。たとえば河元鎬は、高宗を高く評価する李泰鎮らの論考を批判しながら、日本の影響を受けた模倣性を強調している(河元鎬「大韓帝国の国民国家構想」人間文化研究機構連携研究『日本とユーラシアの交流に関する総合的研究「ユーラシアと日本――交流と表象」国際シンポジウム報告書』人間文化研究機構国立歴史民俗博物館、二〇〇六年)。

(24) 月脚達彦「「保護国」期における朝鮮ナショナリズムの展開――伊藤博文の皇室利用策との関連で」(『朝鮮文化研究』七号、二〇〇〇年)。

なお、伊藤の韓国保護政策を井上馨の対韓政策との連続性で先駆的に評価したのは森山茂徳である(森山茂徳『近代日韓関係史研究』東京大学出版会、一九八七年)。

(25)『兪吉濬全書』Ⅳ(一潮閣、서울、一九七一年)、三七二頁。

(26) 奥村周司「李朝高宗の皇帝即位について――その即位儀礼と世界観」(『朝鮮史研究会論文集』三三集、一九九五年)。

第二項　小国構想のゆくえ
――中立化構想を中心に

前項で見たように、朝鮮における国家構想には儒教的民本主義に立脚した自強論的立場が強く影響していた。したがって朝鮮の外交政策もそうした自強論的国家構想に規定されることとなる。「自強」とは「民本を基礎に置いて内政と儒教的教化の充実を図り、そのことを通じて外国の軽侮と侵略を未然のうちに防ごうとする政策」(1)だからである。それでは、その外交政策は具体的にどのように行われたのであろうか。やや結論めいて言えば、その外交政策は武力を背景とする国権拡張策を排した小国構想にもとづいたものであり、具体的には中立化構想として展開された。したがって、その外交政策、そしてそれを規定する対外観は、国権の拡張を基調とする日本のそれとは著しく異なる。以下、日本の朝鮮中立化構想と対比しながら、朝鮮における中立化構想を焦点として、その小国構想を取り上げる。

一　朝鮮における小国構想

日清戦争開始までの東アジア国際関係においては、近代的国際法にもとづく万国公法体制(条約体制、国際法体制)とは異なる華夷秩序的世界観にもとづいた冊封体制も依然として機能していた。冊封体制は、朝貢国には年一回の朝貢や冊封を与える側の暦、年号の利用などの義務を課すものではあったが、必ずしも近代的な支配—被支配の権力関係が貫徹するようなものではなかった。そしていわゆるウエスタン・インパクトによっても東アジアの国際関係が万国公法体制に一元化されたわけではなく、二つの国際秩序が並存する状況(両截体制——兪吉濬)にあった。ところが、日本をはじめとする欧米列強の朝鮮への影響力が強まるに伴って、清国は従来の冊封—朝貢関係を盾にとりながら朝鮮への干渉を強めるようになる。こうして朝鮮における外交政策において登場するのが中立化構想である。

近代朝鮮における中立化構想は、具体的には一八八二年の壬午軍乱以降、清国による圧迫が強まるなかで展開された。(2) 朝鮮政府、特に清国に妥協的な穏健開化派と呼ばれるグループが追求した中立化構想は、趙景達が強調するように儒教的王道論にもとづいて構築されており、それゆえ清国との宗属関係を前提にした上で、現実的に行われている清国の内政干渉に対する批判を内包したものであった。(3) その後、対清自立が強調された甲午改革をリードした兪吉濬にあっても、その中立論は清国を盟主とした中立化構想であり、そこでの自己認識は小国思想を貫徹させたものだった。冊封体制下の朝貢国である「贈貢国」は、近代的国際関係における「属国」を意味するものではなく、固有の権利をもって独立を保つものととらえられていた。そこで説かれる「贈貢国」と「受貢国」との関係は、締約を変更する前に、贈貢国側が贈貢をやめるのは信義に背くものであり、逆に、締約に従って贈貢を続けているならば、受貢国はその権利を侵すことはできず、もし権利を侵すような場合は贈貢国側が朝貢関係を絶つことができるという相互補完的な関係で把握された(4)。すなわち受貢国が一方的に贈貢国に義務を強いることができると理解されてはおらず、小国意識にもとづいた大国批判、あるいは信義にもとづく清国への期待をその基調としたものであった。そして、そうした認識を貫いているのは、儒教的王道論に立脚した国際正義への期待である(5)。つまり朝鮮政府の外交姿勢を思想史的に一言でいえば、冊封関係を盾にとりながら従来の関係を改編して朝鮮に対する内政干渉を強めようとする清国を、その冊封体制の中核的概念となる儒教的規範によって批判しようとするものであった(6)。

ほかにも、たとえば金允植は、どの国家も守ろうとしない国際正義という道義的立場を貫徹させようという小国主義的外交構想をもっていた。確かに、そうした小国主義的立場は、帝国主義的国際関係における列強の角逐という現実を前に、いかにも楽観に過ぎた。しかし、そうした発想が日本をはじめとする列強各国の角逐を招き、その結果、朝鮮が植民地に転落したという木村幹の評価は、原因と結果とを混同させたものである(7)。帝国主義者に道義を求める小国主義的発想自体は、帝国主義に対する根本的な批判にもつながりうるはずだからである。それを、パワー・オブ・バランスの帝国主義的国際環境の下で、小国主義にもとづいて国際関係を理解した結果として朝鮮が植民地に転落したものととらえる発想は、帝国主義擁護の論理に堕するか、あるいは多様な歴史事実から目をそらすことにしか寄与しない。

なお、日清戦争によって冊封体制が解体し、万国公法体制に一元的に組み込まれると、朝鮮における小国思想は、冊封体制と万国公法体制の均衡の上に自らの進路を模索したそれまでの「自強」論的構想のみならず、アジア主義的な小国構想として展開されていった(8)。日本や清国との連携論がそれである。一進会の日韓合邦請願運動もまた、その主観の限りではこうしたアジア主義的小国構想の延長線上に位置づけられるものであった（第四章第二節参照）。

二　日本の対朝鮮外交における選択肢
――朝鮮中立化構想との対応

それでは、朝鮮の小国思想を具体的に展開したものである朝鮮中立化構想に対し、日本の朝鮮中立化構想はどのようなものだったのであろうか。日本は早くから、東アジアにおける国際関係である冊封体制を自覚的に離脱し、ヨーロッパの近代的国際関係である国際法体制にいち早くシフトしたが、冊封体制および万国公法体制という二つの外交体制の並存状況を無視した外交は展開しえなかった。それでは、そうした国際環境下において日本は具体的にどのような外交政策を模索したのであろうか。明治維新以降の日本における対朝鮮政策方針の選択肢を端的に示すのが、日清開戦後の一八九四年八月一七日、閣議に提示された外務大臣陸奥宗光の意見書である。陸奥は対朝鮮政策の選択肢を、それぞれの問題点を指摘しながら次のようにまとめた(9)。

甲、帝国政府は既に内外に向かいて朝鮮を一の独立国と公認し、またその内政を改革せしむべしと声明せり。ついては今後清国との最後の勝敗相決し、而して我輩が冀望する如く我が帝国の勝利に帰したる後といえども、依然一個の独立国として全然その自主自治に放任し、我よりもこれに干渉せず、また毫も他よりの干渉をも許さず、その運命を彼に一任する事。〔中略〕

乙、朝鮮を名義上独立国と公認するも、帝国より間接に直接に永遠もしくはある長時間その独立を保翼扶持し他の侮りを禦ぐの労を取る事。〔中略〕

丙、朝鮮はその自力を以てその独立を維持すること能はず、また我が帝国においても直接と間接とを問わず独力を以て、これを保護するの責に任ずること能わずとするときは、かつて英国政府が日清両国へ勧告したるが如く、朝鮮領土の安全は、日清両国において之を担保する事。〔中略〕

丁、朝鮮が自力を以て独立国たることは到底望むべからざることとし、また帝国が独力を以てこれを保護するを不利なりとし、また日清両国にてその独立を担保するは、竟に彼此協同一致を得べき望みなしとするときは、朝鮮を以て世界の中立国となさんことを、我国より欧米諸国および清国を招誘し、朝鮮国をしてあたかも欧洲における白耳義、瑞西の如き地位に立たしむる事。〔後略〕

もちろん陸奥は、日清開戦時においてこれら四つの選択肢を同列に位置づけていたわけではない。むしろ朝鮮の内政改革を口実に清国と戦端を開いたことは、丙案、丁案両者の存立余地を消滅させるものであった。しかしそれぞれの選択肢は、各時点での国際関係に規定されながら具体的に日本政府内で検討されていたものである。以下、各案の具体的展開を見よう。

多国間における朝鮮共同保護を内容とする丁案は、一八八二年の壬午軍乱に際して朝鮮に派遣された井上毅がその帰国後に起草した「朝鮮政略意見案」の内容になぞらえられる。その内容は、朝鮮を日清米英独五国の会議により、ベルギー、スイスの例にならって「中立国」とするというものであり、その意図は、宗属関係を空洞化することによって清国の内政干渉を阻止すること、またロシアを警戒することに置かれていた[10]。また一般には日本の大陸膨張路線を規定したものとして理解されている、一八九〇年に首相山県有朋が帝国議会で行った施政方針演説の土台となった「外交政略論」の内容も、多国間での共同保護という意味でこの範疇に属するものである[11]。丙案の具体的事例としては、一八八五年のイギリス艦隊による巨文島占拠事件に際して外務卿井上馨が唱えた「朝鮮弁法八ヶ条」が挙げられる[12]。これは結局李鴻章によって拒否されることとなるが、朝鮮問題における英露の動きを目の当たりにし、清国との共同保護という動きを具体化させたものである。こうした日本の動きに対する一八八〇年代から日清開戦までの清国の立場は、岡本隆司によれば、日本警戒論を基調としながら朝鮮属国化を実体化させるというものであった[13]。しかし清国、特に李鴻章は、清国による朝鮮の保護国化には慎重な姿勢を保持していた。そうした清国の姿勢は、たとえば日本が日清開戦の口実とした朝鮮内政改革案を拒否したことに象徴的に示されている。一方、日本における朝鮮中立化構想は、国際的劣勢のなかで朝鮮における日本の影響力をいかに保持するかという点から構築されたものであり、こうした中立化構想が日清開戦のなかで放棄されたことが端的に示すとおり、日本における朝鮮中立化構想は、日本が朝鮮に実力を行使できない段階での安全保障策以上の意味をもつものではなかった[14]。

結局、この段階で日本が選択したのは乙案であった。その具体的な展開策が甲午改革への干渉であり、それが失敗に終わったことは先述したとおりである。そして三国干渉を契機に日本の勢力が後退し、ロシアが勢力を伸張させるなかで、朝鮮半島とそれを取り巻く国々による「勢力均衡」状況が朝鮮半島に再出現した[15]。そうしたなかで大韓帝国は再び中立化構想を追求することとなる。しかし日清戦争後に朝鮮半島に生じた日露の「勢力均衡」のなかで大韓帝国が模索した中立化構想に対して日本は一貫して冷淡であった[16]。そして義和団事件を契機として日露を主軸としながら東アジアにおける帝国主義的角逐状況が激化するなかで、日本は朝鮮半島を勢力下に収めるために日露開戦を射程に入れ、韓国中立化構想の封鎖を図っていったのである。

（１）　趙景達「朝鮮における実学から開化への思想的転回――朴珪寿を中心に」（『歴史学研究』六七八号、一九九五年）、同「朴殷植における国家と民衆――朝鮮的政治思想・政治文化の葛藤」（深谷克己編『東アジアの政治文化と近代』有志舎、二〇〇九年、一八八頁）。
（２）　岡本隆司『属国と自主のあいだ』（名古屋大学出版会、二〇〇四年）、同『世界史の中の日清韓関係』（講談社選書メチエ、二〇〇八年)、第三章、参照。
(3) 趙景達「朝鮮近代のナショナリズムと東アジア——初期開化派の「万国公法」観を中心に」(『中国——社会と文化』第四号、一九八九年)。
(4) 兪吉濬『西遊見聞』、九四〜九五頁(『韓国名著大全集』大洋書籍、서울、一九七三年、所収)。
(5) こうした国際正義への期待は、たとえば「朝米条約」第一条の周旋条項にもとづくハルバート(H. B. Hulbert)らを通じたアメリカへの働きかけやハーグ密使といった高宗のいわゆる秘密外交の重要な動機となっているといえよう。しかし韓国のアメリカへの働きかけが、「桂・タフト覚書」などにより日露戦争を通じて形成された帝国主義体制によって封鎖されていったのは周知のとおりである(長田彰文『セオドア・ルーズベルトと韓国』未来社、一九九二年)。
(6) 国際政治の現実においてはこうした思惟が一般的には貫徹しないため、外交史において思想史的な枠組みを無前提に適用すべきではないとする岡本隆司の指摘は確かに傾聴すべきものであり、岡本が明らかにした日清朝外交史に関する実証研究は高く評価されるべきである(岡本隆司『属国と自主のあいだ』、三八七〜三八八頁)。しかし、だからといって朝鮮の小国主義の営為を通じて従来の研究が明らかにしてきた帝国主義批判の論理をも含めて全否定しようとする姿勢には疑問を感じる。国際関係史研究においても事実の緻密な検証とともに、そうした動向を規定する思惟のあり方をやはり射程に入れるべきであろう。
(7) 木村幹『朝鮮／韓国ナショナリズムと「小国」意識』(ミネルヴァ書房、二〇〇〇年)。
(8) 趙景達「近代朝鮮の小国思想」(菅原憲二・安田浩編『国境を貫く歴史認識』青木書店、二〇〇二年)、一四二頁。
(9) 陸奥宗光(中塚明校注)『蹇蹇録』(岩波文庫、一九八三年)、一六五〜一七〇頁、「対韓問題閣議案」(『秘書類纂　朝鮮交渉資料』下巻、原書房、一九七〇年復刻、五五九〜六〇四頁)。
(10) 芝原拓自・猪飼隆明・池田正博校注『日本近代思想大系　一二　対外観』(岩波書店、一九八八年)、五二〜五四頁。
(11) 岡本隆司『世界史の中の日清韓関係』、一六〇頁、『日本近代思想大系　一二　対外観』、八一〜八六頁。
(12) 『日本外交文書』明治年間追補一、三五九〜三六〇頁。

(13) 岡本隆司『世界史の中の日清韓関係』第三章、第四章、参照。

(14) したがって日本は当初から大国主義的外交政策を志向していたわけではなく、日清開戦直前まで小国主義的志向が存在していたとする高橋秀直の評価は、意図と結果を混同させたものであるといえよう(高橋秀直『日清戦争への道』東京創元社、一九九五年)。

(15) 岡本隆司『世界史の中の日清韓関係』、一六四～一六六頁。

(16) 森山茂徳『近代日韓関係史研究』、第一部第三章、海野福寿『韓国併合史の研究』(岩波書店、二〇〇〇年)、八八～八九頁。

第二節　日露戦争下における日本の朝鮮植民地化政策

日露開戦をにらんで一九〇三年末から進められていた日韓同盟工作は、一九〇四年二月の日露開戦と同時に日本がソウルを占領し、「日韓議定書」を韓国と締結するという形で達成された。そして同条約を根拠として第一次「日韓協約」をはじめとする複数の条約および取り決めが日韓間で締結されるなかで、日本の韓国侵略が漸次進められていく。その意味で「日韓議定書」は日本が韓国を保護国化する一大契機となった条約である。それでは、「日韓議定書」はどのように成立し、日本の韓国保護国化をどのように位置づけたのであろうか。そして韓国に対する主権侵害はどのように進められたのであろうか。本節では「日韓議定書」の締結過程および同条約を前提にした日本の朝鮮植民地化構想の成立過程を明らかにする。その際、特に日本の韓国従属化構想を中心に検討を進める。

第一項　「日韓議定書」の締結

一九〇四年二月二三日、日本軍によるソウル制圧下において韓国駐箚公使林権助と外部大臣臨時署理李址鎔《イチヨン》との間に「日韓議定書」が締結された。一般的に日本の韓国保護国化は一九〇五年一一月に締結された第二次「日韓協約」により成立したとされるが、海野福寿が指摘するように、「日韓議定書」は近代的保護条約としての性格をもっていた。[1] こうした性格をもつ「日韓議定書」は日露開戦を見据えて行われた一九〇三年末からの日韓同盟交渉の流れを受けて成立したものであり、日本が朝鮮を植民地化する起点となった。ただし同条約の締結に向かって順調に交渉が進んだわけではなく、数度の交渉頓挫を経て、最終的に日本が軍事力を背景にして韓国側に締結を迫ったものであった。その際、日本の意図を阻む最大の要因となりえたのは韓国政府の中立化構想であったが、日本は韓国の局外中立への動きを封鎖しながら条約の締結を進めていく。本項では、「日韓議定書」締結過程について検討するが、条約締結過程についてはすでに海野が詳細な検討を行っているため、[2] ここでは「日韓議定書」各条項中、特に、日本の韓国内政干渉を保障した第一条、韓国皇室の安全を保障した第二条、韓国の独立・領土保全を保障した第三条、および朝鮮半島の軍事基地化を規定づけた第四条がどのような経緯を経て成立したのかを検討し、日本が韓国をどのように従属化させようとしたのかについて明らかにする。

一　「日韓議定書」の締結過程

「日韓議定書」が規定する韓国従属関係の内容を検討するに先立ち、「日韓議定書」の締結過程を概観する。

一九〇三年末から、日露開戦をにらんで日韓間で秘密条約締結工作が進行していたが、[3] 一九〇四年一月中旬から密約締結交渉が具体化する。駐韓公使林権助は一月一九日、韓国皇帝高宗《コジョン》の全権委任状を携えて来訪した外部大臣李址鎔、閔泳喆《ミンヨンチョル》、李《イ》根沢《クンタク》の三人に対して五条からなる密約案を提示するとともに、外務大臣小村寿太郎に同案を送付した。密約案の内容は、①日韓両国間の緊密な提携関係の構築、②大韓帝国皇室の安寧およびその領土の独立保全の保障、③相手の事前承認なく、本協約と反する内容の条約を第三国と結ばないこと、④未悉の細目については臨機妥定すること、⑤本協約を秘密にすること、というものであった。これに対して韓国側は翌二〇日朝、日本側密約案の①、④

を内容とする全三条の対案を交付したが、この韓国側対案と林による密約案を参酌した日本政府案（全五条）が同日夜、林に届けられた。この日本政府案は林案の①から④までを基本的内容とするものであった。

一方、韓国外交の中立国化路線あるいはロシアへの接近を封鎖することを意図した日本案に対し、駐韓ロシア公使パブロフ（Aleksandr I. Pavlov）が韓国皇帝を牽制する構えを見せていた。また皇帝側近の宮内府内蔵院卿李容翊《イヨンイク》ら中立派が巻き返しを活発化させるなかで、林は韓国側対案にもとづいて調印を急いだ。しかし二一日、清国・芝罘《チーフー》から韓国政府の局外中立声明が発表されると状況が一変する。林と李址鎔は、中立声明を承認するとともに密約締結を目指すという二重締結の構えを見せるが、結局断念することとなった。日露開戦を控えた日本にとって、日韓密約交渉によりいたずらに欧米列強の警戒を招くことは得策ではなく、また自らの自由行動を制限しかねないものと判断されたためである。[4] また、高宗が韓国の独立を保持するために中立化策を優先しており、日本との提携にロシアが反発することを危惧していたことも交渉挫折の大きな理由であった。[5] これに関連して在韓公使館付武官伊地知幸介は参謀本部への報告で、駐韓ロシア公使が「国王ヲシテ、万一ノ場合、露仏公使館ノ一ニ避難セシムルノ可ナルヲ勧告シタ」こと、および「韓国政府ガ当事者三人〔李址鎔、閔泳喆、李根沢〕ヲ追窮シテ、遂ニ之ヲ殺害セントスル」ことを恐れたことという二点を挙げていた。密約締結をめぐって韓国政府が混乱し、さらには露館播遷のような事態が再現されると日本にとって大局的に不利益が生じるため、「該条約ノ存否ハ甚シク我ニ利益ナク、寧ロ当事者三人ノ其職ニ止ルノ却テ可ナル」ものとして位置づけられたのである。[6] すなわちこの時点で日本は、密約の締結によって得られるであろう利益よりも韓国政府とのパイプを維持することなど、現状維持を優先したのである。

こうして頓挫したかに見えた日韓密約案であるが、日露開戦とともに再浮上した。日本は対露開戦を決定するとただちに韓国に派兵し、日露開戦（対露宣戦の詔書公布は二月一〇日）に先立つ八日、仁川《インチョン》に平時編制の四大隊を上陸させた。そのうち二大隊はソウルに侵攻し、同地を制圧下に置いた。翌九日に謁見した林が「同盟締約ノ事ニ関シテハ、陛下ハ此際ニ至ルモ尚ホ形勢傍観ノ態度ヲ守ラル、モノ」[7]と見ていたように、高宗は日韓「同盟」の締結に消極的であったが、日本による軍事制圧下で一三日から条約締結交渉が再開されることとなった。同日、「公使館再案」[8]として協約案を起草した林は、再開交渉において、一月二〇日の韓国側対案にもとづいて調印を進めようとする韓国側の意向をしりぞけ、「此際ハ一層進ミタル詳細ノ条約ヲ締結スルヲ以テ時宜ヲ得タルモノ」とし、同二〇日の日本政府案を踏まえて新たに作成した「議定書（第四稿）」（全六条）を李址鎔に手交した。[9]一月二〇日の韓国側対案には軍事同盟規定および第三国との条約締結の事前承認条項がなかったからである。その後、二月一五日に韓国政府で閣議が行われた。そして韓国側の意向を受け、在韓日本公使館および外務省間での調整を経て二三日、「日韓議定書」が締結された。その後、二七日付官報で「日韓議定書」が公布され、韓国側でも三月八日付官報に同条約が掲載された。当初、「議定書」は密約として構想されたが、公表に踏み切ったのは韓国の中立声明を無効化するためであった。[10]

二　「日韓議定書」における日本の韓国従属化構想

次に、従属関係の構築との連関性に着目しながら、「日韓議定書」各条項の成立過程について考察する。ここでは、①日本による韓国の施政改善（第一条）、②韓国皇室の安全保障（第二条）、③韓国の独立および領土保全の保障（第三条）、および④韓国の軍事的従属（第四条）の内容が、密約から「日韓議定書」締結に至る交渉過程でどのように扱われたのかを検討する。

まず②の「皇室ヲ確実ナル親誼ヲ以テ安全康寧ナラシムル事」および③の「大韓帝国ノ独立及領土保全ヲ確実ニ保護スル」という文言であるが、これは直接的には、一九〇四年一月に始まった密約の締結交渉において皇帝高宗が外相李址鎔らを通じ、「日本政府ヨリモ之〔韓国〕ニ対シ、日本ノ希望全然韓国ノ独立及ビ皇室ノ安寧ニアル旨ノ保証ヲ与ヘンコト」を日本側に申し入れた内容を反映させたものである。[11] その際、一八九五年の閔妃《ミンビ》殺害事件を例示したことから明らかなように、高宗の主眼は韓国皇室の安全保障を日本に認めさせることにあった。したがって一九〇三年一二月には作成されていた、日本側提示の「日韓議定書公使初案」には韓国の独立および韓国皇室の安寧という条項は含まれておらず、単に「日韓両国カ誠実ナル情誼ヲ互相提携シテ安寧秩序ヲ永久ニ維持スル事」とのみ規定されていた。[12] 韓国側の提言を受けて駐韓公使林権助は、一九〇四年一月一九日の密約案第二項で「大日本帝国政府ハ大韓帝国ノ皇室ノ安寧及其領土独立ノ保全ヲ誠実ニ保障ス可シ」と表現した。さらに二〇日の日本政府案では林案第二項を二つに分け、韓国皇室の安全康寧保障と韓国独立および領土保全保障とを規定し、それぞれ第二条および第三条の二カ条とした。そして多少の字句の修正はあったが、「日韓議定書」にそのまま条文化された。同日の韓国側対案で林案第二項が「日韓両国ハ誠実ナル友誼ヲ以テ互ニ相提携シ安寧秩序ヲ永久ニ維持スル事」との曖昧な文言に置き換えられていたことを考えると、韓国側は、韓国に対する日本の保護責任を明示することを嫌ったものと推測されるが、再開された「日韓議定書」締結交渉では、こうした韓国側の意向はしりぞけられた。しかし「日韓議定書」締結後、特に第三条について「韓国ノ大官連ハ、右議定書ハ帝国政府ガ宣戦詔勅中ノ韓国ノ独立扶植ノ主義ヲ現実ニシタルモノトシテ、非常ニ其訂立ヲ歓迎」したという。[13] 韓国高官らは「日韓議定書」を、日本の対露宣戦詔勅を受けて日本が韓国の独立を保障したものと位置づけたのである。しかし、これらの条文は日本によって踏みにじられ、第二条は韓国併合時、第三条は第二次「日韓協約」締結時にそれぞれ問題化した。

一方、韓国の対日従属関係を規定した「日韓議定書」第一条後段の「大韓帝国政府ハ大日本帝国政府ヲ確信シ、施設ノ改善ニ関シ、其忠告ヲ容ル丶事」という文言は、韓国側の反発を押し切って日本が挿入させたものである。日本は、韓国を従属的地位に置くため、日本が韓国に「援助」を与えるものと密約締結交渉当初から位置づけていた。[14] これに対して韓国側は、「援助ノ一字ヲ不穏当トシ、互ニ相扶持スルトノ主義ニ改メタシ」と提言し、日本側の意向を牽制した[15]。この牽制を受け、一月一九日の林原案、翌二〇日の日本政府案では「両国政府ハ常ニ誠実ニ相互ノ意思ヲ疎通シ、且緩急互ニ相扶掖スル事」(日本政府案)と、対等な相互友好関係を謳うにとどめざるをえなかった[16]。ところが日本は、再開交渉で、対日従属関係を受け入れることを韓国側に要求する。二月一三日、林が李址鎔に手交した「議定書(第四項)」の同条文は、「大韓帝国政府ハ全然大日本政府ニ信頼シ、専ラ日本帝国政府ノ助言ヲ受ケ、内治外交ノ改良ヲ図ル可シ」と、日本の「助言」に従って「内治外交ノ改良」を図ることを韓国政府に課す内容となっていた。さらに外相小村寿太郎の修正を経て二月一五日、林が李址鎔に交付した「議定書(第五稿)」では「大韓帝国政府ハ大日本帝国政府ニ信頼シ、大日本帝国政府ノ助言及ヒ助力ヲ受ケ施政ノ改善ヲ図ル事」と修正されていた[17]。

韓国側はこれを「独立国ノ体面ヲ損傷シ、曾テ清国ニ隷属シタルト同一ノ悪例ヲ後世ニ貽ス」もの、すなわち独立国という地位を脅かしかねない重大な主権侵害を招くものと見なした。一八八〇年代に進められた清国の宗主権強化策が朝鮮の独立を形骸化するものであったことを引証して、日本の要求を拒否しようとしたのである。そこで韓国政府は、第一条末段を「大韓帝国政府ハ大日本帝国政府ヲ確信シ、施政ノ改善ニ関シ其忠告ヲ容ル、事」と修正することを林に求めた[18]。小村が「助力」の文言を挿入することに固執したのは、「日露協商ニ於テ、我方ハ露国ヲシテ助言及助力ノ件ヲ併セテ認メシムルコトヲ手交シタ」とあるように、「日露協商」との整合性にこだわったためである[19]。ここで小村が言う「日露協商」とは、一九〇三年七月から始まった日露交渉における協約案を指す。日露協約案のもとになったのは、同年六月二三日に開かれた対露問題に関する御前会議で提示された小村の「対露交渉意見書」であるが、そこで示された基礎案には「日本ハ韓国内政改革ノ為メ助言又ハ助力ノ専権ヲ有スルコト」とあった[20]。「助力」(日露協商案では「援助」)が包含する内容をめぐって、日本が韓国の「内政改善に関して我が国が単に助言を以て援助を与ふるのみならず、又実質的援助を為し得るの権利をも承認せざるべからず」と主張し、日露が対立した経緯があった[21]。つまり日露交渉において、実力行使を伴う「助力」を行使できるか否かが重要な論点となっていたのである。

李址鎔は、日本の「忠告及ヒ助力」を受けることは事実上必要であるが、「之ヲ永久的ニ両国ノ関係ヲ定ムル議定書ニ明記スルハ国体上ノ欠点甚シトノ議論」ゆえ、韓国政府内で条約案を承認することが困難であると説明して「助力」という文言の削除を林に求めた(22)。交渉の長期化を恐れた林の請訓を受けて小村は、韓国側の提言を容れるよう林に訓令し(23)、結局、「日韓議定書」第一条は「施設ノ改善ニ関シ其忠告ヲ容ル、事」という条文に落ち着いた。しかしその内容は、成立過程から明らかなように、相互友好関係にとどめようとした韓国側の意図を押し切り、韓国に進駐した軍事力を背景として日本側が韓国を従属的地位に置こうとしたものであった。そして韓国側が暗黙のうちに認めたように、日本の「助力」が公然と進められることとなる。こうして「日韓議定書」は、第五条にもとづく韓国外交権の一部制限とともに、第一条によって韓国の内政に干渉する道を開いたのである(24)。

それでは、韓国の軍事的対日従属および日本軍の韓国における軍事的自由行動を規定した第四条はどのような経緯によって成立したのであろうか。一九〇三年一二月二七日に起草された「大三輪案」では日韓の軍事同盟を進めるために「大韓帝国自ラ陸海軍備ヲ拡張スルノ外、必要ノ境遇ニ於テハ、大日本帝国ハ其兵力ヲ以テ大韓帝国ノ防備ニ任スル事」と、韓国における日本軍の軍事的展開を保障する内容が規定されていた(25)。しかし、その後本格化した密約交渉では、軍事関連事項については日韓両国による安寧秩序の維持といった曖昧な文言となっていた。だが、一九〇四年二月一三日に起草された「公使館再案」において、韓国における第三国すなわちロシアの侵害および内乱に対して日本が一方的に軍事行動をとることができるよう「第三国ノ侵害、若クハ内乱ニ当リ、大日本帝国ハ臨機必要ノ措置ヲ取ル事(26)」という条文が挿入された。これに加え、「大韓帝国政府ハ、右大日本帝国政府ノ行動ヲ容易ナラシムル為メ、十分ナル便宜ヲ供スル事(27)」という韓国側の軍事協力を義務づける内容が盛り込まれ、さらに外務省側から「大日本帝国政府ハ……軍略上必要ノ地点ヲ占有スルコトヲ得ヘシ(28)」という軍事関連施設の敷設に必要な拠点を接収するという内容が追加された。つまり同条は、基本的には「日韓議定書」締結交渉再開後に挿入されたものである。以後、多少の字句修正が行われたが、「日韓議定書」第四条の内容は二月一四日にはほぼ固まっており、第一条に比べ、韓国側との交渉においてさほど難航した形跡は見られない。

では、日本が第四条の内容を「日韓議定書」締結交渉において盛り込んだのはなぜだったのであろうか。それは、在韓日本軍の要請を受け、日露開戦に伴う韓国兵站基地化の必要性から同条項の内容を充実させる必要があったためと考えられる。在韓公使館付武官伊地知幸介は、「将来ニ於ケル我軍事行動ニ利便ヲ得ルノ必要」から、二月九日、林に帯同して謁見した。[29]その謁見の結果として伊地知は、「王ヲ廃シテ全然我領土トスルカ、少ナクモ軍事、外交、財政ノ三権ヲ我ニ奪有シテ保護ノ実ヲ挙グルノ準備必要ナリ」との意見を参謀本部に具申している。[30]高宗の「言語態度ヲ観察スルニ、未ダ全ク我レニ信頼スルノ真意断シテ無シ」と判断していたからであり、日露戦争遂行のためには軍事、外交、財政の各種主権を奪取するか、あるいは韓国の廃滅、日本への編入までも視野に入れなければならないと認識していた。「日韓議定書」第四条との関係でいえば、少なくとも軍事権を剝奪すべきであるととらえたのである。そして二月一三日、李容翊の訪問に際して伊地知は、日本軍によるソウル制圧を背景として「韓国内ニ於テ我軍隊ノ行動上ニ関シ便利ヲ与ヘラレンコト」を要求した。これに対して李容翊は、これに同意する高宗の意向を伝えた。さらに伊地知は、「北方ニ於ケル露兵ノ行動ニ関シ、貴政府ニ於テハ該地方官ニ訓令シ、確実ニシテ最モ迅速ナル方法ヲ以テ之ヲ聚集シ、速カニ本官ニ伝ヘ」るよう重ねて要求している。日本による軍事的制圧を背景に「目下韓廷ハ、我軍事上ノ要求ニ対シテハ、悉ク我レニ服従シ来ルノ形勢ニ達シ」たため、「日韓同盟談モ大ニ進捗シ、政府ト電信局監督ノコトモ差支ナキコトトナリ、明日ヨリ実行」することとなった。[31]このように、「日韓議定書」締結交渉再開にあたって行われた在韓日本軍当局と韓国側との事前交渉にもとづいて、韓国の軍事的従属化および日本軍の韓国における自由行動権が「日韓議定書」に盛り込まれることとなった。

なお、「日韓議定書」は、日本政府が「帝国ハ、日韓議定書ニ依リ、或ル程度ニ於テ保護権ヲ収ムルヲ得タル[32]」ものと位置づけたように、韓国保護国化への道を開くものであった。第五条により、両国が事前承認なしに第三国との協約締結を行うことを禁止する否認権を規定しているからである。すなわち同条は外交権の行使に一定の制限を加えるものであった。これは、「国際法上の行為能力につきて能保護国より制限を受くるも、被保護国が直接に対外関係を維持し、被保護国の外交機関が直接に第三国の外交機関と交渉する」ことができるという、国際法学者立作太郎のいわゆる「甲種真正保護国」に該当する。(33) 同条文は一月一九日の林案で提起されたものであり、当面の狙いは韓国の中立宣言の阻止にあったが、(34) 日本による韓国外交権の制限に道を開くこととなった。したがって最終的には日本に無視されることとなるが、一月二〇日の韓国側対案は同項を削除していた。なお同条項は、形式上は双務的条項であり、日本政府の外交上の行動も当然規定されるはずであった。実際に、韓国の保護国化を規定した第二回「日英同盟協約」の締結に対し、当時の外部大臣朴斉純《パクチェスン》が日英両国に対して抗議を行ったが(日本はこれを無視)(35)、特に日本への抗議は本条違反を根拠として行われたものと考えられる。

(1)　海野福寿「韓国保護条約について」(海野福寿編『日韓協約と韓国併合』明石書店、一九九五年)、同『韓国併合史の研究』(岩波書店、二〇〇〇年)、参照。
(2)　海野福寿『韓国併合史の研究』、九九～一一八頁、参照。
(3)　金正明編『日韓外交資料集成』五巻(巌南堂書店、一九六七年)、一〇頁。
(4)　『日本外交文書』三七―一、三一六、三三八頁。
(5)　『日本外交文書』三七―一、三三六頁。
(6)　一九〇四年一月二七日付参謀総長大山巌あて在韓公使館付武官伊地知幸介巴城報告第二号(『鶏林日誌』、防衛省防衛研究所図書館「戦役―日露戦役―五九」)。
伊地知のこの認識は、陸軍の作戦遂行にとって密約は必要不可欠ではなかったことを示唆する。

（7）『駐韓日本公使館記録』一九巻、四九三頁、活字版一八巻、四八一頁。
『駐韓日本公使館記録』全四〇巻（影印本）（大韓民国文教部国史編纂委員会、서울、京畿道、一九八八〜一九九四年）は、在韓日本統治機関内での往復文書など、『日本外交文書』などに収録されていない多数の史料をも収めており、近代日朝関係史研究においては『日本外交文書』と並ぶ基礎的史料である。近年、『駐韓日本公使館記録』の活字化作業が終了し、統監府設置以前については『駐韓日本公使館記録』（全二八巻、活字版、서울、京畿道、一九八六〜二〇〇〇年）、統監府設置以降については『統監府文書』（全一一巻、京畿道、一九九八〜二〇〇〇年）として刊行されている。しかし、活字化作業における誤読・誤謬が散見される点や、成案審議過程での削除等が史料に反映されていないなどの問題を抱えている。そのため、本書での引用に際しては『駐韓日本公使館記録』影印本を使用し、便宜的に活字版の該当箇所についても併記する。
（8）『日本外交文書』三七—一、三四〇頁。
（9）『駐韓日本公使館記録』一九巻、四九四頁、活字版一八巻、四八一〜四八二頁。
（10）海野福寿『韓国併合史の研究』、一一五頁。
（11）『日本外交文書』三七—一、三三五頁。
（12）『日本外交文書』三六—一、七七六〜七七七頁。
ただし、一九〇三年一二月三〇日付外相小村寿太郎あて駐韓公使林権助電報第四七〇号にはすでに「皇室ノ安全及独立ノ維持ニ関シ日本ノ誠実ナル援助ヲ要求」の文言がある（『日本外交文書』三六—一、七七四頁）。
（13）『日本外交文書』三七—一、三三八頁。
（14）『日本外交文書』三六—一、七七四頁。
（15）『日本外交文書』三七—一、三三三頁。
（16）『駐韓日本公使館記録』一九巻、四七〇頁、活字版一八巻、四六五頁。
なお日本政府案と林原案とは多少字句が異なるが、その内容、趣旨は同じである。
（17）『駐韓日本公使館記録』一九巻、四九七〜四九八頁、活字版一八巻、四八三頁。

なお日韓議定書交渉再開後の林案には「大韓帝国政府ハ全然日本政府ニ信頼シ、専ラ日本帝国政府ノ助言ヲ受ケ、内治外交ノ改良ヲ図ル可シ」とあったが、日本側提示案と比較すると、林案にある「内治外交ノ改良」が提示案では「施政ノ改善」と抽象的な文言に改められていたことがわかる。これは文言を曖昧にすることで日本の自由裁量の幅を拡げることが目的であったと思われるが、結果的にこの文言は朝鮮民衆に幻想を与え、反日感情を緩和させることに一定の役割を果たすこととなった。その後、日本が施政改善を進めないで利権収奪ばかりを優先させるとして反発が高まったこと（『日本外交文書』三七―一、五九六頁）は、同条項が一時的にせよ朝鮮社会に幻想を与えたことを示すものである。

(18)『駐韓日本公使館記録』一九巻、四九八～四九九頁、活字版一八巻、四八五頁。

(19)『駐韓日本公使館記録』一九巻、五〇二頁、活字版一八巻、四八六頁。

韓国に対する「助力」の文言はもともと、一八九八年に締結された「日露韓国問題に関する議定書」（西・ローゼン協定）第二条に由来する。同条には「将来ニ於テ誤解ヲ来スノ虞ヲ避ケンカ為メ、日露両帝国政府ハ、韓国カ日本国若ハ露国ニ対シ勧言及助力ヲ求ムルトキハ、練兵教官若ハ財務顧問官ノ任命ニ就テハ、先ツ相互ニ其協商ヲ遂ケタル上ニアラサレハ何等ノ処置ヲ為サヽルコトヲ約定ス」とあった。

(20)日露交渉の経緯・内容については、外務省編『小村外交史』（原書房、一九六六年復刻）、三三一～三五一頁、参照。

(21)春畝公追頌会編『伊藤博文伝』下（統正社、一九四〇年）、六二二頁。

(22)『駐韓日本公使館記録』一九巻、五〇〇～五〇一頁、活字版一八巻、四八五頁。

(23)『駐韓日本公使館記録』一九巻、五〇二頁、活字版一八巻、四八六頁。

(24)そして「日韓議定書」締結交渉で小村が日露協約交渉を念頭に置いていたことを併せ考えると、韓国内政干渉の端緒となるのが財政権および軍事権だったのは必然的である。

(25)『日本外交文書』三六―一、七七七頁。

(26)『日本外交文書』三七―一、三四〇頁。

(27)『駐韓日本公使館記録』一九巻、四九五頁、活字版一八巻、四八二頁。

(28)『駐韓日本公使館記録』一九巻、四九七頁、活字版一八巻、四八三頁。
(29)一九〇四年二月二〇日付参謀総長大山巌あて在韓公使館付武官伊地知幸介巴城報告第四号（『鶏林日誌』）。
(30)同右。
(31)一九〇四年二月一三日付参謀総長大山巌あて在韓公使館付武官伊地知幸介電報（『鶏林日誌』）。
(32)『日本外交文書』三七―一、三五一頁。
(33)立作太郎「保護国の類別論」（『国際法雑誌』五―四、一九〇六年）、二五～二六頁。
(34)海野福寿『韓国併合史の研究』、一〇五頁。
(35)『日本外交文書』三八―一、五二四頁。

第二項　閣議決定「帝国ノ対韓方針」、「対韓施設綱領」の成立

「日韓議定書」によって日本は、韓国外交権の一部を制限するだけでなく、韓国の「施設ノ改善」に対する「忠告」を行うという形で内政干渉する方途をも得た。以後日本は、「日韓議定書」をもとに第一次「日韓協約」をはじめとする各種条約・取り決め等によって韓国の主権を漸次奪っていく。

「日韓議定書」締結後、日本の朝鮮植民地化計画の基本方針となったのは一九〇四年五月三一日に閣議決定された「帝国ノ対韓方針」および「対韓施設綱領決定ノ件」（以下、「方針」、「綱領」とそれぞれ略記）である。(1) この二つの閣議決定は、韓国を日本に従属させるために、前者において韓国の保護国化を当面進めることを規定し、この基本方針にもとづいて後者において外交・軍事・財政権の掌握および経済的利権の確保に関する具体的な方策を定めている。

日本政府は、「方針」で「帝国ハ韓国ニ対シ、政事上及軍事上ニ於テ保護ノ実権ヲ収メ、経済上ニ於テ益々我利権ノ発展ヲ図ルヘシ」という方針を掲げた。「韓国ノ存亡ハ帝国安危ノ繋ル」にもかかわらず、韓国が「到底永ク其独立ヲ支持スル能ハサル」ため保護権設定を進め、したがって「日韓議定書」で一定程度の韓国保護権を手中にした日本は、「尚ホ進ンテ国防外交財政等ニ関シ一層確実且ツ適切ナル締約及設備ヲ成就シ、以テ該国ニ対スル保護ノ実権ヲ確立シ、且ツ之ト同時ニ経済上各般ノ関係ニ於テ須要ノ利権ヲ収得」して韓国経営を進めるものと位置づけた。

さらにその方針に即して「綱領」で、①朝鮮半島における軍備の充実、②韓国外交の監督、③韓国財政の監督、④交通機関の掌握、⑤通信機関の掌握、⑥拓殖事業の振興について、具体的な施策およびその範囲をそれぞれ規定した。(2) そして各政策を、タイミングを勘案しながら随時実行することを定めた。ただし軍事、外交、財政については早急な実行が求められ、すぐにでも着手すべきであるととらえていた。特に韓国外交の監督については、「日韓議定書」第五条にもとづく外交権の制限では不十分と見て、適当な時機に「韓国政府ヲシテ外国トノ条約締結、其他重要ナル外交案件ノ処理ニ関シテハ、予メ帝国政府ノ同意ヲ要スル旨ヲ約セシムル」措置をとることを期した。つまり韓国の外交権行使について、重要案件については日本政府の同意を得るという形で日本が干渉する権利を認めさせるという方針である。「日韓議定書」は保護国化の端緒ではあったが、同時に、韓国外交権に干渉するにはなお不十分なものであるととらえられていた。そしてそのような干渉権を設定する以前にも、①宮中外交を封じ、韓国政府(外部衙門)による外交に一元化すること、②「外部衙門ニ一ノ顧問官ヲ入レ、裏面ニ在リテ其政務ヲ監督指揮セシムルコト」、つまり外交顧問による韓国外交権掌握を目指したのである。

それではこれらの閣議決定はどのような過程で成立したのであろうか。次に、朝鮮植民地化のマスタープランとして作成・決定された「方針」および「綱領」の成立過程を、やはり韓国の従属化構想に注目して考察する。

一　駐韓公使林権助の対韓政策意見

「日韓議定書」締結直後の二月二七日、駐韓公使林権助は、同条約を実体化させるため、第一条にもとづいた韓国主権の奪取策を進める必要性を外務大臣小村寿太郎に具申した。(3)「日韓議定書」は「僅に対韓経営の輪廓たるのみ」(4)であり、具体的な方策を検討する必要があったからである。その際林は、①内外の批判を避けるために漸進主義で改革を進めること、②「施設ノ改善」を中央および地方で行うために日本人顧問官を採用させることを提言した。林の上申に対して小村も、「改革ニ関スル方案ハ当方ニ於テ慎重ニ攻究中ニテ、追テ御知ラセ致スヘシ」と回答するとともに、林の挙げた漸進主義的な韓国主権侵奪策の遂行、日本人顧問の傭聘について同意している。ただし小村は、顧問官の採用については日本政府が一元化する方針を伝え、慎重な態度をとるよう回訓した。(5)この件についてその後小村は、日本政府の対韓方針にのっとって行動するよう再三にわたって林に訓令しているが、「各種ノ方面ヨリ運動シテ種々ノ人物韓廷ニ入込ムハ甚タ好マシカラサル」ことという懸念からうかがえるように、日本人を含む外国人の個別的な韓国宮廷への働きかけを警戒していた。日本政府による一元的な対韓政策の遂行を保障するためには、韓国側の自由意思が反映されるような状況が生じる可能性をできるだけ排除する必要があったからである。

林はその後、「韓国皇室御慰問」のために訪韓し、三月一七日から二七日まで滞在した枢密院議長伊藤博文に三月二四日付で「対韓私見概要」を上申した。(6)この上申書は日本政府への意見書という性格をもつが、林は、「殊ニ御考量ヲ煩ハス価値」がある留意点として「最高顧問ノ撰任」、「財政ノ整理、諸般ノ釐政」、「我ニ獲得スヘキ利権」、「終局後ニ於ケル防備ノ経営」の四カ条を掲げている。ただし第二項では、特に財政整理が急務であり、相当の顧問官を傭聘する必要性を主張する一方で、「諸般ノ釐政」の具体的内容については全く言及されていない。同意見書中、後段の検討との関連で関心を引くのは第一項「最高顧問ノ撰任」であるが、ここで林は、駐韓公使とは別に「最高顧問」を設置することについて否定的な見解を示している。[7] 林が最高顧問の設置を否定したのは、次節で検討するように、在韓日本軍当局等で進められていた総顧問設置構想についての批判を念頭に置いていたためと考えられる。たとえば、在韓日本公使館付武官伊地知幸介が日露開戦直後の二月一七日、大本営に提出した「半島総督府条例」は、駐韓公使も韓国駐箚軍とともに武官である半島総督の統率を受けるものと規定し、公使の職権を大幅に削減しようとするものであった。[8] ここで留意しておかなければならないのは、対韓政策上の最高顧問を駐韓公使以外に設置するという構想が日露開戦と同時に表面化してきた点である。これは、日露開戦直後から日本の対韓政策が二元化する契機が生じていたことを意味する。しかも、こうした「最高顧問」設置構想は軍当局にとどまらないものであり、文官でもたとえば枢密院顧問青木周蔵が総顧問に就任するという観測も流れていた。[9] 駐韓公使の職務を形骸化させると同時に、日本の対韓政策を二元化させ、また韓国宮廷に「陰謀操縦」の機会を与えかねない「最高顧問」を別置しようとする動きを牽制するためにも、林は意見書で「最高顧問ノ撰任」を否定したといえよう。

二　元老による対韓方針の検討

五月に入り、戦局が日本に有利に展開し始めると、日本の朝鮮植民地化計画は一挙に具体化する。この時期になると、日本軍が戦線を北上させて主戦場を満洲に移し、韓国内は、三月一〇日に韓国駐箚隊から改編された、韓国ほぼ全域を管区とする韓国駐箚軍が制圧していた。このような戦況の推移を受けて元老や日本政府は今後の対韓政策方針を検討し始めた。日露開戦の主要因が「韓国問題」であった以上、それは当然のことであった。

元老による対韓政策方針の検討過程の一端をうかがわせるのが、一九〇四年四月下旬ごろ、松方正義が伊藤博文に送付した書簡（以下、松方書簡と略記）である。[10] これは松方個人の意見書というよりも、おそらく伊藤を含む各元老による意思統一過程の一端を表すものと考えられる。同書簡は韓国の外交、防衛、財政について大局的な立場からほぼ均等に言及しており、松方が強い関心を寄せたであろう韓国財政に偏ってはいないからである。[11] 松方書簡は冒頭で、「戦時経営の戦後経営に比し甚た容易にして障碍尠な」い、韓国を軍事的に占領しているこの機会を逃さずに韓国経営を進めるべきであると主張する。満洲については列強各国と足並みをそろえる必要があると慎重な姿勢を崩さない一方、「韓国問題は帝国に於て専ら之を解決し得へき理由あり。露骨に云へは戦捷国の当然の権利を行ふと云ふも不可なかるへきか。果して然りとせは対韓経営に著手するの時機は、韓国か全く我か威力の下にあり、列国の視聴一に戦局の将来に集注する今日を措て亦何の日をか求むへき」と看破した。すなわち、満洲問題とは違い、日本には「韓国問題」を優先的に解決する「当然の権利」があり、韓国を軍事占領下に置いている現在が韓国を植民地化する上で最好機であるととらえている、対韓政策遂行における日露戦争の意義を端的に指し示す見解であった。つまり満韓問題のうち、日露戦時下の戦況を利用して韓国問題の解決を図るべきであると位置づけた。これは、満洲問題と韓国問題を分離して解決するということである。

その上で、松方書簡は韓国経営の範囲と方針とを講究する必要性を説いている。その方針は、「韓国の利害よりも寧ろ〔日本〕帝国の利害に重きを措かさる可らさる」ことが韓国経営の第一の要義であり、そのため「韓国を以て外邦視せす、我帝国版図の一部分と見做し、之に相応するの施設と経営とを為さゝる可ら」ず、日韓両国を不即不離の関係に置くというものであった。ただし、「我帝国版図の一部分と見做」すという文言は、併合という韓国の日本への編入方式を指すものとただちにとらえるべきではなく、ここで言う「版図」とは勢力範囲といった程度の意味で解釈すべきである。松方書簡では、韓国の廃滅を伴う併合は構想されておらず、保護国化方針にとどまっているからである。したがってその経営範囲もおのずとその方針に規定される。「日韓の特殊の関係を恒久に維持する」ために韓国外交の監督を、「彼を自活せしめ、我の実利を進むる」ために韓国財政の監督を、さらに「彼の領土を保全し、我の独立を安全にする」ために軍事権の掌握をそれぞれ図り、「三者の実権既に我に存せは、彼に与ふるは独立の名にして、我に取るは保護者たるの実」を得るという方針によって「韓国に於ける帝国の位地を鞏固にし、帝国の実権と実利とを拡充する」という目的を図ることができると位置づけていた。前項で見たように、在韓公使館付武官伊地知幸介も軍事、外交、財政の各主権を韓国から早期に奪取することを参謀本部に上申していた。松方書簡と伊地知意見書とがこの点について一致していることを、山県有朋や大山巌ら陸軍関係者の意見が反映されたものと見るか、保護国化における一般的要件と見るかについて判断する材料を持ち合わせない。しかしここでは、実質的な支配が確保できれば十分であり、名実ともに韓国を日本の支配下に置く必要はないという認識が示されていたことがわかる。

そして韓国経営の範囲に関連し、外交については、韓国が「日韓議定書」の存在を無視して第三国と密約を結ぶことは容易に想像できるため、「彼の外部〔衙門〕を我か外務省の一局たらしめ、外交上の自由を我か手中に収むる」程度に置くという見通しを立てていた[12]。ただし外交権の掌握は、列強各国との関係から、「先つ周密なる注意を以て之か監督をなし、漸次に其実権をして我に帰せしむる」ものとし、「表面上列国に対し形式を改むるか如き事に至ては戦後の協議に待つも可なり」とまとめている。すなわち戦時中、徐々に韓国外交権の掌握を進め、「形式を改む」、すなわち外交権の接収は列強各国との調整を経て実施するものと位置づけていた。韓国外交権の掌握過程が、第一次「日韓協約」による外交監督権の確保、列国との調整を経た後に第二次「日韓協約」によって外交権を接収するという形で進められるのは周知のとおりである。

このように松方書簡では、日本の対韓方針について韓国を名目だけの独立国として日本の勢力範囲下に置くこととし、特に外交については、最終的に韓国外部衙門を日本外務省の一局とするという形で外交権を接収する保護国化を進めるものと位置づけていた。すなわち日露戦争下においては、立作太郎のいわゆる「甲種真正保護国」のまま韓国従属化工作を進め、その後列強各国との調整を経て、「能保護国が対外関係につき被保護国を代表し、被保護国の外交機関が直接に第三国の外交機関と交渉することなきもの」という「乙種真正保護国」の形で韓国問題の解決を図ることが期されたのである。松方書簡は、第二次「日韓協約」締結までの日本の対韓基本方針を示すものとして、また、日露戦後の列強の国際的承認を得た上でなければ締結されなかった第二次「日韓協約」の歴史的性格を示唆するものである。

三　日本政府における対韓政策方針の策定

一方、日本政府も元老とは別に対韓政策の調査・研究を進めていた。内閣総理大臣桂太郎は、山県有朋への五月四日付書簡で「戦局之進行に伴ひ、対韓政策之方針も確定不仕候半而は不相成義は勿論之事に候間、過日来調査に着手仕、略其大要は調査結了仕申候。然処、此対韓之問題は従来と異なり、今般之日露戦争之結果、断然候は我か対韓国の国是を一定相成、之に基き着々事実之決行を要し候事と相考申候」(13)と書き送り、別冊の報告書を添付している。政府内でもすでに四月下旬には今後の対韓方針に関する調査が具体化しており、五月上旬には大要ができあがっていた。

この政府の調査・検討過程を示し、また桂が山県に送付した右の報告書に類するものと考えられるのが、第一次桂太郎内閣書記官長であった柴田家門旧蔵の「韓国ニ対スル帝国将来ノ国是」と題された史料である(14)。同史料は、閣議決定「帝国ノ対韓方針」、「対韓施設綱領決定ノ件」に直結するものとは必ずしも言えないが、日露開戦後の韓国問題に対する日本政府の関心の所在を示すものとして注目される。

一、帝国カ常ニ韓国ノ独立及領土保全ヲ国是トシ、全力ヲ傾注スル所以ノモノハ、一ニ帝国自衛上ノ必要ニ基因ス。然レトモ、韓国ノ国情及実力ハ、到底永遠ニ其独立ヲ維持スル能ハサルヘキモノナルノミナラス、帝国将来ノ国是ハ之ヲ我附庸国トシ、又ハ我版図ニ併合シ、我自衛ノ目的ヲ完フスルニ在ルヲ以テ、適当ノ時機ニ於テ、断然此国是ニ適合スルノ措置ヲ決定スヘシ。

二、然レトモ、目下ノ国際的趨勢ハ此国是ノ遂行ニ不便ナルモノアルヲ以テ、今日ノ機会ニ於テ、先ツ韓国ヲ国際法上ニ所謂被保護国ノ地位ニ置キ、帝国ハ保護国タル権利義務ヲ実行シテ、時機ノ到来ヲ待チ、本来ノ目的ヲ達スルノ決心ヲ以テ各種ノ経画ヲ確立スルコトヲ要ス。

日本の対韓方針は将来、韓国を「附庸国」とするか、あるいは「版図ニ併合」することにあり、それまでは被保護国の地位に置くというのである。ここで言う「附庸国」は、厳密には国際法上の附庸国(Vassalitat)ではなく、従属国といった意味であるが、要するに日本の対韓方針の究極目標は、韓国を完全かつ排他的な従属的位置に置くことと設定された。したがって保護国化はあくまでも日本が目指す目標への段階的措置としてとらえられているが、「附庸国」という選択肢が「併合」と同時に、その目標として検討されていたことには注意を要する。「版図ニ併合」することが、将来の対韓政策における唯一絶対の形式だったわけではなく、多様な従属化の方策がありえたことを指し示しているからである。

こうした多様な従属化方式が検討されたのは、韓国を取り巻く国際情勢を考慮するとき、日本が従来唱えてきた韓国の独立宣言と、保護国化、さらには「併合」あるいは従属国化との整合性を図る必要性が参酌されなければならなかったためである。(15) 保護国という形態であれば、「日露両国カ完全ナル独立ヲ保障セル協商(西・ローゼン協定)其自身ニ於テ、已ニ公然不対等ノ実ヲ表示シ、韓国ハ既ニ或程度ニ於ケル干渉ヲ甘受シタルモ、列国間ニ於テ其独立国タルコトニ関シ何ラ異論ノ生シタルコトナシ」という事実から、「韓国カ其国性ノ存在ヲ失ハサル限リ、被保護国タルカ為、其独立ヲ失フモノニアラサル」ものと位置づけられていた[16]。韓国の「国性」を保持する限りにおいて保護国化と韓国の独立とは矛盾しないという論理である。被圧迫国の意思を無視し、帝国主義間の交渉においてその帰結を決定する牽強付会の論というほかないが、こうした議論が生じるのは、日本の対韓政策方針が従来の国際的宣言との整合性に規定されていたためである。また、五月一九日付の山県あて書簡中で桂が、「国家之組織を破らす、又実際に於而軍之活動上何等差障無之事[17]」と述べていたように、日本政府の対韓政策方針は、一方で日本軍が自由行動を行いながら、他方で韓国の政体を維持するという内容であったことを考慮すれば、やはりこの段階では、明確に併合が方針化されていたとはいえない。

四　対韓政策案の具体化

こうした元老および日本政府の動向と軌を一にして、駐韓公使林権助は五月中旬、韓国政府が「漸次我レニ信頼スルノ良傾向ヲ示シ来レル」という情勢判断にもとづき、「此際時機ヲ見計ヒ、日韓議定書ノ条項ニ基キ、韓国経営ニ関スル計画ノ大体ヲ外部大臣ト本官トノ間ニ協定シ置クコトニ協議ヲ開始シタシ」と報告し、その上で全一八条からなる「日韓間協定スヘキ条款案」を外相小村寿太郎に郵送した[18]。林が韓国政府の状況を「良傾向」ととらえた最大の理由は、五月一九日に宣言された露韓条約の廃棄である[19]。同条款案は、「日韓議定書」第六条に掲げられた「未悉ノ細条」の文言を最大限に活用することを意図するものであり[20]、その内容が「綱領」に反映された[21]。同協定案の内容は、日本による韓国軍の養成、財政顧問の傭聘、各種拓殖業務における日韓合弁会社・機関の設立、交通・通信機関の日韓共同事業化、韓国の内地開放、中央・地方行政機関および教育機関への日本人の採用など多岐にわたっており、朝鮮植民地化を包括的に進めようとするものであった[22]。

統治機構と関連するものとして同協定案では、議政府に日本人の最高顧問官を傭聘させることや第三款で掲げられている財政顧問傭聘のほかにも外交および内政に関する機関に日本人顧問を採用させること(第一六款)、また地方行政機関にも日本人参事官を置き、各行政機関を監督させること(第一七款)が位置づけられている。中央政府における外交および内政関係機関への日本人顧問の採用は、第一次「日韓協約」等により、韓国政府の各部にそれぞれ日本人および日本の顧問が傭聘されるという形で実現した。一方、地方行政機関への日本人顧問の採用は、財政顧問付や警視等の配置という形で一部実現するが、本格的な実現は統監府施政の開始を待たねばならなかった。[23]

なお、三月の伊藤博文訪韓時点では林が最高顧問の採用に消極的であったことは先に見たとおりであるが、五月段階では韓国議政府の施政を監督するために最高顧問官の傭聘を提起している点は着目に値する。これは後述するように、韓国における軍当局の動向を牽制するための積極策であり、その最高顧問には伊藤が擬されていたようである。結局実現しなかったが、伊藤を韓国政府の顧問として傭聘させようとする動きが林および小村を中心に展開されており、また伊藤の韓国顧問就任の動きが頓挫したことを在韓日本軍幹部が歓迎していたからである(第二節第二項一参照)。

以上のような過程を経て「帝国ノ対韓方針」および「対韓施設綱領」が閣議決定され、以後、その実行段階に移っていく。その帰結として第二次「日韓協約」によって日本が韓国外交権を接収、保護国化したのは周知のとおりである。ここで確認しておく必要があるのは、一八九五年の閔妃殺害事件とそれに前後した韓国に対するロシアの影響力増大により劣勢を余儀なくされ、従来「消極的操縦政策」を進めるほかなかった日本が、「誠意的強制手段ニ拠ル干渉政策」へとその方針を転換する決定的な契機として日露戦争を位置づけていた点である。[24] そして、軍事作戦の一環として韓国に派遣された軍事力を背景として締結された「日韓議定書」によって日本の朝鮮植民地化が本格化することになった。その意味で「韓国問題」は、日露開戦および「日韓議定書」の締結を契機として従前とは次元を異にする段階、すなわち朝鮮植民地化を前提とした上でどのように大陸経営を構想するのかという段階に移っていく。一方、対朝鮮方針策定の過程で、「満洲問題」は欧米列強、特に英米両国による満洲の門戸開放という意向を受けながら、日露戦後にその解決が持ち越されることとなった。ここに「満韓問題」を分節化する契機が胚胎したのである。

（1）『日本外交文書』三七―一、三五一～三五六頁。
（2）同右。
（3）『日本外交文書』三七―一、三四七頁。
（4）伊藤博文関係文書研究会編『伊藤博文関係文書』七巻（塙書房、一九七九年）、一六一頁。
（5）『日本外交文書』三七―一、三四八頁。
（6）『日本外交文書』三七―一、二八二～二八四頁。
註書きに「大使御出発ノ間際ニ於テ御参考ニ提出シタルモノ」とあるので、日本政府が対韓政策を検討する際の試案とすることを目的として林が作成したものと考えられる。
（7）この動向と関連して、韓国皇帝は数次にわたって伊藤博文を宮中顧問に招聘する問い合わせを駐韓日本公使館および駐日韓国公使館を通じて行っている。おそらく在韓日本軍の抑制を伊藤に期待したものと推測される（『日本外交文書』三七―一、二九一～二九二頁）。
（8）『鶏林日誌』（防衛省防衛研究所図書館「戦役―日露戦役―五九」）、谷寿夫『機密日露戦史』（原書房、一九七一年）、七二頁。
（9）一九〇四年三月四日付曾禰荒助あて長森藤吉郎書簡（『曾禰家文書』R四、二〇八、『近代諸家文書』ゆまに書房、一九八七年）。
青木は、財政および中央銀行に関する問題について、日本に送致されていた李容翊や前韓国駐劄公使であり当時仁川領事であった加藤増雄と会合を進めていたという情報があった（『日本外交文書』三七―一、二八〇頁）。
（10）『伊藤博文関係文書』七巻、一六〇～一六二頁。以下、この段では、特に断らない限り同書からの引用である。書簡中に「我軍は露兵を鴨緑江以北に掃攘し得て、韓国は今や我か軍事的占領の下にあれは」とあり、朝鮮半島から北進した第一軍が四月下旬に鴨緑江右岸に集結し、五月一日に渡河作戦を開始した事実を併せ考えると、同書簡の作成日時は四月下旬と考えられる。

(11) 大蔵省は、前大蔵省官房長長森藤吉郎を通じて外務省等とは別に韓国情勢の調査をしていたが(『日本外交文書』三七―一、四六八頁)、その調査は少なくとも松方書簡には明示的に反映されていない。

(12) 先述したように、実際に「日韓議定書」の条項を反故にして、同条約に抵触する第二回「日英同盟協約」を締結したのは日本である。

(13) 尚友倶楽部山縣有朋関係文書編纂委員会編『山縣有朋関係文書』一巻(山川出版社、二〇〇五年)、三三六頁。

(14) 「韓国ニ対スル帝国将来ノ国是」(国立国会図書館憲政資料室所蔵『柴田家門文書』一五、海野福寿編集・解説『外交史料 韓国併合』上巻、不二出版、二〇〇三年、所収)。本意見書の作成時期は不明だが、従来の対韓政策を「消極的操縦政策」と位置づけている点、「過日締結セラレタル日韓議定書ハ我目的実行着手ノ第一段階トシテ頗ル其要ヲ得タルモノナリ。帝国ハ此機ニ於テ尚進テ韓国ニ対スル我正当ニシテ且確実ナル権利ヲ設定スルノ用意アルコトヲ要ス」と、「日韓議定書」を前提として対韓政策の立案を提起している点を考えると、一九〇四年五月三一日付閣議決定「帝国ノ対韓方針」の草案ととらえるのが妥当である。

(15) 海野福寿「韓国保護条約について」(海野福寿編『日韓協約と韓国併合』明石書店、一九九五年)。

(16) 「韓国ニ対スル帝国将来ノ国是」(『柴田家門文書』一五)。

(17) 『山縣有朋関係文書』一巻、三三七頁。

(18) 『日本外交文書』三七―一、三五〇頁。

(19) 海野福寿『韓国併合史の研究』(岩波書店、二〇〇〇年)、一二八～一二九頁。

ただし、ロシアは露韓条約の廃棄を認めなかったため、戦後、問題が発生する。詳細は同書、一七六～一七八頁、参照。

(20) 林は韓国における日本の利権確保について、「骨髄的利権ヲ徐々ニ占有」していくことが肝要であり、その際、京義鉄道の場合のように「可成声ト形ヲ潜メテ専ラ重キヲ実際ニ措ク」方法により進めるべきであるという意見をもっていた(『日本外交文書』三七―一、二八六頁)。
(21) 海野福寿『韓国併合史の研究』、一三二頁。
(22)『駐韓日本公使館記録』二一巻、三九～四二頁、活字版二二巻、四〇三～四〇五頁。
(23) 松田利彦「朝鮮植民地化の過程における警察機構(一九〇四～一九一〇年)」(『朝鮮史研究会論文集』三一集、一九九三年)、姜再鎬『植民地朝鮮の地方制度』(東京大学出版会、二〇〇一年)、参照。
(24)「韓国ニ対スル帝国将来ノ国是」(『柴田家門文書』一五)。

第三項　韓国統治権力に対する日本の認識と韓国内政改革工作

「帝国ノ対韓方針」および「対韓施設綱領」によって日露開戦後の対韓方針を策定した日本はその後、両閣議決定にもとづいて韓国侵略を進めていく。前項で確認したとおり、「帝国ノ対韓方針」において決定された方針は韓国外交権の接収による保護国化であり、その最大の結節点が第二次「日韓協約」であることは贅言を要しない。しかしそれ以前にすでに、第一次「日韓協約」をはじめとする各種条約によって日本は、「施政改善」の名目で、韓国政府に財政顧問目賀田種太郎および外務顧問スチーブンス(D. W. Stevens)をはじめとする各顧問を傭聘させるとともに、各種利権の個別的獲得等を進め、韓国の主権を掘り崩していった。いわゆる顧問政治である。顧問政治については、第一次「日韓協約」の締結過程および各部の日本人顧問傭聘に関するものを中心に、特に財政や教育、軍事等に関する専論が数多く蓄積されている(1)。

一方、徐英姫《ソヨンヒ》は、「施政改善」という名目の下で、韓国政府内での官制改革等の動きと関連させながら駐韓公使林権助が韓国内政干渉を進めたことを明らかにしている。[2] 林は、たとえば韓国政府・宮中から反日勢力を追放することを画策したり、買収等によって親日勢力の拡充工作を行ったりしたほか、韓国政府の人事や制度改革にも直接的・間接的に関与した。こうした林による韓国内政干渉策は、統監伊藤博文の韓国従属化政策、特に皇帝権縮小策に継承されるものとして注目される。本項では、次章で検討する第三次日韓協約体制と対比するために、林による韓国内政干渉策およびその干渉策の背景となった韓国統治機関に関する認識について、徐英姫の研究を参照しながら検討する。

一　韓国統治権力に対する認識

まず、日本が韓国内政干渉策を行っていく上で韓国の統治構造をどのように認識していたのかについて触れておく。駐韓公使林権助は、日韓密約締結交渉（本節第一項参照）に際し、韓国皇帝の外国公使館への避難、すなわち「露館播遷」の再現を防ぐために、ソウルをはじめとする各地に軍事力を増強し、韓国宮中を牽制すべきであり、さもなければ従来の親日勢力育成工作が無駄になりかねないと外相小村寿太郎に上申した。[3] 先述したとおり、一八九六年二月の「露館播遷」によって日本の対朝鮮政策は大きく後退したからである。では、「露館播遷」の再現を阻止し、皇帝を日本の勢力下に置くべきであるとする認識は、韓国権力構造の把握とどのようにつながっているのだろうか。

これを示唆するのが、日露開戦前の一九〇三年一二月、伊藤博文、桂太郎、寺内正毅が会見して韓国問題等について意見を交わした際の伊藤の認識である。伊藤は、「王ヲ擁シ置クヲ絶体ノ必要」という点を強調し、さらにその意見は、甲午改革が行われた「〔明治〕廿七八年ノ歴史ニ及[4]」んだという。伊藤が対韓政策を進める上で韓国皇帝の確保を絶対条件と位置づけたことは、皇帝さえ押さえれば韓国統治が可能であると認識されていたことを意味する。これは、韓国の権力構造に対する日本政府の基本的な認識が専制国家観に下支えされていたということであり、したがって韓国皇帝をどのように日本の支配下に置き、利用・抑制するかという課題が対韓政策の根幹となるということを意味するであろう。

しかしこの段階では、皇帝高宗が日本に強く不信感を抱いていたため、皇帝を日本の支配下に置くことは、実際には困難であった。林は、韓国政府における親日勢力の拡大に努めていたが、日露開戦、そして「日韓議定書」締結直後の韓国政界を観察するなかで、「現閣員ノ専ラ恃ムトコロハ、我実力ニ外ナラサルヲ以テ、現在当地ニ於ケル我兵力ノ多寡ハ直チニ彼等ノ地位ニ影響スルハ理勢」であるとして、在韓日本軍の速やかな増設(四個大隊程度の設置)を求めていた(5)。こうして、日露開戦に先立って韓国に派遣された第一軍がその前線を北上させ、ソウル近辺において軍事力が手薄になったことに対する措置として、三月一〇日、韓国駐箚隊が韓国駐箚軍に再編された(6)。つまり林は、対韓政策を遂行する上で軍事力の充実が必要不可欠であることを明確に認識していたのであるが、これは次節で見る武官統監論の論理と同様である(第三節第二項一参照)。

では、なぜ軍事力によって統治権力を制御する必要があると認識されたのであろうか。それは、「日韓議定書」締結や韓国現内閣に反対する大官や褓負商《ほふしょう》などの勢力が「陰謀密計有ユル手段ヲ採ツテ、互ニ相排擠スルニ至ル次第ニテ、此度ノ陰謀ニ関シテモ、陛下ハ内々之ヲ教唆セラレ居ルヤニ見ヘ、閣臣等一般ニ恐怖心ヲ起シ、疑惧措ク能ハサルモノ、如シ」ととらえていたからである(8)。韓国内閣や日本に反対する勢力が活動を活発化させているが、それを高宗が裏で操っているという認識であり、皇帝を掣肘するとともに、韓国の各政治勢力に対して弱体である韓国内閣を維持するためには、軍事力を背景とする必要があるととらえていた。韓国の「施政改善」について林は、「凡テノ批政ハ韓帝ヲ中心トスル宮中ニアリテ、政府及ヒ国民トハ甚シク隔絶」していると見ており、折に触れて韓国皇帝を牽制していた(9)。日本による「施政改善」の進展を阻害しているのは皇帝を中心とする韓国宮中であり、韓国政府および韓国民衆はむしろ日本の理解者であると認識していたのである。

したがって、林の認識では、いかにして韓国宮中の関与を防ぎ、日本が指し示す「施政改善」を韓国政府に進めさせるかが対韓政策上の課題となっており、その際、軍事力による威圧により宮中を牽制しようとした。すなわち軍事力を前面に押し出して対韓政策を行うという点に関しては、文官、武官問わずその認識は一致していた。逆に言えば、軍事力による統制によらなければ、韓国皇帝を中心とする韓国統治機構を制御できないと認識されていたのである。

二　韓国政府による内政改革の動向と駐韓公使林権助の策動

一方、林権助は、韓国政府内の動向を利用しながら、韓国内政干渉策を進めていった。一九〇四年三月、韓国政府は「議政府官制改正」および「議政府会議規程」(一九〇四年韓国勅令第一号、第二号)を公布し、議政府に関する官制改革を行った。この動きは、趙秉世《チョビョンセ》ら韓国元老が中心となって行った運動によって一月に公布された内政改革に関する詔勅にもとづく(10)。韓国元老は、韓国皇帝高宗が李根沢、李容翊、閔泳喆、李址鎔ら側近グループを重用することに対して不満をもち、これを掣肘しようとして内政改革を行おうとしたのである。しかし三月に同官制が公布されると、議政府会議に対する皇帝の位置づけをめぐって問題が生じた(11)。参政大臣沈相薫《シムサンフン》ら韓国内閣は、議政府会議で可決された事項について皇帝がすべて裁可を与える旨を官制上で規定しようとしたが、高宗がこれを拒否し、否認権の留保を主張したのである。高宗はこの規定を「我閣臣中、多クハ朕ニ其国政ニ関シ容喙スルナカランコトヲ希望スルモノ(12)」、つまり皇帝が政治関与することを制限する措置ととらえていたからである。結局、高宗の反対を受けて皇帝の否認権は維持され、官制改革に関与した大臣等は依願免官することとなった(13)。

それでは、こうした韓国政府および韓国元老の一連の動きに、日本はどのように関与していたのであろうか。あるいは、この時点で韓国政府および元老が皇帝の国政関与を制限しようとしたことを歴史的にどのように位置づけたらよいであろうか。まず日本の関与という点であるが、官制改革を推進しようとした元老の目的は、第一に李根沢ら皇帝側近グループの排斥にあった。大韓帝国の成立を契機として皇帝権はかつてないほどに高まっていたが[14]、そうした動きを実務的に支えていたのはこの皇帝側近グループであった。したがって韓国元老らの議政府官制改革という動きは、専制権を強化しようとする皇帝側の動向に対して一定の歯止めをかけようとするものであったと評することができる。つまり君権の突出を抑制しようとする動きであった。そして李容翊以外の李根沢、閔泳喆、李址鎔が「日韓議定書」締結時の窓口となっていたことを併せ考えれば、同官制を直接起草したメンバーは日本に対しても一定の批判的姿勢をもっていたといえるだろう。また、林は、議政府に関する官制改革の動きに対して「我ヨリノ忠告ヲ待タス、政府ノ改革ヲ行フヲ利益ト認メタルモノ[15]」と報告している。この点から考えると、皇帝権を制限しようとする動きは、少なくとも日本の意向とは直接連関性をもたないものであり、またロシアの影響について林が指摘していないことを併せ考えても、韓国政治勢力の独自の動向であったと評価することができるだろう。

一方、林は、「日韓議定書」を締結するとただちに、「時局一変シテ韓国ノ整理付ク迄ハ、彼〔李容翊〕ヲ放任スル時ハ、陛下トノ間聯絡気脈ヲ通シ、陰謀ヲ企テズトモ限ラ」ないため、同条約の締結に強く反対した李容翊らの追放工作にとりかかった[16]。李容翊らを事実上日本の監視下に置き、韓国における政治的影響力を抑制しようとしたのである。

しかし、最終的に日本は李容翊を追放するが、在韓公使館内部においては、李容翊の政治的利用、さらに言えばその親日化によって韓国干渉策を進展しようとする動きがあった。在韓公使館付武官伊地知幸介は、「斯戦時急速ヲ要スル場合ニ於テ、国王陛下ノ親任厚キ李《ママ》〔容翊〕ノ如キモノニアラザレバ、間ニ合ヒ兼ヌベシト思考ス。故ニ李容翊ノ従来露国派タリシト否トニ論ナク、従来ノ悪感ヲ排除シ、彼レヲ利用スルノ得策ナルヲ公使ニ勧告」していた[17]。李容翊が皇帝の信任が厚いことを利用しようという構想であり、「従来ノ悪感」、つまり、その反日的言動さえ除くことができれば、李容翊の利用価値はむしろ高いと見ていたのである。こうした工作は、すでに日韓密約締結交渉において李根沢の親日化工作が奏功していたことを考えると、むしろ当然といえる。[18] 結局、日本は、李容翊の反日的言動および政治的地位を危惧し、彼を国外追放に類する形で日本に連行するに至るが、李容翊の国外追放のもつ意義を朝鮮政治史の文脈からも位置づける必要がある。右に述べたような皇帝側近グループを排除しようとする韓国政界の動きに呼応して、林は「日韓議定書」の締結に否定的であった李容翊だけでなく、李根沢、閔泳喆らも「体能ク退去セシメタル上ハ、韓人一般ハ勿論、内外人ヲシテ一段我ニ信頼セシメ得可ク、且ツ韓国ノ整理ニ関シテモ都合能カルベク思考ス」と報告していた。[19] 李容翊の国外追放をめぐっては、むしろそれを歓迎する韓国政界および朝鮮社会の動きが存在していたのであり、実行はされなかったが、林は、今後対韓政策を円滑に進めるために従来連携してきた親日勢力を切り捨てることも検討していたのである。

もとより林も、皇帝をはじめとする宮中が「施政改善」の障害になっているという認識を韓国政府同様にもっていた。林は、韓国内閣の頻繁な更迭についても「陛下ノ小策ニ起源スル」ものと見て謁見の際に皇帝を牽制していた。[20] また、先述した一九〇四年三月の官制改革に際しても「当国政府ノ改革ハ、弊害ノ根本タル宮中ヲ粛静ニシ、且ツ政治機関トノ関係ヲ主義及ヒ実行ノ上ニ於テ尤モ分明ニセザル限リハ、幾多ノ改革モ徒労ニ帰スル」ものと観察しており、[21] 宮中改革の必要性は早くから指摘するところであった。さらに、一九〇四年末には、自身の上奏によって皇帝が「時々詔勅ヲ以テ、施政改善ニ対シ公明ナル意見ヲ発表セラルル」が、それは表面的なものにとどまっており、「毫モ人心ヲ収攬スルニ至ラス。去レハ怨声ハ各部面ヲ通シテ今ニ絶ヘサル次第」となっていることを嘆じていた。そしてその最大の理由はやはり、「政府大官中志量アル老成株ハ真面目ニ施政ノ刷新ヲ企図シツツアルモ、一モ二モナク常ニ韓帝及ヒ宮中出入者ノ為メニ圧抑」されているとして、皇帝および宮中勢力に求めていた。そのため韓国政府などがいくら改革を行おうとしても、皇帝が「表面ニ同意セラルルノミニテ、多クハ採用セラレズ、偶々採用セラルルモ単ニ虚位ヲ与ヘラルルニ過キ」ないと外務省に報告している。[22] すなわち林の認識にもとづけば、皇帝および宮中への対処なしには施政改善を進めることは困難である。そして宮中と府中の分離は、一八九四年に開始された甲午改革においても試みられたところであった（第一節第一項参照）。

しかしこの段階では、日本政府は、皇帝権を抑制しようとする動きに対しては否定的であった。当時日本ではソウル外電として、韓国政府が官制改革の一環として警察院の廃止を皇帝に上奏したところ「朕ヲ保護スル一切ノ官衙ヲ廃シ、主権ヲ殺キ、民権ヲ拡張セントスルヤ」と高宗から叱責を受けたという報道がなされていた。こうした報道を受けて外相小村寿太郎は、韓国政府の急進的改革が皇帝の反発を買う恐れがあるため、改革派の動きを抑えるよう林に指示している。[23] さらに韓国政府の一連の官制改革に対して小村は、「官制改革ノ如キモ、之ヲ急激ニシ、宮廷ノ感情ヲ害シ、頻々大臣ノ交迭ヲ来スガ如キハ甚タ好マシカラズ」と危惧を表明し、韓国政府の急進的な改革案を抑制するよう訓令を与えた。こうした改革が皇帝の反発を買い、かえって宮中から韓国政府への掣肘が強化されかねないことを懸念するとともに、「殊ニ世人ハ、右等ノ改革モ亦、我助言ニ基クモノナリトノ誤解ヲ懐クベキ」こと、すなわち韓国内の反日感情を高揚させかねないことを恐れたからである。[24] そしてこうした認識は、在韓公使館内にも共有されていた。[25]

その後、韓国政府は、財政整理の必要にもとづいて一九〇四年一二月に官制釐正所委員会を設置した。[26] 途中で内閣が更迭されるなどの諸事情により同委員会による調査の進捗は必ずしも順調ではなかったが、一九〇五年三月に釐正案が発表された。[27] 同案は、中枢院の人員を半分以上削減することをはじめ、政府全体で四割弱の人員削減を目指す内容となっており、また学部や農商工部を他の部局に統廃合することも検討するなど、大規模な官制改革案であった。さらに釐正所は、中央政府に続いて地方官制の調査・刷新にも着手する動きも見せていた。[28] しかし同案は単なる人員削減策にとどまるものではなく、やはり皇帝権を抑制しようとする性格を併せもつものであった。官制釐正所委員会および議政官会議と皇帝との間では、国務大臣の首班について現状の議政および参政大臣の二員制のままとするか否か、そして皇帝による勅任官の任免権を形式化するか否かをめぐってそれぞれの意見が対立したからである。[29] こうした韓国側の動向について林は、同案が「冗員冗官ノ淘汰ニ過キサル」ものと冷淡に評価している。同時期、在韓公使館でも、たとえば学部・農商工部を廃止する上奏案を検討しており、[30] この官制改革に日本側の意向が全く反映されていないと見ることはできないが、この制度改革もまた、韓国側の自主的な「施政改善」の動きとして評価できるであろう。こうした韓国政府の動きは、第三次日韓協約体制下の韓国政府の動向と好対照をなす。

一方、林は、韓国政府の親日化工作を進めていった。一九〇五年八月、林は「政府ヲ改造シ、旧来ノ弊習ヲ一変スルト同時ニ、我指導ノ下ニ永続シテ其責任ヲ尽スヘキ新政府ヲ成立セシムル」目的で「議政府組織及各大臣服務ニ関スル内規」を作成し、高宗に内奏した。[31] この内規は、議政府および閣僚に関する服務規程であるが、その内容は、議政大臣あるいは参政大臣に組閣などの人事権を与え、また上奏の際は議政大臣あるいは参政大臣が単独または関係大臣を帯同することを原則とするなど、責任内閣制を導入して議政・参政両大臣の権限強化を図ろうとするものであった。人事権を議政大臣あるいは参政大臣に与えて内閣の頻繁な更迭を防ぐとともに、上奏時の皇帝の掣肘を排除しようとしたのである。また、各大臣の任命は親任式において行うが、その親任式には日本公使も参席するという規定を盛り込んだ。

さらに「現在議政府ヲ持続スルヤ否ニ関シテハ、議政府一定ノ決議ニ依ル」ものとされていたが、これは皇帝の意向により内閣が頻繁に変更されることを防ぐことを意図したものであった。この内規に対して皇帝高宗は、親任式への日本公使参席に特に難色を示した。[32] 林が同内規の目的を、「我指導ノ下ニ永続シテ其責任ヲ尽スヘキ」内閣の編成に求めていたことからわかるように、同条項が韓国政府への日本の影響力を高めるものと予想されたからであろう。

結局同内規は施行されたが、九月末、同内規が初めて適用された韓圭卨《ハンキュソル》内閣[33]の組閣に際して行われた親任式に林が実際参席したかどうかは不明である。

しかし後述するように、その後も大臣の単独上奏が頻繁に行われていたこと、そして「韓官等ハ未タ其意義ヲ十分ニ了解セズ、且ツ各種ノ情実全ク杜絶セラレザル為メ、組織上困難ナル事情アルカ故ニ、多少ノ不満足アル」[34]という韓国政治家に対する林の不満を勘案すると、この内規はその後形骸化したものと考えられる。したがって一九〇七年六月に実施された内閣官制に本内規の内容があらためて組み込まれることとなる(第二章第一節第二項三参照)。逆に言えば、一九〇七年六月段階まではこの内規が十分には機能していなかったと見るべきであろう。

以上検討したように、林は、親日内閣を構築するとともに、皇帝権の制限を図るために、韓国政府が従来行ってきた官制改革の動きを利用した。しかし林の意図は、たとえば財政顧問目賀田種太郎の皇室財政改革が皇帝の批判にあって十分に進展しなかったことなどからもうかがえるように[35]、皇帝の抵抗により思うようには進まなかった。宮中問題は、統監府設置後も日本の対韓政策において重要な課題となっていくのであり、在韓公使館による対宮中政策は伊藤博文による宮中改革に継承され、本格的に推し進められることとなる。

(1)　目賀田財政については、羽鳥敬彦『朝鮮における植民地幣制の形成』(未来社、一九八六年)が詳しい。また教育行政については、学部学政参与官幣原坦に対する研究が教育史研究者を中心に数多く蓄積されており、最も研究が進んでいる分野ともいえる(小沢有作「幣原坦論序説——植民地指導者の足跡と思想」『海峡』一、社会評論社、一九七四年、稲葉継雄「旧韓国における教育の近代化とお雇い日本人」阿部洋編『日中教育文化交流と摩擦』第一書房、一九八三年、馬越徹「漢城時代の幣原坦」『国立教育研究所紀要』一一五、国立教育研究所、一九八八年、井上薫「韓国統監府設置前後の公立普通学校体制と日本語普及政策」『日本の教育史学』三二、一九九一年、佐藤由美「学政参与官幣原坦の韓国教育に対する認識とその活動」『青山学院大学教育学会紀要教育研究』三五、一九九一年)。一方、スチーブンスによる韓国外交への干渉政策の実際については、スチーブンスの韓国への赴任が遅かったこと(契約・渡韓は一九〇四年一二月)、また史料的制約などの理由により、ほとんど明らかになっていないのが現状である。

（2）徐英姫『大韓帝国政治史研究』（서울大学出版部、서울、二〇〇三年）。

（3）『日本外交文書』三七―一、四三九～四四〇頁。

（4）山本四郎編『寺内正毅日記』（京都女子大学、一九八〇年）、一九〇頁。

（5）金正明編『日韓外交資料集成』五巻（巌南堂書店、一九六七年）、九八頁、『日本外交文書』三七―一、四七〇頁。

（6）一九〇四年三月四日付寺内あて大山通牒謀臨第二〇一号一（JACAR（アジア歴史資料センター）Ref. C03020058500、「韓国駐箚軍司令部及隷属部隊編成の件」「満密大日記　明治三七年三月」（防衛省防衛研究所））。

（7）朝鮮在来の行商人の総称であるが、朝鮮王朝期、日本や女真の侵略に際して兵站を担ったことから王朝の庇護を受けた。さらにその組合組織を利用するため、大院君政権期に褓負庁が設けられ（一八六六年）、褓負商組織の統合と統制が図られた。独立協会運動に暴力的に対峙した皇国協会は彼らの組織である。

（8）『日本外交文書』三七―一、四七〇頁。

（9）『日本外交文書』三七―一、二八五頁。

（10）『日本外交文書』三七―一、四六三～四六五頁。

（11）『日本外交文書』三七―一、四七三頁。

（12）『日本外交文書』三七―一、二八六頁。

（13）『日本外交文書』三七―一、四七三頁。

（14）徐英姫『大韓帝国政治史研究』、参照。

（15）『日本外交文書』三七―一、四七二頁。

（16）『日本外交文書』三七―一、三四一頁。

（17）一九〇四年二月二〇日付参謀総長大山巌あて在韓公使館附武官伊地知幸介巳城報告第四号（『鶏林日誌』防衛省防衛研究所図書館「戦役―日露戦役―五九」）。

(18)『日本外交文書』三七―一、三三五頁。
(19)『日本外交文書』三七―一、三四一頁。
(20)『日本外交文書』三七―一、二八一頁。
(21)『日本外交文書』三七―一、四七二頁。
(22)『日本外交文書』三七―一、四七八頁。
(23)『日本外交文書』三七―一、四六四～四六五頁。
林はこうした報道を誇大化されて伝えられたものと否定し、警察院を廃止するような改革には日本の助力が必要であると指摘していた(『日本外交文書』三七―一、四六六頁)。
(24)『日本外交文書』三七―一、四七三頁。
(25)『日本外交文書』三七―一、三四七頁。
(26)『日本外交文書』三七―一、四〇六頁。
なお、府部規制および中枢院則を改定する旨を示した詔勅は一九〇四年一〇月八日付で公布された(『韓国官報』一九〇四年一〇月八日付)。一方林は、財務顧問目賀田種太郎の調査にもとづき、財政整理は①軍備の縮小、②在外公館の撤退、③通信事務を日本政府に委任すること、の三点を中心にすべきであるとの見解を高宗に上奏しており、韓国政府の官制改革による財政整理をさほど評価していなかった(『日本外交文書』三七―一、四〇七頁)。
(27)『日本外交文書』三八―一、八九五～八九六頁。
(28)同右。
姜再鎬は、一九〇六年、韓国政府内部と統監府が地方制度改革をめぐって対立したことを指摘しているが、その際の内部の地方制度改革構想はこの時の調査にもとづくものと考えられる(姜再鎬『植民地朝鮮の地方制度』東京大学出版会、二〇〇一年、第二章第二節)。
(29)同右。

(30)『駐韓日本公使館記録』二六巻、一一五頁、活字版二五巻、五六頁。
(31)『日本外交文書』三八―一、九二一頁。
(32)『日本外交文書』三八―一、八九九～九〇〇頁。
(33)『日本外交文書』三八―一、九〇三頁。
(34)同右。
(35)羽鳥敬彦『朝鮮における植民地幣制の形成』、参照。

第三節　韓国保護政策構想の対立
――統監の軍隊指揮権問題を手がかりに

一九〇五年一一月一七日に締結された第二次「日韓協約」にもとづき、日本は、韓国に統監府を設置した。それでは植民地統治機関である統監府は、日本の対韓植民地構想においてどのように位置づけられていたのだろうか。特に日本の植民地支配における軍事的優位性が従来指摘されてきたが、そうした特徴はどのような過程を経て成立したのであろうか。

統監府の設置に際し、「統監府及理事庁官制」第四条をめぐって起こったのが統監の軍隊指揮権問題である。在韓日本軍に対する指揮権を統監に付与するか否かが初代統監に就任した伊藤博文と陸軍との間で争点となったが、それは、軍隊指揮権を要求する伊藤に対して、この規定が統帥権を侵すものであると陸軍側が猛反発したためである。したがって同問題は従来、統帥権との関連性から取り扱われてきた(1)。しかし由井正臣や小林道彦が指摘するように、本問題は、日本の政軍関係および統帥権の問題にとどまらず、日本の大陸政策構想の対立が表面化したものとしてとらえるべき性格をもっている(2)。こうした由井および小林の指摘は、軍隊指揮権問題を日本の政軍関係のみならず大陸政策構想上の対立を射程に収めたものとして重要であるが、しかしなお不十分である。

由井らの見解では、たとえばこの時期の韓国駐箚軍がなぜ軍事力を優先した韓国統治策を志向するのかという点について十分に説明できないという問題が発生するであろう。それは、満韓問題の趨勢に日本の対韓政策が規定されている点を強調することにより、日本の朝鮮植民地化過程を外在的に説明することになってしまったからである。こうした観点からは、日露戦争の勃発・進展によって朝鮮内に生起した矛盾、そしてそれとの対抗関係から日本が物理的暴力装置を設置・展開していく過程が軽視されてしまう。その結果、日本の朝鮮植民地政策が一貫して軍事力優位に進められ、さらに併合に際していわゆる武断統治が敷かれるという歴史的過程を視野に収められなくなる恐れが生じる。日本の軍事機構と朝鮮社会との相関関係から軍隊指揮権問題を検証しなければならないゆえんである。

このように見ると、統監の軍隊指揮権問題は、①近代日本の政軍関係、②日本の大陸構想上の対立のみならず、③在韓日本軍と朝鮮社会との相克という複数の矛盾関係が組み合わされたものとして理解しなければならない。特に③については、植民地支配の本質を被従属地域社会との連関性において解明する上でその基層に据えなければならない課題である。

さらにこの問題と関連して明らかにしなければならないのが、天皇に直隷し、日本政府内各省庁から相対的に独立した統監の地位が、どのような経緯を経て確立されたのかという点である。これに関し、統監の職権をめぐって行われた伊藤博文と小村寿太郎の対立の経緯については海野福寿による詳細な検討があるが(3)、こうした統監の地位は、韓国併合後の朝鮮総督にも継承されたものと考えられる。同時期に成立した日本のもう一つの植民地である関東州において、その統治機関として関東都督府、関東軍、南満洲鉄道株式会社のいわゆる三頭政治が展開されたことを考慮するとき、なぜ韓国においては統一的な植民地統治機関が成立したのかという点を、その国際法的地位と併せて検討する必要があるだろう。

以下、本節では、「統監府及理事庁官制」制定時における統監の地位の成立過程を概観した上で、統監の軍隊指揮権問題を焦点にして日露戦後の対韓政策をリードした伊藤博文と日露戦争下の韓国における日本の対韓政策を実質的に支えた在韓日本軍との対立構造について検討する。具体的には、伊藤および在韓日本軍が韓国統治をどのように構想しており、そしてその差異はなぜ生じるのかといった点を課題に据える。その際、朝鮮の政治文化との関係から両者の対韓統治構想を検討するが、この作業を通じて、韓国併合後の武断統治と文化政治の相対的差異を明らかにすることができるだろう。日本の対韓政策と政治文化とがせめぎ合う場にこそ、武断統治および文化政治という日本の朝鮮植民地支配方式の差異が端的に表れていると考えるからである。

（1）山本四郎「韓国統監府設置と統帥権問題」（『日本歴史』三三六、一九七六年）。
（2）由井正臣「日本帝国主義成立期の軍部」（中村政則編『大系・日本国家史』五巻、東京大学出版会、一九七六年）、小林道彦『日本の大陸政策』（南窓社、一九九六年）。
（3）海野福寿『韓国併合史の研究』（岩波書店、二〇〇〇年）、二五五〜二六八頁。

第一項　日本における対韓統治構想および大陸構想の対立と統監の軍隊指揮権問題

一九〇五年一一月一七日、日本は韓国にいわゆる保護条約である第二次「日韓協約」の締結を強要し、韓国を保護国とした。そして同条約にもとづき、韓国に対する植民地統治機関として統監府を設置した。第二次「日韓協約」の締結は、韓国の外交権を奪って保護国にしたことのほかに、在韓公使館や韓国駐箚軍といった従来の個別的出先機関ではなく、統監府という本格的な植民地統治機関を成立させる契機となったという点でも重要な歴史的性格をもっている。第二次「日韓協約」の締結過程についてはすでに数多くの先行研究によって明らかにされているため、本項では特に取り上げず[1]、ここでは、第二章で検討する伊藤博文の韓国併合構想との関連性から、第二次「日韓協約」および「統監府及理事庁官制」の成立を前後する時期において、日本の政治指導者間で大陸政策構想とのかかわりで対韓政策構想がどのように展開されたのかについて検討する。

一　日露戦後体制構想と韓国保護国化方針の決定

日本政府の韓国保護国化方針はすでに一九〇四年五月の閣議決定「帝国ノ対韓方針」で打ち出されていたが（第二節第二項）、一九〇五年四月八日の閣議決定「韓国保護権確立ノ件」[2]は、それまで段階的に進めてきた韓国保護国化を完成させようとするものであった。同閣議決定は、「日韓議定書」、第一次「日韓協約」等によって韓国の軍事・財政・外交に関する韓国保護国化工作が順調に進展していることを確認した上で、それにとどまることなく、「帝国ノ自衛ヲ全フセンカ為メニハ、帝国ハ須ラク此際一歩ヲ進メテ韓国ニ対スル保護権ヲ確立シ、該国ノ対外関係ヲ挙ケテ我ノ掌裡ニ収メサルヘカラス」という方針を打ち出した。そのため日本政府は、韓国政府と保護条約を締結して韓国の外交権に関する行為能力を完全に剝奪するとともに、韓国の各種施政を監督する駐箚官を設置することを方針化したのである。保護国化に関しては、韓国の外交権を日本が行使することのほかに、「列国使臣ニ至テハ総テ撤退スヘキモノ」と、同時に各国使臣を撤退させ、韓国の外交チャネルを封鎖することを期していた。しかし同閣議決定は、在韓各国使臣の撤退や各国の韓国における領事裁判権撤廃方針などを含む外交権の掌握については具体的な方針を示す一方で、韓国統治機関の内容については特に規定しておらず、この段階ではまだその内容は具体化されていなかった。

それでは、日本政府は、なぜこの時期に韓国を完全保護国化することを決定したのであろうか。この点を考えるに際し、「韓国保護権確立ノ件」が「日露戦役中ニ於ケル作戦並外交歩調一致ニ関スル件」[3]および「第二回日英協約締結ノ件」[4]という二つの事案とともに閣議決定されたことを想起する必要がある。[5]「日露戦役中ニ於ケル作戦並外交歩調一致ニ関スル件」は、三月の奉天会戦後に満洲軍総司令官大山巌が参謀総長山県有朋に提出した意見書を勘案して作成され、[6]三月二三日に首相桂太郎、蔵相曾禰荒助、外相小村寿太郎にあてて提出された「政戦両略概論」[7]が元になっている。奉天会戦には勝利したものの長期戦になりかねないという悲観的展望から国力も併せ見て終戦工作への期待をにじませる「政戦両略概論」を受け、閣議決定「日露戦役中ニ於ケル作戦並外交歩調一致ニ関スル件」では終戦方針を打ち出すとともに、列強各国と交渉を重ねながら「終局ノ目的」を貫徹することを決定した。要するに、日露講和の具体的方針化である。

日露戦争が、韓国に対する支配権および満洲での権益の確保を目指して勃発したことは周知のとおりであるが、同戦争が、日本にとってハルピン、さらには「敵国の首府にまで進入する」(〔政戦両略概論〕)ものではなく、奉天会戦という局地的な戦闘での勝利にすぎなかった以上、ロシアとの和平交渉は、東アジアの戦後体制をどのように構築するかという点が焦点となる。具体的には、ロシアとの講和条約では韓国および満洲に対する支配権・勢力権の範囲をどの程度に設定するのかが最大の議題となることが当然視された。もちろんその場合、韓国に対する日本の支配権をロシアに認めさせることが絶対的条件となることは開戦経緯を見ても明らかであった。

そして、そうした日露講和方針の決定と同時に、ロシアとの講和条約締結の時期をにらみながら、英米各国とも交渉を重ねておく必要性があった。閣議決定「第二回日英協約締結ノ件」は、日英同盟協約を継続する方針を決定したものであるが、そこでは、第一回「日英同盟協約」の方針を変更する必要はないとした上で、「今回戦争ノ結果トシテ、韓国ノ地位一変シタルヲ以テ、本〔日英同盟〕協約モ亦之レニ応シ必要ノ変更ヲ加ヘサルヘカラス。即チ、我邦ハ韓国ニ対シ保護権ノ確立ヲ期スルカ故ニ、之レヲ実行スルモ、〔日英同盟〕協約ト牴触ヲ来ササル様修正ヲ加ヘ」るという方針が確認されている。したがってこの二つの閣議決定にもとづき、前者は四月二一日に「日露講和条件予定の件」、後者は五月二四日に「第二回日英協約締結の件」がそれぞれ閣議決定された。[8]

以上の検討から明らかなように、四月八日の三つの閣議決定は東アジアにおける日露戦後体制をどのように構築するかという方針を定めたものであり、韓国の完全保護国化はその一環として位置づけられていた。そしてその際に重要なのが、こうした日露戦後体制構想を主導したのが伊藤博文であったという点である。これら三つの閣議決定前日の四月七日、首相官邸において伊藤、井上馨、松方正義、山県有朋の各元老、および首相桂太郎、外相小村寿太郎、陸相寺内正毅、海相山本権兵衛が出席し、元老会議が行われた。その席上、今後の政略について検討したが、参席者は伊藤の意見に同意したという。[9] その伊藤の意見の内容こそ、次に検討するように、「満韓問題」を「満洲問題」と「韓国問題」とに分けた上で「韓国問題」の単独解決を志向するという大陸政策構想であった。東アジアにおける日本の戦後体制構築のイニシアチブは、構想段階において伊藤がすでに握っていたのである。

二　外務大臣小村寿太郎の満韓政策構想と対韓統治構想

それでは、日本の政治指導者は、日露戦後の大陸政策と対韓政策との連関性をどのように構想していたのであろうか。この課題について、統監府設置に際して生じた政府内の二つの対立を取り上げながら明らかにする。一つは、統監府を外交権行使の主体として位置づけるか否かをめぐる対立であり、もう一つは、統監の軍隊指揮権をめぐる対立である。

前者の伊藤博文と小村寿太郎の外交権の行使をめぐる対立については、「統監府及理事庁官制」の制定過程の検討に関連して海野福寿が詳細に分析しているが、[10] 韓国外交権を行使する主体が外務省であるのか、あるいは統監府なのかといった次元のみならず、大陸政策構想をめぐる路線の相違と対韓政策との連関性という観点からもこの対立軸を検討する必要があろう。ここでは、次に見る統監の軍隊指揮権問題の補助線として、小村の満韓政策構想と対韓統治構想を取り上げる。

一九〇五年一二月二一日公布された「統監府及理事庁官制」は伊藤が起草したものであったが[11]、臨時兼任外相桂太郎は、「満洲ニ関スル日清条約」を締結するために北京に出張していた小村に対し、同官制第二条の趣旨について次のように説明した。桂は、統監は官制上天皇に直隷し、内閣から独立しているが、上奏および親裁の際、「外交ニ付テハ外務大臣ニ由リ総理大臣ヲ経由シ、其他ノ政務ニ付テハ総テ総理大臣ヲ経由スルコトトナリ、尚重要ナル外交事務ニ関シテハ、統監ニ於テ措置ヲ取ル前、予メ外務大臣ニ協議スヘキコトトナルヘシ[12]」と述べた。一般政務については内閣総理大臣を、外交については外務大臣を経由することとなっており、また「重要ナル外交事務」については外相に協議するようになっていると位置づけたのである。

こうした桂の説明に対し、小村は強硬に反対し、「重要ナル外交事務ニ関シテハ、統監ニ於テ措置ヲ執ル前ニ予メ外務大臣ニ協議ストアリテ、統監モ亦、重要ナル外交事務ヲ執ルモノト認メラル」と懸念を表明した[13]。第二次「日韓協約」は韓国外交権の行使機関を東京外務省であると明言しているのであるが、小村は、同官制および桂の趣旨説明によって、統監もまた、「重要ナル外交事務」についての外交権行使機関として位置づけられかねないことを問題視したのである。そして、「若シ、統監府ニ於テ重要ナル外交事務ヲ取扱フコトヲ承知センニハ、折角撤退ニ決シタル〔関係各国〕公使館モ、之ヲ存置スル結果トナリ、我当初ノ目的ヲ破壊スルノ虞レ極メテ少ナカラス[14]」と注意をうながしている。日本は保護条約の締結とともに、韓国の条約締結各国に公使館の撤退を求めていたが、統監府が外交権を行使する余地を残すことは、こうした外務省の方針を無に帰するものであるととらえたのである。換言すれば小村の主張は、韓国を完全に保護国とするためには東京外務省に韓国外交権の実施を一元化しなければならず、統監府には限定的に地方的事務を担当させるにとどめなければならないというのであった。小村は、第二次「日韓協約」締結時からすでに「韓国外交ハ統監ニ於テ在東京外務省ノ指揮監督ヲ受ケ、依然京城ニテ之ヲ行フモノナルカノ疑ヲ生スルモノアルヤモ計ラレス」と問題視し、東京外務省が韓国外交権を行使する旨を、在外公使を通じて各国政府へ通告するよう指示していた(15)。

しかし小村の憂慮は、外務省が行うべき外交事務を統監府が執行するという単なる外交権行使の次元にとどまるものではなく、統監府という植民地統治機関のグランドデザインにかかわっていた。右に示した小村と桂との一連のやり取りでは明確ではないが、小村、そして外務省は、「統監府ヲ外務省ヨリ分割シテ、之ヲ陛下直隷トナサントスルモノト思ハル。斯テハ閣下〔小村〕ガ当初ヨリ懐抱セラレシ所ト根本的懸隔セル結果ヲ見ルヘキノミナラス、外務省ト統監府トノ間ニ聯絡ヲ欠キ、自然韓国外交ノ不統一ヲ来シ、甚タ面白カラサル現象ヲ呈セン(16)」と懸念を示していたからである。つまり、韓国外交権の行使という次元であるが、統監府の設置が外務省の権限を縮小させかねないものであり、それが小村の外交構想と齟齬をきたしかねないものと危惧されていたのである。伊藤と小村との対立点は、外交事務の行使という限定的な職務についてであるが、統監の職務を拡大しようとする方向性(伊藤)と、限定しようとする方向性(小村)ということとなろう。

では、なぜ小村は統監府の職務を限定的なものにとどめようとしたのであろうか。従来小村は、大陸膨張政策に合致した志向をもっていると理解されてきた(17)。たしかに、小村の大陸政策、特に「韓国問題」に関する姿勢は、日露戦前から戦争中を通じて一貫して強硬的なものであったことは疑いえない。たとえば一九〇四年七月、小村は首相桂太郎に「日露講和条件ニ関スル外相意見書」(未定稿)を提出したが(18)、そこでは日露戦後の韓国の位置づけは、戦前までの「我勢力範囲」という方針から、「事実上ニ於テ我主権範囲ト為シ、既定ノ方針及計画ニ基キテ保護ノ実権ヲ確立シ、益々我利権ノ発達ヲ計ル」ものへと一歩進めたものとなっていた。したがって韓国について「露国ヲシテ我完全ナル自由行動権ヲ確認シ、並ニ我利益ヲ妨碍セサルコトヲ明約セシメ、以テ将来再ヒ韓国問題ニ付、露国ト紛擾ヲ醸スヘキ原由ヲ全然排除スルコト」が、ロシアとの講和の際に要求する条件となるとしていた。こうした韓国関連の要求条件は、奉天会戦後の一九〇五年三月に提出された意見書においても特に変わっていない[19]。

しかし、対外強硬的な志向をもつことと、中央の掣肘を受けない独立的機関の設置を志向することとは政策次元を異にする問題である。当時の日本には、小林道彦が指摘するように、後藤新平、そして後年桂太郎が志向することになる中央集権的植民地統治機関の設置構想が存在していたからである[20]。この点について小村の大陸政策構想はどのようなものだったのだろうか。

日露講和会議終了後、帰国中の船中で小村は「満韓経営綱領」を口授させた[21]。この「満韓経営綱領」には保護権設定後の「対韓施設要目」も含まれており、その趣旨は韓国に「新たに統監を置き、保護制度を施かんとする」ものであった[22]。小村は、『後藤新平文書』に収録された「韓満施設綱領(未定稿)[23]」によれば、統監および理事官の役割を「帝国臣民ノ保護、韓国列国間条約ノ実行及韓国施設統轄」と規定していた。そして韓国外交権については外交事務に限定し、「韓国施設統轄」の実行機関として位置づけた。ここで目を引くのは「陸軍ニ在リテハ差当リ韓国ノ秩序ヲ維持シ、其領土防禦ノ急要ニ応スルニ足ルヘキ軍隊ヲ置キ、将来実際ノ必要ニ応シ其増加ヲ実行スルコト」と定めた乙一項での在韓日本軍の位置づけである。当面は、朝鮮半島の「治安維持」に必要な限りにおいて在韓日本軍を駐屯させればよいと小村は位置づけていたのであり、次に見る在韓日本軍のような陸軍中心の植民地統治機関設立とは見解を異にする。

右に見たように、小村の構想は中央集権的に植民地統治を行っていくものであったと考えられる。一方、中央の掣肘を受けない分権的な植民地統治機関の設置を構想したという意味では、伊藤はむしろ山県有朋および寺内正毅による後年の朝鮮総督府の志向性に近かったととらえられるであろう。では伊藤はなぜ中央から独立した植民地統治機関を設置しようとしたのであろうか。次に統監の軍隊指揮権問題を取り上げてこの問題を検討する。

三　統監の軍隊指揮権問題の発生

伊藤博文は、「統監府及理事庁官制」の施行に際し、在韓日本軍に対する指揮権の所在をめぐって陸軍と対立した。[24] 有名な統監の軍隊指揮権問題である。初代統監に伊藤が就任することが決定したが、文官である伊藤に軍隊指揮権を付与することは統帥権を侵すものであると陸軍が反対したのである。つまり統帥権のありようをめぐって同問題が発生した。しかし一方で、日露戦争の進展によって日本の政治担当者のみならず、陸軍内においても戦後大陸政策構想の分裂が生じていたという小林道彦の指摘を考慮に入れる必要がある。[25] このような大陸政策構想をめぐる分裂は、対韓政策の趨勢にも影響を及ぼしたものと考えられ、統監の軍隊指揮権問題もその延長線上に位置するととらえられるからである。次に、小林の指摘を踏まえながら、統監の軍隊指揮権問題を手がかりとして満洲軍を中心とする軍出先機関および伊藤の大陸構想を検討する。

まず、統監の軍隊指揮権問題の経緯について概観する。先に述べたとおり、一九〇五年一二月に公布された「統監府及理事庁官制」は伊藤が主導して起草したものであるが、元老、内閣による官制の検討過程では韓国統治機関を「純然タル文治組織トナサントスルモノト、又之ヲ武官組織トナサントスルモノト両説」[26] があった。しかし伊藤の統監就任が決定するなかで、統監の軍隊指揮権問題がクローズアップされるに至った。同官制は、第四条において在韓日本軍に対する統監の指揮権を明確に位置づけていたからである。これに対して陸軍側が猛反発するが、結局、参謀総長大山巌と陸軍大臣寺内正毅の調停により、統監に軍隊指揮権を与えることに決定した。その際寺内は、「韓国統治上の実情に照し、臨機軍隊を使用し得るの権能を与ふること必ずしも憲法違犯、大権侵害にあらず」として統監の軍隊指揮権を法制化することに賛成したという。[27]

しかし、軍隊指揮権問題は尾を引いたものと見え、結局一九〇六年一月一四日になって「朕韓国目下ノ事情ヲ顧慮シ、其安寧秩序ヲ保持スルノ目的ニ供スル為メ、韓国統監ニ仮スニ韓国守備軍ノ司令官ニ兵力ノ使用ヲ命スルノ権ヲ以テス。故ニ卿等ハ、国防用兵ノ計画ト如上兵力ノ使用ト相互ニ支障ヲ生セサル如ク適当ニ措置シテ、朕ノ望ニ副ヘヨ」という勅諚を大山および寺内に下付して問題解決を図ることになった[28]。天皇の命令によって陸軍、特に参謀本部の反対意見を抑えようとする動きは、参謀本部の部長級幹部(福島安正、大沢界雄、松川敏胤、大島健一、井口省吾)の反発を招いたが[29]、最終的に寺内も含めた政府側に押し切られたものと見られる。「恐レ多クモ勅諚ノ降サレタル以上、何等ノ異存アルヘキ筈無御座候[30]」との韓国駐劄軍司令官長谷川好道の言から明らかなように、政治的対立を詔勅によって解決するという方策がとられたのである。大山は長谷川に一六日付で訓令を与え、同問題に対する決着が図られた[31]。

それでは統監に対する軍隊指揮権問題はなぜこのように問題化したのであろうか。その理由の一つが統帥権の独立を名目としたものであったことは疑いなく、近代日本特有の政軍関係の対立が表面化したものとして同問題をとらえることは十分可能である。たとえば長谷川が「〔統監府官制并ニ条例〕第四条ニ、統監ハ司令官ニ出兵ヲ命スルコトヲ得ルト有之候。抑司令官ハ統監ニ隷属スル者ニ有之候哉。已ニ師団長ト雖トモ、天皇ノ直隷ナリ。況ンヤ軍司令官ノ直隷タルコトハ申迄モ無之事ト存候。其天皇ノ直隷タル司令官へ、統監ハ命令スルノ権能有之候哉[32]」と寺内に主張し、また参謀本部総務部長井口省吾が「統監府官制々定ニ付、統監ノ兵力使用権ニ関スルコトヲ参謀総長ニ謀ラスシテ決定」したことは不当であると山県有朋に不満を吐露したこと[33]からも明らかである。

しかし伊藤の軍隊指揮権要求に最も頑強に反対したのが、元満洲軍参謀であり戦後参謀本部に戻っていた田中義一(第一部員)、松川敏胤(第一部長)、井口省吾らであったという『田中義一伝記』の指摘[34]は、同問題が政軍関係あるいは統帥権の所在についてのみならず、その根底に大陸政策構想の相違をめぐる対立が存在していたことを示唆する。

小林道彦が指摘するように、奉天会戦後、戦況に一定の見通しがつくと、日本の政治担当者間では戦後の大陸政策をめぐって意見の相違が生じるようになった。日露戦争下の南満洲占領を契機として、満洲軍内において独自の戦後大陸構想が形成されるようになったからである。従来満洲の植民地としての価値について消極的見解をとっていた満洲軍総参謀長児玉源太郎や満洲軍司令部兵站課長井口省吾らを中心に、日露戦争最末期には南満洲に対する積極的な植民地経営が主張されるようになったという(35)。特に「我陸軍ノ戦後経営ニ関シ参考トスヘキ一般ノ要件」と題された意見書は、満洲軍の大陸政策構想を示すものとして小林が取り上げ、注目されるようになった史料であるが、戦後大陸政策構想における韓国統治機関の位置づけを示すものとしても重要である。やや長文であるが、該当部分を引用する。

今ヤ日露平和条約及日英同盟新協約ニ依リ我韓国ニ対スル保護権ハ確保セラレ、露国ハ満洲ノ内長春以南ノ施設ヲ放棄シテ全然之ヲ我国ノ勢力圏内ニ包含セシムルニ至レリ。……之レカ計画施設ノ衝ニ当ルモノハ先ツ意思ノ一致ト方法手段ノ一途ニ出ツルヲ要ス。即チ其ノ首脳機関ノ組織ヲ統一ナラシメ、以テ目的ノ達成ヲ企図セサルヘカラス。現制度ノ組織ハ、独リ斯業〔満韓経営〕ノ発達ニ不利ナルノミナラス、再ヒ露国ヲシテ野心ヲ逞フスルノ機会ヲ乗セシメ、戦勝ノ結果ヲ没却スルニ至ルナキヲ保セス。豈ニ遺憾ナラスヤ。夫レ韓国ノ経営ハ斯業ノ主ニシテ、南部満洲ノ施設ハ之ヲ附帯スルモノナリ。就中其軍事経営ハ韓国防衛ノ目的ヲ基礎トシテ計画セラレサルヘカラス。故ニ現制ノ関東総督ヲ廃シテ、韓国駐劄軍司令部ノ組織権限ヲ拡張シテ一ノ殖民地総督的ニ改メ、其支配スル区域ハ、韓国及関東洲ハ勿論、延ヒテ図們江口ヨリ琿春、吉林、長春、懐徳、法庫門ヲ経テ錦州府ニ至ル線以南ノ地区ニ於ケル軍事的勢力ノ扶殖、作戦ノ準備、竝民政及商工業等ノ施設ニ至ル迄、統一的ニ計画セシムルヲ以テ最モ適当ノ制度ト為ス(36)。

日露戦後の満韓経営を行う上で「首脳機関ノ統一」が唱えられた。戦後の大陸経営のために韓国経営を主とする統一的な植民地統治機関を設ける必要があるが、その際、「現制ノ関東総督ヲ廃シテ、韓国駐箚軍司令部ノ組織権限ヲ拡張シテ一ノ殖民地総督的」地位に編成しなければならないとされた。満洲軍総司令官の下に設置された関東総督府ではなく、韓国駐箚軍を拡張する形で植民地統治機関を設置するという構想である。それは朝鮮半島防衛を基軸に据えた大陸防衛構想とも連関性をもっていた。軍政の実質的継続を通じて、満洲南部および韓国地方全体を日本の植民地として支配・経営しようとしたのである。同意見書のこうした見解は、千葉功のいう、満韓は不可分だから満洲も確保するという意味での「満韓不可分論」の見地からの満韓問題の解決方針であったと考えられる。児玉源太郎が唱えていた、「将来の経営には京城の復雑《ママ》を避け平壌に新日本の拠点を置き、同処より南北に拡張する」(37)という平壌《ピョンヤン》を拠点にした大陸経営機関設置構想も同一の文脈から理解することができる。本意見書の作成時期、作成機関は不明であるが、関東総督府が設置されたのが一九〇五年一〇月一七日であることを勘案すると、時期的に、伊藤の主導した「統監府及理事庁官制」に対抗して参謀本部内で作成されたものと考えても不自然ではない(38)。しかし、このような韓国駐箚軍司令部の拡張という軍主導の大陸経営機関設置構想は、伊藤の猛反発を招くこととなった。

それでは、伊藤は戦後の大陸経営をどのように構想していたのであろうか。日露戦後、撤兵完了までの期間に行われていた関東総督府による対満洲占領地軍政が欧米列強の非難を招き、また関東総督府の行動が「利権回収熱」の高揚する清国官民を刺激するようになると、そのような事態に危惧を覚えた伊藤の招集によって一九〇六年五月二二日、「満洲問題に関する協議会」が開かれた(39)。同協議会席上においても伊藤は、児玉をはじめとする軍出先機関の積極的満洲経営の意向を抑え、軍政の早期撤廃、満洲の門戸開放を進めることを求めた。そして陸軍最長老である山県有朋による戦後大陸政策構想は、対露防衛戦略を中核に発想されたものであり、対露復讐戦を恐れる日露戦争直後においては消極的なものであった。また対韓政策においても、韓国における「軍事経営」の主眼は、「永久に韓国の要地に有力なる軍隊を駐屯せしめ、以て露国今後の南下運動に備ふると共に、韓国の安寧秩序を維持して我か条約上の責任を全うし、併せて鉄道、電信の如き軍事、商業に必要なる我か永久の建築物の安全を計る」[40]こと、つまりロシアの南下に備えた韓国防衛策のための軍隊駐屯に置かれていた。したがって基本的に山県ら陸軍上層部の満洲経営に対する消極的姿勢は伊藤のそれと大差なく、同協議会において山県は伊藤の「満洲経営」否認論に同調したという[41]。軍隊指揮権問題および「満洲問題に関する協議会」において伊藤は陸軍出先による「積極的大陸政策路線」という大陸政策構想を圧倒したのであり、それに対しては陸軍中央も積極的に反対しなかったのである。千葉のいう「満韓不可分論＝満韓交換論」の意味での満韓交換論の発想が強かった伊藤にとって、大陸政策上の優先課題はあくまでも韓国経営であった。

逆に言えば、日露戦後の伊藤にとっての至上命題は、韓国問題の十全かつ最終的な解決だったのであり、欧米列強との利害調整が必要な満洲問題は二義的にとらえられていたのである。したがって伊藤の姿勢は、小林道彦が指摘するように、日本の積極的満洲経営に反発した清国の排外運動の勃発により生じかねない第二次義和団戦争あるいは第二次日露戦争の勃発を防ごうという満洲経営否定論と表裏一体である[42]。英米両国による満洲の門戸開放要求に対応する一方で、第三次日韓協約体制の成立(第二章参照)により、韓国に対する独占的な支配体制を作り出すというのが伊藤の大陸政策構想であった。最終的には伊藤に抑えられてしまうこととなるが、軍隊指揮権問題をめぐる対立は日本の政治担当者間における大陸政策構想をめぐる対立の一端を示すものであった。

(1)　第二次「日韓協約」締結過程に関して詳細に検討した近年の成果としては、海野福寿『韓国併合史の研究』(岩波書店、二〇〇〇年)がある。
(2)　『日本外交文書』三八―一、五一九～五二〇頁。以下、本段で引用した史料は、同史料からのものである。
(3)　『日本外交文書』日露戦争V、一〇二～一〇四頁。

（4）『日本外交文書』三八―一、七～八頁。
（5）原田敬一『日清・日露戦争』（岩波新書、二〇〇七年）、二一六～二一九頁。
（6）外務省編『小村外交史』（原書房、一九六六年復刻）、四八七頁。
（7）大山梓編『山縣有朋意見書』（原書房、一九六六年）、二七三～二七七頁。
（8）『日本外交年表竝主要文書』上巻、二三六～二三八頁。
（9）山本四郎編『寺内正毅日記』（京都女子大学、一九八〇年）、三一七～三一八頁。
（10）海野福寿『韓国併合史の研究』、第四章第一節。
（11）東亜同文会編『続 対支回顧録』下巻（原書房、一九七三年復刻）、九二頁。
（12）『日本外交文書』三八―一、五六二頁。
（13）同右。
（14）同右。
（15）『日本外交文書』三八―一、五三九頁。
（16）『日本外交文書』三八―一、五六〇～五六一頁。
（17）たとえば、寺本康俊『日露戦争以後の日本外交』（信山社、二〇〇〇年）、第一章、参照。
（18）『日本外交文書』日露戦争V、五九～六三頁。
（19）一九〇四年七月および一九〇五年三月の両小村意見書の変更点については、『小村外交史』、四八六～四八七頁、参照。
（20）小林道彦『日本の大陸政策』（南窓社、一九九六年）、第二章、参照。
（21）本多熊太郎『魂の外交』（千倉書房、一九三八年）、二二六頁。
（22）春畝公追頌会編『伊藤博文伝』下巻（統正社、一九四〇年）、六八〇頁。
（23）「韓満施設綱領（未定稿）」（水沢市立後藤新平記念館編『後藤新平文書』R―三七、雄松堂フィルム出版、一九八〇年）。
（24）たとえば、由井正臣「日本帝国主義成立期の軍部」（中村政則編『大系・日本国家史』五巻、東京大学出版会、一九七六年)、参照。

(25) 小林道彦『日本の大陸政策』、一〇六〜一一一頁。

(26)『日本外交文書』三八―一、五六〇頁。

(27) 黒田甲子郎編『元帥寺内伯爵伝』(大空社、一九八八年復刻)、四三八頁。ただし引用文の後段に、寺内が「必ずしも武官総督を主張する論者にあらざりし」とあることを考えると、山田朗が同書復刻版「解説」三頁で触れているとおり、引用文の信憑性は疑問なしとしない。

(28) 宮内庁編『明治天皇紀』一一巻(吉川弘文館、一九七五年)、四六〇頁。なお、陸軍省編『明治軍事史』下巻(原書房、一九六六年復刻)、一五五八頁には一月一六日とある。

(29) 井口省吾文書研究会編『井口省吾と日露戦争』(原書房、一九九四年)、三九六頁。

(30) 一九〇六年一月二五日付寺内正毅あて長谷川好道書簡(国立国会図書館憲政資料室所蔵『寺内正毅関係文書』三八―一六)。

(31)『明治軍事史』下巻、一五五九頁。

(32) 一九〇五年一二月三〇日付寺内正毅あて長谷川好道書簡(『寺内正毅関係文書』三八―一四)。

(33)『井口省吾と日露戦争』、三九三頁。

(34) 高倉徹一編『田中義一伝記』上巻(田中義一伝記刊行会、一九五八年)、三六〇頁。

(35) 小林道彦『日本の大陸政策』、一〇八〜一〇九頁。

(36)「我陸軍ノ戦後経営ニ関シ参考トスヘキ一般ノ要件」(防衛省防衛研究所図書館所蔵『宮崎文庫』四〇)。

(37) 長岡外史文書研究会編『長岡外史関係文書　書簡・書類篇』(吉川弘文館、一九八九年)、一五四頁。

(38)『井口省吾と日露戦争』、三九三〜三九七頁。一二月三〇日日記中の「児玉大将ノ返電」があるいはこれに該当すると考えられるが、確証はない。

(39) 角田順『満州問題と国防方針』(原書房、一九六七年)、三〇八〜三三二頁。

(40)『山縣有朋意見書』、二八五頁。
(41) 小林道彦『日本の大陸政策』、一二〇〜一二三頁。
(42) 同右書、一二二頁。

第二項　在韓日本軍と朝鮮社会

以上見たように、統監の軍隊指揮権問題は、日露戦後の大陸政策構想をめぐって軍出先機関、特に満洲軍と伊藤博文との対立が表出したものという性格をもっていた。しかし在韓日本軍では、これとは別の文脈から統監の軍隊指揮権問題にかかわる問題が生起していた。軍隊指揮権問題の基底に位置する、統監を武官専任とするか否かという武官統監論である。在韓日本軍においては、日露開戦直後のきわめて早い段階に、すでに武官を中心とした植民地統治機関の設置が構想されていた。それは、満洲軍における満韓統一的植民地統治機関設立構想が日露戦争末期に浮上することと対照的である。つまり在韓日本軍において武官統監論が主張される要因を、満韓問題の連関性という側面以外にも探る必要があるのである。では在韓日本軍では、なぜ軍事優先的な植民地統治機関の設置、そして武官統監論が主張されたのであろうか。次に、在韓日本軍内で検討された植民地統治機関構想について検討する。

一　武官統監論の系譜

在韓日本軍内ではすでに日露開戦前夜において統一的植民地統治機関の設置構想が検討されていた。その代表的なものが、参謀本部作戦部長の経歴をもつ在韓公使館付武官伊地知幸介が日露開戦直後の二月一七日付で大本営に提出した「半島総督府条例」案である[1]。同意見書は「韓国ニ対スル諸般ノ我カ経営事業ハ、最早一日ヲ緩フスベカラサルモノアリ。後来北方ニ於ケル我カ作戦ノ便益ヲ顧慮スル時ハ殊ニ之レヲ速カニ実行スルノ必要」があるため、日露戦争遂行上の必要から、「東洋平和ノ担保セラル、迄ノ間」、軍事行動および「韓国経営」を統括する機関として半島総督府を暫定的に設けることを主張したものである。半島総督は大・中将から親補され、駐韓日本公使および在韓日本軍を支配下に置き、韓国における「経営事業」および「後来北方ニ於ケル我カ作戦ノ便益」を統一的に行う韓国統治の最高機関としての職権が与えられるものと位置づけられていた。そしてその施政の下で、「平和克復ノ際ハ事実上、韓国ハ已ニ我保護ノ下ニ在ル」ような状況を現出させることが期されたのである。さらに伊地知は「韓国経営事業ノ如キハ、能ク当国ノ事情ヲ考究シテ着手スルニ非ラサレバ、効果蓋シ期シ難」いため、伊地知とともに韓国に派遣されていた参謀本部部員陸軍大尉井上一次を朝鮮植民地政策計画の立案スタッフとするよう参謀本部に働きかけるなど[2]、在韓日本軍を中心とした韓国統治機関の成立を画策していた。

この半島総督府構想は、伊地知の個人的見解ではなく、日露開戦前夜から伊地知、韓国駐箚隊司令官斎藤力三郎、松石安治の在韓日本軍首脳が会合を重ねていたこと[3]、伊地知に在韓日本軍のとりまとめが期されていたこと[4]、そして次に取り上げる斎藤の上申書の内容を勘案すると、おそらく三者による検討を経て立案され、伊地知により上申されたものと考えられる。なぜこの段階で駐韓公使を超越する韓国統治機関の設置が上申されたのかという点について史料的にはこれ以上明確ではない。しかし、電信線、宿営地交渉等、日露開戦後の作戦遂行に必要な措置に関する記事が『鶏林日誌』に散見されることを併せ考えると、駐韓公使を通じた韓国政府との交渉が意図どおりに進捗しなかったことが背景にあると推測される。つまり、在韓日本軍が中心となって対韓政策を直接実施できるようにするという作戦遂行上の理由からの韓国統治機関設置構想であると考えられる。

結局、「半島総督府条例案」は参謀本部の容れるところとはならなかった。(5) それは、伊地知が在韓公使館付武官に着任する際、関係国との交渉事項は駐韓公使と協議して「敢テ専擅」せず、重要事項は駐韓公使に従うよう参謀本部が訓令していたことからも容易に推測できる。(6) しかし在韓日本軍はその後も、駐韓公使に優越する軍中心の対韓統治機関設置を参謀本部に上申している。

一九〇四年八月、韓国駐箚軍参謀斎藤力三郎は参謀本部にあてた上申書で軍司令官に駐韓公使に超越した権能を付与することを主張している。斎藤は、韓国駐箚軍司令部編成改定にあわせてこの主張を展開したが、「特に注意すべきは軍司令官の権能と公使の権能との関係に可有之と愚考仕候。結局公使は軍司令官の下に在て活動する如く制度を立つるにあらざれば、威圧を主とする韓国に在ては無理なり。少くも公使は軍司令官の意図を聞き、或は「公使は軍司令官に協議し云々」と、今日とは全然反対に権能を付与するの必要あり」(7) と上申している。韓国統治は「威圧」すなわち物理的暴力を主としてなされなければならない以上、軍司令官を中心とした韓国統治機関を設立する必要があると唱えたのである。こうした斎藤の主張は、当時進められていた伊藤博文の韓国顧問就任の動きが中止されたことに賛意を示すという形でも示されている。斎藤は、「由来韓国は文官連にては到底治まらざるべく存候。是非共陸軍将官にして親補職の連中歟又宮家に限る儀と愚考仕居候。由来韓国の操縦は兵力を有する大官にして国王の親信を得る者に限る儀と存候」(8) と、文官による対韓政策の遂行を排した。武官を中心として対韓政策を行おうとする点に「半島総督府条例」からの一貫した軍事的韓国統治機関設置の論理をうかがうことができる。(9)

第二次「日韓協約」による韓国保護国化に際して韓国駐箚軍で唱えられた武官統監論は、こうした構想の延長線上にある。韓国駐箚軍は「韓国経営に関する所感摘要」、「韓国経営機関の首脳に就て」という意見書を作成し、参謀本部に上申、後者については伊藤にも提出された。(10) 両意見書は韓国駐箚軍における武官統監論の核心を示すものであるが、以下、「韓国経営機関の首脳に就て」を検討し、武官統監論の内容を考察する。

意見書の主眼とするところは、駐韓公使、駐劄軍司令官が並立して対韓政策を遂行している現制度を改め、第二次「日韓協約」締結後に統一的韓国統治機関を設置すべきであるが、その統治機関の首脳は、「少くも過渡時代に在ては武官に非ざれば能く此の〔対韓政策の解決という〕希望に副ふこと能はざる」ため、武官から採用しなければならないという点にある。つまり武官統監論を正当化するための政策意見書である。そして今後の対韓政策の根本方針は「韓国は能く威服せしむべし、懐柔すべからず」と武断的統治に置かれた。それは「常に強国の間に介して事大主義を執り、首鼠両端以て纔《わず》かに社稷を保持し得たる幾百年来の彼れの歴史」および日露戦争下の情勢に照らすとき、「韓国の皇室及政府に対して容易に制馭の功を収めんと欲せば、兵馬の実権を掌握せる武官をして同時に経営機関の首脳たらしめ、彼等をして妄動の余地なからしめざる」ことが求められたからである。また、「其知識の程度に於て、其国家的観念を有せざる点に於て、其強者崇拝の劣性に於て、蛮民の境を距ること遠からざる」一般官民に対しても、「圧力の伴はざる手段は到底効果を奏すること無き」ものと観念された。つまり武力の示威により韓国皇帝、韓国政府のみならず一般官民も統御することが可能であると見通されていた。

ここに明らかなように、武官統監論の基底には朝鮮事大主義観と朝鮮愚民観が横たわっていた。この点は先述した伊藤ら文官の朝鮮観とほとんど変わらないが〔第二節第三項〕、「過渡期」における経営機関として「尚ほ武断的手段を取ることなく其外見の穏美なる彼我合意的方法を以て韓人に臨むは、頑冥不霊《ママ》にして事理に通ぜず、弥弥百端毫も誠意を有せず、遷延姑息を策するに巧みなる韓官等は忽ち其慣用手段を弄して防害を試み、遂に我をして已往に於ける対韓政史の失敗を反復せしむる」ものととらえ、文官中心の統治機関の設置を明確に否定した点が重要である。甲午改革時の駐朝公使井上馨による朝鮮内政改革の失敗の轍を踏まないためにも、「彼我合意的方法」ではなく、「武断的手段を円満に実現せしむるの方法」を採用しなければならないと主張したのである。

一方、一九〇五年中頃から江原《カンウォン》、忠清《チュンチョン》、慶尚《キョンサン》各道で起きていた義兵については「必ず頻繁に八道に発生することあるべしと覚悟」しなければならないとの見通しが示されている。したがって日本が韓国経営を行う上で、「今日に於て速かに荊棘を抜き、障碍を除き、安全なる径路を与へ、確乎たる基礎を得せし」める必要があるが、断続的かつ広範囲に行われている義兵の弾圧を適切に行うために、「指揮者たる武官は普く全般の状勢を知悉し経営施設の企図計画を詳かにし、同時に用兵上に就ては其原則として毫も他の掣肘を受くることなきを要す」ることが期されたのである。すなわち「治安維持」[11]を最優先しなければならない韓国において円滑に韓国統治機関を運営するためにも、やはり武官統監論が正当化されることとなる。このように、武官統監論の論拠は、①朝鮮事大主義観にもとづき、軍事力によって韓国皇帝および韓国政府の掣肘が可能であるととらえたこと、②断続的に勃発する義兵鎮圧という「治安」上の必要性の二点から構成されていた[12]。

そして韓国駐剳軍司令官長谷川好道および参謀長大谷喜久蔵は、第二次「日韓協約」を締結するために訪韓した伊藤に右の意見書を示しながら武官統監論を主張した。大谷の観察では、伊藤に随行した枢密院書記官長都筑馨六および駐韓公使林権助は異論を挟んだが、伊藤は武官統監論に傾いたという[13]。この事実は、特に①については軍事力によるか否かは別にしても、右に述べた武官統監論の二つの論拠自体には伊藤が反対しなかったことを示唆する。それは、先述したように伊藤は韓国皇帝および韓国政府を制御・利用すれば韓国統治が可能であると考えていたからである。そしてこうした認識こそが、前項で見た、一元的な韓国統治機関の設立の必要性を裏づけるものであったと考えられる。

しかし、伊藤や韓国駐剳軍のこうした認識は朝鮮社会の自律的な動きによって突き崩されていく。義兵のさらなる高揚によりそれは明確になっていくが、その動向はすでに日露戦争中に露見していた。次に日露戦争中の日本軍と朝鮮社会との相克を通じてこの問題を検討する。

二　武断政治の胎動
――在韓日本軍と朝鮮社会との連関性から

日露戦争時から韓国保護国期にかけて行われた、朝鮮における日本の軍事的制圧過程については多胡圭一をはじめ多くの研究者が取り上げてきた。[14] しかし趙景達が指摘するとおり、朝鮮社会と日本軍の関係について十分に検討されてきたとは言いがたい。[15] それは朝鮮社会の自律的な動向と日本軍とがせめぎ合う場において朝鮮植民地化過程をとらえ返すという視角に乏しかったからである。ここでは、在韓日本軍が武官統監論を主唱するに至る構造を理解するために、朝鮮社会と日本軍のせめぎ合いについていくつかの事例を取り上げながら、日露戦争、そして日本の植民地支配のあり方を朝鮮社会から再照射する。

先述したように、積極的であれ消極的であれ、在韓日本軍は戦後大陸政策構想の基軸に位置づけられていた。日露戦争を通じ、一九〇四年七月二日に日本軍の軍事施設保護を目的とした「軍律」が発布されたのをはじめ、ソウルおよびその周辺一帯に「軍事警察」が、また同年一〇月には咸鏡道《ハムギョンド》に軍政がそれぞれ施行されるなど、日本軍は朝鮮民衆に対する抑圧体制を編成していった。[16] そのようななかで日露戦後を見据えた際、韓国駐箚軍にとって最大の関心事は、朝鮮半島の「治安維持」を図る上で、従来のような軍律体制を維持できるかどうかという点にあった。たとえば兵営敷地収用について、その「収用は日韓議定書第四条に準拠するものなれば、収用の目的止むと同時に還付の義務を生ずるは当然にして個人の売買とは全く性格を異にする」[17] ものと位置づけていたことから明らかなように、韓国駐箚軍は「日韓議定書」を戦時協定ととらえており、この時点では日露戦後の軍律体制の維持を困難なものと見ていたのである。実際には第二次「日韓協約」第四条をもとに「日韓議定書」の内容はその後も維持されるが、同条約を戦時協定ととらえる限りにおいて、日露戦後の在韓日本軍駐屯の名分は別に求められることとなる(18)。

それでは、韓国駐箚軍が想定した日本軍駐屯の名分とはどのようなものだったのであろうか。それは「治安維持」を口実とした義兵の鎮圧であった。韓国駐箚軍参謀長大谷喜久蔵は、一九〇五年八月末に忠清北道永春《ヨンチュン》郡、江原道寧越《ニョンウォル》郡一帯で起きた義兵の状況、それに対する韓国政府および韓国駐箚軍の対応について参謀本部に報告したが、その報告のなかで在韓日本軍駐屯の名目について次のように言及した(19)。義兵勃発地域である忠清道忠州《チュンジュ》は軍政施行地でも軍事警察執行地域でもないため、韓国政府の措置がないまま日本軍が鎮圧活動を行うのは早計なので、うやむやのままに現状維持を図るためには、義兵の勃発という在地社会の混乱に乗じ、「我軍の現状を維持せざれば韓国目下の実力は僅かなる暴徒すら之を鎮圧するの力なしと云ふ実証を示す」ことによって韓国における自らの地歩を築こうというのである。さらに韓国の「治安悪化」を名目として「軍政施行地」、「軍事警察執行区域」以外でも軍事行動を行うことを射程に入れている。これについては、在韓公使館と軍司令部との間で「韓国政府ヲシテ討伐ノ責ニ当ラシメ、其実効ヲ挙ゲ得サルニ至リ、我手ニ於テ一挙之ヲ討伐シ、以テ平和克復後、尚韓国内ニ我軍政ヲ維持スル口実ノ一トスルコト」が協議されていた。そして韓国政府に指示して義兵鎮圧を行わせる一方、戦後の「治安」活動をにらみ、日本の自由行動が可能となるよう韓国政府に働きかけていたのである(20)。大谷らの報告は、民族的運動との相互依存的矛盾関係において自らの存在を正当化しつつ、在地社会に分断を埋め込んでいこうとする帝国主義者の本質を図らずも告白するものである。

しかしこうした目論見は、朝鮮社会の伝統的な秩序観を否定した上でしか成立しないものであった。この点を考える上で示唆を与えるのは、大谷が参謀本部にあてた次の続報である(21)。

江原道、忠清道内各地及其附近諸処ニ出没スル義兵剿蕩方ニ付、曩キニ軍部ヲ通シテ屢々韓国政府ニ促シタル結果、鎮衛隊一隊約百名ノ派遣ヲ見タルモ、爾来五旬ヲ経過セシカ、今日該隊ハ尚ホ平昌《ピョンチャン》〔江原道〕附近ニ停止シ、拱手傍観ノ状態ニ在リ。此間一部ノ匪首元容八及鄭化栢ヲ捕縛セリト称スルモ、内実ハ其所在地ノ一進会員等ガ捉ヘテ鎮衛隊ニ交付シタルモノ、由ニ有之。

大谷の報告によれば、日本の要請により義兵鎮圧に派遣された鎮衛隊は義兵の発生地域付近にとどまり、五〇日間にわたって「拱手傍観」した。さらに、義兵将元容八《ウォンヨンパル》および鄭化栢《チョンファベク》を捕縛したのは鎮衛隊ではなく一進会員らであったというのである。

従来の研究は、鎮衛隊のこうした行動に対し、韓国軍の非規律性あるいは日本への消極的抵抗、そして一進会の単純な親日的行為を表現するものととらえてきた。しかしこうした把握は、安丸良夫のいわゆる「モダニズムのドグマ」にとらわれたものである(22)。前者が近代的啓蒙主義にもとづいた帝国主義者の口吻だとすれば、後者二つは分析対象にア・プリオリに民族主義を設定して反日民族運動の枠組みに当てはめようとする、やはり近代主義からする眼差しである。愼蒼宇は、こうした見解を批判しながら、「贈与」と「裁量」をキーワードに、「寛容で危険な秩序世界」である朝鮮社会において、儒教的民本主義にもとづく徳治の論理がこの段階においても依然として機能していたことを指摘している(23)。

愼蒼宇の指摘は、たとえば一九〇八年段階において義兵将が韓国兵らに「若シ争フコトヲ欲セサレハ、速ニ来ツテ命ヲ乞ヘ。或ハ斟酌スルトコロアラン(24)」と呼びかけている点、また先の忠清道永春、江原道寧越両地域での義兵において、鎮衛隊にではないが、一進会に対して「威嚇的ニ悔悟ヲ勧告シ、若シ応セサルニ於テハ掃討スヘシ(25)」という内容の暁告文を義兵が送付したという点からも類推することができる。特に後者の一進会に対する暁告文では、「一会ノ中天地間ノ罪人タルヲ免ル、ノ道ハ唯過ヲ改メ、自ラ新ニスルニ在リ。……若シ邦内義ニ依リ国ヲ扶クルノ人アラバ皈付《きふ》スルモ可ナリ」(26)と、儒教的道義観の共有を前提とした義兵側の働きかけが一進会に対してすら行われていた。愼蒼宇が明らかにした元憲兵補助員姜基東《カンキドン》の義兵への転身(27)は、このような文明観、秩序観を前提にしなければ理解することができない。そしてこうした前提に立てば、五〇日間という鎮衛隊の長期にわたる「拱手傍観」は、サボタージュや消極的抵抗というよりも、儒教的民本主義にもとづく朝鮮社会の自律的かつ合理的な秩序回復行動として、伝統的政治作法にのっとって義兵と鎮衛隊間で応答が行われていたものと解釈すべきものであろう。

しかしこのような軍隊あるいは巡検と民衆における裁量と贈与の対話的関係に裏づけられた朝鮮的秩序観は、効率性を追求しようとする日本軍の「近代」的秩序観と齟齬をきたすこととなる。そして、右の報告において義兵将を捕縛したのが一進会員であったという報告が示唆するとおり、権力に迎合する層が社会的に存在する限り(一般的にそれは存在する)、日本軍が自らの「治安」行動において「伝統的」秩序観を排し、近代的秩序観にもとづく価値基準を示せば示すほど、更なる分裂が朝鮮社会に埋め込まれてゆくこととなる。したがって近代的秩序観からする伝統的秩序観の排除という政治文化の相克は、後に見る一九〇七年の韓国軍解散という統監府の政策にも大きく影を落とすはずである。

一九〇五年段階に作成された「韓国経営に関する所感摘要」においてすでに、「韓国現在の軍隊及憲兵は実際其用に堪へざるのみならず、或る点から云へば寧ろ有害の長物たり(巡検も亦略々之に同じ)。故に直接皇室の護衛儀仗に任ずべき侍衛隊若干を存置し、其他は悉皆之を解散せしめ、領土の防衛及国内の安寧保持の任務は当分我軍隊をして之に当らしめ、一は以て韓国の財政に利し、一は以て我政策の実施を便且つ容易ならしむるを可とす」(28)と、韓国軍の解体が見通されていた。韓国軍、憲兵および巡検といった在来の暴力装置が「有害の長物」であるという認識は、先に見た「拱手傍観」という朝鮮社会における伝統的な秩序観にのっとった韓国軍の行動そのものから導かれたものと見てよいだろう。日本の望むような「領土の防衛及国内の安寧保持」は在来的な秩序回復の方法では保持しえないと認識されるがゆえに、朝鮮における政治作法を否定し、それまでの暴力装置を廃止して日本の暴力装置に一元的に置き換えていくという方法によってしか「治安維持」が達成されえないととらえられたのである。

ただし注意しておかなければならないのは、在韓日本軍が日露開戦当初から朝鮮の政治作法を全否定していたわけではなかったという点である。一九〇四年三月、日本軍が平壌を経て朝鮮北部に進攻した際、駐韓公使林権助は、韓国「各地方官ハ露兵ノ進入ト共ニ何レモ其任地ヨリ逃散シ、之カ為メ我軍ノ北進ニ関シ行動上不便尠カラ」ざる状態が生起したため、韓国駐箚軍の要請もあり、軍事行動上の便宜を図る目的で各地方官に人夫・牛馬の徴用、軍票の流通を図ることを命令するよう韓国政府に働きかけた。その際、「日清戦役ノ当時、貴政府ヨリ宣諭使ヲ派遣セラレテ、特ニ重大ノ権限ヲ与ヘ平壌以北地方官ヲシテ一致ノ運動ヲナサシメ、若シ之レニ違フ者アルトキニハ黜陟《ちゅっちょく》任免ヲモ奏上スルヲ得セシメラレタル前例」を引証した(29)。宣諭使として「此般大官ヲ派遣セラレンコト」を要請した事実から、在来の政治権力を使って戦争協力を引き出し、治安維持を図ろうとした姿勢が指摘できる。

しかしこのような日本の思惑は早い段階で機能しなくなっていた。同年九月に京畿道《キョンギド》で起こった始興《シフン》民乱において、日本人に支援を要請していた郡守が民衆によって殺害されるという事件が起きた。郡守を殺害するという従来の政治作法では起こりえないこの事件は、趙景達が述べるように、朝鮮民衆が郡守を皇帝の代理ではなく日本の手先と認識したために起きたものであったと解される(30)。統監府施政下においては、宣諭使を利用して義兵を抑えようとする日本側の動きはさらに機能不全に陥っていく(第三章第二節参照)。「前日宣諭使ノ下来スルヤ、其詔勅ト称スルモノ果シテ真ナラハ、単騎以テ義兵ニ諭スヘシ。而カモ之ヲナサス炭幕歩撥ヲ以テ付送ス」との宣諭使への非難に表れているように、義兵将が宣諭使を逆に諭すケースすら生じていた(31)。詳細については第三章で後述するが、一君万民的な勤王意識と民本主義という儒教的政治文化が色濃く存在する朝鮮社会に、日露戦争の深化とともに、政治文化を異にする日本という新たな権力が地歩を築くなかで、従来的な支配のあり方を民衆が希求しようとすればするほど、傀儡化する政府および皇帝を利用する仲介勢力日本への朝鮮民衆の闘争が激化していったのである。

（1）　一九〇四年二月一七日付参謀総長大山巌あて在韓公使館付武官伊地知幸介上申書（防衛省防衛研究所図書館所蔵『鶏林日誌』「戦役―日露戦役―五九」）、谷寿夫『機密日露戦史』（原書房、一九六六年）、七二頁。

（2）　井口省吾文書研究会編『井口省吾と日露戦争』（原書房、一九九四年）、五〇六頁。

（3）　『鶏林日誌』。

（4）　一九〇四年一月一三日付在韓公使館付武官伊地知幸介あて参謀総長大山巌訓令臨第一一七号第一（ＪＡＣＡＲ（アジア歴史資料センター）Ref. C03020013100、「陸満密大日記」「明治三七年―M三七―一」（防衛省防衛研究所））。

（5）　『機密日露戦史』、七二頁。

（6）　一九〇四年一月二二日付在韓公使館付武官伊地知幸介あて陸相寺内正毅訓令（ＪＡＣＡＲ Ref. A04010082200、「公文雑纂」「明治三十七年―第四十巻―陸軍省一―陸軍省一」（国立公文書館））。

（7）　長岡外史文書研究会編『長岡外史関係文書　書簡・書類篇』（吉川弘文館、一九八九年）、一六一頁。
なお、『機密日露戦史』、五五八頁では、韓国駐箚軍参謀林が同趣旨の上申を行ったとされているが、おそらく谷寿夫が斎藤力三郎と誤認したものと考えられる。

（8）　同右。
なお、斎藤は「目下戦地にある新進の大将、特に過般御帰朝被遊たる大将宮殿下」、すなわち伏見宮貞愛親王が韓国駐箚軍司令官に適当であると上申していた。

（9）　なお、井上清『新版　日本の軍国主義』Ⅲ巻（現代評論社、一九七五年）、多胡圭一「朝鮮植民地支配における軍事的性格――日露戦争下およびその直後を中心に」（日本近代法制史研究会編『日本近代国家の法構造』木鐸社、一九八三年）では、一九〇四年八月二一日、桂太郎、小村寿太郎、寺内正毅が大本営で会合し、韓国駐箚軍の拡大改編、公使館付武官の廃止を決定し、さらに九月に長谷川好道を大将に昇進させて駐箚軍司令官に任命するという一連の韓国駐箚軍改編において、駐箚軍司令官が韓国公使を超える権能をもったと指摘されている。両者ともにその根拠を『機密日露戦史』に求めているが、同書の記述にはいくつかの点で錯誤および疑問がある。①桂、小村、寺内の大本営での会合は七月二一日の誤りであること（山本四郎編『寺内正毅日記』京都女子大学、一九八〇年、二五六頁）、②一九〇四年九月二〇日付韓国駐劄軍司令官あて大本営訓令に「韓国駐劄軍司令官は其任務の遂行上事の外交若しくは韓国施政に関するものは在京城帝国公使と協議すへし」とあること（陸軍省編『明治軍事史』下巻、原書房、一九六六年復刻、一四〇四頁）、③また管見の限りでは『機密日露戦史』の記述を裏づける史料は確認できず、後段に示すように武官統監論という形で軍隊中心の植民地統治機関設置構想が再度提起されていることを勘案すれば、該当部分の同書の記述は信憑性に欠ける。少なくとも、一九〇四年九月時点で軍司令官が駐韓公使を超越した権能をもったとはいえない。

(10)　『長岡外史関係文書　書簡・書類篇』、七五～八一頁、『駐韓日本公使館記録』二六巻、九三～九七頁、同活字版二五巻、一九九～二〇一頁。以下、特に断らない限り、『長岡外史関係文書　書簡・書類篇』からの引用である。

(11)　多胡圭一は、日本にとっての韓国の「治安維持」、「治安紊乱」という区分が、日本の植民地収奪に対する朝鮮民衆の正当な行動に対する日本側の眼差しであったことを想起するよううながしているが（多胡圭一「朝鮮植民地支配における軍事的性格」）、被従属地域民衆の立場から帝国主義の論理をとらえ返す上で重要な指摘である。

(12)　山県有朋は日露戦後の対韓政策について、「俄かに文明国の整頓せる財政制度を強制せんとするか如き、果して策を得たるものと云ふを得へき乎」と疑問を呈し、さらに「歴史を顧みす、風俗習慣を慮からすして、実行の望みも確かならさる新法新令を彼れに強制し、列国環視の中に於て故らに彼れの反抗を招くは最も戒むへきの事に属す」と見ていた。山県は、文官を中心とした諸制度改編による対韓政策を批判している。韓国保護国化に向けて日本の政治指導者が最も警戒したのは列強の干渉であったが、韓国の治安悪化はその干渉を招来しかねないものであり、その治安悪化は、日本が「急行躁進只管ら成功を急くの結果、韓国の上下をして煩累に堪へさらしめ」た結果、招来したものととらえていたのである（大山梓編『山縣有朋意見書』、原書房、一九六六年、二八一～二八五頁）。日本の対韓政策が「治安悪化」を招いたという限りでは山県の観察は正鵠を射ているが、文明主義的な眼差しからなされるその視野には、朝鮮民衆の自律的な動向は入っておらず、日本の政策を理解しない朝鮮人という認識が貫徹している。

(13)『長岡外史関係文書　書簡・書類篇』、八五頁。
　なお、伊藤が長谷川好道に統監就任を慫慂したため、長谷川はそれを辞退し、乃木希典を推挙した。これは伊藤の容れるところとはならなかったが、長谷川は「大使ノ意向其首脳ヲ武官ニ取ルノ傾キアル事ハ之ヲ証明スルニ余リアリ」という観察を寺内正毅に書き送っている（一九〇五年一二月一三日付寺内正毅あて長谷川好道書簡、国立国会図書館憲政資料室所蔵『寺内正毅関係文書』三八―一三）。
(14)　多胡圭一「朝鮮植民地支配における軍事的性格」、大江志乃夫『日露戦争と日本軍隊』（立風書房、一九八七年）。
(15)　趙景達「日露戦争と朝鮮」（安田浩・趙景達編『戦争の時代と社会』青木書店、二〇〇五年）。
(16)　多胡圭一「朝鮮植民地支配における軍事的性格」、一三八～一四三頁。
(17)『長岡外史関係文書　書簡・書類篇』、七一頁。
(18)　この認識は、在韓日本公使館も共有していた。駐韓公使林権助は、外務省への電報中、韓国駐箚軍の軍律体制維持に賛意を示している（『日本外交文書』三八―一、五二三頁）。
(19)『長岡外史関係文書　書簡・書類篇』、七三頁。
(20)『日本外交文書』三八―一、九四七頁。
(21)　一九〇五年一〇月二九日付参謀次長長岡外史あて韓国駐箚軍参謀大谷喜久蔵報告韓駐参第五〇三号（防衛省防衛研究所図書館所蔵「明治三十八年一月起十二月ニ至ル謀臨書類綴」大本営―日露戦役―M三八―四）。
(22)　安丸良夫『日本の近代化と民衆思想』（青木書店、一九七四年）、九頁。
(23)　愼蒼宇『近代朝鮮における警察と民衆（一八九四―一九一九）』（有志舎、二〇〇八年）、第四章、参照。
(24)　琴秉洞解説『秘　暴徒檄文集』（緑蔭書房、一九九五年）、二三八頁。
(25)『駐韓日本公使館記録』二五巻、六五頁、同活字版二四巻、二一四～二一五頁。
(26)『駐韓日本公使館記録』二五巻、六八頁、同活字版二四巻、二一六頁。
(27)　愼蒼宇「無頼と倡義のあいだ――植民地化過程の暴力と朝鮮人「傭兵」」（須田努・趙景達・中嶋久人編『暴力の地平を

超えて』青木書店、二〇〇四年）。
（28）『長岡外史関係文書　書簡・書類篇』、七六頁。
（29）『駐韓日本公使館記録』二三巻、三六六頁、同活字版二四巻、一七頁。
（30）趙景達「日露戦争と朝鮮」、一一七〜一一八頁。
（31）『秘　暴徒檄文集』、二六二頁。

小　括

義和団事件を契機とするロシア軍の満洲駐屯は、従来の日本の大陸政策上の課題であった韓国問題に満洲問題を接合させることとなった。この満韓問題を最終的に解決するために引き起こされたのが日露戦争であった。緒戦において韓国を軍事的に制圧した日本は、開戦前から締結交渉を行っていた日韓秘密条約よりもさらに韓国の主権侵害を推し進める内容をもつ「日韓議定書」の締結を強要した。同条約は韓国の保護国化のきっかけとなったばかりでなく、韓国従属化を図ったものである。そして戦線が満洲に移ると、日本は韓国の具体的な対韓経営構想を検討し始めた。「日韓議定書」が「対韓経営の輪郭」を定めたものにすぎないととらえられたからである。日本は韓国を究極的には「附庸国」あるいは「併合」することを目的としたが、日露戦争下において可能な限り朝鮮植民地化を進めることが閣議決定された。このように、戦況を利用して保護国化という形で韓国問題の解決を図ることが期された。韓国問題をどのように解決するかをめぐり、保護国化という方針について日本の政治担当者間では大きな意見の差異は無かったのであり、それは軍出先機関である韓国駐箚軍においても同様であった。

韓国問題にとって日露戦争は、従来の「消極的操縦政策」から「干渉政策」へと日本の対韓政策を転換させる契機となった点にその画期性が求められる。しかしそうした朝鮮の政治構造に対する日本の認識は、甲午改革から大韓帝国成立に至るまでの歴史的経緯、特に露館播遷による親日政権の瓦解などの経験にもとづき、文官・武官を問わず事大主義観および皇帝専制観から構築されていた。朝鮮における近代的国家構想において画期的意義をもつ甲午改革では、国王の権威を高めながらも、その政治的権限を抑制しようとする忠君愛国的国民の創出が図られた。ナショナリズムの求心点を作り出そうとするこの動きは、近代国民国家形成における一般的性格によるものでもあるが、君臣共治という朝鮮の伝統的政治観にも規定されたものであった。しかし、甲午改革の挫折、万国公法体制への一元化に対応するものとして大韓帝国という皇帝独裁体制が成立した。そうした国家形態の出現は、甲午農民戦争で噴出した民衆の始原的なナショナリズムに対応したものであり、また朝鮮における「天」観念に対応したものであった。一方、満洲問題の解決については、欧米列強の反発および清国官民の利権回収熱高揚への憂慮から、山県有朋も含め、元老たちは消極的ないしは否定的であった。したがって日露戦後における元老、特に伊藤博文の大陸政策構想は基本的に韓国問題の解決に限定されたものであったと考えられる。伊藤が、日本の積極的な満洲経営が東アジアの不安定要因に転化しかねないと危惧したためである。これに対して軍出先機関である満洲軍においては満韓の一元的支配をなしうる統治機関の設立が志向されていた。

この大陸政策構想の対立が表面化したのが、統監府の設置に際して起こった統監の軍隊指揮権問題であった。同問題は、伊藤の統監就任によって統帥権問題がクローズアップされたが、日露戦争が進展するなかで浮上した満洲軍を中心とする軍出先機関の大陸政策構想と、元老、特に伊藤のそれとの対立が表面化したものという性格を併せもっていた。日露戦後における伊藤の大陸構想は、日本の積極的な満洲経営が東アジアの不安定要因につながりかねないという危惧にもとづいたものであり、基本的に満洲問題を切り離し、韓国問題の解決に限定されたものであったと考えられる。そしてそれは対露復讐戦を恐れる山県ら陸軍中央も反対するものではなかった。これに対して満洲軍においては、韓国駐箚軍を改編して満韓の一元的支配をなしうる統治機関を設置することが構想されていた。ここに統監の軍隊指揮権問題において、伊藤と、満洲軍から復員したスタッフが多数を占めた参謀本部との対立が胚胎したのである。

しかし、在韓日本軍にとっての軍隊指揮権問題は、満洲軍の大陸経営機関設置構想とは別の文脈から組み立てられたものであった。それが武官統監論であるが、在韓日本軍は、駐韓公使や伊藤ら同様、大韓帝国の統治形態を皇帝専制観においてとらえていた。その操縦策として武力をどの程度必要と評価するのかによって差異は生じるが、韓国皇帝の操縦により韓国統治は可能ととらえる点で基本的にその認識は共通していた。一方、韓国駐箚軍は戦後大陸構想の基幹として位置づけられたが、その韓国駐屯の最大の名目は韓国で断続的に発生している義兵への弾圧に置かれていた。しかし義兵弾圧過程で、韓国駐箚軍の「治安維持」活動は困難に直面する。朝鮮の伝統的な秩序観においては軍隊・巡検等の儒教的民本主義からする「裁量」により自律的な秩序回復が期されていたが、日本軍と朝鮮民衆との間では政治文化が共有されることがなかったためである。日本にとっての「治安維持」は、伝統的政治文化を否定した上ではじめて成立する概念であり、従来どおりの秩序回復を期そうとする韓国軍等を含めた朝鮮民衆の行動は、日本軍によって「治安紊乱」と把握されていく。さらに朝鮮社会に基盤を置く韓国軍に治安維持を期待できない以上、これを解体し、日本軍に一元化することも検討されるに至る。そしてこのようなとらえ方をする限りにおいて、究極的には日本軍は朝鮮社会全体を治安維持の対象とせざるをえなくなってゆくこととなり、必然的にその治安維持活動は長期化せざるをえない。武官統監論は、このような長期的弾圧を可能とするために唱えられたものであった。

それでは、このような大陸政策構想の差異および日露戦争を契機として朝鮮社会内に埋め込まれた対立構造は、日本の保護政策の下でどのように展開していくのであろうか。

第二章

伊藤博文の韓国併合構想と第三次日韓協約体制

日本皇太子(のちの大正天皇)の韓国行啓時の記念写真(1907. 10. 16)
(前列右から)伊藤博文(統監)，有栖川宮威仁，李垠(韓国皇太子)，嘉仁(日本皇太子)
(二列目右から)趙重応(法相)，宋秉畯(農商工相)，桂太郎(日本前首相)，東郷平八郎(軍令部長)，李完用(首相)，李秉武(軍相)

前頁写真＝李圭憲『사진으로 보는 独立運動』上，서문당，서울，1987

はじめに

日本は、一九〇五年一一月に締結した第二次「日韓協約」にもとづいて韓国に統監府を設置し、対韓保護政策＝植民地化政策を開始した。次いで一九〇七年七月二四日、いわゆるハーグ密使事件を機に第三次「日韓協約」を韓国と締結した。それでは、この条約は対韓保護政策においてどのような歴史的意味をもち、そして韓国の併合とどのような関係にあるのだろうか。

森山茂徳は、一九〇七年初めから始まっていた日露協約交渉と関連させながら、この時点で統監伊藤博文が韓国の即時併合を主張したととらえた。(1) しかしハーグ密使事件を契機に伊藤が主導して行った日本の対韓善後策は、韓国皇帝高宗《コジョン》の譲位および第三次「日韓協約」の締結による韓国内政権の掌握にとどまるものであり、この時点では韓国の併合は行われなかった。では韓国の即時併合を主張していたという伊藤がなぜこの時点で韓国を併合せず、第三次「日韓協約」による保護政治の拡張を図ったのであろうか。この疑問について森山は、ロシアが韓国の併合を承認しなかったことが最大の理由であると説明した上で、第三次「日韓協約」を実質的な併合の達成ととらえ、伊藤が併合という目標を放棄したと位置づけている。(2) 韓国の即時併合を唱えていた伊藤が、ロシアから韓国を併合することについて承認が得られなかったため、第三次「日韓協約」による実質的な併合に方針転換したという理解である。ロシアの承認を韓国併合の必要条件と位置づけるとすれば、第三次「日韓協約」締結時点でロシアの了解が得られていれば伊藤は韓国の併合に踏み切ったということになろう。しかし、このような森山の見解に対し、筆者の考えは否定的である。それは、伊藤の韓国併合論においてロシアなどの承認はあくまでも従属要因であり、この段階では、ロシアの了解が得られていても伊藤が韓国の併合をおそらく決断しなかったと考えるからである。それは、伊藤が韓国の日本への編入をどのように構想していたのかという問題と密接にかかわっている。そもそも森山の立論は、伊藤が即時併合論者であったことを前提としているが、その前提自体に問題はないであろうか。確かに、伊藤は日露協約交渉において外務大臣林董に韓国を併合する考えを披瀝していたが、それをただちに即時併合論と評価することには疑問がある。伊藤による韓国併合論を韓国併合構想の全体像のなかに位置づけながら、韓国の即時併合という発言を理解する必要があるだろう。

そこで本章では、第三次「日韓協約」の締結過程を検討し、日本の対韓政策における第三次「日韓協約」の位相を明らかにする。伊藤の主導下に成立した第三次日韓協約体制が、朝鮮植民地化、そして韓国の併合とどのような連関性をもつものであり、さらに、伊藤の韓国併合構想がどのようなものであったのかについて考察していく。

（1）　森山茂徳『近代日韓関係史研究』(東京大学出版会、一九八七年)、二〇〇～二〇一頁。

（2）　同右書、二一三～二一五頁。

第一節　皇帝権の縮小と第三次「日韓協約」の締結

一九〇五年一一月に締結された第二次「日韓協約」を受けて一九〇六年二月、日本は韓国に植民地統治機関として統監府を設置した。第二次「日韓協約」によって日本は韓国の外交権を接収したが、それにとどまらず、さまざまな形で内政への干渉を進めた。朝鮮を植民地化する上で最も重要であると統監府が認識したのが韓国皇帝の権力・権限を制限・縮小しながら改編することであった。したがって統監府による韓国「施政改善」は、皇帝権を利用しながらも、一方でそれを掘り崩すことを意図していた。そのようななかで一九〇七年六月に起こったいわゆるハーグ密使事件は、統監府、特に統監伊藤博文にとって、従来思うように進まなかった内政干渉を飛躍的に進める絶好の機会となった。同事件を契機として七月二四日に結ばれた第三次「日韓協約」および付属条約により、それまで個別に進められていた内政干渉が法的・制度的に整備された。被保護国への内政干渉を保障するという意味で対韓政策における同条約の占める位置は画期的なものであり、これを法的根拠として第三次日韓協約体制と呼びうる植民地統治システムが成立した。

他方、日本は、韓国を含む東アジアをめぐる日露戦後の国際環境、特にロシアとの関係を整備する必要を感じていたが、これは特に韓国皇帝高宗《コジョン》の反日的運動を封鎖するという点からも重要な意味をもっていた。そのため伊藤は、一九〇七年初頭から始まった日露協約交渉において韓国における日本の優越権をロシアに認めさせることを画策する。

本節では、本格的な朝鮮植民地統治システムである第三次日韓協約体制がどのような過程を経て形成され、またそうした体制が、それまでの対韓政策が内外で抱えていた問題をどのように解消しようとするものであったのかについて明らかにする。

第一項　朝鮮半島をめぐる対露関係の調整と日露協約締結

一九〇五年に締結された「日露講和条約」(ポーツマス条約)においてロシアは、日本が韓国で「政治上、軍事上及経済上ノ卓絶ナル利益」をもち、「必要ト認ムル指導、保護及監理ノ措置」をとることを認めた。しかし、統監府施政開始直後に起こった駐韓ロシア総領事プランソン(George de Plancon)に対する信任状認可問題などをめぐり、統監伊藤博文はロシアと「韓国問題」についての解決を図る必要性を痛感することになる。そこで一九〇七年に日露協約交渉が始まると、伊藤は「韓国問題」の最終的解決をロシアと図ることをもくろんだ(1)。

ところで、韓国併合におけるロシアの意向を重視する森山茂徳は、伊藤が日露協約交渉において韓国の「アネキゼーション」、すなわち併合に対する同意をロシア側から取り付けることを求め、また「韓国問題」の根本的解決が「目下ノ急務」であると日本政府閣僚に開陳したことをもって伊藤を「即時断行派」と規定した(2)。この時点における伊藤の韓国併合論が即時併合論であったのかどうかという問題は、第三次「日韓協約」を契機に成立する第三次日韓協約体制が韓国の併合とどのような連関性をもつのかを検討する上で重要である。以下、日露協約交渉において「韓国問題」がどのように論議されたのかを焦点としながら、同交渉に表れた伊藤の韓国併合論が一体どのようなものであったのかを明らかにする(3)。

一　日露協商交渉の開始

まず、「韓国問題」をめぐる日本の政治指導者間の対立が顕在化するまでの日露協約交渉の概況を確認する。

日露協約交渉は、日露戦後の東アジア国際関係の再編を痛感していた日本の政治担当者がロシアとの協調方針へ転換を図るなかで始められた。特に元老である統監伊藤博文は「満韓問題」、特に「韓国問題」をロシアとの間で最終的に解決するために、ロシアとの交渉の必要性を唱えていた(4)。また同じく元老である山県有朋も一九〇七年一月二五日に内閣総理大臣西園寺公望に提出した「対清政策所見」のなかで、ロシアとの提携が「満洲経営」に必要であり、またヨーロッパ列強からの干渉に対する牽制になるという考えを明らかにしていた(5)。一九〇七年初頭に元老など日本の政治指導者層では大陸政策との連関性においてロシアと交渉する必要性が認識されていたのである。

これを受けて一九〇七年二月初め、駐露公使本野一郎はロシア外務大臣イズヴォリスキー(Aleksandr P. Izvol'skii)と会見し、日露協約締結方針について懇談した(6)。二月二二日、ロシア側から協約草案が交付されたが、二カ条からなる同草案は、①日露の領土保全、対清条約・「日露講和条約」にもとづく権利の尊重、②前条で規定された相互地位の尊重、平和的手段による保全と合法的行為の相互供与を内容としていた(7)。本野は、ロシア側の協約草案を外務大臣林董に送付するにあたって、「本条約ヲ締結スルニ方リ、将来何等誤解又ハ紛争ノ原因トナルヘキモノヲ予防セムカ為メ、此ノ際極東問題ニ関シテ双方ノ意見ヲ交換シ置クヲ必要」とすることを付言した(8)。「日露講和条約」では韓国の地位に関する将来について明確には規定していなかったが、同草案第二条の意味が「決シテ将来韓国ニ其ノ独立ヲ還附スルノ精神ニアラサリシ」ことは明確であり、したがって「将来韓国ノ時勢ニ斯〔韓国の併合〕ノ如キ発展ヲ来スヘキヲ予想シ、露国ヲシテ全然之ヲ承諾セシムルコト」が必要であると具申している(9)。本野の意見は、日露協約交渉を利用して、将来行われる韓国併合についてロシアの同意を得ておくことを得策とするというものであった。「日露講和条約」では韓国の地位に対する規定が十分ではなかったため、日露協約交渉において、あらためてロシア側の承諾を取り付ける必要があると認識していたのである。

日本側の対案全四条は、帰国中の伊藤も参加した三月三日の元老会議で決定された。ロシア側草案の①(第一条)のほか、②清国の独立・領土保全、列国商工業の機会均等(第二条)、③満洲における鉄道・電信に関する権利の南北分割(第三条)、④ロシアによる「日韓議定書」・第二次「日韓協約」の承認と、日韓関係の「今後ノ発展」を「妨碍」、またはこれに「干渉」しないこと(第四条)、という内容であった。[10]「韓国問題」に関する第四条は、伊藤の意見を強く反映したものと考えられる。林も、第四条について「韓人カ徒ニ外国ノ同情ト援助ヲ予想シテ、陰謀術数ヲ試ムルヲ防止スルノ効力アルヘキカ故ニ、帝国政府ハ本条約中ニ之ヲ規定シテ、一般ニ発表スルヲ可トス」[11]という意見をもっていた。韓国で展開されている反日独立運動を抑制するために、ロシアが韓国問題に関与しないことを本条約中で明文化することを得策ととらえたのである。ただし本野への訓令では、「露国ニ於テ之ヲ本条約中ニ掲クルコトヲ好マズバ別約トシ、又ハ外交文書ヲ以テ取極ムルモ差支ナシ」[12]とロシア側に配慮する意向も示していた。

本野は三月一一日にイズヴォリスキーと会談したが、イズヴォリスキーは「韓国問題」に触れ、日本側対案中の「将来ノ発展」(further development)が正確に何を意味するものであるのかについて本野に質問した。[13]本野の観察によれば、この質問には「将来ノ発展」が韓国の併合をも視野に入れたものであることを日本側に公言させることで、「蒙古問題」での譲歩を引き出そうという含みがあった。[14]本野は、イズヴォリスキーが二月一八日の会談で「将来ノ発展」が韓国併合の意味であることを了解しているはずであると見ていたからである。

以上の考察から明らかなように、「日露講和条約」が韓国の地位を明確にしなかったことが韓国の反日独立運動を活発化させている一因となっているため、日露協約交渉において、「将来ノ発展」、すなわち将来の韓国併合に対するロシアの同意を引き出すことが必要であると日本側は認識していた。そして「韓国問題」に対するロシアの承認の必要性を強く感じていたのが本野であり、伊藤であった。しかし外務省は「韓国問題」を日露協約の条文に盛り込むことを絶対条件ととらえていなかった。それは一体なぜであろうか。次に「韓国問題」に対する伊藤および外務省の姿勢の違いを検討し、日本の政治指導者層における大陸政策構想の方向性の相違を明らかにする。

二 「韓国問題」の帰趨

一九〇七年四月三日、ロシア側から、満洲における日露勢力範囲の確定と「韓国問題」に関しては秘密条約とし、新たに第三条として「蒙古問題」に関する日本側の譲歩を盛り込んだ対案が交付された。[15] このロシア側対案に対する意見調整に際し、「韓国問題」の取り扱いをめぐって伊藤博文および小村寿太郎を中心に意見が対立する。その主要論点は、①「将来ノ発展」の内容が併合であることを明示するか否か、②「韓国問題」でロシア側の同意を引き出すために「蒙古問題」で譲歩するか否か、の二点であった。

日本側が提案した第四条を秘密条約とするというロシア側の対案を受けて駐露公使本野一郎は、秘密条約とする以上、日本案第四条中の「further development」(「将来ノ発展」)が意味するところは「annexation」(「合併」)に及ぶものであることをロシア側に明言し、秘密外交文書の交換により併合についての承諾を得ておく必要があると外相林董に上申した。[16] 伊藤は本野のこの提言に賛同した。伊藤は、本野の稟議どおり公文を交換し、「「将来ノ発展」ナル語ハ「アネキゼーション」迄モ包含スル旨ヲ明カニスルヲ最モ得策」であり、「韓国ノ形勢今ノ如クニシテ推移セハ、年ヲ経ルニ従ツテ「アネキゼーション」ハ益困難ナルニ至ルヘシ」。したがって、「我ニ取リテハ韓国問題ヲ根本的ニ解決スルコト目下ノ急務」であるから、「蒙古問題」では譲歩し、ロシア政府の承諾を取り付けるよう林に意見を述べた。[17]

日露協約交渉を好機としてロシアから韓国の併合に対する同意を得ることを求めたのであり、森山茂徳が伊藤を即時併合論者と位置づけたゆえんである。そして韓国情勢の推移を考慮すると、時間が経てば経つほど併合への同意を取り付けることは難しくなるという判断を示した。すなわち伊藤は、このタイミングを逃すとロシアとの「韓国問題」の解決はなしえないと認識していたのである。

しかし本野の稟議に対して林は、「帝国政府カ結局韓国ヲ併合スルノ意思ナル旨ヲ此際他国ニ通知スルハ、其ノ何国ニ対スルヲ問ハス未タ機宜ニ適セサルモノト思考シ、我対案第四条ニ於ケル「将来ノ発展」ナル語ニ対シ、其ノ意義ヲ限定スルノ必要ヲ認メス」[18]と否認した。林は、日本が韓国を併合する意思をもっていることをこの段階で条約に明示することは時期尚早であると考えたのである。結局、四月一六日に行われた元老列席の閣議決定では、ロシア側の同意を得ることが確信できる段階に至るまでは、「将来ノ発展」の意義について外交文書で明文化することを日本側から申し出ることは得策ではなく、また、もし協定が不成立に終わった場合は日本の対韓政策上障害となりかねないため、その成算を見極めるよう本野に訓令することが盛り込まれた[19]。「韓国問題」の帰結については慎重論をとることとなり、伊藤の意見は採用されなかったのである。

ロシア外相イズヴォリスキーは本野に対し、併合に関して保証を与えることについて異存のないことを個人的には明言していたが[20]、ロシア政府としては、「韓国合併問題ニ就イテハ、其実露国政府ニ於テハ異議ナキモ、無報酬ニテハ之ヲ承認セザル」形勢であった[21]。「蒙古問題」で日本側から「報酬」が引き出せない以上、積極的に韓国の併合について同意を与える必要はないというロシア側の判断である。

林は六月一〇日の伊藤への電信で、①「蒙古問題」によるロシアへの譲歩が清国の独立・領土保全を規定した第二回「日英同盟協約」に反すること、②「ファザーデベロップメント」という曖昧な文言をもって韓国併合に対する完全な保証と断言できないこと、という二つの理由により、「韓国問題」および「蒙古問題」を「日露協約」から外す意向を伝え、意見を求めた[22]。小村は、韓国の「合併実行ノ時機ノ熟スルハ、近キ将来ニアラザルベキニ付、此際強テ露国ニ対シ之〔韓国合併の件〕ニ関スル取極ヲナシ置クヲ必要ト信ゼズ[23]」と意見していたが、林も同様の判断を下したものと考えられる。韓国の併合が具体的な政策日程に上っていない以上、ロシアと協約を結ぶにあたって、「蒙古問題」を「報酬」とする必要はないという判断である。

これに対して伊藤は一一日、首相西園寺公望にあてて電報を送り、「直接利害関係アル韓国問題ヲ放擲シ、却テ間接ノ利害関係アル蒙古問題ニ重キヲ置クニ至テハ、首肯スル能ハサル所ナリ」と、「韓国問題」を日露協商交渉から外すことについて強硬に反対した[24]。「韓国問題」を主、「蒙古問題」を従と見る伊藤にとっては当然の主張であった。しかし、六月一四日に開かれた元老会議では伊藤の意向は容れられず、内蒙古を切り離し、ロシアに譲歩する範囲を外蒙古に限定する方案が決定された。その上で林は伊藤に、あくまでもロシアが内蒙古をも勢力範囲に置くことを主張する場合には、「韓国及蒙古ニ関スル事項」を協約案から外すか、あるいは日露協約交渉自体を中止するという方針を採択したことを通報するとともに、「日露協約」の成立によってもたらされうる日露両国の親交により「韓国問題」の解決を図ることが可能であるという判断を伝え、同意をうながした[25]。しかしこれに対して伊藤は、「日露協約中ヨリ韓国ニ関スル事項ヲ全然削除スルコトニ決セバ、本官ハ大ニ考慮セザルベカラズ」と、あくまでも反対の姿勢を崩さなかった[26]。

それでは伊藤はなぜ強硬に「韓国問題」の解決を主張したのであろうか。そもそも伊藤が日露協約交渉に期待したのは、「ポーツマス条約ニ於テ、遺憾ナカラ尚日露両国間ニ異議ヲ挟ムノ余地ヲ残シタルヲ以テ、今回ノ協商ハ完全ニ主眼タル韓国問題ヲ解決シ、之ニ次クニ満洲問題ヲモ併セテ決定セン[27]」という点にあった。つまり伊藤も本野同様、日露協約交渉によって「日露講和条約」では十分ではなかった「韓国問題」の解決を図るという認識をもっていた。伊藤がここで言う「異議ヲ挟ムノ余地」とは、たとえば先述した駐韓ロシア総領事プランソンの信任状問題を指す。

したがって日露協約交渉によって「韓国問題」を解決しない以上、「露韓条約存廃問題ノ如キモ、露国ヲシテ其議論ヲ主張セシムルノ余地ヲ存シ、進ンデ以テ露国ト韓国ノ間ニ締結セル各種ノ協約及ヒ契約廃棄ニ異議ヲ挟ミ得ルニ至ルベシ。加之、之ノ承認ヲ得置カザレバ、一昨〔一九〇五〕年十一月ノ日韓協約ニ対シ、何時迄モ露国ハ異議ヲ唱ヘ得ルノ位地ニアリ」(28)ととらえることになる。伊藤は今回の日露協約交渉を、「日露講和条約」によってなし遂げられなかった「韓国問題」の十全かつ最終的な解決策と位置づけていたのである。さらに、「若シ境域隣接シ、利害ノ最切ナル露国ト協商ヲ遂クルヲ得ハ、将来各国ト韓国ニ関スル総テノ問題ヲ解決スルニ於テ便宜アルヤ論ナシ」(29)との見通しを示していたことからわかるように、朝鮮半島をめぐる国際関係において諸列強中でロシアが占める位置を最重要視していた。

また伊藤は、韓国における反日独立運動とかかわって「韓帝ノ外国ニ向テ運動セラル、隠謀ハ、昨年以来常ニ絶エサル所ニシテ、専ラ露仏ニ信頼シ、独立ヲ回復セムトノ企画ナリ」(30)との認識をもっていた。韓国皇帝高宗のハーグ密使派遣（本節第三項参照）においてもロシア政府が便宜を図っているとの観測から「露仏トモ未タ協商ノ纏マラサルハ頗ル遺憾ナリ」(31)との認識を示しており（日仏「明治四〇年協約」の調印は一九〇七年六月一〇日）、高宗が反日的運動を行うことを可能にしている原因を「韓国問題」がロシアとの間で未解決であることにやはり求めていた。それゆえ、「韓国問題」を本交渉から切り離すという六月一四日の元老会議決定を伝えた林に対する回答のなかで伊藤は、「将来ノ発展ノ承認」をロシア側に求めることはあきらめながらも、最低条件として「現存ノ状態」をロシア側に承認させるという内容を盛り込むことを要求した(32)。

しかし林は、伊藤とは異なり、「日本カ、韓国ニ於テ完全ナル「コントロール」ヲ行ハムカ為必要ナル措置ヲ執ルノ権利ハ、「ポーツマス」条約ノ明ニ保証スル所」ととらえていた。日本の韓国保護国化は「ポーツマス条約」が明確に位置づけるところであり、したがって日本にとって「韓国問題」はロシア側から新たに譲歩を引き出すべき議題ではないと認識していた[33]。このとらえ方は、「蒙古問題」でのロシア側への譲歩に相当する交換条件は満洲全土における日本の権益を認めさせることであるという小村の認識と一致する[34]。つまり林、小村は、「日露講和条約」ですでに日本の優越権を取り付けている「韓国問題」を「蒙古問題」の交換条件としてロシア側に提示する必要性を認めず、その交換条件に相当するのは北半分を含めた満洲全体の権益であるととらえていたのである。また林は、「日韓協約等ニ基ク現存ノ状態」をロシアに認めさせる手続きをとるという伊藤の申し出は、実際には日韓関係に不都合をもたらしかねないと把握していた[35]。それは、ロシアが「ポーツマス条約ニ依リ、日本カ韓国ニ於テ必要ト認ムル指導、保護及監理ヲ執ルヲ妨害セザルコトヲ約」していただけではなく、一九〇六年にプランソンの許可状問題についてロシアと交渉した際、ロシア外相が韓国は日本の保護国であることを承認し、また駐日ロシア公使も同年七月二六日付公文により「露国政府ハ、日本政府ニ於テ韓国ノ外交事務ヲ完全ニ監理スルノ権利ヲ有スルコトヲ承認」していたからである。それにもかかわらず、伊藤の言うように日露協約交渉で「日韓協約等ニ基ク現存ノ状態」の承認をロシアに求めることは、「今後韓国ト何等協約ヲ結ヒ、同国ニ対スル我地歩ヲ進捗スル毎ニ、露国ノ承認ヲ要スルガ如キ行掛リヲ生シ」かねなかった。つまり林の危惧は、屋上屋を架すような交渉を行うことがかえって日本の外交政策に制約を与えかねないという点にあったのである。

つまるところ「韓国問題」に対する伊藤と林、小村との意見対立は、日本が韓国において行使する権限が「日露講和条約」等によってどこまで保障されているととらえるのかという認識の相違に起因する。プランソン問題の発生や高宗の反日的行動を可能にしたのは「日露講和条約」によって日本の韓国に対する優越権をロシアが十分に認めなかったからであるととらえる伊藤は、今回の日露協約交渉を「韓国問題」の最終的解決をもたらすものであると判断したがために最後まで自説に固執したのである。つまり伊藤が日露協約交渉で意図したのはあくまでもロシアに韓国に対する日本の完全な優位を認めさせることであった。したがってここで伊藤の言う「アネキゼーション」とは、即座に韓国を併合しなければならないという意味ではなく、日露協約交渉を機に将来の併合を認めさせておくということであり、それを森山茂徳のように即時併合論ととらえるのは誤りである。

日露協約の最終交渉は六月二四日から始まり、七月三日の会談でロシアは「蒙古問題」について日本の保障を外蒙古にとどめることに同意し、[36]七月三〇日に調印が行われた。[37]懸案の「韓国問題」については結局、秘密条約第二条において「……該〔日韓〕関係ノ益々発展ヲ来スニ方リ之ヲ妨碍シ又ハ干渉セサルコトヲ約ス」という婉曲的表現が残されることとなった。

（1）森山茂徳『近代日韓関係史研究』（東京大学出版会、一九八七年）、二〇七頁。
（2）同右書、二一二頁。
（3）日露協約交渉の全般的経緯については、寺本康俊『日露戦争以後の日本外交』（信山社、二〇〇〇年）、二九四〜三一〇頁、海野福寿『韓国併合史の研究』（岩波書店、二〇〇〇年）、二七〇〜二七四頁、千葉功『旧外交の形成』（勁草書房、二〇〇八年）、一七三〜一八〇頁、参照。
（4）『日本外交文書』四〇―一、一一八頁。
（5）大山梓編『山縣有朋意見書』（原書房、一九六六年）、三〇六〜三〇七頁。
（6）『日本外交文書』四〇―一、一〇三〜一〇四頁。
（7）『日本外交文書』四〇―一、一〇七頁。
（8）『日本外交文書』四〇―一、一〇五頁。
（9）同右。
（10）『日本外交文書』四〇―一、一〇八〜一〇九頁。
（11）『日本外交文書』四〇―一、一二三頁。
（12）『日本外交文書』四〇―一、一一〇頁。

(13)『日本外交文書』四〇―一、一一六頁。
(14)同右。
(15)『日本外交文書』四〇―一、一二〇頁。
(16)『日本外交文書』四〇―一、一二一頁。
(17)『日本外交文書』四〇―一、一二四頁。
(18)『日本外交文書』四〇―一、一二三頁。
(19)『日本外交文書』四〇―一、一二四～一二五頁。
この閣議決定は、首相官邸に山県有朋、大山巌、松方正義、前首相桂太郎のほか、陸相寺内正毅、外相林董、蔵相阪谷芳郎が列席して行われた(『東京朝日新聞』一九〇七年四月一七日付)。人員構成を勘案すると、閣議というよりも元老会議である。
(20)『日本外交文書』四〇―一、一二九頁。
(21)『日本外交文書』四〇―一、一三一頁。
(22)『日本外交文書』四〇―一、一五二頁。
(23)『日本外交文書』四〇―一、一三三頁。
(24)『日本外交文書』四〇―一、一五四頁。
(25)『日本外交文書』四〇―一、一五四～一五五頁。
(26)『日本外交文書』四〇―一、一五七頁。
(27)『日本外交文書』四〇―一、一五三頁。
(28)『日本外交文書』四〇―一、一五五頁。
(29)『日本外交文書』四〇―一、一五四頁。
(30)『日本外交文書』四〇―一、四二七頁。

(31) 同右。
(32)『日本外交文書』四〇―一、一五五頁。
(33)『日本外交文書』四〇―一、一三六頁。
(34)『日本外交文書』四〇―一、一二二頁。
(35)『日本外交文書』四〇―一、一五六頁。
(36)『日本外交文書』四〇―一、一六〇頁。
(37) なお、「日露協約」調印直前に締結された第三次「日韓協約」の内容を「日露協約」に含めるかどうかをめぐって「日露協約」の調印日付の繰り上げが検討された。その詳細については、海野福寿『韓国併合史の研究』、二七三～二七四頁、参照。

第二項　伊藤博文による皇帝権制限の策動

日本は、第二次「日韓協約」にもとづいて韓国に統監府を設置する一方で、「施政改善」の名目によって拓殖行政をはじめ、警察、司法、財政、教育など各分野で韓国内政への干渉を進めた。しかし、当初予期したほどの改革を行うことはできなかった。国権回復運動の性格を強く帯びた愛国啓蒙運動や義兵闘争の高揚など、統監府の施政、そして日本の韓国保護国化に対する広範な抵抗運動が起こったからである。とりわけ統監伊藤博文が、統監府による韓国内政改革の進展を阻む最大の要因と見なしたのが韓国皇帝高宗の存在であった。しかし日本が保護国として韓国を統治する際の政治的正当性はあくまでも「大韓帝国ノ皇室ヲ確実ナル親誼ヲ以テ安全康寧タラシ」(「日韓議定書」第二条)め、「韓国皇室ノ安寧ト尊厳ヲ維持スルコトヲ保証」(第二次「日韓協約」第五条)することに求められていた。したがって伊藤は、義兵闘争に対しては徹底した武力弾圧を行う一方、統監府による内政干渉を合理化させるために皇帝権を利用しながら、実態としてのそれを縮小・制限することを構想していく。

伊藤の韓国統治構想を端的に表すのが、一九〇七年七月に締結した第三次「日韓協約」を前後した一連の政治改革で形成された統治体制＝第三次日韓協約体制である。この第三次日韓協約体制は、同条約に先行して進められていた皇帝権縮小・制限の動きの延長線上に形成されている。ここでは、第三次「日韓協約」締結に先立って行われた宮禁令制定、李完用《イワニョン》内閣の成立および内閣官制制定の各過程を取り上げ、皇帝権の処遇をめぐって伊藤がどのような対韓統治構想をもっていたのかについて明らかにする。

一　宮禁令の制定と伊藤の韓国皇帝観

統監伊藤博文は「施政改善」の名目の下に韓国施政改革を進めたが、その際の障害となるととらえたのが皇帝高宗および宮中であった。大韓帝国の成立によって皇帝独裁制が確立し、皇帝権が強化されていたが(1)、伊藤は、宮中が「府中ヲ制シテ政府責任ノ帰スル所ヲ詳ニセス」、「国家以外、別ニ徴税ノ主体ヲ為シ」、「特赦ヲ濫用シテ裁判ノ結果ヲ無効ニ帰シ」、「往往政府ニ代リテ直接ニ行政権ヲ行使シ、大臣以下拱手シテ之ヲ如何トモスル能ハ」ざる状態を現出させているととらえていた(2)。つまり宮中が行政権や司法権を握って一大政治権力となっているため、これを制限しなければ、日本が韓国政府に「施政改善」を行わせることが困難であると把握していたのである。したがって「施政改善」の実を挙げるために「宮府ノ別ヲ明ニスルノ必要ヲ認メ、政府ヲ指導シテ漸次宮中ノ羈絆ヲ脱シ、責任ノ所帰ヲ明ニスル」ことが期される(3)。こうして宮中と府中を分離し、宮中に対する政府の独立性を確保することが模索されていく。

宮中・府中の分離という政治的課題の目的は、一般的には皇帝権に対して政府の独立性を確保することにあるが、特殊的には「宮中ヲ粛清シ、挟雑ノ輩ヲ遠ケ」ることにあった。[4] この段階で伊藤が宮中粛清を唱えた最大の理由は、日本の韓国保護政策に反対する「民間ノ不平分子ハ、暗ニ宮中ノ勢力家ト提携シ、排日ノ暴動ニ出ツル」[5]という状況を防ぐことにあった。宮中・府中の分離がこの後も数次にわたって懸案化した事実からもうかがえるように、そこには明確な優先順位が存在していた。この段階で伊藤が特に着目したのは、高宗によって秘密裡に行われた「主権守護外交」および高宗と反日独立運動、特に義兵との結びつきである。[6] 伊藤は、宮中が「日韓両国ノ交誼スラ妨礙セントスル雑輩ノ出入、日ニ頻繁ヲ加」えており、さらに宮中から義兵に対する資金供給があるのではないかと見ていた。したがって伊藤は、高宗に謁見した際、宮中と反日運動との関係を糺すとともに、「帝国政府ニ報告センカ、事重大ニ至ルノ虞」があると威圧を加えた。[7] 伊藤のこの発言は、たとえば一九〇六年五月末に忠清南道洪州《チュンチョンナムドホンジュ》で閔宗植《ミンチョンシク》が起こした義兵が「宮中ニ出入スル雑輩〔閔炯植《ミンヒョンシク》ら〕ノ指嗾ニ起因セル」ものとの官憲報告[8]や、儒生金升旼《キムスンミン》が「聖上曰島夷敵臣伊藤長谷川」という親書を保持していたという官憲報告[9]を踏まえたものであった。

この機をとらえ、一九〇六年七月二日の内謁見で伊藤は高宗に、宮中廓清を名目として宮廷警備を警務顧問部が担当すること、「宮禁令」を公布して宮廷の粛清を図ることを要求した。高宗はこの要求に難色を示したが、伊藤は、一九〇五年一一月二九日に特派大使として謁見した際に、高宗自身が提示した覚書第五条「宮禁粛清其他諸制度ノ弊害ヲ矯正スルハ、総テ文明国ノ模範ニ倣ヒ、宮内府ニ於テ漸次之ヲ実行スル事」を揚言して高宗の言を容れなかったため、結局、高宗は伊藤の要求を受け入れざるをえなかった。[10] 伊藤はさっそく同日夜、警務顧問丸山重俊に命じて顧問警察に宮廷警衛を担当させる一方、翌三日に開かれた韓国大臣との協議会の席上で「宮禁令」の制定を要求した。宮内府大臣李載克《イチェゴク》をはじめ参政大臣朴斉純《パクチェスン》らは、日本人による宮廷警衛に再三反対したが、伊藤は、軍隊による警衛をちらつかせるとともに高宗の裁許を盾に韓国大臣の要求を拒絶した。[11] 七日、「宮禁令」が制定され、皇宮の出入りには新たな門票が用いられるようになったが、この門票の発給・没収は「事実ニ於テハ警務顧問部一切之ヲ担任シ、形式上侍従、主殿両院其ノ協商ニ与カルノミ」となった[12]。一連の措置によって宮中と反日勢力との切り離しを図ったのである。

しかし、「国王始め動もすれば独立の意思を起すに因り、名を避けて実を取るの方針を執りつゝあり[13]」という伊藤の言葉どおり、高宗の譲位および第三次「日韓協約」の締結までその対応策は、全体としては不徹底なものとならざるをえなかった。一方、高宗の反日的言動に対処できない朴斉純内閣に対して伊藤は「皇帝ノ動作ヲ傍観シテ、一人其不利ヲ矯正シテ社稷ノ安危ヲ制スルモノナキハ奈何」と非難した[14]。こうした韓国内閣に対する伊藤の指弾に呼応したのが李完用であったことは後述する。

それでは、伊藤が主導した「宮禁粛清」策は朝鮮政治史においてどのような歴史的意味をもっていたのであろうか。同政策は、韓国皇帝と義兵勢力との断絶という反日運動対策の側面のほかに、もう一つの、そして植民地化過程を考える上ではより重要かつ本質的な歴史的性格を帯びていたと考えられる。それは朝鮮における政治文化の断絶という側面である。この点について、七月二七日に行われた内謁見での高宗と伊藤とのやり取りから考察してみたい。

同内謁見で伊藤が、崔益鉉《チェイッキョン》、金升旼の処分に際し、儒生らの意見を今後取り入れないよう高宗に要求したが、そこには政治手法をめぐる両者の見解の相違が明確に示されている。すなわち「縦ヒ如何ナル学者カ深山幽谷ノ辺ニ棲息シ居ルニセヨ、其ノ樹木ト対座スルモ、安ソ世界ノ大勢ヲ達観シ、国家ヲ料理スルノ卓識ヲ有スルノ理アランヤ」と、高宗の政治手続きを時代錯誤ととらえて批判する伊藤に対し、高宗は「儒生中、山林ノ如キニ至テハ、我カ国風ハ大ニ之ヲ尊敬シ、朕カ政府大臣ヲ引見スルニ当リ、必シモ起座スルヲ要セサルモ、独リ山林ニ至テハ、朕、座ヲ起テ之ヲ迎フルヲ例トス。故ニ政府大臣モ彼ヲ呼テ長席ト称ス」と述べ、山林儒生らの意見を敬して取り入れるのは朝鮮における伝統的な政治手法であると反論した[15]。在野の儒生の意見を政治に反映させる必要性を強調する高宗に対し、伊藤はそうした民意調達方式を強く否定したのである。もちろんこうした高宗の発言を、特に金升旼の意見を重用したことや、義兵とのつながりを譴責する伊藤への弁明ととらえることも可能である。しかし、仮に建前であったとしても、政務を執る上で在野儒生の意見を傾聴する必要があるとする高宗の政治観を見逃すべきではない。一九〇五年の「刑法大全」で上疏は法的に禁止されていたが、皇帝権が強化された段階においても高宗は、上疏という朝鮮王朝以来の民意調達策を維持しようとしていたのである。[16]

しかし伊藤は、こうした上疏という伝統的民意調達策を、韓国皇帝専制君主観（第一章第二節第三項参照）および義兵闘争との因果関係において明確に否定した。伊藤は、内謁見に先立つ韓国大臣会議で「自分ノ此ノ地ニ来任セルハ、韓国ヲ世界ノ文明国タラシメント欲スルカ故ナリ。若、山林ヨリ太公呂望ノ如キ者出テ来テ、韓国ノ君臣之ニ耳ヲ仮スカ如キコトアラハ、自分ハ早速帰国スルノ外ナシ」[17]と述べ、「文明国」の名分の下に、上疏という政治作法を認めなかった。伊藤による「宮禁粛清」策は、一義的には韓国皇帝と義兵とを切り離すための施策であったが、その結果として上疏という形で民衆と皇帝とが原理的に結びつくことにより儒教的民本主義を担保していた政治作法を断絶することになった。その意味で、「宮禁令」をはじめとする一連の政策は民意調達の回路を自ら断ち切っていくものであった。では、伊藤は従来の民意調達回路を断絶した上で、新たな形での民意調達システムの構築をどのように考えていたのであろうか。周知のとおり伊藤は、日本においては議会や政党の創設という形で新たな民意調達策を模索したが、朝鮮においてはどのような形で民意調達を図っていくのであろうか。その詳細については後段で検討するが、結論を先取りして言えば、伊藤は結局この課題の解決に失敗し、武断的統治に道を譲らざるをえなくなっていく。

こうして、顧問警察による宮廷警衛の徹底によって宮中勢力と反日勢力との切り離しには一定の成果を収めるに至った。その一方、宮中・府中の別については徹底できなかった。そこで一九〇六年一二月九日、臨時統監代理長谷川好道は、高宗に謁見した際に宮中・府中の分離の徹底について奏請した。その席上で長谷川は、「宮中府中ノ別ヲ昭ニシ、府中ノ事、専ラ之ヲ参政大臣ニ委シ、宮中ノ事、宮内大臣ヲシテ専管セシメ、陛下ハ一ニ其ノ大綱ヲ総攬シ、且其ノ御名ニ於テ発布スル法律勅令ヲ親裁セラル、外、些末ノ事項、即チ各部判任官ノ任免、若クハ一兵卒歩哨ノ位置ニマデ干渉セラル、如キハ、施政改善ノ実ヲ挙ゲ国運ノ発達ヲ図ラル、途ニアラス」と訴えた[18]。この謁見を契機として長谷川は、首相朴斉純と協議した上で一二月一五日、「府中ノ事ニ至ツテハ卿現ニ其首班ニ在リ。宜シク克ク朕カ意ヲ体シ官規ノ定ムル所ニ従ヒ、在廷臣僚ヲ率ヰテ行政各般ノ責ニ任シ、同心協力其実績ヲ修挙セヨ」という内容の詔勅を公布させた[19]。高宗に対する長谷川の上奏に端的に示されているとおり、宮中・府中の別を論じる詔勅を出させたのは、判任官の任免等の人事といった「些末ノ事項」にまで高宗が容喙して「施政改善ノ実ヲ挙ゲ」えない状況を打開するための措置であった。

二　朴斉純内閣の更迭と李完用内閣の成立

一方、伊藤は、一九〇七年初頭の一時帰国中に韓国内政改革およびそれと連関したさらなる皇帝権の縮小・制限策を構想したものと考えられる。人脈的に伊藤に近い伊東巳代治が第三次「日韓協約」締結直後、「洩承仕候所に依れは、今回の〔ハーグ密使事件という〕事変無之も此秋季に於て一大飛躍可被為相試御成算も有之由[20]」と書き送った書簡からうかがえるとおり、伊藤は一九〇七年秋頃に「一大飛躍」すなわち韓国統治機構の大改編を期していたようである。その伊藤の構想を表すと見られるのが、伊藤の女婿であった末松謙澄の関連史料「末松子爵家所蔵文書」中の次のメモ書きである[21]。

一、司法権ヲ普通行《ママ》権ヨリ分離シテ独立セシメ、臣民ノ生命財産ノ保護ヲ鞏固ナラシムルコト

二、行政各部ノ権域ヲ明確ニシ、其責任ヲ分担セシムルコト
三、立法及行政主要ノ問題ハ閣議ニ拠テ之ヲ議定シ、予メ統監ノ同意ヲ経テ奏聞スヘキ事
四、皇帝ハ内閣ノ輔翼ニ依ルニアラサレハ政治上凡テノ命令ヲ発セサル事

第四項の存在から、このメモ書きは、内閣制度導入以前の一九〇六年末から翌年三月にかけて伊藤が一時帰国した際に末松に示したものと考えられる。このメモにおいて伊藤は、①司法権の行政権からの独立、②行政機関（議政府、のち内閣）の職権および責任の明確化、③行政・立法権における閣議の比重増強とこれに対する統監の監督権の確立、④内閣による皇帝輔弼の制度化を構想していた。それではこれらの構想は今後どのように実現されていくのであろうか。

第二次「日韓協約」締結直後に成立した朴斉純内閣に対して、一九〇六年中より大韓自強会、西友会などの各政治団体や『大韓毎日申報』等の言論機関、また国債報償運動などによる激しくかつ広範な政府攻撃が展開された。さらに、一貫して親日的姿勢をとってきた一進会も政府批判を繰り広げるなど、朴斉純内閣は四面楚歌の状況に陥った。こうした動向を受けて一九〇七年初めになると参政大臣朴斉純は辞任の意思を固め、統監伊藤博文にその旨を伝えた。[22]伊藤の観察によれば、朴斉純が辞意を固めた理由は「一般ノ攻撃ニ堪ヘス、且親日論者ト提携ヲ厭フノ底意」[23]があったためである。ここでいう「親日論者ト提携」とは、具体的には一進会との提携を指す。伊藤は、現在進めている施政改善が中途になりかねないこと、従来頻繁に内閣が更迭されてきた轍を現内閣は踏むべきではないことを朴斉純に説いて留任をうながした。[24]その後も伊藤は辞意を表明する朴斉純を再三慰留したが、最終的には辞職を認めた。

朴斉純が辞任をまだ上奏していなかったことを好都合とした伊藤は後任人事を画策し、その後任に学部大臣の李完用を指名した。[25]その上で組閣人事にあたっては、「宮中ノ妨碍ニ遭ヒ、或ハ宮中ノ意ニ反スルモ、敢テ避ケサル的ノ

勇気アル人物ヲ挙クルコト」という方針を李完用に与えた(26)。宮中への対抗意志を基準として組閣するよう命じたのである。朴斉純内閣の各大臣が皇帝高宗に辞表を提出したことを受け、一九〇七年五月二二日に内謁見した伊藤は、朴斉純辞職のやむなきこと、後継内閣を組織するにあたっては李完用を首相（参政大臣）に指名することを上奏した(27)。高宗は李完用の首相就任について難色を示したが、最終的には伊藤に同意せざるをえず、同日、李完用を参内させて新内閣組織を命じた(28)。李完用を首相に任命させ、首相による閣僚推薦の上で組閣させるという手続きは、「従来当国ニ行ハレタル内閣大臣カ一ニ陛下ノ意思ニ依テ個々別々ニ任命セラレタルモノトハ全ク其ノ趣ヲ異ニシ、一新生面ヲ開キタルモノ(29)」というように、従来とは異なる内閣編成方式であった。皇帝の人事権を首班指名に限定させるこの措置は、より親日的な内閣の成立を可能としただけでなく、次に述べる内閣官制の採用とあわせ、国務大臣、特に参政大臣（のち内閣総理大臣）の権限を強化する契機となったものと考えられる。

ところで伊藤が、「後任トシテ李完用ヲ推スハ、極メテ陛下ノ意ニ適合セサルハ勿論ニシテ、是レ甚タ容易ノ事ニ非ラス(30)」と自覚しながらも、李完用を後任首相に指名したのはなぜだったのだろうか。それは李完用が「各大臣ニ先タチ断乎タル決心ヲ示シ、〔第二次日韓〕協約締結ニ賛助シタル」こと、および「彼ノ意志ハ頗ル強固ニ、且ツ陛下ニ対スル態度モ韓国人中稀ニ見ル所ニシテ、頗ル大胆ナル性質」という理由にもとづいている(31)。ここで言う「陛下ニ対スル態度」とは、森山茂徳が指摘するとおり、李完用が高宗の廃位方針を唱えていたことを指す(32)。李完用は一九〇六年一二月一〇日、統監代理長谷川好道のもとを訪れ、高宗の廃位を提案していたからである。李完用は、「国政改善」すなわち日本の進める「施政改善」を遂行する上で最大の障害となっているのが高宗であると把握しており、その譲位を画策するとともに、それに対する日本側の了解を求めていた(33)。それは高宗が反日運動の中核的存在となっているという認識をもつ伊藤らと利害関係が一致したことを意味する。一方、李完用が日本側、特に伊藤に接近した理由は、保護国化を進んで受容することによって朝鮮の政体を維持するためであったという(34)。それは、李完用内閣成立直後の大臣会議での「日本ト提携シ居レハ、合併セラルルノ患ナクシテ、実力ヲ養成スルコトヲ得[35]」という李完用の発言に端的に示されている。つまり伊藤が保護国論者である限りにおいて韓国の併合を回避することができるという判断であったということになろう。

一方、新たに組閣された李完用内閣の一角を、一進会の会長であった宋秉畯《ソンビョンジュン》が占めることとなった。これは「何物カ新内閣ニ強力ナル援助ヲ与フルニ非ラサレハ、新内閣ハ一時非常ノ困難ニ遭遇セサルヲ得ス。故ニ寧ロ進ンテ一進会ト握手ノ実ヲ示スハ事宜妙ヲ得タルモノナラン」という李完用の意向によるものであった[36]。伊藤は宋秉畯の入閣について「陛下ヲシテ最不快ノ念ヲ懐カシメ、其ノ承諾ヲ得ンコト甚タ困難ニ非サルナキカ、且ツ一進会以外ノ政治団体ヲシテ猝《にわか》ニ激動セシムルノ端トナリ、寧ロ大早計ニ失スルニ非ラスヤ」との懸念を示したが、結局、李完用に同意した[37]。宋秉畯の入閣までは想定していなかったと思われるが、そもそも韓国政府と一進会との提携は伊藤が主導したものであった。伊藤は、「現〔朴斉純〕内閣ハ民間ノ或政治団体ト握手シテ、以テ其ノ援助ヲ求メ、人心転換策ヲ試ムル」ことを提起し、当時学部大臣であった李完用に一九〇六年一〇月ごろ一進会との提携工作を行わせていたからである[38]。ただし、伊藤が、韓国政府の提携相手が一進会でなければならないと考えていたかどうかについては留保が必要である。伊藤が当初、宋秉畯の入閣に懸念を示していたことを併せ考えると、韓国政府の提携相手を一進会と特定してはいなかったと推察される。伊藤が一進会との提携に必要条件として求めていたのは「民間」と結びつくことによる「人心転換策」であり、「親日」的性格は十分条件であったと見るのが妥当であろう。

こうして、宋秉畯の入閣という形で韓国政府と一進会との提携が実現する。一九〇七年五月二二日、李完用に組閣の大命が下り、二五日に閣員が親任された。伊藤は当初、内閣の大半は留任すると観測しており[39]、度支部大臣（閔泳《ミンヨン》綺《ギ》）、法部大臣（李夏栄《イハヨン》）を留任させる予定であった[40]。しかし結局、両大臣が再任を辞退したため、二八日、一進会長宋秉畯を含む三名が新たに大臣に親任され、李完用内閣が成立した。参政大臣李完用、内部大臣任善準《イムソンジュン》、軍部大臣李《イ》秉武《ビョンム》、学部大臣李載崑《イチェゴン》、度支部大臣高永喜《コヨンヒ》、法部大臣趙重応《チョチュンウン》、農商工部大臣宋秉畯という布陣である。組閣が進むにつれて伊藤は「這回ノ内閣ハ主トシテ親日主義、即日韓ノ提携ヲ一層現実ナラシムル目的ノ下ニ組織セラレタルモノ」[41]と李完用内閣を評価している。新内閣を成立させる上で伊藤が最も重視したのは、「今日韓国ノ地位ニ顧レハ、日韓両国ノ関係ハ益々密接ヲ要シ、又前来ノ方針即チ施政改善ノ事モ進ンテ其ノ実行ヲ期セサルヘカラス」[42]という点であった。このように、「日韓ノ提携」すなわち親日性と、統監府の下での「施政改善」に積極的であるという二つの基準から組織されたのが李完用内閣であった。

三　内閣官制の導入

李完用内閣が成立すると間もなく、従来の「議政府官制」(一九〇五年韓国勅令第八号)を廃止し、「内閣官制」にもとづく内閣制度が一九〇七年六月に実施された。「内閣ノ権義ヲ拡大シ、責任ヲ明確ニセム」との意図により作成された内閣官制案は六月一四日奏上され、嘉納、裁可を得た[43]。そして一七日に公布された「内閣官制」(韓国勅令第三五号)をはじめ、翌一八日公布された「内閣所属職員官制」(韓国勅令第三六号)および「内閣会議規程」(韓国勅令第三七号)によって内閣制度が整備された。

それでは、内閣制度の導入目的はどこにあったのだろうか。「内閣官制」の要点は、議政府の首班であった議政・参政両大臣に比して内閣の首班である内閣総理大臣の権限を拡大させたことにある。条文に即して主要な改定点を挙げれば、①「議政府官制」では議政大臣があらゆる機務について主務大臣とともに奏宣するとあったが、「内閣官制」では内閣総理大臣が機務を奏宣し、行政各部の統一を保持すると変更した点(第三条)、②内閣主管事務に関する内閣総理大臣の権限を明らかにし、閣令発布権を規定するとともに所属判任官の専行任免権を与えた点(第四条)、③

内閣総理大臣に行政各部の処分または命令中止権を設定した点（第五条）、④内閣閣議を経るべき事項を拡大した点（第七条）、⑤軍機軍令に関して上奏する場合、軍部大臣はあらかじめ内閣総理大臣に告知することを規定した点（第八条）などである。(44)

「内閣官制」を導入した意図を明確に表すのが「内閣官制」とともに公布された二つの詔勅である。(45) これら詔勅によれば、内閣制度は国政の維新を目指して「専ラ外国文明ノ制度ヲ模範」として行うものであり、「内閣ハ万機親裁ヲ輔弼シ、庶務平章ヲ要トスルニ依リ、今其ノ組織ヲ改良シテ諸大臣各其ノ重責ニ任セシメ、内閣総理大臣ヲシテ之ヲ董励セシム」るものであった。つまり「文明」的制度として内閣制度を導入し、皇帝の輔弼体制を整備するとともに内閣の権限を強化し、内閣総理大臣を中心にその輔弼責任を負わせることを謳っている。これらの詔勅が作成された経緯は明らかでないが、この「外国文明ノ制度」が日本のそれを指すことは言うまでもない。内閣官制の導入は、直接的には前年一二月一五日に公布された宮中・府中の分離に関する詔勅を制度化したものであったが、先に述べた一九〇五年一一月二九日の皇帝高宗の覚書第五条および李完用内閣の成立過程、そして伊藤博文が末松謙澄に示したメモを併せ考えると、一連の措置が制度的に皇帝権の制限を意図していたことは明白である。たとえば高宗が各大臣に単独上奏させて大臣間を攪乱することを防ぐため、李完用内閣成立後は参政大臣が各部大臣と同伴謁見するようになっていたが、(46) 内閣制度の導入は内閣総理大臣に内閣統一の責任と権限を担わせる大宰相制を採用して皇帝の内閣に対する掣肘を阻止するという措置をより徹底させるものだったからである。また、伊藤が韓国大臣との協議会で語った「各大臣ハ孰モ陛下ヨリ委任ヲ受ケ居ルカ故ニ、其ノ権限内ノ事ハ自ラ責任ヲ以テ之ヲ処理スヘシ。小事ニ至ルマテ一々君主自ラ之ヲ容喙セラルレハ、時ニ大事ヲ逸スルノ虞アリ」(47) との発言からも、内閣制度の導入を皇帝権の制限と一体化させていたことがわかる。(48) 伊藤は、「内閣経由ノコト、意見不合ハ閣議ニ而可決ノコト」という対韓政策方針を統監赴任前から披瀝していた。(49) これは、先述した林権助の内政干渉策を継承したものと考えられるが（第一章第二節第三項参照)、この内閣官制によってその制度的裏づけを確立していった。

以上述べたように、伊藤は自らの主導により、あるいは韓国政府に指示することにより反日的志向をもつ高宗の行動・権限を制限し、皇帝権の制限・縮小に努めていった。そしてこの志向性を法制度的に担保したのが第三次「日韓協約」であった(50)。

(1) 徐栄姫『大韓帝国政治史研究』(서울大学校出版部、서울、二〇〇三年)、第一章、参照。
(2) 朝鮮総督府編『朝鮮ノ保護及併合』(朝鮮総督府、一九一八年)、一一二頁。
(3) 同右書、一一三頁。
(4) 同右。
(5) 同右。
(6) 高宗の「主権守護外交」については金基奭(金恵栄訳)「光武帝の主権守護外交・一九〇五～一九〇七年」(海野福寿編『日韓協約と韓国併合』明石書店、一九九五年)、海野福寿『伊藤博文と韓国併合』(青木書店、二〇〇四年)、七九～八一頁、参照。
韓国皇帝高宗に内謁見して義兵との関連性を糺す前日、伊藤は末松謙澄に「陰謀基因宮中に有之候事は不容疑、然れども多年の経験にて其証左を容易に露出せざるは又感心と謂べき乎」と書き送っている(春畝公追頌会編『伊藤博文伝』下巻、統正社、一九四〇年、七一六頁)。高宗を反日運動の起点と確信した伊藤は、「陰謀」の「証左」をとらえ、高宗を譴責する機会をうかがうこととなる。
(7) 金正明編『日韓外交資料集成』六上(巌南堂書店、一九六四年)、一三六頁。
(8) 『駐韓日本公使館記録』二六巻、二七六頁、二八一頁、『統監府文書』三巻、四七頁、五六頁。
(9) 『朝鮮ノ保護及併合』、一一三頁。
(10) 『日韓外交資料集成』六上、一三七～一三八頁。

(11)　同右書、二四八～二五二頁。
(12)　『朝鮮ノ保護及併合』、一二六～一二七頁。
(13)　原奎一郎編『原敬日記』二巻（福村出版、一九六五年）、一二二六頁。
(14)　「韓国施設経営事項の条挙並に対韓方針」（国立国会図書館憲政資料室所蔵『伊藤博文文書』一〇八）。作成年月は不明だが、冒頭に「本年三月、余入韓以来」とあることから、統監として二回目の渡韓中（一九〇六年六月二三日～一一月二一日）、朴斉純内閣に対して行われた講演の草稿と考えられる。第八回施政改善協議会の伊藤演説と内容的には重複するが、確証はない（『日韓外交資料集成』六上、二六六～二六八頁）。
(15)　『日韓外交資料集成』六上、三一三頁。
(16)　原武史『直訴と王権』（朝日新聞社、一九九六年）、二〇一～二〇五頁、参照。
(17)　『日韓外交資料集成』六上、二四七～二四八頁。
(18)　『駐韓日本公使館記録』二六巻、四〇〇頁、『統監府文書』三巻、九七頁。
(19)　『駐韓日本公使館記録』二七巻、一七頁、『統監府文書』三巻、五～六頁、『旧韓国官報』（亜細亜文化社、서울、一九七三年復刻）、一九〇六年一二月一五日付。
(20)　伊藤博文関係文書研究会編『伊藤博文関係文書』二巻（塙書房、一九七四年）、四四七頁。
(21)　末松謙澄あて伊藤博文書簡（堀口修・西川誠監修・編集『末松子爵家所蔵文書』下巻、ゆまに書房、二〇〇三年）。ただし条項の数字は便宜的に筆者が付したものである。
(22)　『日本外交文書』四〇―一、五五六頁。
(23)　『駐韓日本公使館記録』三〇巻、六二頁、『統監府文書』四巻、一一三頁。
(24)　『日本外交文書』四〇―一、五五六頁。
(25)　『日本外交文書』四〇―一、五五八頁。
(26)　同右。

(27)『日韓外交資料集成』六上、四七五頁。
(28)同右書、四七八頁。
(29)『日本外交文書』四〇—一、五六一頁。
(30)『日本外交文書』四〇—一、五五八頁。
(31)同右。
(32)森山茂徳『近代日韓関係史研究』(東京大学出版会、一九八七年)、二〇八～二一〇頁。
(33)『駐韓日本公使館記録』二七巻、一五頁、『統監府文書』三巻、四～五頁。
(34)森山茂徳『近代日韓関係史研究』、二〇九～二一〇頁。
(35)『日韓外交資料集成』六上、四八四頁。
(36)『日本外交文書』四〇—一、五六〇頁。
(37)同右。
(38)『日本外交文書』四〇—一、五五六～五五七頁。
(39)『駐韓日本公使館記録』三〇巻、六二頁、『統監府文書』四巻、一一三頁。
(40)『日本外交文書』四〇—一、五六〇頁。
(41)『駐韓日本公使館記録』三〇巻、六三頁、『統監府文書』四巻、一一三頁。
(42)『日本外交文書』四〇—一、五五九頁。
(43)『朝鮮ノ保護及併合』、九一頁。
(44)統監府編『韓国施政年報』(統監官房、一九〇八年)、三八～三九頁、参照。
(45)『旧韓国官報』一九〇七年六月一五日付号外、『朝鮮ノ保護及併合』九一～九二頁。
(46)『日韓外交資料集成』六上、四八六～四八七頁。
(47)『日韓外交資料集成』六中、五九六～五九七頁。

(48)　なお都冕会は、内閣制の採用が当時の日本の内閣制度と類似したものであり、これにより皇帝権が完全に否定されたと評価した（都冕会「일제 식민통치기구의 초기 형성과정」『일제식민통치연구1——一九〇五～一九一九』백산서당、서울、二六頁）。同時期の日本の内閣制と比較すると、本論で述べたように韓国内閣において首相がもつ権限の大きさは比べものにならないほど大きい（百瀬孝『事典　昭和戦前期の日本』吉川弘文館、一九九〇年、一七頁参照）。日本において大宰相制は、伊藤の主導の下、一八八五年の「内閣職権」で導入されたが、その後単独輔弼制に代わっている（鈴木正幸『皇室制度』岩波新書、一九九五年、三七頁、安田浩『天皇の政治史』青木書店、一九九八年、八三～九五頁）。したがって当時の日本の内閣制度と類似するという点では都冕会の評価は当たらないが、皇帝権を制限するために伊藤が大宰相制を韓国に導入したという点については本論で述べたように説得的である。

(49)　高瀬暢彦編『松岡康毅日記』（日本大学精神文化研究所、一九九八年）、二七九頁。

(50)　伊藤の主導による皇帝権制限・縮小の動きを考える上で、高宗という特定の個人が大きく機能していることは間違いないが、これを主要要因ととらえるべきではないと思われる。あくまでも日本、伊藤が韓国の国家権力解体をどのように進めようとしたのかという課題のなかで理解しなければならない。

第三項　皇帝高宗の強制譲位と第三次「日韓協約」の締結

一九〇七年六月、オランダ・ハーグで開催されていた第二回万国平和会議会場に前議政府参賛李《イ》相卨《サンソル》、前平理院検事李儁《イチュン》、前駐露公使館参事官李瑋鍾《イウィジョン》の三名が韓国皇帝特使の名目で現れ、平和会議への参加を要請した。日本の侵略行為と第二次「日韓協約」調印の不法性を訴えるためであった。いわゆるハーグ密使事件である。これに対し、統監伊藤博文は、協約違反であると韓国皇帝高宗に抗議を行った。そしてこの事件を好機ととらえ、高宗の責任を追及するとともに韓国主権のさらなる侵奪を画策する。その帰結が高宗の強制譲位と第三次「日韓協約」の締結である。そしてこの第三次「日韓協約」の下で、韓国の内政権を統監が直接監督する、第三次日韓協約体制と呼びうる本格的な植民地支配を推し進めていく。

それでは、ハーグ密使事件の事後処理として行われ、第三次日韓協約体制の中核的位置を占める第三次「日韓協約」はどのような経緯で締結されたのであろうか。その締結過程について、特に皇帝権の処遇を焦点にして検討する。

一　ハーグ密使事件と対韓処理方針

統監伊藤博文は、皇帝高宗が万国平和会議に「密使」を送っていることを事前に察知していたが(1)、外務省から事件の第一報を受けると、詳細がまだ明らかでない段階ですでに、密使派遣が「果シテ勅命ニ基クモノナレハ、我政府ニ於テモ此際韓国ニ対シテ局面一変ノ行動ヲ執ルノ好時機ナリト信ス。即チ前記ノ陰謀確実ナルニ於テハ税権、兵権又ハ裁判権ヲ我ニ収ムルノ好機会ヲ与フルモノト認ム(2)」と第三次「日韓協約」の内容につながる韓国主権侵奪構想を外務大臣林董に伝えた。伊藤はハーグ密使事件を、高宗の反日的行動に悩まされてきた状況を「一変」させる「好時機」ととらえたのである。ここでは「税権、兵権又ハ裁判権」と具体的に三つの主権が列挙されているが、先述したように、これらの主権が皇帝の権力基盤となっていたことを併せ考えると、その意味するところは明白である。つまりこの事件を口実にしてこれらの主権を奪い、皇帝権を今まで以上に縮小、制限するという方針を打ち出したのであった。

ハーグ密使事件に関する詳報が外務省から伝わると、伊藤は内閣総理大臣李完用を通じて「其ノ責任全ク陛下一人ニ帰スルモノナルコトヲ宣言シ、併テ其ノ行為ハ日本ニ対シ公然敵意ヲ発表シ、協約違反タルヲ免レス、故ニ日本ハ韓国ニ対シ宣戦ノ権利アル」ことを高宗に申し入れた[3]。宣戦布告をもちらつかせながら高宗の責任を追及したのである。七月六日、伊藤のもとを訪れた李完用は「事茲ニ至リテハ国家ト国民トヲ保持セハ足レリ。皇帝身上ノ事ニ至リテハ顧ルニ遑ナシ」と高宗の譲位を示唆した。伊藤はこれについて「尚熟慮スヘシ」と答え、明言を避けている[4]。その後、日本世論が激高している点、また林が来韓するという情報を受け、李完用内閣はハーグ密使事件の善後策として「宿題タル皇帝ノ譲位ヲ決行スルヲ以テ最モ能ク時宜ニ適スルモノ」という決議を下した[5]。先述したとおり、李完用は一九〇六年末時点で高宗を譲位させる計画をすでに企てていたが、韓国政府は高宗の譲位によってハーグ密使事件の事後処理を図ろうとしたのである。

韓国政府による高宗譲位工作が具体化するなかで、七月七日、伊藤は内閣総理大臣西園寺公望にあてて「此際我政府ニ於テ執ルヘキ手段方法(例ハ此ノ上一歩ヲ進ムル条約ヲ締結シ、我ニ内政上ノ或権利ヲ譲与セシムル如キ)ハ廟議ヲ尽サレ訓示アランコト」を求めた[6]。伊藤自身の腹案はすでに固まっていたが、統監府、特に伊藤の対韓政策に批判的な元老、政界、世論を含めた日本本国の対応をうかがうために日本政府に請訓した[7]。

伊藤から請訓を受けた日本政府は一〇日、山県有朋、松方正義、大山巌、井上馨の各元老および前首相桂太郎と西園寺、陸軍大臣寺内正毅、海軍大臣斎藤実、外務大臣林董、大蔵大臣阪谷芳郎、内務大臣原敬が集まって会議を行った[8]。この元老会議における対韓方針は一二日の閣議で決定され[9]、裁可を得て伊藤に通牒された[10]。その「対韓処理方針」は次のとおりである[11]。

帝国政府ハ、現下ノ機会ヲ逸セス韓国内政ニ関スル全権ヲ掌握セムコトヲ希望ス。其ノ実行ニ付テハ、実施ノ情況ヲ参酌スルノ必要アルニ依リ、之ヲ統監ニ一任スルコト。

若シ前記ノ希望ヲ完全ニ達スルコト能ハサル事情アルニ於テハ、少クトモ内閣大臣以下重要官憲ノ任命ハ統監ノ同意ヲ以テ之ヲ行ヒ、且統監ノ推薦ニ係ル本邦人ヲ内閣大臣以下重要官憲ニ任命スヘキコト。
前記ノ主旨ニ基キ我地位ヲ確立スルノ方法ハ、韓国皇帝ノ勅諚ニ依ラス、両国政府間ノ協約ヲ以テスルコト。
本件ハ極メテ重要ナル問題ナルガ故ニ、外務大臣韓国ニ赴キ、親シク統監ニ説明スルコト。

日本政府が決定した「対韓処理方針」は、この機会に「韓国内政ニ関スル全権」を掌握するというものであった。さらにその次善策として「少クトモ内閣大臣以下重要官憲ノ任命ハ統監ノ同意ヲ以テ之ヲ行ヒ、且統監ノ推薦ニ係ル本邦人ヲ内閣大臣以下重要官憲ニ任命スヘキコト」を求めている。そしてその実行については韓国の状況を参酌する必要があるため統監に一任すること、韓国皇帝の勅諚によらず政府間の協約によることという条件が付された。また詳細を説明するために林を渡韓させることになった(一五日出発)。計画実行の伊藤への一任、林の渡韓という条件は、「伊藤侯の意見を聞き、一任せざれば、伊藤侯忽ち不同意帰朝すなどと云はれても困る訳ゆゑ、林外相か又は他の閣僚渡韓して能く説明せらるゝこと必要ならん」という大山の意見にもとづくものであった[12]。

『日本外交文書』には「対韓処理方針」とともに、最初に上程された「処理要綱案」、同案とともに決定された「第二要綱案」および各案に関する山県、寺内およびその他の出席者多数の「賛否状況」が付記されている[13]。日本政府内の対韓姿勢をうかがわせる各要綱案の内容は、韓国皇帝の譲位だけでなく、主権をさらに奪い取るための具体策に及ぶ。主権侵奪案である「処理要綱案」については後述し、ここでは韓国皇帝の譲位問題に関連する「第二要綱案」について触れておく。日本政府は「将来ノ禍根ヲ杜絶セシムル」ために「韓皇ヲシテ皇太子ニ譲位セシムルコト」はやむをえないと判断した。ただし「本件ノ実行ハ韓国政府ヲシテ実行セシムルヲ得策ト為スヘシ」と、あくまでも韓国政府主導で高宗の強制譲位を実行するべきであるととらえていた。しかし高宗の譲位を積極的に唱えていたのは寺内だけであり、山県は「今日ハ否」としており、また他の元老も「国王は此儘に存し、内政の実権を我に収むる説」であった。[14]したがって、「対韓処理方針」全体に言えることであるが、この「第二要綱案」もあくまで「政府方針の最下限を示して、其以上は伊藤侯の実際の施措に任かすべし[15]」というものであった。ただし、この「対韓処理方針」付記が『駐韓日本公使館記録』には収録されていないことを併せ考えると、[16]付記の内容について伊藤は林がソウルに到着するまで(一八日夕方着)知らされていなかったと考えられる。

二　皇帝高宗の譲位

七月六日に統監伊藤博文のもとを訪れた首相李完用が韓国皇帝高宗の譲位を示唆したことは先に見たが、同日開かれた御前会議でも、農商工部大臣宋秉畯が「今回の事、責陛下の一身に在り、親しく東京に到りその罪を謝せらるゝか、然らざれば長谷川駐屯軍司令官を大漢門前に迎へ面縛の礼を執らるべし。この二者共に忍ぶ能はずとせば、決然日本と戦ふの外なし。然れども一敗地に塗るれば、国家の存亡推して知るべきのみ」と高宗を非難したという。[17]李完用内閣では高宗の譲位という合意が形成されていた。外相林董の来韓が迫るなかで一六日に李完用が参内し、「社稷を重しとし君を軽しとす、臣として譲位を君に勧むるは衷心忍びざる所なりと雖も、亦他策なきを如何せん[18]」として譲位のやむなき旨を奏聞したが、高宗はこれを拒否した。そこで翌一七日夜、大臣一同で参内して高宗に譲位を再度求めた。

内閣の譲位奏請に対抗するため、一八日夕方高宗は伊藤を招き、ハーグ密使事件に関する弁解を行った上で譲位問題について下問した。しかし伊藤は、韓国皇室に関する重大事件に関しては「陛下ノ臣僚ニアラサル本官カ是非ノ奉答ヲ敢テシ、或ハ之ニ干与スヘキ筋合ニアラス」と冷淡に上申するにとどめ、さらに皇帝譲位について韓国大臣から相談を受けたことはないとうそぶいた。[19]皇帝譲位という韓国政府の善後策について伊藤はあくまで静観を装ったが、それは「譲位ノ如キハ本官深ク注意シ、韓人ヲシテ軽挙事ヲ過マリ、其ノ責ヲ日本ニ帰セシムル如キハ固ヨリ許ササル所ナリ」[20]と指摘したように、日本に累を及ぼすことを極力避けるためであった。李完用内閣も高宗の譲位にあたっては「努メテ本官〔伊藤〕ノ助力若クハ同意ヲ求ムルヲ避ケ、自力断行ヲ期シ」た[21]。皇帝高宗の譲位はあくまでも韓国政府が自主的に行うものであり、日本側の意向によるものではないことを装うとしたのである。しかし伊藤は、「此ノ儘ニ推移セハ到底皇帝ノ陰謀詐略ヲ杜絶スルニ由ナシト信ス」と高宗の譲位を考慮に入れた意見をすでに日本政府に披瀝しており[22]、李完用に対し、高宗の譲位について内々に同意を与えていたものと推測される。そのため伊藤は、謁見に際して引き続き自らの補佐を行うよう依頼した高宗の要請を拒否した[23]。そしてこの伊藤の拒絶が、韓国内閣による高宗譲位敢行の引き金となる。

林がソウルに到着した一八日夜、大臣一同が参内して高宗に再び譲位を求めると、高宗は閣員に日本の要求に抗して自身を守るべきことを命じるとともに、元老を召集して最後の抵抗を試みた。しかし一九日午前一時、再三の要求に抗し切れず、ついに高宗は譲位要求を受け入れ、あらかじめ内閣が起草しておいた詔勅に勅裁を与え、官報号外によって譲位を公布した[24]。詔勅では「譲位ノ事ハ朕カ衷心ニ出ツ。敢テ他ノ勧告又ハ脅迫ニ出ツルニアラス」と譲位があくまで自発的なものであることが強調された。ただし「軍国ノ大事ヲ皇太子ヲシテ代理セシム」として、譲位は明文化されなかった。韓国政府は、韓国の慣例ではこのような文言が譲位を表すとの説明を統監府側に行ったが[25]、後に述べるように問題を引き起こすこととなる。

次いで韓国政府は高宗譲位の国際的環境を整えるため、七月一九日付で公文を統監府に通牒し、外務省を通じて皇帝譲位を各国に声明する旨を照会した[26]。この照会を受けて統監府は、皇帝が譲位したこと、その譲位は日本が要請したものではなく、日本の要求が過大なものとなることを予期した韓国政府がその緩和策として行ったものであることを駐日各国大使・公使および在ハーグ大使都筑馨六に通告するよう外務省に要請した[27]。これを受けて外務省は二〇日、皇帝譲位の顚末をアメリカ、イギリス、フランス、ドイツ、イタリア、ベルギー、オランダ、清国、ロシア駐箚大使・公使に通報した(28)。こうして高宗の譲位を国際的に既成事実化しようとしたのである。

一方、高宗の譲位を受け、ソウル市内では撤市(市や商店によるストライキ)や集会が行われたり、「韓兵ノ一部隊(約一中隊)兵営ヲ脱シ、鐘路《ママ》ニ現ハレ銃ヲ放チ、補助員等(我巡査)ヲ襲撃」したり、あるいは李完用の邸宅が放火されたりするなど、不穏な状況を呈していた(29)。伊藤はこの状況に対し、「愚昧ノ臣民、其ノ主義ヲ誤解シ、徒ニ憤慨シ、或ハ暴動ヲ企ツルモノナキヲ保セス。統監ニ依頼シ、此等ノ者ヲ制止シ、或ハ時宜ニ依リ鎮圧スルコトヲ委任ス」という内容の勅旨を韓国皇帝純宗《スンジョン》の名義で出させ(30)、一九日、韓国駐箚軍司令官長谷川好道にソウル市内の治安維持を命じるとともに(31)、二一日には首相西園寺公望に混成一旅団の派遣を要請した(32)。また近衛兵による国務大臣の殺害阻止という名目で駐箚軍が宮廷周囲に配置された(33)。こうして日本軍による厳戒態勢が敷かれるなかで七月二〇日、譲位式が敢行され、夕方行われた朝見式には韓国皇族、大臣とともに統監府文武官および駐韓各国総領事も参列、謁見した(34)。伊藤は西園寺に譲位式が終了したことを報告するとともに、新皇帝の即位に慶賀の意を表する親電を天皇から韓国皇帝あてに送るよう奏請したが(35)、これも高宗の譲位を既成事実化するための措置であった。

しかし、譲位後も高宗による抵抗が続いた。譲位の詔勅には「軍国ノ大事ヲ皇太子ヲシテ代理セシム」とあったが、韓国の先例ではこの文言が譲位を示すものであると日本側に説明されたことは先に述べた。この文言は、譲位の意味を明言することを求めた韓国大臣たちの意見を排して、高宗が採用させたという経緯があった。大臣たちは、これを高宗が摂政の意味としてとらえ、「他日君権ヲ回復セムカ為ニ、予メ地歩ヲ作リ置カムトノ内心ヲ有スルニ依ル」ものと認識していた(36)。こうして「君位争奪ノ内乱ノ状態(37)」が現出したのである。この一連の手続きについて当時日本に亡命していた兪吉濬《ユキルジュン》は、皇室典礼上、「皇帝猶世に在して位を皇太子に伝ふる」伝位と「皇帝、病其他の故を以て親ら政を見るを得ざる場合に限り、皇太子をして代り摂せしむる」代位とがあるが、「現閣臣の何れもが典礼に詳しからず、徒に軽躁事を計れるの致す所」と非難し、「之知らざりし閣臣の愚は寧ろ憐笑すべき」とまで述べている。(38) 先例に照らし合わせたとき、一連の措置は「代位」であって、「伝位」つまり譲位は成立していないと解釈されるものだったのである。

このような状況に対処するため李完用内閣は、日本の物理的威力に依拠しながら高宗の策動を封鎖する対抗措置に出た。李完用、法部大臣趙重応、学部大臣李載崑が二一日参内し、①人心鎮撫の詔勅を新皇帝の名で発すること、②宮内大臣朴泳孝《バクヨンヒョ》や侍従卿李道宰《イトジェ》や数人の軍人を免官、逮捕すること、および③新皇帝の名義で高宗に太上皇帝の称号を呈する旨の詔勅を発することを奏請した。(39) 高宗は新皇帝純宗の側で上奏に関与し、他の二つの上奏についてはこれを容れたが、③の太上皇帝の称号を奉ずることについては強硬に反対した。李完用らは残りの閣僚に鼓舞されて再度奏請し、結局「太上皇帝ノ上ノ字ヲ除キ太皇帝ノ称号ヲ奉ルコトニ同意セラレ、直チニ其旨新帝ヨリ詔勅ヲ発スルコト」となった。(40) こうして、先帝高宗に太皇帝の称号を贈ること（『韓国官報』一九〇七年七月二三日付号外）と人心鎮撫（同、二二日付）を内容とする二つの詔勅をそれぞれ発布するとともに、朴泳孝や李道宰をはじめとする宮中勢力の粛清に成功した。(41) その後、八月二日に改元式を行い、光武から隆熙へ改元するとともに、(42) 二七日には惇徳殿で即位式を挙げた。(43) 「一タヒ王位ヲ践ミタル国王存命中、新王ハ別ニ即位式ヲ行ハス」(44) という先例からすれば、即位式を挙行したのは明らかに異例である。これは太皇帝の称号を贈ったこととあわせて、高宗の政治的権力を抑制するための措置にほかならない。

また八月八日に新旧両皇帝に謁見した伊藤は、高宗に対し、「譲位後ニ於ケル旧帝ノ位地ハ、全ク政治上ニ無関係ナリ。然ルニ、之ニ拘ハラス、旧帝ガ陰ニ陽ニ政治上ニ容喙セラルル如キコトアラハ、是レ其譲位ハ有名無実ナリ。故ニ、其時ハ不得已旧帝ヲ遠隔ノ地ニ移ス等ノ挙ニ出ツルノ外無シ」と高宗の抵抗活動をあらためて牽制した。(45) 実際には高宗を日本に移送する計画もあったから、(46) これは単なる脅しではなかった。高宗の日本への移送案は第三次「日韓協約」交渉過程で見送られ、結局「新旧両帝ハ強制的ニモ之ヲ別居セシムルコト」という両帝隔離策がとられることとなる(47)。日本による隔離工作は、その後度重なる高宗の抵抗を受けたが、結局、高宗の影響力を排除するために一一月一三日、純宗を皇后、皇太子とともに慶運宮《キョンウングン》（徳寿宮《トクスグン》）から昌徳宮《チャンドックン》に移すことで決着した(48)。しかし、後に見るように、その後も流言の形で、朝鮮社会では日本による高宗の日本等への移送がささやかれ続けた（第三章第二節参照）。朝鮮民衆の勤皇の対象は依然高宗であり続けたのである。

三　第三次「日韓協約」の締結

一方、日本政府の督促にもかかわらず、統監伊藤博文は韓国皇帝の譲位問題が決着するまで「日韓協約」の締結交渉を開始しなかった(49)。韓国「内閣大臣ハ、唯日本ノ後援ヲ頼ミ得ルノミニテ、他ニ信頼スベキ実力ナシ。故ニ我保護ナキトキハ、現内閣員ハ終ニハ先帝ノ陰険手段ノ為ニ滅亡スルノ外」ないため、日本の兵力により干渉し、「我援助ニ依リテ立ツ所ノ内閣ヲ保護シ、新帝ヲ擁立セシメ、先帝ガ陰険手段ヲ行フ途ヲ塞ギ、政府ノ地位ヲ堅固ニシ、我勢力ヲ拡張スル」ことが上策であると伊藤が認識していたからである(50)。つまり日韓間で協約を締結するにあたり、日本の軍事的・政治的援助によって傀儡政権の基盤を固めることが先決問題とされた。伊藤は、李完用内閣の政治的基盤がきわめて脆弱であることを明確に認識しており、そのため日本政府に軍隊派遣を要請したのは先に見たとおりである。結局、韓国政府との間に交渉が始まったのは七月二三日夜であった。

先述したとおり、日本政府は七月一二日、伊藤の要請に応えて「対韓処分方針」を伝えていたが、その内容は、韓国内政に関する全権を掌握することを第一方針としつつ、次善策として内閣大臣以下の重要官憲の任命は統監の同意を経ること、また統監の推薦によって日本人を内閣大臣以下の重要官憲に任命すべきというものであった。また「対韓処分方針」を決定する際に議題に上り、渡韓した外相林董が伊藤に伝えたと推測される「処理要綱案」、「第二要綱案」での韓国主権侵奪案はそれぞれ次のようなものであった。(51)

処理要綱案
第一案　韓国皇帝ヲシテ其大権ニ属スル内治政務ノ実行ヲ統監ニ委任セシムルコト
第二案　韓国政府ヲシテ内政ニ関スル重要事項ハ総テ統監ノ同意ヲ得テ之ヲ施行シ、且施政改善ニ付統監ノ指導ヲ受クヘキコトヲ約セシムルコト
第三案　軍部大臣、度支大臣ハ日本人ヲ以テ之ニ任スルコト
第二要綱案
〔前略〕国王並ニ政府ハ統監ノ副署ナクシテ政務ヲ実行シ得ス（統監ハ副王若クハ摂政ノ権ヲ有スルコト）
各省ノ中主要ノ部ハ日本政府ノ派遣シタル官僚ヲシテ大臣若クハ次官ノ職務ヲ実行セシムルコト

林は一八日夕方、ソウルに到着すると、伊藤と「日韓協約」案について協議した。その際に提示された伊藤の意見（以下、伊藤案と略記）は次のとおりである。(52)

一、韓国皇帝陛下ノ詔勅ハ予メ統監ニ諮詢スルコト
二、韓国政府ハ施政改善ニ関シ、統監ノ指導ヲ受クルコト
三、韓国政府ノ法令ノ制定及重要ナル行政上ノ処分ハ予メ統監ノ承認ヲ経ルコト
四、韓国ノ司法事務ハ普通行政事務ト之ヲ区別スルコト

五、韓国官吏ノ任免ハ統監ノ同意ヲ以テ之ヲ行フコト
六、韓国政府ハ統監ノ推薦スル日本人ヲ韓国官吏ニ任命スルコト
七、韓国政府ハ統監ノ同意ナクシテ外国人ヲ傭聘セサルコト
八、明治三十七年八月二十二日調印日韓協約第一項ハ之ヲ廃止スルコト

先に示した日本政府の「対韓処理方針」等と伊藤案とを対照すると、韓国内政に関する重要事項について統監の同意・指導を受けるという「処理要綱案」第二案と内容的に一致している。林はこの伊藤案に「協商ヲ纏ムト欲セハ多少ノ修正ヲ予期セサルヘカラス」とのただし書きを添えて首相西園寺公望に送った(53)。林が「統監ノ意見」と述べているように、ここで示された「日韓協約」案はあくまでも伊藤の腹案であった可能性が高い。

『駐韓日本公使館記録』に収録された二つの「日韓協約」締結照会案中(54)、七月二二日以前に作成されたと推定される第一案(55)では、韓国政府に対して「約定ヲ要求」する項目は次のとおりであった。

一、韓国政府ハ施政改善ニ関シ統監ノ指導ヲ受クルコト
二、韓国政府ノ立法及重要ナル行政上ノ処分ハ予メ統監ノ承認ヲ経テ之ヲ施行スルコト
三、韓国官吏ノ任免ハ統監ノ同意ヲ以テ之ヲ行フコト
四、現行ノ顧問制度ヲ廃止シ統監ノ推薦スル日本人ヲ韓国官吏ニ任命スルコト

この第一案と伊藤案を比較対照すると、第一案第四項が伊藤案第六項から第八項にかけて具体化されたほかは、ほぼ同じ内容で伊藤案に反映されている。

伊藤は七月二三日夜、首相李完用、農商工相宋秉畯に伊藤案を「今後協約スヘキ条件」として内示し、詳細な説明を行った。(56)さらに二四日正午、照会公文とともに韓国政府に「協約書」と、①日韓人で組織する裁判所の新設、②監獄の新設、③軍備の整理、④顧問および参与官の名義で韓国に傭聘された者の解雇、⑤中央政府および地方庁における韓国官吏への日本人の任命を内容とする「日韓協約規定実行ニ関スル覚書案」とを提示し、談判を開始した。(57)韓国政府への照会にあたっては、「本件ハ極メテ緊要ナル事項ニ有之候間、速ニ御諾否ノ貴答ニ接シ度。本官ニ於テハ既ニ帝国政府ヨリ何時ニテモ右約定ニ調印スルノ権限ヲ委任セラレ居候(58)」と即時締結をうながした。第三次「日韓協約」の締結理由は韓国政府への照会文によれば次のとおりである。(59)

日本帝国政府ハ、去ル明治三十八〔一九〇五〕年十一月日韓協約締結以来、益々両国ノ交誼ヲ尊重シ、誠実ニ条約上ノ義務ヲ遂行スルニ拘ラス、韓国ハ、屢々背信ノ行為ヲ敢テシ、之カ為ニ頗ル帝国ノ人心ヲ激昂セシメ、且又韓国ノ施政改善ヲ阻礙スルコト甚シキヲ以テ、将来斯ル行為ノ再演ヲ確実ニ阻止スルト共ニ、韓国ノ富強ヲ図リ、韓国民ノ幸福ヲ増進セントスル。

伊藤の真意は前段に示されている。韓国が、度重なる「背信ノ行為」により日本の対韓感情を悪化させるとともに韓国の「施政改善」を阻害したため、それを防ぐ目的で第三次「日韓協約」を締結するというのである。伊藤が当初李完用らに示した照会公文案では「背信ノ行為」を行った主体を「韓国」ではなく「韓国皇帝陛下ニ於テ」と特定していたが、結局削除された。(60)韓国皇帝高宗の譲位が行われた以上、主体を明言することを避けたものと推定される。

この伊藤案に対し、二三日夜の内示段階ですでに韓国閣内には反対論が浮上していた。韓国駐箚軍司令官長谷川好道によれば「内閣大臣中二名ハ之ニ同意ヲ表セサリシ(61)」状況であった。反対者は学相李載崑と軍相李秉武の二名であった[62]。二四日午後三時を前後して統監府から日本政府に発信された電報では、「政府内ニ於テ既ニ異議ヲ唱フルモノアル趣ニ付、両帝ノ裁可ヲ得ルノ至難タルハ予見スルニ足ル。結局之ヲ拒絶スルニ於テハ本官ハ直ニ帰朝、廟議ノ決定ヲ仰クヘシ」(午後二時五五分打電)[63]、「遂ニハ我ニ於テ極端手段ヲ執ルノ已ムナキニ至ルヤモ計ラレス」(午後三時二〇分打電)[64]と交渉が難航している様子が伝えられている。そして「遂ニハ我ニ於テ極端手段ヲ執ル」[65]、すなわち「協約ニ国王同意セサルトキハ合併ノ決心」[66]も想定しながら交渉が進められていた。交渉過程は明らかでないが、交渉が難航した最大の原因は、伊藤案第一項「韓国皇帝陛下ノ詔勅ハ予メ統監ニ諮詢スルコト」であったという[67]。韓国側は「君臣ノ義ニ於テ之ヲ君主ニ迫リ敢テ裁可ヲ乞フニ忍ヒストテ、切ニ之カ削除ヲ哀訴」することを繰り返した。伊藤はこれを容れ、結局伊藤案の第一項を削除し、さらに第五項「韓国官吏ノ任免」を「韓国高等官吏ノ任免」と修正して二四日夜、前文および全七条からなる「日韓協約」に伊藤博文および李完用が記名調印した[68]。伊藤は、外務次官珍田捨巳にあてた午後一一時三七分の打電で、調印終了を通報するとともに、韓国政府の「至急本協約ヲ発布スルコトヲ希望」する旨を受けたとして、「片時モ速ニ発布ノ手続ヲ執ラレムコト」を上申した[69]。また第三次「日韓協約」からやや遅れて伊藤と李完用との間で「日韓協約」付属「覚書」が調印された[70]。「覚書」の内容については、司法長官への日本人採用について法相趙重応が反対し[71]、軍隊解散については軍相李秉武が強く反対したという。「覚書」については林が日本に直接持ち帰ることになっており[72]、日本政府にすぐには知らされなかった。日本では、翌二五日九時から元老を含めた臨時閣議が開かれ[73]、次いで午後一時に始まった枢密院会議の決定を経て第三次「日韓協約」全七条が同日午後、『官報』号外で公示された。韓国でも同日午後、『官報』で同協約が公布された。

条約締結を受けて外務省は、韓国の条約国に駐劄する日本大使・公使に第三次「日韓協約」条文を通牒した[74]。しかし、日本政府による第三次「日韓協約」条文の任国政府への通牒訓令に対し、駐英大使小村寿太郎は第三次「日韓協約」は、あくまでも日本の対韓保護権行使の延長線上にあるものであり、韓国と列強各国との関係に影響を及ぼすものではないから、列強各国に通告する必要がないだけでなく、通告はむしろ将来の外交政策にとって不利であるとして懸念を表明し、イギリス政府へは内示にとどめるべきであると回答した[75]。小村の主張の核心は、第二次「日韓協約」で規定された対韓保護権の形式を改編することは日本の裁量範囲であり、各国に通告するには及ばないという点にあった。この小村の姿勢は日露協約交渉時のそれと論理的に一貫しており、同交渉において外務省も小村同様の姿勢であったことは先述したとおりである(本節第一項参照)。第三次「日韓協約」をめぐるこの小村の態度と伊藤のそれとの違いは、第三次日韓協約体制によらねば十全な植民地統治ができないととらえる伊藤と、保護国である韓国に対してどのような統治を行うかは「能保護国」である日本の裁量範囲であると把握する小村との、保護制度に対する見解の本質的相違があった。このような小村の上申に対して外務省は、「今回ノ日韓協約ハ三十八(一九〇五)年十一月十七日ノ協約ニ対スル追加ノ性質ヲ有スルモノニシテ……前回ノ協約ハ公然韓国ノ条約国ニ通告セルカ故ニ、其追加タル本協約モ同様通告スルコトニ決セル次第ナリ」とした上でイギリス政府に公式通告すべきであると回訓した[76]。この時点で外務省が第三次「日韓協約」を各国に通告したのは、一方ではハーグ密使事件によって各国の注視が集まるなかで日本の対応を明確にするためであり、他方では同時並行で進んでいた日露協約交渉でロシアを牽制する意味が込められていたと考えられる。

ところで先述したとおり、第三次「日韓協約」はきわめて短期間のうちに交渉、締結された。海野福寿は、同条約の調印前に協約案文の政府承認、天皇裁可がなく、元老会議および閣議における統監一任の決定、裁可だけで、調印後に報告された協約を事後承認するという、日本側の条約手続き慣例からすると異例の措置がとられた条約であると指摘している[77]。日本政府に伊藤の意見として協約案が伝えられたのは七月二三日だったが、その翌日に第三次「日韓協約」が調印されており、速成の感は否めない[78]。しかし先に述べた三つの「日韓協約」照会案のうち、第一案では交渉開始から調印まで最大一週間を想定していることから[79]、当初は一定の手続きがとられる予定であったと考えられる。

伊藤が西園寺に対して第三次「日韓協約」の締結報告とあわせて「強制手段ヲ執ルノ必要」上、即時派兵を再度要請したことを勘案すると[80]、第三次「日韓協約」の異例的な手続きは、伊藤が当初想定していた以上に、皇帝譲位後に韓国の治安が悪化したという情勢判断にもとづいている。実際に第三次「日韓協約」反対闘争は、軍隊解散にともなって旧軍人たちが義兵へ参加したこととも相俟ち、以前に増して高揚していった。

(1)『日本外交文書』四〇―一、四二七頁。
(2)『日本外交文書』四〇―一、四三一頁。
(3)『日本外交文書』四〇―一、四五四頁。
(4)同右。
(5)『日本外交文書』四〇―一、四六五頁。
(6)『日本外交文書』四〇―一、四五四頁。
(7)海野福寿『韓国併合史の研究』(岩波書店、二〇〇〇年)、二九六頁。
(8)原奎一郎編『原敬日記』二巻(福村出版、一九六五年)、二四九頁、斎藤子爵記念会編『子爵斎藤実伝』二巻(斎藤子爵記念会、一九四一年)、一一八頁。
(9)『原敬日記』二巻、二五〇頁。
(10)『日本外交文書』四〇―一、四五五頁。
(11)同右。
(12)『原敬日記』二巻、二四九頁。
(13)『日本外交文書』四〇―一、四五六頁。
(14)『原敬日記』二巻、二四九頁。
(15)同右。

(16)『駐韓日本公使館記録』三一巻、九四～九五頁、『統監府文書』五巻、八頁。
(17)春畝公追頌会編『伊藤博文伝』下巻(統正社、一九四〇年)、七五三～七五四頁。
(18)同右書、七五八～七五九頁。
(19)『日本外交文書』四〇―一、四六五～四六六頁。
(20)『日本外交文書』四〇―一、四五四頁。
(21)『日本外交文書』四〇―一、四六五頁。
(22)『日本外交文書』四〇―一、四五四頁。
(23)金正明編『日韓外交資料集成』六中(巌南堂書店、一九六四年)、六〇六頁。
(24)『日本外交文書』四〇―一、四六六頁。
(25)同右。
(26)『日本外交文書』四〇―一、四六七頁。
(27)同右。
(28)『日本外交文書』四〇―一、四七二～四七三頁。
(29)『日本外交文書』四〇―一、四六八頁、四七一頁。
(30)『日本外交文書』四〇―一、四六八頁。
また「新聞紙法」(韓国法律第一号、一九〇七年七月二四日)、「保安法」(韓国法律第二号、一九〇七年七月二七日)といった治安関係法令が第三次「日韓協約」にあわせて制定された。
(31)同右。
(32)『日本外交文書』四〇―一、四七七頁。
(33)『日本外交文書』四〇―一、四六九頁。
なお伊藤は、この近衛兵による国務大臣殺害計画は高宗が裏で操っているものと見ていた。

(34)　『日本外交文書』四〇―一、四七一頁。
(35)　『日本外交文書』四〇―一、四七〇頁。
(36)　『日本外交文書』四〇―一、四八〇～四八一頁。
(37)　『日本外交文書』四〇―一、四八一頁。
(38)　『東京朝日新聞』一九〇七年七月二三日付。
(39)　『日本外交文書』四〇―一、四八二頁。
(40)　同右。
(41)　七月二四日、宮内大臣朴泳孝、侍従院卿兼内大臣李道宰、教務課長李甲、侍従武官魚潭、侍従歩兵隊隊長林在徳および元老の南延哲が陰謀の嫌疑を受けて逮捕された(『日本外交文書』四〇―一、四九一頁)。朴泳孝、李道宰、南延哲の三名は八月二一日、最高裁判所である平理院の審議で笞八〇回に処する旨が宣告された(『駐韓日本公使館記録』三〇巻、二九二頁、『統監府文書』四巻、八九頁)。また李甲、魚潭は前武官李基東とあわせて無罪放免となった(『駐韓日本公使館記録』三〇巻、三〇二頁、『統監府文書』四巻、九四頁)。その後朴泳孝は再拘束され、「保安法」第五条にもとづいて済州島へ配流されることとなった(『駐韓日本公使館記録』三〇巻、二九八～二九九頁、『統監府文書』四巻、九三頁)。
(42)　『日本外交文書』四〇―一、五二一頁。
(43)　朝鮮総督府編『朝鮮ノ保護及併合』(朝鮮総督府、一九一八年)、一〇七頁。
(44)　『日本外交文書』四〇―一、四六六頁。
(45)　『日韓外交資料集成』六中、六四六頁。
(46)　『日本外交文書』四〇―一、四九一頁。
(47)　『日本外交文書』四〇―一、四九六頁。
　ただしその後も高宗の日本移送が計画されていたようである。結局この計画も韓国の治安悪化のため見送られた(一九〇七年九月八日付寺内正毅あて長谷川好道書簡、国立国会図書館憲政資料室所蔵『寺内正毅関係文書』三八―一六)。

(48)『朝鮮ノ保護及併合』、一〇七頁。
(49)『日本外交文書』四〇—一、四八六頁。
日本の政治指導者間では、伊藤がなかなか協約交渉を開始しないことについて特に山県有朋を中心として反発が強まっていた(『原敬日記』二巻、二五一頁)。
(50)『日本外交文書』四〇—一、四八一頁。
(51)『日本外交文書』四〇—一、四五五～四五六頁。
なお「処理要綱案」第三案は、七月三日付外相林董あて統監伊藤博文電報第五五号中の「税権、兵権又ハ裁判権ヲ我ニ収ムルノ好機会」(『日本外交文書』四〇—一、四三一頁)を受けたものと考えられる。
(52)『日本外交文書』四〇—一、四九二～四九三頁。
(53)『日本外交文書』四〇—一、四九三頁。
(54)『駐韓日本公使館記録』三一巻、一五〇～一七一頁、『統監府文書』五巻、三五～四一頁。
(55)『駐韓日本公使館記録』三一巻、一七〇～一七一頁。
(56)『日本外交文書』四〇—一、四九一頁、四九三頁。
(57)『日本外交文書』四〇—一、四九一頁、四九三～四九六頁。
(58)『日本外交文書』四〇—一、四九四頁。
(59)同右。
(60)『駐韓日本公使館記録』三一巻、一五〇～一七一頁、『統監府文書』五巻、三五～四一頁。
(61)『日本外交文書』四〇—一、四九一頁。
(62)「隆熙改元秘事」(金正柱編『朝鮮統治史料』四巻、韓国史料研究所、一九七〇年、一九八頁)、黒龍会編『日韓合邦秘史』上巻(原書房、一九六六年復刻)、三三六頁。
(63)『日本外交文書』四〇—一、四九三頁。

(64)『日本外交文書』四〇―一、四九六頁。
(65)同右。
(66)『日本外交文書』四〇―一、四五六頁。
(67)『朝鮮ノ保護及併合』、一一四頁。
海野福寿は、二四日に伊藤が韓国政府に提示した協約案は伊藤案からすでに第一項を削除した全七カ条であったとしているが(海野福寿『韓国併合史の研究』、三〇三～三〇四頁)、往復電報からは八カ条とも七カ条とも受け取れる。筆者は、「協商談判ハ往電第八六号ノ条件ヲ以テ、今廿四日開始セラレタリ」(『日本外交文書』四〇―一、四九六頁)という記事や、一九〇七年七月二四日付首相西園寺公望あて統監伊藤博文電報第八七号(『日本外交文書』四〇―一、四九三頁)から判断して全八カ条を提示したと考える。
(68)『日本外交文書』四〇―一、四九七頁。
(69)同右。
(70)『日本外交文書』四〇―一、四九八頁。
(71)「隆熙改元秘事」(『朝鮮統治史料』四巻、一九九頁)。
(72)『日本外交文書』四〇―一、四九八頁。
(73)『原敬日記』二巻、二五一頁。
(74)『日本外交文書』四〇―一、五〇〇～五〇一頁。
(75)『日本外交文書』四〇―一、五〇三頁。
(76)『日本外交文書』四〇―一、五〇三頁。
(77)海野福寿『韓国併合史の研究』、三〇四頁。
なお、同書において海野は、第三次「日韓協約」が韓国皇帝の裁可を経なかったとしていたが、『伊藤博文と韓国併合』(青木書店、二〇〇四年)でこれを訂正している(同書、九八頁)。ただし、その典拠は明確ではない。

(78)　李完用が高宗に対して行った説明はわずか四〇分間であって、これは「若し陛下にして日本の要求に異議を挟み、若くは逡巡し玉ふが如き場合には、日本の態度予め料り知る可からず」という李完用の奏上によるものであったという（『東京朝日新聞』一九〇七年七月二七日付）。これは「隆熙改元秘事」の記事とも一致する。しかし第三次「日韓協約」は、行論に明らかなように、伊藤が早くから温めていた第三次日韓協約体制構想に法制度的裏づけを与えるものにすぎなかったと見ることができる。その意味では条約締結が「速成」であったとしても統治構想自体が速成されたものでないことは言うまでもない。

(79)　『駐韓日本公使館記録』三二巻、一五〇頁、『統監府文書』五巻、三五頁。
　ただし欄外に「二ヶ日」との注記があり、検討過程で方針転換を図ったことがうかがえる。

(80)　『日本外交文書』四〇―一、四九八頁。

第二節　第三次日韓協約体制の成立と伊藤博文の韓国併合構想

統監伊藤博文は、韓国皇帝高宗《コジョン》を譲位させるとともに韓国と第三次「日韓協約」を締結することでハーグ密使事件の事後処理を図った。さらに、韓国の内政権を統監が直接監督すること等を規定した第三次「日韓協約」および関連条約を締結することにより、韓国に対する植民地統治をより強固なものとする統治体制＝第三次日韓協約体制を成立させることに成功した。しかし伊藤は、この段階で韓国を併合しなかった。

それでは、なぜこの時点で伊藤は高宗の譲位と第三次「日韓協約」による韓国内政権の掌握にとどめ、韓国を併合しなかったのであろうか。この点に関し、従来の研究では朝鮮半島をめぐる国際情勢、特にロシアの意向が併合断行の阻害要因として説明されてきた。しかし、伊藤が支配の合意を取り付けることを重視したため、この段階では併合が実行されなかったとする海野福寿の指摘も考慮に入れる必要がある。(1) それでは、伊藤が志向した韓国統治構想はどのようなものであり、その構想において支配の合意調達はどのようになされるものととらえられていたのであろうか。伊藤の韓国併合構想と第三次日韓協約体制との関連性を検討しつつ、この問題を考察する。

（1）　海野福寿『韓国併合史の研究』（岩波書店、二〇〇〇年）、三一五頁。

第一項　日本人の大量傭聘と第三次日韓協約体制の成立

一九〇七年七月三一日、京城日本人倶楽部での新聞記者および通信員に対する講演中、統監伊藤博文は「日本は韓国を合併するの必要はない。合併は甚だ厄介である。韓国は自治せねばならぬ。而も日本の指導監督がなかつたならば健全なる自治を遂ぐることは出来ぬ」と「合併」を否定し、日本の指導監督による「自治」の必要性を説いた。その際の最大の眼目は「韓国は常に日本と提携すべしと云ふ」ものであった(1)。併合を当面否定することと、日韓提携を前提とした日本による韓国の指導監督は緊密な連関性をもつものだったのである。伊藤がここで言う「自治」は公民自治(self-government)を意味するものではない。明治憲法体制確立期において、「自治」という用語は、「中央自治」を否定する側面と、「地方自治」が中央政府による「地方行政」の手段として位置づけられる側面とを併せもつようになっていった。これは、自由民権運動への対抗関係のなかで地方を非政治化し、地方自治に限定するためにドイツ語 Selbstverwaltung の翻訳語として選択的に使用・定着した用語であった(2)。大日本帝国憲法の統合原理との関連性で言えば、明治の地方自治制は、基底的な地方社会において形成されつつある契約的な秩序が国家的なものへと転化される動向を断ち切るために、それに対抗する憲法体系の根幹の一つとして導入されたものである(3)。すなわち伊藤がここで使用している「自治」という用語は、「中央自治」ではなく、中央集権統治の受け皿としての「地方自治」を意味するものとして解さなければならない。日本の指導監督の下で保障される「自治」とは日本の韓国に対する「官治」であり、従属的支配を意味するものであった(4)。

第三次日韓協約体制は、海野福寿がまとめたように、①韓国の一行政機構としての統監府と韓国の政治権力とが

「錯交」する権力状態であり、②併合への過渡期的権力構造という性格を帯びている。[5] ①について言えば、従来の皇帝権制限・縮小策および親日傀儡内閣の編成に加え、第三次「日韓協約」によって「内政ノ殆ンド全部ヲ挙ケテ韓国主権ノ作用ニツキテハ日本代表者ノ干渉スル所」[6]となった。従来の韓国行政に対する統監府の立場は、「日韓議定書」および第二次「日韓協約」締結後の一連の措置にもとづく韓国内政への「忠告」(日韓議定書)あるいは内部「指導」(一九〇五年一一月二八日謁見)というものであったが、第三次「日韓協約」の締結により、従来の政策とは次元を異にするものとなった。すなわち統監が韓国内政を全般的に指導・監督し、また日朝人官吏の主要な人事を掌握するとともに、日本人が韓国政府内の重要ポストを占めることとなった。いわゆる「次官政治」である。伊藤は以前から、輔弼責任を全うせず、「施政改善」策が滞っている状況をとらえて韓国大臣を叱責しながら、「到底韓国人ノミニテハ成就スルノ見込ナキコト数多アリ……日本人ヲシテ之ヲ援助セシムルノ外ナシ」[7]と述べていたが、第三次「日韓協約」を契機としてこれを実現し、次官に日本人を採用させた。②について言えば、伊藤は、枢密院会議における統監府官制改正案提出についての説明中、「将来ノ発展ニ依リテハ更ニ改正ヲ要スルコトモアルヘシ。今日ハ過渡的ノ時代ユヱ事情已ムヲ得サルモノ」と述べたが、[8]「将来ノ発展」すなわち将来の併合を見据えた上で、第三次「日韓協約」および関連条約に適合的な形で、「過渡的」措置として統監府を含む大規模な韓国行政改革を断行する。こうして伊藤主導の下で「統監府及理事庁官制」(勅令第二三九号)や各部の官制、地方官制等多くの官制が一九〇七年一一月から一二月中に改定された。[9]

「統監府及理事庁官制」の主要改定点は、①統監の職権を拡張し、日本政府を代表して韓国諸般の政務を統括する(第三条)、②副統監(親任)を設置し、統監を補佐させ、統監に事故がある時はその職務を代理する(第一〇条ノ二)、③参与官(勅任)を設置(専任二名、宮内府および各部次官兼任の計九名)する(第一一条第一項)、というものであった。[10]

これらの改定はそれぞれ第三次「日韓協約」および「日韓協約規定実行ニ関スル覚書」により獲得した権利・権限に

対応するためのものである。そして副統監(曾禰荒助)および参与官(専任――石塚英蔵、鍋島桂次郎、兼任――木内重四郎、岡喜七郎、俵孫一、小宮三保松、荒井賢太郎、倉富勇三郎、丸山重俊、松井茂、長浜盛三)の設置はともに韓国行政を監理するための措置であった。特に副統監の設置目的は韓国中央行政の円滑化という点にあった。統監府創設以来、伊藤は韓国政府との間に「施政改善ニ関スル協議会」(施政改善協議会)を開いていたが、第三次日韓協約体制成立以降は同協議会を定期的に主催するようになった(11)。同協議会には、統監だけでなく副統監、参与官等も参加し、事実上の最高執行機関として機能していく。そして統監不在時には規定にもとづき、副統監は同協議会を主催することとなった(12)。従前の官制第一三条では、総務長官あるいは「韓国守備軍ノ司令官」が統監代理を務めることとなっていたが、その間同協議会は開かれないのが通例であった(13)。伊藤不在に際して統監代理職にあった韓国駐箚軍司令官長谷川好道は、伊藤が「行政諸般ノ事ハ不在中ハ現状維持無為ニテ終ハレトノ一言ヲ残シ、直ニ帰朝ノ途ニ就」いたことに不満を抱いていたが(14)、従来、伊藤は、韓国滞在時に韓国政府に「施政改善」の方針を与え、不在時は現状維持を旨とするよう言い含めることが多かった。しかし同協議会が事実上閣議の性格をもつに至った以上、統監不在時に事務が滞ることがないようにする必要があったのである。

その一方、統監府では統監府総務長官および各参与官による参与官会議が開催されており、実質的な政策策定は参与官会議が担っていたものと考えられる。たとえば、第二三回施政改善協議会議事録において、日本人各参与官が作成した官制案を韓国政府各大臣に通知している様子が確認できる(15)。こうした事例は、各部の官制を実質的には日本人次官が立案・決定していたことをうかがわせる。したがって韓国大臣が参席する協議会は、参与官会議における具体的政策を韓国大臣に通知する連絡会議という性格を帯びるようになったものと考えられる。

そして伊藤は「日韓協約規定実行ニ関スル覚書」にもとづいて各韓国行政官庁に大量の日本人を傭聘した。第三次「日韓協約」により、「日本人ニ韓国政府内適当ノ地位ヲ獲シメ、当国ノ政治ヲ本邦人ニ於テ自ラ行フニ至ラシメタルモノ[16]」となった。韓国国政の中枢を日本人が占め、韓国国政に参与することができるようになったのである。伊藤が大量の日本人を韓国政府に傭聘したのは「韓国政府ニ送付シタルモノニ非ス」との但し書きが付された同覚書「附属理由書」によれば、「由来韓国ノ官吏ハ法律政治ノ思想ニ乏シク、加フルニ任免常ナキヲ以テ事務ニ練達セルモノナキカ故ニ、韓国官吏ニ模範ヲ示シテ事務取扱ノ敏活ヲ期セムカ為[17]」であった。すなわち「施政改善」を進め、円滑な行政事務を行うためには日本人を採用しなければならないというのである。表2―1は各部における日本人採用状況である[18]。多くの日本人が傭聘されているが、特に度支部、法部、農商工部で日本人の割合が高くなっている。度支部は税務監督局、税務署の徴税機関を、法部は裁判所関連機関を抱えていたためである。また一九〇八年から一九〇九年にかけて内部職員が日韓人ともに大幅に増加しているが、これは地方行政庁に多数の主事（主要な郡衙には日本人主事）を任用したためであった[19]。こうして、農商工相宋秉畯《ソンビョンジュン》の再三の異議申し立てにもかかわらず[20]、「日韓協約規定実行ニ関スル覚書」の規定をはるかに超えて日本人が韓国政府および地方官庁に採用された。他方、同覚書第四条にもとづき、従来個々の契約によって韓国に傭聘された顧問、参与官は解雇され、統監の監督下に一元的に再編成されるに至った。

それでは、高宗を強制譲位させた後、韓国統治機構における韓国皇帝の位置づけはどのように変質したのであろうか。あるいは、その権限はどの程度まで抑制されたのであろうか。内閣官制の採用、韓国皇帝譲位、そして第三次「日韓協約」の締結にともなう第三次日韓協約体制の成立により、韓国政府における重要事項の決定過程は、皇帝の政治的意思が形骸化されたという意味で大幅に変質した。

同体制成立以前は、日本側の意向は伊藤が内謁見において高宗に改革案の成立を要求して大臣会議に諮った後、韓国大臣の内奏、裁可という手続きをとっていたものと考えられる。「各大臣等ト協議決定セシメ、成案ヲ具シテ、随時裁可ヲ経テ、逐一実行ニ便ナラシメラレンコト」を要求する伊藤に対し、高宗は、伊藤との協議を経た上で韓国大

表 2-1　韓国人・日本人別韓国政府職員数

		1908 年 6 月末現在	1909 年 6 月末現在			1910 年 6 月末現在		
		判任以上	判任以上	判任待遇以下	計	判任以上	判任待遇以下	計
宮内府	韓国人	463	310	12	322	297	29	326
	日本人	26	28	33	61	27	73	100
	計	489	338	45	383	324	102	426
内　閣	韓国人	53	48	12	60	(各部に含む)		
	日本人	13	14	3	17			
	計	66	62	15	77			
軍部・親衛府	韓国人		144	10	154	78	3	81
	日本人			5	5			
	計		144	15	159	78	3	81
中枢院	韓国人	34	(記載なし)					
	日本人	0						
	計	34						
内　部	韓国人	972	1,036	2,781	3,817	1,253	3,867	5,120
	日本人	327	503	2,037	2,540	689	2,205	2903*
	計	1,299	1,539	4,818	6,357	1,942	6,072	8023*
度支部	韓国人	808	893	479	1,372	924	605	1,529
	日本人	819	1,123	489	1,645	1,244	550	1,794
	計	1,627	2,016	968	2,984	2,168	1,155	3,323
法　部	韓国人	89	309	206	515	(1909 年 10 月 31 日廃止)		
	日本人	293	420	210	630			
	計	382	729	416	1,145			
学　部	韓国人	340	405	52	458*	433	77	510
	日本人	114	144	18	162	189	38	227
	計	454	549	70	620*	622	115	737
農商工部	韓国人	107	108	31	139	124	38	162
	日本人	205	235	108	343	272	130	402
	計	312	343	139	482	396	168	564
合　計	韓国人	2,866	3,253	3,583	6,836	3,109	4,619	7,728
	日本人	1,797	2,467	2,903	5,370	2,421	2,996	5426*
	計	4,663	5,720	6,486	12,206	5,530	7,615	13154*
俸給年額(円)	韓国人		1,268,730	395,562	1,664,292	1,176,222	303,467	1,479,689
	日本人		2,769,842	1,331,250	4,101,092	2,501,973	800,581	3,302,554
	計		4,038,572	1,726,812	5,765,384	3,678,195	1,104,048	4,782,243

出典）『統監府統計年報』第 2～4 次(海野福寿編『外交史料 韓国併合史』より)
＊は原文のママ

臣が「其結果ヲ以テ其都度入奏スヘケレハ、朕之ヲ詳聞シ、裁可ヲ与フル等時宜ノ措置ヲ行フ」ものと答えている。[21] 統監中心の統治体制を構築しようとする伊藤の要求を拒絶し、あくまでも韓国皇帝中心の統治体制を維持しようとしていたのである。しかし第三次日韓協約体制成立以後は統監中心の政治意思決定が行われることになった。そして「今ノ皇帝陛下ハ何事ニテモ聴許セラレテ、閣臣ハ却テ恐縮ニ堪ヘサル程ナリ。総理大臣カ奏請スレハ如何ナル事ニテモ直ニ御裁可セラレサルコトナシ」と宋秉畯がいみじくも述べたように、韓国皇帝の位置づけは単なる裁可機関に転落した。これについては伊藤も「先帝〔高宗〕ノ時代ナラハ或ハ総理大臣ノ奏請ヲ裁可セラレサルコトモナキニシモアラサルヘシ。現皇帝〔純宗〕ニ此ノ如キ事アルヘキ筈ナシ」と表現している。[22] 高宗譲位および第三次「日韓協約」の成立が韓国皇帝を純粋な裁可機関とし、受動的君主性を確立させるものであったことを明確に認識していたのである。

また、第三次日韓協約体制成立以前の統監の謁見および内謁見が、たとえば先述した「宮禁令」の制定過程に典型的に見られるように、高宗との政治交渉をも目的としていたのに対し、以後の純宗《スンジョン》に対するそれは儀礼的なものにとどまったと考えられる。『日韓外交資料集成』六巻（全三冊）に収録された史料中、高宗に対する謁見および内謁見が二四回（うち譲位後三回含む）に及んだのに対し、純宗に対するそれがわずか五回にすぎなかったのは、その性格が変化したことを端的に表している。したがって親日傀儡政権を編成することができる限り、中央行政レベルにおいては日本の「施政改善」が円滑に行われるということになろう。

こうして、日本による韓国属国化を意味する「施政改善」が、親日傀儡政権を編成し、韓国皇帝を純粋な裁可機関に改変する一方で、日本人を中心にして遂行される、植民地統治体制としての第三次日韓協約体制が形成された。

（1）　平塚篤編『続　伊藤博文秘録』（春秋社、一九三〇年）、二三一頁。

（2）「自治」の用語法については、石田雄『自治』（三省堂書店、一九九八年）、二〇～二一頁、参照。

（3）　奥村弘「明治地方自治制と大日本帝国憲法から近代日本を考える」（『憲法と歴史学——憲法改正論争の始まりに際し

て』ゆまに書房、二〇〇四年)、同「大日本帝国憲法の基本原理について――憲法義解を中心に」(『日本史研究』五五〇号、二〇〇八年)。

(4) 海野福寿「韓国司法及監獄事務委托ニ関スル覚書・韓国警察事務委託ニ関スル覚書(解説)」(海野福寿編集・解説『外交史料 韓国併合』下巻、不二出版、二〇〇三年、五〇〇頁)。

実際には、森山茂徳においても「「自治」とは、伊藤によれば「日本の指導監督なくんば、健全なる自治を遂げ難し」という性格のそれであった」(森山茂徳『近代日韓関係史研究』東京大学出版会、一九八七年、二一四頁)とあるように、本文で述べたような意味での自治であったことは射程に収められていた。しかし実証過程においてこの点が深められることがなかったため、「自治育成」政策＝併合の否定という枠組みでとらえられることとなったのである。

(5) 同右書、五〇一頁。

(6) 『枢密院会議議事録』一一巻(東京大学出版会、一九八四年)、二五七頁。

(7) 金正明編『日韓外交資料集成』六中(巌南堂書店、一九六四年)、五九七頁。

(8) 『枢密院会議議事録』一一巻、二五八頁。

(9) 原田豊次郎『伊藤公と韓国』(同文館、一九〇九年)、三九〜四三頁。

(10) 『韓国施政年報』(統監官房、一九〇八年)、九〜一〇頁。

(11) 「施政改善ニ関スル協議会」は、一九〇六年三月一三日から一九〇九年一二月二八日までの間に九七回開かれたが、第三次「日韓協約」締結以前に開かれたのが二一回だったのに対し、それ以後は七六回開かれている。単純に計算すれば、前者が三週間に一回弱程度なのに対し(伊藤不在時を勘案すると二週間強に一回)、後者は三週間に二回強開催されていることになる。同条約締結までは伊藤不在時には協議会が開かれなかったことを併せ考えても、同協議会および韓国内閣の位置づけが変化したことがうかがえる。すなわち韓国政府が、それまでの皇帝に対する諮問機関から執務機関に改変されるなかで、統監が主催する同協議会が統治体制の中核を占めるようになった。

(12) 伊藤は筆頭元老、さらに帝室制度調査局総裁(その後さらに帝室制度調査局残務取扱を命じられ、一九〇八年一月まで在任)であったこともあり、韓国に不在がちであった。伊藤の統監在任中、副統監曾禰荒助が協議会を代理主催したのは五六回の開催中四一回に上る。

(13)　長谷川好道は副統監の設置および統監不在時の副統監による協議会主催という措置を「軍紀上」の観点から歓迎した(一九〇七年九月二五日付寺内正毅あて長谷川好道書簡、国立国会図書館憲政資料室所蔵『寺内正毅関係文書』三八—二八)。長谷川は駐箚軍司令官が統監代理職を兼務することについての不満を寺内に再三にわたって書き送っていたからである。海野福寿は長谷川が統監職を狙ったとしているが(『伊藤博文と韓国併合』青木書店、二〇〇四年、一一五頁)、長谷川が寺内正毅に送った書簡を検討する限りでは、むしろ統監就任を忌避していたと見なければならない。長谷川が武官統監論を唱えていたことは第一章で明らかにしたとおりであるが、長谷川自身が統監就任を狙っていたかどうかとは別問題である。

(14)　一九〇七年九月八日付寺内正毅あて長谷川好道書簡(『寺内正毅関係文書』三八—二六)。

(15)　『日韓外交資料集成』六中、六六四～六七六頁。

(16)　『朝鮮ノ保護及併合』、一一九頁。

(17)　『日本外交文書』四〇—一、四九六頁。

(18)　『外交史料　韓国併合』下巻、五〇六頁。

(19)　朝鮮総督府編『第三次施政年報　明治四十二年』(朝鮮総督府、一九一一年)、三四頁。

(20)　『日韓外交資料集成』六中、六七三～六七五頁。

(21)　『日韓外交資料集成』六上、一二四頁。

(22)　『日韓外交資料集成』六中、八九八頁。

第二項　伊藤博文の韓国併合構想

第三次日韓協約体制の成立により、韓国の統治体制は統監を頂点とするものへと改編された。それでは統監伊藤博文の主導により成立したこの統治体制は韓国の併合とどのような関係にあったのであろうか。

伊藤が韓国を併合する意向をもっていたことは先述したとおりであるが、伊藤は、第三次「日韓協約」を締結した段階では併合断行を考えていなかった。それは、韓国皇帝の譲位工作が進行していたさなか、韓国駐剳軍司令官長谷川好道が「大日本皇帝兼韓国王」の実現を進言したにもかかわらず、伊藤は「現王ヲ隠《ママ》退セシメ猶王室ヲ存置」すると述べて長谷川の意見をしりぞけていたことからも明らかである[1]。一方で韓国の併合を志向しながら、他方で「王室ヲ存置」させるという一見相反する伊藤の発言をどのようにとらえたらよいのであろうか。どのような政治体制あるいは併合形態ならば、一見矛盾する伊藤のこの発言を整合的に位置づけることができるであろうか。

従来、日本がこの時点で韓国を併合しなかったのはロシアから了解が得られなかったからと理解されてきた。つまり韓国の併合に対するロシアの不承認という国際的条件にもとづいて伊藤が即時併合論から保護国論へとその主張を変化させたという理解である[2]。しかし実際には、ロシアをはじめとした列強の意向という要素は研究史で重視されてきたほどには大きくないと考えられる。一九〇七年七月二一日に行われた駐露公使本野一郎とロシア外務大臣イズヴォリスキー(Aleksandr P. Izvol'skii)との会談では、韓国の「早晩其公法上ニ於ケル資格ニ変更ヲ来スヘキコト」についてロシア側から暗黙の了解を取り付けていた[3]。またハーグ密使事件の処理策を建議するために猶興会代表として渡韓した小川平吉の回想によれば、小川らの併合要求に対して伊藤は「現在の国際情勢は先づ以て順調だから、自分も

〔猶興会の「日韓併合建議」は〕妥当な案件とは思ふが、唯だ何分にも韓国は台湾と異つて長い歴史を有つ国だから、今性急に合併するが得策か、或は漸次に進めてゆくべきかが問題で、結局合併には異存がない」と答えたという。[4] つまり第三次「日韓協約」締結時の韓国をめぐる国際情勢、特にロシアの意向は必ずしも日本にとって厳しいものではなかったのであり、伊藤もまたそのようにとらえていた。

併合を断行しなかった主要要因が国際的条件でないとすると、いったいどのような理由から伊藤は併合を行わなかったのであろうか。韓国の併合にあたって特に伊藤が危惧したのは、日本への負担増加である。伊藤は、統監着任前すでに西園寺内閣閣僚に対し、「韓国分ト我国分ト、財政之混淆ヲ防ク、母国ヨリ持込ハ勉テ減少スルコト」[5]、あるいは「韓国内の費用は韓国の歳入を以て支弁し、可成日本国庫の累をなさゞる方針」[6]を示していた。また、韓国大臣に対しても日本が韓国を併合しないのは「巨額ノ経費ヲ消費シテ、自ラ之ヲ統治スルノ愚ヲ学ハンヨリハ、寧ロ韓国ヲ興シテ隆盛ノ域ニ導キ、韓国人ヲシテ完全ニ自国ヲ防衛セシメ、之ト同盟シテ、以テ我カ国ノ安全ヲ図ラント欲スル」ためであると演説した。[7] さらに、第三次「日韓協約」締結翌日の七月二五日に統監府幹部に対して行った談話でも、巷間の韓国併合要求を牽制して「非常ノ負担ヲ日本ニ増加スルモノナルコト言ヲ俟タス。廟議ニ於テモ諸般ノ考量ハ充分之ヲ尽クシ其意見ヲ決定シタルモノニシテ、此議論ノ如キ今更論議ノ余地ナシ」[8]と、やはり財政的負担を理由に挙げながら当面の併合断行を明確に否定した。

そしてこのような伊藤の韓国財政独立方針は、堀和生によれば、日本政府からの一時借入金を導入しながらも、基本的には韓国内での財政収入の拡大を図ることによって達成されていく。日本政府一般会計の歳出総額における朝鮮関係支出費の割合は、表2—2に示したように、一九〇七・〇八年(それぞれ四・二、四・九%)および一九一〇年(四・五%)を頂点として二～四%で推移しており、しかも漸次減少する傾向にあった。[9] すなわち朝鮮財政の日本財政への依存度は、いわゆる保護国期および韓国併合時を頂点として、併合後は年を追うごとに低下していくことになった。

表 2-2　日本政府一般会計中朝鮮関係支出費目

年度	在韓公館経費	鉄道投資額	通信事業費	統監府経費	韓国政府貸付金	一般会計補充金	軍事費	合計(A)	A／歳出総額
1897	153						126	279	0.1%
1898	167						126	293	0.1
1899	228						448	676	0.3
1900	234						386	620	0.2
1901	253						372	625	0.2
1902	254						361	615	0.2
1903	280						361	641	0.3
1904	279						361	640	0.2
1905	263			273	1,500		4,225	11,731	1.3
1906		2,122	1,251	2,097					
1907		10,238	688	2,145	1,769		10,224	25,064	4.2
1908		7,661	591	2,167	5,259		15,441	31,119	4.9
1909		3,017	423	2,754	4,653		10,358	21,205	4.0
1910		6,144	53	3,960	2,600	2,885	10,193	25,835	4.5
1911		朝鮮総督府特別会計				12,350	9,652	22,002	3.8
1912						12,350	8,984	21,334	3.6
1913						10,000	8,233	18,233	3.2
1914						9,000	7,069	16,069	2.5
1915						8,000	6,971	14,971	2.6
1916						7,000	8,774	15,774	2.7
1917						5,000	11,208	16,208	2.2

出典）　堀和生「日本帝国主義の朝鮮植民地化過程における財政変革」(『日本史研究』217)

このような財政構造を生みだしたのが、一九〇七・〇八年における財政再編であり、堀はこれを、植民地的財政構造成立の契機と位置づけている。堀のこの指摘は、第三次日韓協約体制成立期に、伊藤の韓国併合構想が重要な柱として位置づけていた財政独立を保障しうる財政再編が行われたことを裏づけるものである。

それでは、一九〇七年四月段階で伊藤が韓国の併合を明確に射程に入れていたことをどのように理解したらよいのであろうか。それを明らかにするためには、伊藤が韓国の併合をどのように構想していたのかを検討する必要がある。先に見たように、韓国が日本と「提携」し、その指導監督によって「自治」育成を図った後、どのような形で併合しようとしたのであろうか。あるいはその「自治」は併合とどのような関連があるのだろうか。

この点を踏まえた上で伊藤の併合構想を見るとき、注目すべきは一九〇七年七月二九日、新聞記者団に対して行った講演である。この講演で伊藤は、「普魯西のウルテンブルグに於けるが如く、独逸のババリアに於けるが如く、日本は韓国に対して雅量を示すの必要あり。韓国も亦兵力を養成するの必要あり。財政も行政も韓国自身にて為すの必要あり。日本は飽く迄韓国を扶植せざる可らず」と演説した。[10]『伊藤博文伝』などには記載されていないが、この講演で伊藤は、さらに「今回の〔ハーグ〕事件に付、韓国と合併すべしとの論あるも合併の必要はなし。合併は却て厄介を増すばかり何の効なし。宜しく韓国をして自治の能力を養成せしむ可きなり。縦令韓国を導き富強兵の実を挙げしむるも、到底日本に鉄砲を放つ時代の来る虞れなし。彼の日耳曼《ゲルマン》聯邦ウルデンブルグの如く、韓国を指導して勢力を養成し、財政経済、教育を普及して、遂には聯邦政治を布くに至るやう之を導くが我利益也」[11]と、「日耳曼聯邦」における「ウルデンブルグ」、「独逸」における「ババリア」を韓国になぞらえて「聯邦」制構想に言及した。[12]この新聞記者団に対する講演での「聯邦」制への言及が、管見の限りでは伊藤が「聯邦」構想を披瀝した唯一であるが、これらの史料によれば伊藤の韓国併合構想は、「自治育成」による財政独立を果たした後、「聯邦」制の形式で韓国を併合するというものであったと見ることが可能である。ここで言う「ウルテンブルグ」とはドイツ南部のヴュルテンベルク王国を、また「ババリア」はバイエルン王国をそれぞれ指す。ヴュルテンベルク、バイエルンともにドイツ連邦（一八一五～六六年）およびドイツ帝国の主要構成国である。[13]ドイツ南部に位置する両国は、ウィーン体制下で成立した三九カ国からなるドイツ連邦においてはプロイセン、ザクセン等と並ぶ五王国に含まれ、その有力国であった。両国ともに、一八二〇年代までに議会、憲法が設置されている。ドイツ統一の気運が高まるなか、小ドイツ主義をとるプロイセンが主導となって一八六七年に北ドイツ連邦が成立した。そしてプロイセン宰相ビスマルクの主導下で南ドイツ諸国との連携を図り、普仏戦争を経て一八七〇年末にバーデン、ヘッセン、ヴュルテンベルク、バイエルンが個別に加入することで、一八七一年にドイツ帝国（いわゆる第二帝政）が成立する。ドイツ帝国ではそれまでのドイツ連邦とは異なり、主権はドイツ帝国政府に委譲されたが、ヴュルテンベルク、バイエルン両国は、前者が郵便電信、後者が鉄道などについて特別の主権をもっており、ドイツ国制において例外的な地位にあった。特に、バイエルンは一八七〇年にドイツと結んだ条約にもとづき、平時にはバイエルン国王がバイエルン軍隊についての権限をもっていた(14)。つまりヴュルテンベルク、バイエルンの両国は、連邦制を採用したドイツ帝国においても半主権国としての性格を依然残していたのであり、伊藤の演説はこの点を踏まえたものであると考えられる。一八七一年から七三年にかけての岩倉遣外使節において、さらに一八八一年の憲法調査においてドイツ帝国の成立過程を直接見聞した伊藤にとって、ドイツにならった韓国の結合構想をすることはさほど突飛な発想ではなかったであろう。

しかし韓国政府の傀儡化を強力に推し進めたこと、連邦に編成される以前のドイツ各邦と韓国との政治体制の違いなど、伊藤の「聯邦」制構想をドイツのそれになぞらえて理解することには難がある(15)。また韓国軍隊解散を控えた段階での発言として、その政治的意図をも勘案しなければならないだろう。むしろ伊藤が末松謙澄にあてたと思われる覚書(16)中に、

韓国八道ヨリ各十人ノ議員ヲ撰出シ、衆議院ヲ組織スルコト
韓国文武両班ノ中ヨリ五十人ノ元老ヲ互撰ヲ以テ撰出シ、上院ヲ組織スルコト
韓国政府大臣ハ韓人ヲ以テ組織シ、責任内閣トス《ママ》為スヘキコト
政府ハ副王ノ配下ニ属ス

とあることを考えると、その併合構想は「本国政府自ら特別の機関を設けて直接植民地統治に当る」直接統治のなかでも、「代議制を認め、その住民に立法参与権を与ふるも、未だ責任内閣制を有せず、その行政及び司法は、なほ本国政府の監督下にある官吏によつて行はるる」自治植民地(Self-governing Colonies)に類似した統治形態による併合

であったと類推される[17]。同覚書第四項にある「副王」は、一九〇七年七月一〇日の元老会議で決定された「第二要綱案」中の「統監ハ副王若クハ摂政ノ権ヲ有スルコト[18]」との文言を勘案すると統監を指していると見てよいだろう。伊藤の覚書にある「責任内閣」制構想ゆえ典型的な自治植民地のあり方とは異なるように見えるが、「副王」すなわち統監の下に内閣が編成される以上、純粋な責任内閣とは言いがたいものである。そして、韓国「国王」を補佐する「副王」としての統監の下に韓国政府および植民地議会としての「衆議院」および「上院」を編成させるという構想である。さらに伊藤は、韓国軍隊の解散にあたって「将来ハ徴兵法ヲ施行シ精鋭ナル軍隊ヲ養成セン[19]」と述べていたから、将来的には植民地軍を編成することも構想していたと見られる。この植民地軍の創設は実現されることなく、一九〇九年八月には軍部も親衛府に改編された[20]。しかし韓国併合後、一九四四年まで朝鮮に徴兵制を敷くことができなかったことを考慮に入れるならば、伊藤がこの時点で植民地軍を編成しようという構想をもっていたことは注目に値する。それは伊藤の併合構想と決して無縁ではなかったと考えられるからである。

伊藤の併合構想を史料的にこれ以上深めることはできないが、以上検討してきた事実により、実際に行われた併合とは異なる併合構想を伊藤が保持していたことは間違いない。韓国の併合を見据える一方、日本との「提携」を緊密にし、韓国皇帝を存続させたまま日本の指導監督による「自治」を達成するという伊藤の併合構想が意味するのは、併合の否定としての保護国ではなく、財政健全化を果たすための「過渡的」統治、すなわち併合への移行段階としての保護国という位置づけである。そこで構想された併合は、韓国併合によって行われた直接統治による植民地統治形態とは異なる、植民地軍の編成をも射程に収めた自治植民地に類似したものであったと評価することができる[21]。そしてそれは、次章以降で詳しく検討するように、支配の合意を調達し、併合に際してソフト・ランディングを目指すという意味でも合理性をもっていた併合構想であった。

(1)　一九〇七年七月一六日付寺内正毅あて長谷川好道書簡(国立国会図書館憲政資料室所蔵『寺内正毅関係文書』三八―二七)。
(2)　森山茂徳『近代日韓関係史研究』(東京大学出版会、一九八七年)、参照。
(3)　『日本外交文書』四〇―一、四八四頁。
同電報は統監府に転電されている(『駐韓日本公使館記録』三一巻、一七一～一七三頁、『統監府文書』五巻、三〇～三一頁)。
(4)　対支功労者伝記編纂会編『続　対支回顧録』下巻(原書房、一九七三年復刻)、一一二九頁。
引用中の「日韓併合建議」は猶興会が日本政府および伊藤に提出した対韓処理策であり、第一案では韓国併合策、第二案では韓国皇帝譲位および統治権の日本への委任を建議している(『日本外交文書』四〇―一、四六一頁、小川平吉文書研究会編『小川平吉関係文書』二巻、みすず書房、一九七三年、二五頁)。
(5)　高瀬暢彦編『松岡康毅日記』(日本大学精神文化研究所、一九九八年)、二七九頁。
(6)　原奎一郎編『原敬日記』二巻(福村出版、一九六五年)、一六七頁。
(7)　金正明編『日韓外交資料集成』六上(巌南堂書店、一九六四年)、二三七頁。
(8)　『駐韓日本公使館記録』三一巻、二〇九頁、『統監府文書』五巻、一〇頁、『日韓合邦秘史』上巻、三三〇～三三三頁。
なお、朝鮮総督府編『朝鮮ノ保護及併合』(朝鮮総督府、一九一八年)、一一九～一二〇頁にも同文が収録されている。
(9)　堀和生「日本帝国主義の朝鮮植民地化過程における財政変革」(『日本史研究』二一七号、一九八〇年)。
(10)　小松緑編『伊藤公全集』二巻(昭和出版社、一九二八年)、四五九～四六〇頁、平塚篤編『続　伊藤博文秘録』(春秋社、一九三〇年)、二三二頁。
(11)　『東京朝日新聞』一九〇七年八月一日付。
なお、引用史料は、多少の字句の異同はあるが、原田豊次郎『伊藤公と韓国』(同文館、一九〇九年)、三〇頁などにも引用されている。

(12) ヴュルテンベルク王国、バイエルン王国とドイツ連邦(一八一五〜六六年)およびドイツ帝国との関係については木村靖二編『ドイツの歴史』(有斐閣アルマ、二〇〇〇年)、林健太郎編『新版 ドイツ史』(山川出版社、一九七七年)、参照。

(13) なお国際法的見地からするとドイツ連邦は国家連合、ドイツ帝国は連合国家、すなわち連邦に位置づけられる。

(14) ドイツ帝国の形成過程およびバイエルンのもった広大な権限を根拠に、ドイツ帝国は国家連合なのか、あるいは連合国家なのかという論争が存在した(中村進午『国際公法論』清水書店、一九一六年、二〇七〜二〇九頁)。

(15) したがって、ここで言う「聯邦」制は、三権分立に加え、地域的に高度の政治権力を保障しようとする近代政治学上の概念である連邦制とは異なるものと見なければならない。

(16) 堀口修・西川誠監修・編集『末松子爵家所蔵文書』下巻(ゆまに書房、二〇〇三年)、三八九頁。

(17) 堀真琴『植民政策論』(河出書房、一九三九年)、一五〇頁。

(18) 『日本外交文書』四〇—一、四五六頁。

(19) 『日本外交文書』四〇—一、四九六頁。

(20) 海野福寿『韓国併合史の研究』(岩波書店、二〇〇〇年)、三一七頁。

(21) 筆者は旧稿において、伊藤博文の韓国併合構想に関連し、一九一〇年に成立した南アフリカ連邦のような統治形態を構想していたものと指摘したことがある(拙稿「統監伊藤博文の韓国併合構想と第三次日韓協約体制の形成」『青丘学術論集』二五集、二〇〇五年)。しかし、南アフリカ連邦は入植者とアフリカーンスとが連邦制を採用したのであり、伊藤の併合構想をこれと類似したものと位置づけるには無理がある。伊藤の併合構想を欧米列強の植民地編入事例からとらえ直すにはなお検討が必要であり、南アフリカ連邦になぞらえた旧稿の指摘を撤回する。本書では、伊藤が実際に行われた併合とは異なる併合構想をもっていたことを指摘するにとどめ、その本格的な検討は今後の課題としたい。

小括

日本は第二次「日韓協約」により韓国を保護国化し、統監府を設置した。初代統監として赴任した伊藤博文は、基本的には漸進主義をとりながらも、政治的変革の機会をうかがっていた。その際、伊藤が重視したのは皇帝権の抑制と傀儡政権による国家的従属関係の構築であった。皇帝権の制限については、顧問警察による宮廷警備や宮禁令、宮中・府中の別に関する詔勅を公布させるなどの措置をとった。また、一九〇七年五月に、親日傀儡政権を形成させるために李完用内閣を成立させるとともに、一方で皇帝の権限を抑制するために大宰相制を採用した「内閣制度」を同年六月に導入するなどの官制改革を行わせた。伊藤は韓国植民地化を推進するために、第二次「日韓協約」による外交権奪取からさらに一段階進展させて韓国を属国化することを期していたが、そのような伊藤の韓国統治構想を加速度的に進める役割を果たしたのが、六月に起こったいわゆるハーグ密使事件である。

伊藤は、ハーグ密使事件を契機として反日的言動を繰り返していた韓国皇帝高宗を譲位させるとともに、第三次「日韓協約」および「日韓協約規定実行ニ関スル覚書」によって、日本は韓国内政権に干渉する法的根拠を獲得し、統監および統監府の植民地権力機構化を進展させることとなる。第三次「日韓協約」によって、行政指導権、立法承認権、人事同意権など統監の権限を強化する一方、「日韓協約規定実行ニ関スル覚書」によって、日本人が政権中枢を掌握する方途を得た。いわゆる「次官政治」である。韓国の主権を侵奪しながらも韓国皇帝の存続を図り、日本の指導・監督によって植民地財政独立を基調とする韓国の「自治」育成を期していた。このような内容をもつ韓国統治体制の成立は一九〇六年末から構想されていたが、統監府の植民地機関化、統監府を中心とした日本人による韓国政権中枢の掌握、皇帝権の制限と親日傀儡政権による国家的従属化を図る結節点となった第三次「日韓協約」の歴史的役割に着目すると、同協約を前後する時期に成立した統治体制を第三次日韓協約体制と呼ぶことができよう。こうして伊藤の併合構想に即した韓国統治構造＝第三次日韓協約体制が成立した。

第三次日韓協約体制は、伊藤の韓国併合構想にもとづいた過渡期的支配体制であり、その伊藤の併合構想は、たとえば「聯邦」制に言及していたことからうかがえるように、複合国家の形式で韓国を日本に編入するというものであった。具体的には、自治植民地の形式で韓国を日本に編入しようとしていたと考えられる。そしてその前提に立ちながら韓国の植民地支配が行われていくこととなった。その意味で第三次日韓協約体制こそ伊藤の韓国併合論を体現したものであった。

そして、そのような伊藤の併合構想においては、朝鮮民衆から支配の合意を取り付けることが重視されていた。その具体的展開が近代的文明政策の遂行であり、皇帝権威の利用であった。それでは、そうした伊藤の思惑は貫徹したのであろうか。

第三章

伊藤博文の併合構想の挫折と朝鮮社会の動向

義兵たち

前頁写真＝F. A. マッケンジー（韓哲曦訳）『義兵闘争から三一独立運動へ』（太平出版社，1972）

はじめに

前章で明らかにしたように、第三次「日韓協約」を契機として成立した第三次日韓協約体制は、統監伊藤博文の韓国併合構想を具現化したものであった。それでは同体制下で展開された日本の対韓政策は伊藤の意図どおりに展開したのであろうか。そして朝鮮社会は日本の政策にどのように反応したのであろうか。

この点を考える上でまず押さえておかなければならないのが、一九〇九年六月の伊藤の統監辞任および翌七月の日本政府における韓国併合方針の決定という一連の動向である。さらに翌一九一〇年に韓国併合が実施されたことを併せ考えると、伊藤の韓国併合構想はその意図どおりには展開されなかったといえよう。それではなぜ伊藤の韓国併合構想は頓挫したのであろうか。先述したとおり、第三次日韓協約体制は日露戦後の東アジア国際体制の一翼を担っていたと同時に、併合に先立って朝鮮社会から支配の合意を得ることを企図したものであったが、そうした条件にどのような変化が生じたのであろうか。

本章では、第三次日韓協約体制において伊藤が進めた政策の展開およびその挫折過程を取り上げ、内的外的両側面からその要因を明らかにしていく。その際、同体制の中核をなす近代的文明化政策および皇帝利用策という二つの柱のうち、前者については統監府による韓国司法制度改革を、後者については一九〇九年初頭に行われた韓国皇帝の南北巡幸をそれぞれ取り上げ、その具体的展開過程を検証する。

第一節　第三次日韓協約体制の展開と挫折
――韓国司法制度改革の展開過程を事例に

本節では、第三次日韓協約体制の一環として展開された統監府による韓国司法制度改革過程について検討する。司法制度改革は第三次日韓協約体制において伊藤博文が最も重点を置いていた政策の一つであった。それは、単に近代的司法制度を韓国に導入するといった次元にとどまるものではなく、従来朝鮮社会において警察権や軍事権、徴税権といった広範な裁量権を保持していた観察使や郡守などの地方官等からそうした権限を剝奪しようとする過程でもあった。つまり統監府による司法制度改革は、その中央集権体制形成の動きと連動していたのである。

一方、司法制度改革の動向は、朝鮮半島を取り巻く国際関係にも大きく規定されていた。統監府施政当時の韓国には諸列強による領事裁判権が存在したからである。領事裁判権は日本を含む列強諸国が不平等条約によって朝鮮に押しつけた治外法権の一部を形成していたが、その撤廃は一般的に、保護関係の成立ではなく、国内における欧米的司法制度の整備を必要条件とした(1)。したがって統監府が韓国における列強の領事裁判権撤廃を進めようとして司法制度を整備するとき、列強の動向は無視しえないものとなる。

すなわち、統監府による韓国司法制度改革の展開過程について検証することは、対内的には日本が司法権等の権限を在地社会から剝奪して一元化しようとする動きを明らかにするものであり、対外的には帝国主義国間の諸権利を韓国から排除・統合しようとする動向を取り扱うことにほかならないのである。

(1) 立作太郎「保護関係ノ成立ト保護国ノ条約上ノ権利義務」(『法学志林』八—七、一九〇六年)、五頁。

第一項　統監府の韓国司法制度改革
——第三次日韓協約体制下の司法制度

一　統監府による司法制度改革の開始

統監府は「施政改善」の名目で韓国に対する内政干渉を進めたが、司法制度についても例外ではなかった。近代的司法制度の導入は、行政権からの司法権の分離をその一般的内容とするが、統監府による韓国司法制度改革が個別特殊的に目的としていたものは何だったのであろうか。まず、統監府による司法制度改革の展開過程について概観し、その目的を対内的、対外的両側面から抽出する。

朝鮮王朝(李氏朝鮮)期においては、司法権や徴税権等さまざまな権限が広く行政官の手にゆだねられていた。朝鮮時代の地方行政制度には、国に直隷する首府である漢城《ハンソン》府、旧都などの留守府、そして一般の道と道の下の府、大都護府、牧、都護府、郡、県があり、ほとんどの場合、道—郡のように二層構造をなしていた。一八六五年時点で、漢城府、四留守府、八道と五府、五大都護府、二〇牧、七五都護府、七七郡、一四八県があったという。そして漢城府に判尹、留守府に留守、道に観察使、府に府尹、大都護府に大都護府使、牧に牧使、都護府に都護府使、郡に郡守、県に県令または県監がそれぞれ置かれ、府尹以下、県監に至るまでの地方官を一般に守令と通称した。

地方においては、守令に軍事・警察権や司法権等の施政一般に関する権限が与えられる一方、その恣意的な行使を防ぐため、観察使(日本の府・県知事に相当)をはじめとする上官の監視や任期制限等の方策が導入されていた。特に任期制限という制度は守令の土着化を防ぐための方策であったが、官制上の守令の施政権が土着門閥勢力や守令配下の吏属・郷吏と分有されるという結果を招く要因になったという[(1)]。

そして司法権は、守令のみならず、さまざまな在地勢力によって行使されていた。統監府が施政を開始した時点では、初審裁判所である漢城裁判所と終審裁判所である平理院だけが独立した裁判所として機能しており、この段階では、裁判所だけでなく観察使や郡守などの行政官も司法権を行使していた。また警務庁、さらには地方に駐屯する軍隊である鎮衛隊においても裁判事務が行われることがあった[(2)]。また、判決を下す際に法部に報告して指揮を仰いだり、上級判事が下級判事の担当事件に干渉したりすることもあった。さらに、宮内府によって不当な逮捕や恣意的な釈放が行われたりするなど、司法権がさまざまな主体により多元的に行使される状況であった[(3)]。したがって統監府が地方支配を確立しようとすれば、司法制度のみならず、観察使をはじめとする地方官吏の広範な職務権限をいかにして排除・制限するかが喫緊の問題となった[(4)]。つまり統監府による司法制度改革は、地方制度改革と密接不可分の関係にあったのである。

朝鮮においていわゆる近代的司法制度が導入されたのは、一八九四年の甲午改革においてである。第一章で見たとおり、同改革は日本の影響力を強く受けて行われたが、司法政策においては地方官庁の職務権限から司法権が分離され、裁判所が創設された。また、五種二審制をとった「裁判所構成法」(一八九五年朝鮮法律第一号)が施行され、司法権を行政権から独立させることが掲げられた。しかしその実態は、各府観察使が各地方裁判所判事の職務を、各府参書官が同検事の職務をそれぞれ兼任し、また郡守が管内訴訟について初審の裁判事務を兼任するなどしたものであり、行政官庁が司法事務を執行する状況が依然続いた[(5)]。さらに一八九九年の「裁判所構成法改正」(韓国法律第三号)においては、司法の近代化とは逆行する動向を見せていた。[6] 日本の朝鮮半島からの退潮と軌を一にして甲午改革が失敗したためでもあるが、こうした一連の動きは、上からの近代化、そして中央集権化を進めようとした甲午政権に対する在地社会の抵抗あるいは相対的強靭さを示唆してもいる。

統監府による韓国司法改革はまず、一九〇六年九月に実施された一連の地方官制改定にあわせて実施されたが、その際、本格的な制度改革は当面行わず、日本人参与官の傭聘により行う方針がとられた。[7] 法部に置かれた日本人参与官（参与官野沢武之助、参与官嘱託松寺竹雄）が、司法行政事務に参与するかたわら、法令改定の任に当たることとなった。[8] 同時に平理院、漢城裁判所、各観察道裁判所、各開港場裁判所および済州《チェジュ》島裁判所に、法務補佐官または法務補佐官補の名目で日本人各一名が配置された。[9] 法務補佐官または法務補佐官補は、「仮令観察使等ノ名義ヲ以テ判決ヲ下スモ、事実ノ上ニ於テ、裁判事務ハ諸君〔法務補佐官および法務補佐官補〕ノ掌中ニ帰スル」[10] という統監伊藤博文の訓示に端的に表れているように、各裁判所における裁判事務の実務担当者となることを意図して配置されたものであった。この日本人法務補佐官の採用は、すでに警務分野において多数の日本人を統監府および韓国政府に任用・傭聘させており、朝鮮人裁判官と日本人検察官との間に齟齬が生じるという状況に対応するためのものであった。[11]

こうして一九〇七年一月二〇日、法務補佐官の任命をもって開始した司法改革であるが、観察使や郡守など地方官による司法権行使の制限には着手できなかった。[12] それは、右で見た伊藤の訓示が観察使の司法権行使を必ずしも否定していないことからも明らかである。そのため、六月一四日に統監官舎で開催された法務補佐官協議会において、補佐官の意見が実際の司法事務上において採用されないなどの不満が続出した。[13] しかし伊藤はこの時点では、裁判所の階級および民・刑事事務の区別を明確化することを指示するにとどめている。[14] 六月二五日に開かれた韓国内閣との協議においても、地方行政官と裁判官を区別すべきという韓国側の提議に対して伊藤は、その方針は認めつつも「目下経費ナキカ故ニ、特ニ司法官ヲ任命スルヲ得サルヲ以テ、纔《わずか》ニ地方官ノ職務ヲ行政、司法ト区分シタルニ過キス。

……将来事情ノ許ス限リ、民法、刑法、民事訴訟法、刑事訴訟法ノ制定ニ勉励シ、特別ナル司法官、検察官ヲ任命スル迄ニ達セサルヘカラス」[15]と態度を留保した。財政的観点から、行政と司法の峻別は他日を期すとされたのである。

二　第三次日韓協約体制下の司法政策

司法制度改革の方針が明確になるのは、一九〇七年七月に締結された第三次「日韓協約」においてである。統監伊藤博文は第三次「日韓協約」で行政と司法の分離を打ち出した。第三次「日韓協約」締結交渉において韓国政府に提示した腹案に行政と司法の分離を規定した条項を挿入したのである。この条項はそのまま同条約第三条となるが、これは梅謙次郎の回想によれば伊藤の発意により挿入されたものであったという[16]。これについて伊藤は、韓国においては行政官が司法権を行使しているが、司法権を独立させなければ、「個人ノ善政ハ或ハ行ハルルモ、到底全体ニ施政ノ改善ヲ期シ能ハサル」弊害を招くため、「施政改善」の最優先課題として位置づけ、第三次「日韓協約」に一カ条を設けたと説明している[17]。日本人法官に対する演説であるため、司法制度の重要性が必要以上に強調されている可能性は否定できないが、第三次「日韓協約」と同時に締結された覚書では、韓国裁判所への日本人法官の大量採用を含む具体的な司法改革案が示された[18]。

日本人法官の大量採用理由について、伊藤は次のように説明している。すなわち、いち早く法制度および司法制度改革を行う必要があるが、「法律ノ制定、法官ノ養成ハ、一朝ニシテ期スヘキニアラス。故ニ刻下応急ノ手段トシテ、一面ニハ韓民ノ身命財産ヲ保護シ、一面ニハ韓人ヲシテ裁判事務ヲ実地練習セシムルノ目的ヲ以テ、日韓両国人ヲ以テ組織スル裁判所ヲ新設セントス」[19]というのである。日本の指導下ではあるが、朝鮮人の生命・財産を保護するとともに、将来的には朝鮮人によって裁判事務を担当させることを視野に入れてはいた。第三次日韓協約体制下における森山茂徳のいわゆる「自治育成」政策にもとづく構想である。[20] 先に、第三次「日韓協約」が締結されるわずか前月に至るまで司法制度改革は他日を期すとされていたことを確認したが、同条約により「日本人ヲ韓国官吏ニ採用シ、警察ヲ拡張シ、裁判ヲ独立セシムルニ就テハ、到底韓国ノ歳入ヲ以テ其ノ歳入ヲ補フヲ足ラサルヲ以テ、毎年日本ヨリ三百万円程韓国ノ財政ヲ補助スル[21]」こととなり、司法・警務制度改革の予算の目途がついたとして方針転換が図られることとなった。

第三次日韓協約下の司法制度改革も、やはり地方制度改革と連動して進められた。一九〇七年一二月に公布、施行された「各部官制通則改正」(韓国勅令第三六号)、「地方官官制改正」(韓国勅令第四〇号)ほかの一連の中央および地方官制改革により、観察使などの地方官から徴税権、警察権、司法権が剝奪または制限された。[22] 次いで、「従来ノ制度ヲ一新シ、全然文明国ノ範例ニ依リテ完備セル裁判所ヲ設置スル[23]」との趣旨によって、「裁判所構成法」(韓国法律第八号)、「裁判所構成法施行法」(韓国法律第九号)、「裁判所設置法」(韓国法律第一〇号)が公布、施行された。この「裁判所構成法」は梅謙次郎の手になるものであったが、[24] これにより、大審院(一カ所)、控訴院(三カ所)、地方裁判所(八カ所)および区裁判所(一一三カ所)の四種三審制が採用されることになり、一九〇八年一月一日から施行された(八月一日事務開始)。従来内部所管であった監獄事務は法部に移管された。また、いわゆる「次官政治」により、韓国内政の中枢を日本人が占めるようになるが、裁判所にも日本人司法関係者が多数採用され、大審院、控訴院、地方裁判所、区裁判所職員合計二七四人中、八一・八%に当たる二二四人を日本人が占めた。[25]「文明国ノ範例」の名目の下で進められた一連の司法改革措置は、あくまでも日本人主導でなされたものであった。

三　保護国における領事裁判権撤廃方式の二類型と第三次日韓協約下の韓国司法政策の連関性

一方、統監府による韓国司法制度改革の動向は、朝鮮を取り巻く国際関係にも強く規定されていた。ここで目を対外関係に転じ、その外在的要因について検討する。

第二次「日韓協約」によって韓国を保護国とした日本は、韓国と通商条約を結んでいる関係各国に同条約を通告すると同時に、第二次「日韓協約」に抵触しない範囲で各国の対韓通商条約を現状のまま維持することを宣言した(26)。日本が韓国を保護国化するにあたり、諸列強と朝鮮政府が結んだ通商条約によって、すでに韓国には日本をはじめとする各国の広範な領事裁判権が存在したが、日本は、各国が韓国にもっていた領事裁判権を含む治外法権や特許条約などの権利を継続することを承認したのである。しかし統監府による韓国司法制度整備事業は、各国への宣言に反し、関係各国の韓国における領事裁判権を撤廃することを明らかに意図していた。それは統監府が、各国の領事裁判権の存在が日本の韓国保護政策に支障をきたすものと認識したためであった。

では、どのような意味で保護政策に支障をきたすものだったのであろうか。それはたとえば、各列強国民の韓国での行動が韓国の反日勢力と結びつくことへの恐れであり、またその言論活動により列強の対日感情を刺激することへの警戒であった。また領事裁判権をもつ各国国民への日本の対応そのものが、条約で保障された権利を侵すとの危惧から列強国民の対日感情を悪化させることも起こりえた。具体的には、土地所有権問題や欧米人宣教師の私立学校での活動などが挙げられるが(27)、領事裁判権撤廃への大きな動機となったと考えられるのが、イギリス国民ベッセル(E. T. Bethell)を発行人とする *Korea Daily News* および『大韓毎日申報』の反日的言動である。韓国におけるイギリスの領事裁判権ゆえに、『大韓毎日申報』の反日的言動を取り締まることが統監府にはきわめて困難だったのであり、それゆえ韓国における諸列強の領事裁判権撤廃を強く意識せざるをえなくなったと考えられる。(28)

それでは、なぜ領事裁判権撤廃が韓国司法制度改革と連関性をもつのであろうか。この点について国際法学者有賀長雄は、「被保護国を文明に導かんと欲せは、種々の新制度を設くる必要あり。此等の新制度を励行する為には、其の法規に制裁を附する必要ありと雖、其の制裁は、被保護国に対し治外法権を有する第三諸国の同意を得るに非されは、之を外国人の上に執行し難けれはなり(29)」と説明している。被保護国在住外国人の領事裁判権が、司法制度改革の展開、さらには保護政策の進展を阻害する要因として明確に位置づけられていた。つまりいくら近代的司法制度を導入しても領事裁判権の存在がその制度を形骸化しかねなかったのである。では、どういった方法によって被保護国における領事裁判権を撤廃することが可能となるのであろうか。日本が韓国を保護国(被保護国)とした当時、被保護国における領事裁判権撤廃の方法をめぐって相対立する二つの考え方があった。一つは「自国の文明裁判制度を以て被保護国に行ひ、以て第三諸国をして治外法権を撤回せしむる」という「フランス主義」であり、もう一つは「其の土着の司法制度を改良せしめ、其の文明裁判を自ら行ふの能力を備ふるに至るを竢ちて各国に向て領事裁判の撤退を要求する」「イギリス主義」である。(30)論理的には、「フランス主義」が被保護国において保護国民と被保護国民とを法的に二元化するのに対し、「イギリス主義」は被保護国民のみならず保護国民にも被保護国法を究極的には一元的に適用させるものである。これを保護国韓国に対する日本の司法政策に当てはめれば、その法形式に着目して、「イギリス主義」には「韓国法主義」、「フランス主義」には「日本法主義」の用語をそれぞれ当てることができる。領事裁判権の撤廃方針をめぐって、韓国において領事裁判権をもつ日本を含む諸列強国民に対し、韓国法を適用させる方向で司法制度改革を進めるのか、あるいは日本法を適用させるのかという司法制度改革の方向性をめぐる問題が発生することとなる。

日本政府において韓国における諸列強の領事裁判権を撤廃する必要が認識されたのは、管見の限り、公式文書上では一九〇五年四月八日の閣議決定が最初である。韓国との保護条約の締結を決定したこの閣議決定において、領事裁判権の撤廃と保護権の確立は密接不可分なものととらえられた。「治外法権ニ関シテハ、帝国ハ宜ク或時機ニ於テ適当ノ司法制度ヲ韓国ニ布キ、以テ外人ニ対スル法権ヲ掌握スル」(31)という方針が打ち出されている。すなわち韓国の司法制度改革を行い、諸列強の領事裁判権を撤廃することを期したのである。しかしここでは、領事裁判権を撤廃するために司法改革を行うという総論が示されるにとどまり、具体的にどのような司法改革を行うかという各論は明確ではなかった。

その方針が明確になるのは第三次「日韓協約」においてである。先述したように、統監伊藤博文は第三次「日韓協約」で行政と司法の分離を打ち出したが、同協約覚書に付属された日本政府への説明において、「裁判所ノ構成」として領事裁判権の撤廃と韓国司法改革との関連性を次のように位置づけている(32)。

若現勢ヲ以テ進行センカ、領事裁判制度ノ特典ヲ享受スル外国人続々内地ニ進入居住シ、各種ノ業務ニ従事スルモ、韓国ノ法権ハ此ノ種ノ人民ニ及フ能ハス。随テ彼等ハ韓国ニ対スル義務ヲ負担スルコトナク、其ノ権利ヲ行使スルニ至ルヘシ。由是観之、今日ノ急務ハ寸時モ速ニ法律ノ制定、裁判ノ改良ヲ図リ、最終ノ目的タル領事裁判権撤去ノ方法ヲ講セサルヘカラス。然レトモ、法律ノ制定、法官ノ養成ハ一朝ニシテ期スヘキニアラス。故ニ刻下応急ノ手段トシテ一面ニハ韓民ノ身命財産ヲ保護シ、一面ニハ韓人ヲシテ裁判事務ヲ実地練習セシムルノ目的ヲ以テ、日韓両国人ヲ以テ組織スル裁判所ヲ新設セントス。

韓国司法制度改革の目的を究極的には韓国における諸外国の領事裁判権の撤廃に置き、そのために法典を整備し、裁判制度を改良すると定義していた。

そして裁判所の整備を進めるとともに、法典整備が行われた。一九〇七年一二月、新たに設置された法典調査局は、法部次官倉富勇三郎を委員長、梅謙次郎を顧問として民法、刑法、民事訴訟法、刑事訴訟法および付属法令の起案にあたった[33]。これらの法律は、日韓両国民はもちろん、領事裁判権が撤廃された時点では日韓両国民以外の外国国民にも適用されるべきものとして編纂されたという[34]。法令適用対象を韓国国民にするのか、あるいは韓国に在住するすべての外国国民にするのかという問題は、韓国における領事裁判権撤廃方針と大きくかかわっていたが、伊藤は次のような司法制度改革構想を披瀝していた[35]。

韓国モ将来条約ヲ改正シ、治外法権ノ如キハ之ヲ撤去スルノ策ヲ講セサルヘカラス。治外法権ヲ撤去セント欲セハ、先ツ法律ヲ制定シテ裁判制度ヲ改善セサルヘカラス。而シテ、其ノ法律ヲ制定スル際ニ於テ、徒ニ内外人ノ区別ヲ設ケ、内国人ニ対シテ適用スル法律ト、外国人ニ対シテ適用スル法律トヲ異ニスルカ如キコトアラハ、到底治外法権ノ撤去ハ之ヲ期スルヲ得サルノミナラス、韓国ノ法治ハ殆ト乱雑極マリナキニ至ラン。

伊藤は、内外国民共通に適用される韓国独自の法典を編纂した上で領事裁判権の撤廃を期するという持論を、第三次「日韓協約」以後、積極的に展開しようとした。先の用語法に即して言えば、韓国法主義を採用しようということである。

そしてこのような司法改革方針は、決して伊藤個人に限られるものではなかったと考えられる。第三次「日韓協約」締結後の一九〇七年一〇月一四日付で起案された、韓国の司法制度改革をした上で諸列強の領事裁判権撤廃を目指すという意見書が「外務省記録」に収められている[36]。それは、「韓国ノ現行諸条約ヲ改正シ、其ノ嘗テ列国ニ譲与シタル領事裁判権ヲ回収スルカ為ニハ、韓国ノ司法制度カ改善セラレタル後ニ於テ、帝国対外関係ノ順潮ニ乗シ、徐々ニ条約改正ノ談判ヲ開始スルノ外ナク、該談判ノ開始ニ至ル迄ニハ、少クトモ五年ノ歳月ヲ要スル次第ナルヘシ」という意見である。この意見書では、引用部分の前段でフランス保護統治下のチュニスにおける領事裁判権撤廃事例(37)を排し、「韓国ハ其広袤《こうぼう》及地位共ニ「チュニス」ノ比ニ非ス。列国ノ韓国ニ於ケル利害ノ関係モ亦甚タ渉少ナラサルモノアリ。況ンヤ帝国ノ戦後経営、殊ニ韓国経営ノ前途ニ付テハ列国ハ疑惧ノ念ヲ以テ之ヲ観望スルモノアルニ於テヲヤ」と結論づけた。ここでは、諸列強の利害が錯綜する韓国においてはチュニスのような領事裁判権撤廃方法をとることは難しいので、時間はかかるが司法制度を整備した後に「条約改正」を行うという方針を明示している。

この方針は先に見た伊藤の保護国構想と軌を一にしていた。このように、韓国に近代的法制度を導入した上で領事裁判権の撤廃を図るという方針は、第三次日韓協約体制成立後の統監府の司法政策を特色づけるものであった。

(1) 以上、地方行政制度の概要については、姜再鎬『植民地朝鮮の地方制度』(東京大学出版会、二〇〇一年)、一〇～一一頁、一三～一四頁、参照。

(2) 朝鮮総督府編『朝鮮ノ保護及併合』(朝鮮総督府、一九一八年)、一七〇頁。

(3) 岩井敬太郎編『顧問警察小誌』(韓国内部警察局、一九一〇年)、一三五頁。

(4) 松田利彦「朝鮮植民地化の過程における警察機構(一九〇四～一九一〇年)」(『朝鮮史研究会論文集』三一集、一九九三年)、一三六頁。

統監府の地方制度改革に関する研究には、姜再鎬『植民地朝鮮の地方制度』、尹海東「〝統監府設置期〟地方制度의 改定과 地方支配政策」(『韓国文化』二〇集、서울大学校韓国文化研究所、서울、一九九七年)等がある。

(5) 姜再鎬『植民地朝鮮の地方制度』、三〇頁。

(6) 전봉덕「일제의 사법권 강탈 과정의 연구」(『애산학보』二、서울、一九八二年)、一六四～一七四頁。

(7) 『朝鮮ノ保護及併合』、一七一頁。

(8) 統監府編『韓国施政年報』(統監官房、一九〇八年)、九一頁。
(9) 法務補佐官制度については、李英美『韓国司法制度と梅謙次郎』(法政大学出版局、二〇〇五年)、参照。
(10) 友邦協会編『朝鮮における司法制度近代化の足跡』(友邦協会、一九六六年)、一一頁。
(11) 金正明編『日韓外交資料集成』六上(巌南堂書店、一九六四年)、一八一～一八二頁、『朝鮮における司法制度近代化の足跡』、一二頁、松田利彦「朝鮮植民地化の過程における警察機構」、一三七頁。
(12) 『韓国施政年報』、五五頁。
なお、この改革では従来の「裁判所構成法」は廃棄されておらず、さらに「裁判所構成法改正」(一九〇六年韓国法律第六号)により、観察使の司法権行使について追認している。
(13) 『朝鮮における司法制度近代化の足跡』、一六～二七頁。
(14) 金正明編『日韓外交資料集成』六中(巌南堂書店、一九六四年)、五二六頁。
なお、伊藤のこの指示にもとづいて起草、公布されたのが「民事刑事の訴訟に関する件」(一九〇七年韓国法律第一号)である。同法は、従来「裁判所構成法」外にあった郡守による司法事務の範囲を限定する目的をもっていた(『韓国施政年報』、九二～九三頁)。
(15) 『日韓外交資料集成』六中、五五三頁。
(16) 梅謙次郎「伊藤公と立法事業」(『国家学会雑誌』二四―七、一九一〇年、四二頁)、同「韓国の法律制度に就て(下)」(『東京経済雑誌』一五一四、一九〇九年、七頁)。
その後、司法制度改革を伊藤が強力に進めたこと、第三次「日韓協約」とともに締結された覚書の内容を併せ考えると梅の回想は妥当である。
(17) 辛珠柏編『日帝下支配政策資料集』八巻(高麗書林、서울、一九九三年)、一五～一六頁。
(18) 『日本外交文書』四〇―一、四九五頁。
(19) 同右。

(20)　森山茂徳『近代日韓関係史研究』(東京大学出版会、一九八七年)、海野福寿『韓国併合』(岩波新書、一九九五年)、二〇一頁。
(21)　『日韓外交資料集成』六中、六五〇頁。
　傭聘日本人への俸給、手当、旅費を主たる目的として、五年半割で一九六八万二六二三円を日本政府から韓国政府へ貸し付ける案が一九〇八年四月一四日の第三七回施政改善協議会で提示され、同年三月二〇日付で契約された(『日韓外交資料集成』六中、八〇三〜八〇五頁、統監府編『第二次韓国施政年報』統監府、一九一〇年、七九〜八〇頁)。
(22)　『韓国施政年報』、五六〜五七頁。
(23)　同右書、九四頁。
(24)　梅謙次郎「伊藤公と立法事業」、四三頁。
(25)　『統監府統計年報』一九〇七年版、四五〇〜四五一頁。
(26)　外務省編『小村外交史』(原書房、一九六六年復刻)、七二八頁。
(27)　土地所有権問題については、拙稿「日本の韓国司法権侵奪過程――「韓国の司法及監獄事務を日本政府に委托の件に関する覚書」をめぐって」(『文学研究論集(明治大学大学院)』一一集、一九九九年)、参照。
(28)　拙稿「日本の韓国保護政策と韓国におけるイギリスの領事裁判権――ベッセル裁判を事例として」(『駿台史学』一一〇号、二〇〇〇年)、同「日本の韓国保護政策と韓国におけるイギリスの領事裁判権――梁起鐸裁判をめぐって」(『文学研究論集(明治大学大学院)』一三集、二〇〇〇年)、参照。
(29)　有賀長雄『保護国論』(早稲田大学出版部、一九〇六年)、三〇二頁。
(30)　同右書、三〇三頁。
　有賀は「イギリス主義」をエジプト、「フランス主義」をチュニジアにそれぞれ典型例を求めており、当時の国際法学界でも一般的な類型として認識されていた。しかし、植民地統治方式におけるイギリス主義およびフランス主義などとの混同を避けるため、本書では韓国法主義、日本法主義の用語を主に用いる。

(31)『日本外交文書』三八―一、五一九〜五二〇頁。
(32)『日本外交文書』四〇―一、四九五頁。
(33)『韓国施政年報』、一〇三頁。
(34)梅謙次郎「韓国の法律制度に就て(下)」、一〇頁。
(35)『日韓外交資料集成』六上、二二五頁。
(36)「清韓両国ニ於ケル発明意匠商標及著作権相互保護ニ関スル日米条約締結一件」第三巻(外務省外交史料館所蔵「外務省記録」二・六・一・一六)。
(37)国際法学界ではこの時期、保護国における領事裁判権の撤廃事例としてチュニスが数多く取り上げられていた。たとえば、江木翼「突尼斯《チュニス》ニ於ケル領事裁判権撤去ト韓国ニ於ケル同問題」(『法学協会雑誌』二六巻七号、一九〇八年)、長岡春一「チュニスに於ける領事裁判権の撤回事情」(『国際法雑誌』五―七号、一九〇七年)。

第二項　第三次日韓協約体制下の司法制度改革の蹉跌
――知的財産権をめぐるアメリカの在韓領事裁判権の撤廃を契機に

それでは、このような内外国民共通に適用される韓国法の下で領事裁判権の撤廃を図るという韓国法主義にもとづいた司法制度改革の試みは貫徹されるであろうか。結論を先取りして言えば、一九〇九年七月一二日に締結された「韓国司法及監獄事務委托ニ関スル覚書」によって韓国法主義は完全に放棄されるに至る。それでは、なぜ韓国法主義にもとづいた司法制度改革は挫折したのであろうか。次に、日本による欧米列強の対韓領事裁判権撤廃交渉について、日米間交渉を具体的に取り上げ、韓国法主義にもとづく司法制度改革が挫折する背景を考察する。

一　韓国における知的財産権保護と領事裁判権の葛藤

一九〇〇年を前後する時期、日本を含む諸列強の中国侵略が激しくなる一方で、諸列強国民が中国市場において使用する商標の盗用事件が相次いだ。それは、清国が知的財産権を保護する国際条約に未加盟であり、知的財産権に関する清国の法制度が未整備であったためであるとともに、清国において各列強がそれぞれ領事裁判権を保持していたためである。各国は、清国政府に商標盗用を禁止する条例を制定させる一方、各国間で個別に条約を結び、在清自国民の商標の相互保護を図るようになっていた(1)。「工業所有権保護同盟条約(パリ条約)」(一八八三年)やベルヌ条約(一八八六年)など、知的財産権を保護する国際条約がいまだ十分には整備されていなかったこともあり、条約加盟国間でもその「版図」外では効力をもたず(2)、領事裁判権の存在が商標権保護の徹底を阻みかねなかったのである。それは、「商標保護ニ関スル法制ハ、其性質上一国内ニ弐個以上ノ関リタルモノ並存スルヲ許サ」ないため、自国民の商標権について、たとえば韓国では「各国政府ハ、韓国ニ於テ或一定ノ商標法ヲ承認シ、之ニ依テ自国臣民ノ商標権ヲ完全ニ保護セシムルカ、若クハ条約ニ依テ獲得シタル領事裁判権ヲ固守シテ、右一定ノ法制ヲ承認スルヲ拒ミ、随テ自国臣民ノ商標権ヲ犠牲ニスルカ、二者其一ヲ択フヘキ地位ニ在ルモノ(3)」と日本の外務当局が分析したとおりである。

右のように、各国が清国市場における相互保護条約を締結するなかで、一九〇五年を前後し、イギリス、アメリカ、フランス各国が清国における商標保護条約の締結を日本に求めてきた。在清・韓日本人による欧米諸国の商標侵害事件が相次いだためである(4)。そしてその際、英米両国は商標保護条約の範囲を韓国に拡張することを提案した。さらに一九〇六年六月一八日、アメリカは、公文をもって清国および韓国における商標保護を日本に再提案した(5)。アメリカの提案が日本の関心を引くところとなったのは、駐日大使ライト(Luke E. Wright)が、非公式ではあるが「条約上ノ裁判権ヲ抛棄シ、韓国ニ於ケル一定ノ法制ニ服従スルコトヲ覚悟シテモ、米国人民ノ商標権ノ確保ヲ獲ンコト、米国政府ニ取ツテ得策ト思考スル旨ヲ言明(6)」したためであった。アメリカは、韓国における商標に関する領事裁判権を撤廃することを条件に、日本政府にアメリカ国民の商標保護を求めたのである。

　このアメリカの提案について外務大臣林董は、「本件ヲ利用シテ、韓国ニ於ケル帝国ノ法権ヲ拡張シテ、以テ他日韓国在留外国人ニ対スル法権ノ全部ヲ我ニ収ムルノ一階梯ト為スヲ得バ、其ノ結果トシテ、我ハ一方ニ於テ正当商標ノ保護者タルノ名ヲ得、他方ニ於テ我対韓経営ノ上ニ竿頭一歩ヲ進ムルヲ得ル(7)」ことにつながるとの期待を統監伊藤博文に示した。さらに林は、商標保護条約締結によって韓国におけるアメリカの領事裁判権の一部を撤廃することが将来の領事裁判権回収への第一歩となることに期待を寄せ、外務省顧問デニソン(H. W. Denison)との協議を経て協約案を作成した(8)。

　協約案の内容は、日本の商標法に則して韓国に効力を有する商標条例を韓国に制定し、条約により商標権に関する領事裁判権を放棄させるというものであった。その条例の適用範囲は、甲――領事裁判権を放棄し、同商標条例を承認する国の国民(ここではアメリカ国民)、乙――在韓日本国民について、①甲者間、②乙者間、③甲乙者間および④甲または乙者と韓国国民間に起こった商標事件と規定した。さらに、韓国政府に右と同一の条例を発布させ、韓国国民間の係争事件に適用させるという内容である。韓国政府に韓国法による条例を発布させるのは、「韓国政府ヲシテ韓国臣民ノミノ関《ママ》スル限リハ自国ノ法制ニ拠ラシムルト謂フ虚名ニ悦ハシメ」るためであった(9)。同協約案は、領事裁判権を放棄し、韓国における日本法の適用を承認した国の国民を日本の裁判管轄権の下に置くというものであり、要するに韓国における日本の領事裁判権の再編である。ただし、ここでたとえ「虚名」ではあっても、韓国国民への適用は韓国法によるという韓国法主義が尊重されている点には留意が必要である。その後展開される「自治育成」政策に対応する方針だからである。したがって伊藤も「韓国政府ヲシテ特ニ条例ヲ発布セシムル方可然」と外務省案に同意した[10]。なお、韓国政府に同一の商標条例を公布させるとしたのは、たとえ日本法が韓国に施行されたとしても、それを適用できるのは日本国民のみであり、韓国国民および第三国国民には効力が及ばなかったためである[11]。

外務省は一〇月九日、「清国及韓国ニ於テ帝国ト米国トノ間ニ商標ノ相互保護ヲ約セントスル件覚書[12]」を駐日アメリカ大使に手交し、交渉を行ったところ、駐日大使は、日本の協約案に同意を示し、商標権に関するアメリカの領事裁判権放棄という提案を承諾した。さらに、商標権のみならず、特許権、意匠権や著作権といった知的財産権についても日本の裁判管轄権下での保護を求めた[13]。その後この問題は、「目下ノ韓国ノ情況ニ鑑ミルトキハ、右日米協約ニ関聯スル日韓ノ交渉ハ、其時機ヲ得サルモノアルヲ以テ、該協約商議ノ進行ハ、右ノ含ヲ以テ可成之ヲ緩フスルヲ可トスル[14]」という伊藤の判断により一時停滞する。これは、韓国皇帝による密使派遣の情報をつかんでいた伊藤が、当時整備されつつあった第三次日韓協約体制下での対韓政策との整合性を考慮したためと考えられる。しかし、『ロンドン・タイムス』に報道された在清日本人の諸外国商標侵害事件を受け、アメリカは、清国および韓国における工業所有権および著作権保護条約の締結を日本に再度迫った[15]。そこで外務省は、伊藤と韓国政府の交渉の結果によっては韓国を切り離し、清国における工業所有権および著作権相互保護条約のアメリカとの締結を急ぐ構えを見せた[16]。

一方、韓国に領事裁判権を有するのは日本も同様である。したがって在韓日本国民の商標権などの保護についてもやはり二者択一の状況に置かれる。そこで、工業所有権や著作権の保護事務を韓国から日本に委託させようという動きが起こった。知的所有権保護の各担当大臣（内務大臣原敬、農商務大臣松岡康毅）および林が連名で「韓国ニハ今日工業所有権保護ノ法制未タ存セサルヲ以テ、韓国ト前記諸権ノ相互保護ヲ約スルコトヲ得ス。又仮令韓国ヲシテ新ニ之ニ関スル法規ヲ制定セシムルモ、韓国裁判制度ノ改善全カラサル今日ナレハ、其ノ執行ニ関スル裁判権ハ、帝国政府ニ於テ之ヲ行使スルヲ必要ト思料致候。……此際前記四（特許、意匠、商標、著作）権ヲ一斉ニ保護スルコト最モ時宜ニ適スルモノト存候[17]」と内閣総理大臣西園寺公望に請願し、全七条からなる相互保護条約を結ぶことを奏請した。これは日本商工業界の要請にもとづくものでもあった[18]。結局この草案自体は、「日韓ノ間ニ何等協約ノ如キモノヲ締結スルハ、韓国政府ヲシテ、韓国ハ今日モ尚国際条約ヲ締結スルノ権利アルモノ、如キ感想ヲ懐カシムルノ虞アル[19]」という伊藤の反対で日の目を見ることはなかった。伊藤は、韓国がいまだに条約締結権をもっていると各国に受け取られかねないことを懸念したのである。

その後、停滞していた日米交渉は一九〇七年末から再び進展し、一九〇八年五月一九日、ワシントンで駐米大使高平小五郎とアメリカ国務次官ベーコン(Robert Bacon)との間に「韓国ニ於ケル発明、意匠、商標及著作権ノ保護ニ関スル日米条約」(以下、日米条約と略記)と「清国ニ於ケル発明、意匠、商標及著作権ノ相互保護ニ関スル日米条約」の二条約が調印された。その際アメリカ国務省は、条約前文に「日本国皇帝陛下ノ次ニ「又韓国皇帝ノ名ニ於テ(also in the name of the Emperor of Korea)」ノ一句ヲ挿入セム」という文言を入れることを要求した。しかし高平は、この申し出を「帝国政府カ、韓国ノ為ニ条約ヲ批准シタル場合ノ批准書文言中、何等此種ノ説明文言ヲ挿入セサルノ前例ニ反スル」として拒絶した。結局、第二次「日韓協約」により委託された権限により、韓国に代わって日本政府が締結するという趣旨の公文を交換することで決着した[20]。アメリカ側は、両条約調印後の二一日、大統領ローズベルト(T.Roosevelt)の批准の求めに応じてアメリカ上院(元老院)が協賛を与えた[21]。

日本側は関連法規の制定に日時を費やし、七月三〇日の枢密院の諮詢を受けて同日裁可、八月六日に批准書を交換した。「韓国ニ於ケル発明、意匠、商標及著作権ノ保護ニ関スル日米条約」および「清国ニ於ケル発明、意匠、商標及著作権ノ相互保護ニ関スル日米条約」は、「韓国特許令」、「韓国意匠令」、「韓国商標令」、「韓国商号令」、「韓国著作権令」、「関東州及帝国カ治外法権ヲ行使スルコトヲ得ル外国ニ於ケル特許権、意匠権、商標権及著作権ノ保護ニ関スル件」、「統監府特許局官制」(勅令第一九六～二〇二号)などの関連法令と同時に八月一三日公布、同一六日施行された。韓国に関する日米条約関連法令は、たとえば「韓国特許令」では、第一条で「特許法」によって特許に関する手続きを規定する「法律の依用」[22]の形式をとっている。これは清国に関する勅令が、日本の法律を清国（「帝国カ治外法権ヲ行使スルコトヲ得ル外国」）に施行する旨を定めただけなのに比べると、複雑な手続きとなっている。これは林董によると、韓国内で裁判を処理するという日米条約第二条の規定もあって、特許局の審議を日本の大審院に持ち込まないための措置であり、日本国内の法律を改編して勅令で制定する必要があったからである。[23]なお、これらの法令が勅令という形式で制定された点には留意しなければならない。もともと法形式的には、「大日本帝国憲法」にもとづき、日本国民の権利にかかわる知的所有権の保護は法律で規定されるべきものであり、また特許法等の法律を勅令によって改変することにもつながるため、法律優先の原則にも反しかねなかったからである。日本政府は、韓国という帝国領土外の事項に属するとして違憲疑義については否定した。[24]しかし韓国における日米条約施行法規は、緊急勅令ではなく一般勅令で在韓日本人の権利内容について規定したという点で、在韓日本人の司法事務を規定した一九〇六年法律五六号と比較すると、法形式的には簡略化されたものであった。

二　日米条約の締結と適用法問題

ここで「韓国ニ於ケル発明、意匠、商標及著作権ノ保護ニ関スル日米条約」の第一条、第二条を掲げれば、次のとおりである。[25]

第一条　日本国政府ハ、発明、意匠、商標及著作権ニ関シ日本国ニ行ハルルト同様ノ法令ガ本条約ノ実施ト同時ニ韓国ニ於テ施行セラルルコトト為スベシ。

右法令ハ、韓国ニ於ケル米国人民ニ対シテモ日本国臣民及韓国臣民ニ対スルト同ジク適用セラルベキモ

ノトス。〔後略〕

第二条　亜米利加合衆国政府ハ、米国人民ニシテ韓国内ニ於テ保護ヲ受クベキ特許発明、登録意匠、登録商標又ハ著作権ヲ侵害シタルモノアリタル場合ニ、右米国人民ガ本件ニ関シ韓国ニ於ケル日本国裁判所ノ裁判管轄権ニ専属スベキコトヲ約シ、合衆国ノ治外法権ハ此ノ事ニ関シ之ヲ抛棄スルモノトス。

日米条約第二条で、在韓アメリカ国民の工業所有権および著作権保護は韓国における日本国裁判所、すなわち統監府法務院等の裁判管轄権に専属することが規定された。しかし、第一条に掲げられた韓国で施行される法令をどのような法規により制定するかという問題について条約は明確にしていない。在韓日本裁判所によるアメリカ国民の工業所有権および著作権保護は日米条約の定義するところであるが、その権利を保障する法規を具体的に日本法とするかあるいは韓国法とするのかについては日本の裁量範囲とされたのである。権利保障をどのような法規で行うかという問題は、日米条約の実施のみならず、今後の領事裁判権撤廃の方針を左右しかねないものであった。外相林董が統監伊藤博文に示したように、「韓国ニ関スル日米新条約第一条ニ謂ハユル韓国ニ於テ施行セラルルコトト為スヘキ諸法令ヲ、日本国法トシテ定ムルカ、将《ハタ》韓国法トシテ制定スヘキヤハ、本条約実施上ノ先決問題タルノミナラス、韓国ニ於ケル諸外国治外法権問題ノ前途ニモ重大ノ関係アル」[26]ものだったからである。日米条約施行法規の法形式をめぐって日本は、従来どおりの韓国法主義による領事裁判権撤廃政策を維持するのか、あるいは方針を転換するのかという岐路に立たされることになったのである。

ここで想定される日本のとりうる方針は次のとおりである。すなわち、①日韓米三国民に韓国法を適用（韓国法主義）、②日本法を適用（日本法主義）、③日米両国民には日本法、韓国国民には韓国法を適用、の三つである。[27]

①は、デニソンと副統監曾禰荒助が積極的に唱えた。デニソンの主張は次のとおりである。

〔日米〕条約第一条ノ施行法令ヲ日本国法トシテ定ムルコトハ、在韓日米両国人及韓国臣民ヲシテ一律ニ日本国法ノ下ニ服従セシムルモノナレハ、韓国ノ体面上好マシカラサルノミナラス、遠カラス諸外国政府ト交渉ヲ開始スヘキ韓国内地不動産問題ニ付、日本人、外国人トモ、均シク韓国人同様韓国法ニ服従スヘキコトヲ協定セムトスル思想ト全ク背馳スルモノナレハ、本条約ノ施行ニ付テモ、韓国法トシテ右施行法令ヲ制定スルノ必要アリ。

デニソンは、「日本人、外国人トモ、均シク韓国人同様韓国法ニ服従スヘキコトヲ協定セムトスル」第三次日韓協約体制下の司法政策との整合性を保つためにも韓国法による諸権利保護の法令を制定することを唱えた。史料中の「韓国内地不動産問題」とは、当時懸案事項になっていた、外国人に対する韓国内の土地所有権をどのような形式で取り扱うかという問題である。統監府は、「土地家屋証明規則」（一九〇六年勅令第六五号）などによって土地所有権に関する証明制度を実施したが、同規則により「韓人間ノ土地建物所有権ノ移動ハ、韓国官憲ノ証明ヲ受クルコトヲ得セシメ、当事者ノ一方、外国人ナルトキハ、之レニ加フルニ、我ガ理事庁ノ査証ノミヲ以テ足ルコト」〔28〕となった。これは、居留地および居留地から一〇韓里（約四キロメートル）以内に従来限定されていた外国人の土地所有制限を廃止するものであり、それまで不法的に進められていた日本人をはじめとする外国人の土地所有が合法化されることになったのである〔29〕。同規則は在韓日本人の土地所有を合法化させ、それを法的に保護しようとする日本側の意図から制定されたものであったが〔30〕、同時に日本人以外の在韓外国人にも、その規定は及んだ。

伊藤は同規則制定以前、外国人に対する土地所有を黙認している現状では、治外法権を回収するよりも、「進テ外国人ニ対シ、公然土地所有権ヲ許与スルノ外ナシ。但シ之ヲ許可スル以上ハ、土地ニ関シテハ治外法権ヲ撤回シ、外国人ト雖、韓国ノ国法ノ下ニ之ヲ所有スルコトトナササルヘカラス」と述べていた〔31〕。すなわち外国人による土地所有が既成事実化している以上、外国人の土地所有権を積極的に認める代わりに、その所有権を韓国法によって規定すべきものと見なしたのである。しかしそうした思惑どおりには進まず、実際には外国人による居留地外の土地所有ばかりが進行し、これを韓国法規によって統制することはできなかった。そのため、この問題について伊藤は「韓国ノ内地ニ居住スル外国人ヲシテ、内国人〔朝鮮人〕ト同様ニ、不動産ニ対スル課税其ノ他ノ公課ハ勿論、農商工業ニ関スル課税及取締規定ヲ遵守セシメムカ為メ、議定書若ハ取極書ヲ締結シ置クノ必要」があるとして、韓国の条約締結国との交渉を行うよう外務省に依頼していた(32)。外交交渉を通じて、韓国法の下で外国人による韓国土地所有権を認める代わりに、納税などの義務を求めようとしたのである。曾禰の見解もデニソンと共通したものであり、「政略上」、韓国法によって特許局などの機関を韓国政府に設置すべきであると主張した(33)。

②は日本法の形式で施行するものであり、林董によれば、内閣や枢密院が唱えた(34)。その具体的な主張の内容について史料的には確認できないが、日本の領事裁判権を撤廃することへの反対がその大きな理由であったと思われる。つまり在韓日本人に韓国法を適用させることへの抵抗感によるものであった。

③は、日本の領事裁判権の再編とでもいえるものであり、在韓日米両国民には日本法、韓国国民には韓国法をそれぞれ適用するという二元的法適用論である。「日米両国人ニハ特許、意匠、商標及著作権ニ関スル法規ヲ帝国勅令トシテ定メタルモノヲ適用シ、又之ヲ韓国人ニ適用スル為ニハ、韓国政府ノ勅令ヲ以テ韓国人ヲシテ右ノ法規ヲ遵奉セシムル旨ヲ公布セシムル(35)」という内容であり、韓国国民には韓国勅令によって日本法に従わせる旨を規定するものである。先述した、一九〇六年に外務省が作成した協約案はこの③に該当する。日本国民に韓国法を適用することが手続き上難しいとの判断から日本法主義の採用へと傾いた外務省に対して、日本法主義への方針転換に強く反対する曾禰は、「若シ不得已シテ日本法ヲ在韓国日米両国人ニ適用スルコトトスルモ、韓国人ニ対シテハ、韓国政府ヲシテ別ニ韓国法律又ハ勅令ヲ以テ同一ノ規定ヲ設ケシムル(36)」ことを建議し、韓国国民に対する日本法の適用に最後まで反対

した。③は、たとえその内容が日本法と同一であっても、遵守根拠を韓国法に置くがゆえに、韓国国民に対する適用という面では①と共通しており、日本法を適用させるという②とは対立するからである。なお、日韓米三国民が同一の法令に服さなければならなかった理由が、論理的には領事裁判権が存在する以上、「二者択一」的状況が創出されるからであることは先述した。しかし具体的には、たとえば韓国国民を使って日本国民が商標権などを侵害しかねないという懸念を当局者が漏らしている(37)。

この意見対立に最終的な決着をつけたのが、伊藤の判断であった。伊藤は「日本ノ法令ヲ、其儘日韓米三国民ニ等シク適用スルヲ妥当ト認メ、……日本法令ヲ、全部其儘韓国ニ施行スル方針(38)」で法令を準備するように林に指示した。この時点で伊藤は、①の韓国法主義を放棄して②の日本法主義を選択したのである。それでは伊藤が韓国法主義を放棄した理由は、どのようなものであったのだろうか。それは、伊藤が六月二二日付で韓国政府に照会した文書で明らかにされている(39)。伊藤が韓国政府に対して行った主張の要点は韓国裁判所の未整備であった。韓国裁判所においても「文明国人民」を裁判することができるよう司法改革を進めてきたが、いまだそれだけの水準に達していないことを口実にして韓国法主義を放棄したのである。また法理論的に、日米条約による裁判管轄権が日本にある以上、韓国法主義をとるわけにはいかないとも説明している(40)。

「文明」の名を冠して被侵略国に種々の要求を突きつけるのは帝国主義的侵略者の常套手段であるが、伊藤の韓国政府へのこの要求は同時に、自身の韓国法主義による韓国司法制度改革構想の放棄をも意味した。結局伊藤は、韓国の司法制度改革よりも、一部分ではあっても領事裁判権を撤廃することを優先させたのである。伊藤の言う「文明」的施政の本質を端的に表すものといえよう。伊藤にとっても韓国における日本の排他的独占権の保持が最重要課題であり、それに抵触しない限りでの韓国「自治」育成策だったのであり、さらにそうした対韓政策は、あくまでも帝国主義体制の国際協調の枠組みを維持することに規定されていた。

ところで日米条約は、形式的には、第二次「日韓協約」で委託された韓国外交権を外務省が行使したものである。では、委託された外交権を外務省が行使する際に韓国政府との交渉の必要はなかったのであろうか。林は、アメリカとの交渉を進める際、この問題についてしばしば伊藤の判断を仰いでいる。ところが伊藤は、韓国の外交権を外務省が行使するたびに韓国政府と協議するという先例をつくると日本の外交政策において障害となるので、一方的な通告で十分であると林に回答した[41]。結局、日米条約の締結問題について伊藤が韓国政府と交渉を行ったのは、管見の限りでは一九〇七年六月の第一九回韓国大臣協議会での説明と、条約締結後、正式に韓国政府に照会書を送った上で行った一九〇八年六月の第四三回同協議会での説明の二回だけである[42]。

なお、日米条約の施行法が日本法によるのであれば、韓国国民に日本法を適用する根拠はいったいどこにあるのかという問題が発生する。「〔第二次〕日韓協約ノ正文ニ依レハ、韓国民ヲ日本ノ法令ニ依リテ拘束スルコトハ、正面ヨリ之ヲ主張スルコトヲ得ス[43]」というように、条約上は、韓国国民に日本法を適用する根拠が存在しなかったからである。したがって日米条約等が公布された際、日本では、日本の勅令を韓国国民にも適用するのであるから、近日中に両国政府から日本の法令に韓国国民が服することを規定した条約が公表されるという憶測も流れていた[44]。また、著作権などに関する日韓委託条約締結の準備が日本政府内で進められていたことは先述したとおりである。しかし伊藤は、そうした条約を締結する方策をとらなかった。伊藤は、日米条約を照会するに際し、韓国政府に「右法令全部ヲ追テ通牒致スヘキニ付、韓国人モ認テ之ヲ遵奉スルノ義務アルコトヲ御告示相成度[45]」と要求すること、つまり著作権令などの日本の法令を韓国国民が「遵奉」するよう韓国政府が「告示」するという方策によって韓国国民への日本法適用という問題の解決を図ったのである。この措置により、「〔第二次〕日韓協約ヨリモ一歩ヲ進メテ、韓国ニ於テ韓国民ヲモ日本ノ法令ニ服従セシムル[46]」状況が現出した。したがって、この「告示」方式によって韓国国民に対する日本法の適用の道が開かれた。一九〇八年以降、韓国政府の告示により韓国国民に適用されることになった日本の法令は三〇〇以上あるが[47]、韓国国民への日本法の適用という意味でも日米条約施行法問題の帰結は韓国保護政策の大きな転機となった。

（1）『枢密院会議議事録』一二巻（東京大学出版会、一九八五年）、一五〇頁。
（2）菊池駒次「清韓両国に於ける発明、意匠、商標及著作権の保護に関する日米条約釈義」（『国際法雑誌』七―二、一九〇八年）。
（3）一九〇六年八月一六日付統監伊藤博文あて外相林董電報（「清韓両国ニ於ケル発明意匠商標及著作権相互保護ニ関スル日米条約締結一件」第一巻、外務省外交史料館所蔵「外務省記録」二・六・一・一六）。以下、同史料からの出典表記については「日米条約一件」と略記し、巻数を丸付き数字で表す。
（4）同右。
（5）なお特殊的には、アメリカは知的財産権保護に関する多国間条約には参加せず、たとえば著作権保護に関し一定の手続きを必要とする方式主義をとり、二国間条約を各国と締結して著作権を保護しているという事情がある。一九〇九年時点でアメリカは、四一カ国と二国間条約を結んでいたという（半田正夫『著作権法概論』一粒社、一九九四年、第七版、四〇頁）。ちなみに日本は、条約改正の前提条件として多国間条約に加盟し（ベルヌ条約・パリ条約ともに一八九九年加盟）、アメリカとは「日米間著作権保護ニ関スル条約」（一九〇五年一一月一〇日署名調印、一九〇六年五月一一日公布）を別途結んでいる。
（6）一九〇六年八月一六日付統監伊藤博文あて外相林董電報（「日米条約一件」①）。
（7）同右。
（8）同右。
（9）同右。
（10）一九〇六年八月三一日付外相林董あて統監伊藤博文電報機密統発第一三号（「日米条約一件」①）。
（11）一九〇六年一〇月三〇日付首相西園寺公望あて外相林董、内相原敬、農商務相松岡康毅請議（「日米条約一件」①）。

(12)　一九〇六年一〇月六日付駐日アメリカ大使あて外相林董覚書(「日米条約一件」①)。
(13)　一九〇六年一〇月二九日付統監伊藤博文あて外相林董報告(「日米条約一件」①)。
(14)　一九〇七年六月一日付統監伊藤博文あて外相林董機密報告(「日米条約一件」①)。
(15)　同右。
(16)　一九〇七年六月二一日付統監伊藤博文あて外相林董電報第一一三号(「日米条約一件」①)。
(17)　一九〇七年三月二日付首相西園寺公望あて外相林董、内相原敬、農商務相松岡康毅機密送第二六号(「日米条約一件」①)。
(18)　一九〇七年六月一二日付外相林董あて工業所有権保護協会会長清浦奎吾建議書(「日米条約一件」①)。
(19)　一九〇七年七月一〇日付外相林董あて統監伊藤博文電報第五九号(「日米条約一件」①)。
(20)　一九〇八年五月二三日付統監伊藤博文あて外相林董電報機密送第二三号(「日米条約一件」②)、一九〇八年五月二〇日付外相林董あて高平駐米大使電報 No. 84(「日米条約一件」②)。
(21)　一九〇八年五月二三日付統監伊藤博文あて外相林董電報機密送第二三号(「日米条約一件」②)。
(22)　中村哲「植民地法」(鵜飼信成ほか編『講座　日本近代法発達史』五巻、勁草書房、一九五八年)、一九八～二〇〇頁。
　依用とは、一つの法が他の内容を借用することをいい、特に韓国併合後、朝鮮に施行された「朝鮮民事令」が依用民法と称されたことはよく知られている。これは「内地」の民法の内容が、制令である「朝鮮民事令」にもとづいて朝鮮に施行されているのであり、民法が規定する内容の根拠法は、朝鮮においては民法ではなく「朝鮮民事令」であった。本事例でも、その根拠法は「特許法」ではなく「韓国特許令」であり、「特許法」中の大審院を統監府法務院に置き換えるなどの措置がとられている。
(23)　『駐韓日本公使館記録』三一巻、四〇一頁、『統監府文書』五巻、三九二頁。
(24)　一九〇八年五月二五日付首相西園寺公望あて外相林董電報機密送第七八号(「日米条約一件」③)。
(25)　『官報』一九〇八年八月一三日付。
(26)　一九〇八年六月九日付統監伊藤博文あて外相林董電報第九三号(「日米条約一件」③)。

(27) 同右。
(28) 友邦協会編『朝鮮における司法制度近代化の足跡』(友邦協会、一九六六年)、一四頁。
(29) 宮嶋博史『朝鮮土地調査事業史の研究』(東京大学東洋文化研究所、一九九一年)、三六八～三六九頁。
(30) 同右書、三七〇頁。
(31) 金正明編『日韓外交資料集成』六上(巌南堂書店、一九六四年)、三二六～三二七頁。
(32) 一九〇七年七月一日付外相林董あて統監伊藤博文電報機密統発第七三号(「韓国ニ於ケル列国人ノ内地居住並不動産所有者ニ対スル課税及取締等ニ関シ条約国ト協定一件」、外務省外交史料館所蔵「外務省記録」二・六・二・九)。
(33) 『駐韓日本公使館記録』三二巻、三九一頁、『統監府文書』五巻、三八七頁。
(34) 一九〇八年六月一五日付統監伊藤博文あて外相林董電報第九七号(「日米条約一件」③)。
(35) 同右。
(36) 『駐韓日本公使館記録』三二巻、三九八頁、『統監府文書』五巻、三九〇頁。
(37) 「統監府ニ於テ施行又ハ計画シタル主要事務ノ概要調書」(外務省外交史料館所蔵「外務省記録」一・一・二・五五)。
(38) 一九〇八年六月三〇日付外相林董あて統監伊藤博文電報第九一号(「日米条約一件」③)。
(39) 一九〇八年六月三〇日付外相林董あて統監伊藤博文電報第九二号(機密統発第七四五号)(「日米条約一件」③)。
(40) 一九〇八年六月一〇日付外相林董あて統監伊藤博文電報第六六号(「日米条約一件」③)。
(41) 一九〇七年六月二二日付外相林董あて統監伊藤博文電報第五三号(「日米条約一件」①)。
(42) なお、森山茂徳が統監伊藤博文の「自治育成」政策下での司法政策を性格づけた史料は、伊藤が日本法主義の採用を韓国政府に説明した第四三回施政改善協議会席上での発言であり(森山茂徳『近代日韓関係史研究』東京大学出版会、一九八七年、二一五頁)、ここでの検証を併せ考えると、伊藤の司法制度整備構想を位置づける上で適切とは言い難い。
(43) 『枢密院会議議事録』一二巻、一五三頁。
(44) 『東京朝日新聞』一九〇八年八月二四日付。

(45) 一九〇八年六月三〇日付外相林董あて統監伊藤博文電報第九二号(機密統発第七四五号)(「日米条約一件」③)。
(46) 『枢密院会議議事録』一二巻、一五三頁。
(47) 鄭肯植『統監府法令 体系分析』(韓国法制研究院、서울、一九九五年)、七一頁。

第三項 統監府による司法政策の転換

一九〇九年七月一二日、日本は韓国と「韓国司法及監獄事務委托ニ関スル覚書」(以下、司法覚書と略記)を結び、司法権を日本に「委托」させた。同覚書により、韓国における裁判管轄権は新たに設置された統監府裁判所に属することとなった。第三次日韓協約体制下における統監府の韓国司法制度改革は、日本の指導下で司法および立法事務について韓国政府に一定の独自性をもたせながら司法制度を改革するというものであったが、司法覚書によって韓国司法権を剝奪し、日本の裁判管轄権の下に置くこととなった。これは日本法を本位とする司法制度を採用することで韓国における諸列強の領事裁判権を撤廃しようとするものであり、司法覚書を契機として統監府の韓国司法政策は韓国法主義から日本法主義に完全に転換したのである。

しかし、統監府の司法政策の転換は、先述したように、すでに韓国における領事裁判権をめぐる日米交渉の過程においてなされていた。では、日米条約は統監府の司法制度改革を日本法主義に転換させる上でどのように寄与したのであろうか。次に司法覚書の締結過程を検証し、日米条約の帰結が司法制度をどのように転換させたのかを明らかにする。

一　「韓国の司法及監獄事務委託に関する覚書」の締結

一九〇九年六月に統監を辞任した伊藤博文は、事務引継のために韓国に渡った。その際伊藤は、七月三日、韓国司法事務および監獄事務を日本政府に委託させる旨の意見書および司法覚書条約案を内閣総理大臣桂太郎にあてて送付した。(1) 同意見書および条約案は、七月六日、閣議決定を経て裁可を受けた。(2) 七月五日にソウルに到着した伊藤は、翌六日に韓国皇帝純宗《スンジョン》および太皇帝高宗《コジョン》に謁見した。(3) さらに一〇日にも参内した伊藤は、「韓国将来ノ政治上ノ施設」については韓国総理大臣李完用《イワニョン》に詳細に説明することを皇帝に奏上した。(4) そして同日夜、統監邸において伊藤、新統監曾禰荒助と首相李完用、内部大臣朴斉純《パクチェスン》との間で司法覚書締結に関する予備交渉が行われた。翌日、統監邸で行われた閣議において法部大臣高永喜《コヨンヒ》および学部大臣李載崑《イチェゴン》から反対意見が出されたが、最終的に第一条に「韓国ノ司法及監獄事務ノ完備シタルコトヲ認ムル時迄」の一句を付する修正意見を入れて皇帝に上奏した。そして必要な措置をとり、同覚書の締結をなす旨の勅命を得、翌一二日に統監曾禰荒助と韓国内閣総理大臣李完用の署名をもって締結された。(5) その条約形式は「将来ヲ慮リ、覚書ノ形式ヲ執(6)」ったという。同覚書の内容は、韓国司法・監獄事務の日本への委託(第一条)、在韓国日本裁判所判・検事への日韓人の任用(第二条)、韓国国民への韓国法の原則的適用(第三条)、司法警察事務に関する在韓日本裁判所の指揮命令権(第四条)、司法および監獄事業経費の日本による負担(第五条)である。(7) これらの内容は、具体的には後述する「統監府裁判所令」をはじめとした一連の法的措置によって実行された。

では、なぜこの時点で日本は韓国司法・監獄事務を委託させたのであろうか。これまで述べてきたように、統監府の司法政策は韓国における列強の領事裁判権を撤廃することを強く意識していた。したがって司法覚書による韓国司法事務の委託も同様に領事裁判権の撤廃を意図していたことは疑いの余地がない。しかし森山茂徳が言うように、

「併合をすれば、朝鮮には日本の法律が適用され、しかも欧米列国との関係は日本とのそれと異ならなくなり、治外法権は同時に消滅する筈であった[8]」とするならば、司法覚書を一九〇九年段階で締結したことの意味は不明瞭となる。森山の指摘に従えば、前もって司法事務委託の手続きをとらなくとも、韓国の併合により自動的に韓国司法権は日本に編入されるからである。つまり、韓国の併合とは別に、この段階で韓国司法権を日本に委託させなければならない事情があったということであり、その論理を検討する必要性が依然残っている。そこで次に、司法覚書締結を主導した伊藤の司法権委託に関する認識を明らかにしておこう。

先述したように、伊藤は七月三日、渡韓途上の下関から桂太郎に意見書を送付した。四月一〇日に桂および小村寿太郎との会談で韓国併合方針をすでに了承していた伊藤であったが（第四章第一節参照）、桂にあてた意見書の前文には併合方針了承後の伊藤の対韓政策方針が端的に示されている[9]。この段階での伊藤の対韓政策構想は、韓国保護国化をさらに推進するために日本が韓国に「相当ノ補助」を与え、「彼ニ在テ為シ得ヘカラサルノ事項」を日本に「委託」させてそれを日本が直接行おうというものであった。韓国の主権を一つひとつ剝奪しながらも、あくまで「扶植誘発ノ途ヲ講」じることを期した伊藤の対韓保護政策方針がこの意見書には表れている。つまり、司法事務委託をめぐって、伊藤においては併合方針と保護政策の推進は依然として矛盾したものではなかったのである。そして「有益ナリト認ムル事項」として最優先されたのが、韓国司法事務と監獄事務の日本への「委託」であった。それでは、なぜ司法事務と監獄事務の委託が優先されたのであろうか。

この意見書のなかで伊藤は、司法事務委託の必要性について大略次のように説明した[10]。司法事務委託の最大の目的は「条約改正」すなわち韓国における諸列強の領事裁判権撤廃である。保護政策の徹底のためには領事裁判権の撤廃が必要不可欠であり、従来の施策もその目的に合致したものでなければならない。しかし、韓国の法制度整備が完了するのを待ってから領事裁判権の撤廃を図るのでは、「形勢ノ変移ニ依リ終ニ其ノ目的ヲ達シ能ハサルニ至ルヤモ未タ測リ知ルヘカラ」ざることになりかねない。そのため、この際日本政府に司法事務を委託させ、領事裁判権を撤廃する「条約改正」に向けた準備をしなくてはならないと主張したのである。監獄事務の委託理由についても同様であった。[11] さらに伊藤は、財政的側面からも司法事務委託を正当化した。一九〇七年から六年(実際には五年半)で一九六〇余万円を無利息・無期限で日本政府から韓国政府へすでに貸し付けることにしたが、これは実質的には交付金にほかならず、しかもこの貸付金が満期を迎えても到底補助金を全廃することはできないのだから、むしろ司法覚書によって日本政府に司法・監獄事務を委託する際、その経費をも日本政府が負担することにし、「在韓国ノ裁判所ヲ名実共ニ日本裁判所ト為スニ如カス」と位置づけた。[12] すなわち早期の領事裁判権撤廃と韓国政府の経費節減のために司法事務および監獄事務を日本に委託させるというのである。

そして伊藤は、首相李完用らとの予備交渉において、領事裁判権を撤廃するために韓国司法制度の整備が急務であることを唱え、韓国司法権の日本への委託を次のように要求した。[13]

韓国目下ノ裁判ノ如キハ、到底以テ現行条約ヲ改正《ママ》テ与国人ヲ服従セシムル能ハス若カス。之ヲ日本ニ委託シ、経費亦凡テ日本ノ負担ト為サムニハ、一方ニハ、条約改正ノ準備ヲ完成スルト同時ニ、他方ニハ、財政上ノ余裕ヲ生シテ殖産興業ノ発達ニ資スルヲ得ヘシ。……過般商標著作権ノ如キ、業已ニ米国政府ハ日本ノ裁判ニアラサレハ治外法権ノ撤回ヲ承諾セサリシニアラスヤ。加フルニ、近時我カ邦人ノ韓国ニ来住スルモノ日ニ月ニ其ノ数ヲ増ス。是レ亦韓人ト同一ノ裁判ニ服セシムルノ必要アリ。故ニ、司法監獄事務ノ委託ハ到底動カスヘカラサル確定議ニシテ、又現在ノ韓国裁判ハ其ノ実多数ノ日本人ヲ判官トシテ施行シツツアルモノヲ将来名実倶ニ之ヲ日本ニ委スルニ過キサルノミ。

伊藤は、現在の韓国司法制度では領事裁判権を撤廃しえないので、その準備のために司法事務を日本に委託させ、日本による直接管掌の下で「条約改正ノ準備ヲ完成スル」ものであると位置づけた。伊藤の説明から明らかなように、日本へ韓国司法権を委託することは、近い将来の領事裁判権撤廃を可能にするものととらえられていた。そして伊藤が司法覚書の締結を合理化するために取り上げたのは、「条約改正」の先行事例としての日米条約、すなわち前項で取り上げた「韓国ニ於ケル発明、意匠、商標及著作権ノ保護ニ関スル日米条約」であった。伊藤は、日米条約の事例に即し、韓国における日本の裁判管轄権下でなければ領事裁判権撤廃に各国は同意しないと李完用らに説明した。日本の裁判管轄権により、アメリカが領事裁判権の一部撤廃に同意したという事実が司法事務を委託させる有力な根拠となっていたのである。そしてそれに加え、在韓日本人の増加という状況を併せ見ても日韓両国民の司法事務は統一されるべきであり、またすでに実質的には日本人が判事として司法事務を運営している以上、これを名目上も統一するものであると唱えた。こうして司法覚書により、従来の司法政策が放棄され、韓国司法事務を日本に委託させることになった。日本の国際法学界では早くからフランスのチュニスにおける領事裁判権撤廃事例にならった「フランス主義」的な領事裁判権撤廃方針が唱えられていたが[14]、一連の手続きはその「フランス主義」的方針への転換を図るものであった。従来「イギリス主義」的な領事裁判権撤廃方針をとってきた伊藤も、その方針を転じたのである。

それでは、伊藤はなぜ自らの司法制度改革方針を転換したのであろうか。司法覚書が締結される直前の七月六日、日本政府では「韓国併合ニ関スル件」が閣議決定を経て裁可された（第四章第一節第一項参照）。これは、近い将来において韓国を併合することを正式に政府方針とした決定であり、したがって大枠として、司法覚書が韓国併合プランの確定に即して締結されたと見ることは確かに可能である。また桂太郎は、一九〇九年七月一三日に山県有朋に送った書簡中で、前日に司法覚書が締結されたことを受け、「為邦家千年の計画御同慶之至に御座候。今後此都合に而着々進行仕候へは到着点に達し得へき事[15]」という認識を示していた。しかし同時に、司法覚書が、日米条約の締結を契機として日本法主義を採用することで生じた韓国司法制度改革の内在的矛盾を最終的に解決するものであったという側面を見逃してはならない。日本法主義の全面的採用は、併合決定に伴う単なる路線変更という性格にとどまるものではないのである。この点について、次に司法制度改革方針に関する統監府内部の構想を検討する。

日米条約の締結を契機として、韓国法主義の放棄により一部とはいえ領事裁判権の撤廃を果たしたことは、司法政策の方向性をめぐって統監府の司法政策担当者に大きな影響を与えた。外務大臣林董が日米条約施行法の形式について「韓国ニ於ケル諸外国治外法権問題ノ前途ニモ重大ノ関係アル」[16]ものと見なしていたことは先に示したが（第二項参照）、法部次官であった倉富勇三郎の意見書「韓国ニ於ケル裁判事務ニ関スル件」[17]は、日米条約公布後、「自治育成」政策や司法覚書とは異なる方向で領事裁判権の撤廃を期した司法改革構想であり、韓国司法制度改革方針と日米条約との連関性を端的に表すものとして注目される。同意見書は、別紙に記載された関連法律の施行日が「明治四十二年四月一日」とあることから、一九〇八年末ないしは一九〇九年初頭に倉富が起案し、伊藤に上申したものと考えられる[18]。

本意見書は、在韓日本人の裁判制度について、韓国裁判所聘用の日本人法官をもって専管の日本裁判所を組織し、在韓日本人に関する司法事務を統監府法務院等から新設裁判所に移管させることを具申したものである[19]。

韓国ノ裁判制度ヲ見レハ、事創設ニ属シ、不備不整ノ所多キハ、固ヨリ免レ難キコトナルモ、裁判所ノ構成略々日本ノ現制ニ同シク、其職員ノ多数亦日本ヨリ聘用セラレタルヲ以テ、裁判、実質ニ於テハ必シモ日本ノ裁判所ニ比シ難キニ非ス。然レトモ、韓国ノ法律ハ極メテ不完備ナルヲ以テ、在韓国日本人ヲシテ遽ニ韓国ノ裁判権ニ服セシメ難キハ言ヲ俟タス、法律ノ制定ハ容易ノ業ニ非サルヲ以テ、少クモ今後両三年間ヲ費スニ非サレハ其完備ヲ期シ難カルヘシ。故ニ今日ニ於テハ在韓国日本人ニ関スル訴訟ハ、韓国ニ聘用セラレタル日本法官ヲシテ日本裁判所ヲ構成セシメ、日本ノ法律ニ従テ審判セシムルヨリ便ナルハナカルヘシ。

この意見書は、在韓日本人に対する領事裁判の廃止を前提としているが、日本人が多く聘用されていることをもって韓国の司法機関の質を評価する一方で、法律制定事業の遅れゆえ、その完成にはいまだ至っていないと現状を把握した。すなわち倉富が問題視するのは、司法制度ではなく立法制度の不備である。そのため韓国裁判所が聘用している日本人司法官を利用して専管の裁判所を開設することを提起した。日本人専管裁判所を韓国に設置するという点では司法覚書と変わらないが、司法機関を統一することを必ずしも期していない点が異なる。つまり理事庁による司法事務の行使という領事裁判の延長上にある従来の制度を廃止し、保護国である韓国に現地裁判所とは異なる日本人の専管裁判所を組織しようとする計画である。これは伊藤が司法覚書の予備交渉で指摘していた、在韓日本人の増加という現実に対応する上でも有効であると考えられたと思われる。その上で、欧米列強の領事裁判権撤廃について次のように展望している[20]。

加之、韓国ニ於ケル専務ノ日本裁判所ヲ設置スルニ至ラハ、特許、意匠、商標等ニ関スル日米協約ノ例ヲ拡充シ、在韓国外国人ヲシテ一切ノ訴訟ニ付キ、日本裁判所ノ裁判権ニ服セシムルモ亦至難ノコトニ非サルヘシ。若シ外国人ヲシテ、日本ノ裁判権ニ服セシムルコトヲ得ルニ至ラハ、直接ニ韓国ニ対スル治外法権ヲ撤去セサルモ、其実之ヲ撤去シタルト同一ノ効果ヲ収ムルコトヲ得ルニ因リ、韓国ノ為メニ謀ルモ亦至便ノ事ト謂ハサルヲ得ス。

倉富は、在韓日本人に対する「専務ノ日本裁判所」を設置することで韓国における各国の領事裁判権を撤廃することが実現可能であると判断した。しかしその領事裁判権撤廃の内容は、日本を含む列強の韓国における領事裁判権全般を廃止することを目指すものではなく、日本を除く列強の領事裁判権を撤廃させようというものであった。すなわち韓国における日本の領事裁判権に各国の領事裁判権を編入させるという構想である。したがってその結果、韓国の法制度と、日本の領事裁判下で各国の領事裁判権を管轄する日本の法制度とが韓国に並存することになる。チュニジアのような、完全な「フランス主義」の下での領事裁判権撤廃という位置づけである。そして、ここでもやはり日米条約による領事裁判の一部撤廃成功という事実が指摘されていた。倉富意見書もまた、日米条約による領事裁判権撤廃の事実を踏まえて韓国法主義の全面的放棄および日本法主義の採用を志向したのであった。

しかしこうした日本法主義の採用は、伊藤が第三次日韓協約体制下で韓国司法制度改革を行う目的として領事裁判権撤廃を視野に入れる限り、論理的には当然起こりうるものであった。それは伊藤が「裁判所ノ設置ヲ第一トシ、法典ノ編纂ヲ第二ニ置キタリ」[21]という方針をとっていたためである。したがって領事裁判権の撤廃をにらみながら法典整備作業を進める限り、その進捗状況いかんでは、先行して整備されている近代的司法機関の運用を、必ず韓国法によって行わねばならないという根拠には乏しいということになる。その意味で、韓国法主義の徹底よりも領事裁判権の撤廃を優先させる限り、伊藤の韓国司法制度改革方針が挫折することは必至だったのである。

さらに、このような意見が、韓国の併合方針を閣議決定する以前に統監府内部で検討されていたという事実は、韓国法主義では各国の領事裁判権の撤廃が困難であるという認識が政策レベルで顕在化していたことをうかがわせる。すなわち韓国併合の決定という要因とはあくまでも別次元で、司法政策の転換を図る必要性が唱えられていた可能性がきわめて高い。この点についてさらに、国際法学者であり陸軍大臣寺内正毅の法律顧問であった秋山雅之介が一九一〇年五月に、当時統監に内定していた寺内にあてて提出した意見書を検討しよう。

秋山は、韓国の併合と領事裁判権撤廃の関連性について大略次のようにまとめている[22]。諸外国は条約上韓国に対して領事裁判権をもっており、「韓国合併」を決行するにあたっては合併決行の順序として各国と交渉の上、領事裁判制度を撤去する必要がある。その先行事例として、フランスがその保護国チュニジアにおいて行った政策が参照できるが、フランスは、フランス法による裁判所構成法を施行するとともに、チュニジア勅令により、領事裁判所を撤廃した条約国国民をフランス裁判所でフランス国民同様の裁判を受けるよう司法制度を整え、その上で各国と領事裁判権撤廃交渉を行った。日本は司法覚書により韓国司法事務を委託されたが、統監府裁判所が審理する民刑事事件および非訟事件はいまだ日韓両国人に関するものにとどまっている。したがって、「外交上ノ手腕ニ依リテハ、此手続ヲ履マス直ニ合併ヲ決行シテ、領事裁判権ヲ当然消滅セシメ得ヘシ」と留保しながらも、韓国併合に先立って「統監府裁判所ハ、韓国ニ於テ領事裁判制度ヲ撤去シタル国ノ臣民又ハ人民ニ係ル民事刑事ノ裁判及非訟事件ヲ掌ル。此場合ニ於テハ日本法規ヲ適用ス」という勅令を公布するとともに、「外務省ヨリ韓国ノ条約国ニ交渉シテ其領事裁判権ヲ抛棄」させることが至当であると結んだ。

秋山は、あくまでも韓国が条約を結んでいる各国との事前交渉により領事裁判権を撤廃することを基本に据えていたのである。秋山の意見書に典型的に表れているとおり、領事裁判権の撤廃と韓国の併合はあくまでも別次元でとらえられるべき問題であった。すなわち領事裁判権の撤廃は、併合によるのではなく、交渉で別途に行われることが前提となっていた。逆に言えば、領事裁判権の撤廃は韓国の併合とは分離して解決しうるということであり、むしろそうした交渉を可能とするための制度的裏づけが必要であったということなのである。この点にこそ、併合に先立って司法権を侵奪した理由が求められる。

統監府、特に伊藤は従来、韓国法主義にもとづく司法制度改革構想により韓国の法制度を整備し、その上で「条約改正」を行う方針をとってきた。しかし「韓国ニ於ケル発明、意匠、商標及著作権ノ保護ニ関スル日米条約」による領事裁判権の一部撤廃の成功を契機として、「自治育成」政策にもとづく司法制度改革構想の構造的矛盾が露呈した。日本の裁判管轄権によらなければ領事裁判権の撤廃を行いえないという現実に直面したためである。そのため領事裁判権の撤廃を急ぐ伊藤および統監府は、各国領事裁判権を日本の領事裁判権に編入することを構想する。これが倉富意見書であり司法覚書であった。少なくとも伊藤の主観において、それらの構想は、併合の実行とは直接的に関連性をもたない次元で韓国の条約国と領事裁判権撤廃交渉を行う条件を整備するという、対韓保護政策に適合的な政策であった。

なおここで強調しておきたいのは、日本法主義あるいは韓国法主義による司法制度改革構想の差異はあくまでも領事裁判権撤廃方針をめぐって生じたものであり、日本の対韓政策方針をめぐる対立にすぎないという点である。つまりこうした枠組みは、日本による、韓国における列強の領事裁判権撤廃をめぐる動向を明らかにするものではあっても、日本による近代的司法制度の導入が朝鮮社会にどのような影響を及ぼしたのかという点、言い換えれば、日本の朝鮮植民地統治において司法政策がどのような位置づけをもつものであったのかという点にはアプローチしえない(23)。序章で示したように、たとえば司法制度改革の方式をめぐる差異を日本の対韓政策の本質としてとらえる視角からは、植民地支配を構造的に理解することは不可能である。

二　韓国司法制度の改編

次に、韓国司法事務委託後の統監府の司法政策について、その制度的変遷を簡単にまとめておく。

韓国司法権が日本に移譲されたのに伴い、一九〇九年一〇月末に法部が廃止され（韓国勅令第八五号「法部官制廃止」）、司法事務は新たに設置された統監府司法庁が行うこととなった（勅令第二四二号「統監府司法庁官制」）。司法庁長官には法部次官であった倉富勇三郎が就任した。さらに「統監府裁判所令」（勅令第二三六号）、「統監府裁判所司法事務取扱令」（勅令第二三七号）をはじめとする一連の司法関係法令が制定され、統監府裁判所が設置された。統監府設置後の在韓日本人に対する司法事務を規定した「韓国における裁判事務に関する件」(一九〇六年法律第五六号)が廃止されるとともに、韓国における日本の領事裁判は撤廃され(勅令第二三五号「韓国における裁判事務に関する件廃止」)、在韓日本人の司法事務も統監府裁判所に移管された。そして、一一月一日、「司法及監獄事務委託の結果日本国で公布した法令等各件」(韓国内閣告示第三四号)が公布され、統監府裁判所による司法事務が開始された。統監府裁判所は統監に直属し、韓国における民事・刑事の裁判および非訟事件に関する事務を行うと規定された(「統監府裁判所令」第一条)が、各級裁判所および検事局の構成は一九〇七年の「裁判所構成法」と大差なく三審制を採用したものであり、終審機関である大審院を高等法院にするなどの名称変更にとどまった(24)。判事および検事の採用については、日本の「裁判所構成法」にもとづき、旧韓国裁判所の朝鮮人判事・検事も統監府裁判所に任用された(25)。しかし、朝鮮人判事・検事の職務権限は、民事においては原告、被告ともに韓国国民である場合に、刑事においては被告が韓国国民である場合にそれぞれ限られた(26)。

司法事務における適用法については原則として日本法によると規定されたが、「韓国ノ法規慣習モ亦之ヲ無視スルヲ得サル事情」から、勅令第二三八号「韓国人に係る司法に関する件」により、特別の規定のある場合を除いて韓国国民には韓国法を適用し、韓国国民と非韓国国民間の民事事件については一定の条件を付して日本法を適用、ただし韓国国民に対する裁判執行は韓国法規をもって行うと位置づけた(27)。このような方針により、従来行われてきた法典編纂事業も、「今度は日本人には日本の法律が適用され、韓国人には韓国の法が適用せられ、条約又は法令に特別の規定なき限りは日本人に対しては韓国の法律は適用せられませんから、新に起草すべき民法は全く韓人のみの為にするもの(28)」となった。つまり、制度的には韓国国民および在韓日本人は同一の司法機関の下に置かれることになったが、一方には日本法規、他方には韓国法規が適用されることとなったのであり、一つの司法機関の下に二つの法制度が存在することになった。統監府は、これら司法事務における法制度の二重化によって、一方では在韓日本人の既得権益を保護し、他方では来るべき領事裁判権の撤廃に備えたのである。

三　統監府の司法政策に対する朝鮮社会の対応

では、こうした統監府の司法政策について朝鮮社会はどのように見ていたのであろうか。

統監府は、日本の司法制度導入に対して朝鮮民衆が比較的好意をもって受け止めていると認識していた。たとえば一九〇九年八月の統監曾禰荒助の報告書は次のようにまとめている。(29)

新裁判所ニ対スル韓国人民ノ感想ハ頗ル良好ニシテ、其廉直ト公平トニ信頼セルハ疑ナキカ如シ。新裁判所開庁前、訴訟人等カ強ヒテ訴状ノ領収証ヲ請求シ、訴状提出後モ朝夕接受所前ニ群集シテ其成行ヲ観望シ、屢々裁判開廷ノ督促ヲ為シ、其終結ヲ見ルニ至ル迄ハ求シテ去ラサリシカ如キ悪風モ、開庁後日ナラスシテ全ク其跡ヲ絶チ、又上司ニ書面ヲ提出シテ判決ノ変更ヲ哀訴スルノ弊習ノ如キモ、近時絶エテ其事無キニ至リタルハ、其顕著ナル例証ニシテ、殊ニ民事訴訟ノ当事者カ裁判所ヨリ臨検費用ノ予納ヲ命セラレタル時、日本法官ノ臨検ナラハ喜ンテ其費用ヲ予納スヘキモ、韓国法官ノ臨検ナラハ之レニ応シ難シト云ヒタル事実ノ如キハ、以テ日本法官ノ信用如何ヲトスルニ足ルモノアリ。

統監府の指導下に新たに設置された裁判所の活動に対して、その「廉直ト公平」ゆえに人々が信頼するようになっているとの認識が示されている。日本に好意的であると判断した根拠として挙げられているのは、訴状授受をめぐる示威行動がなくなったことや、高等司法機関への哀訴により判決変更を示すような事例がなくなったこと、そして特に臨検費用の授受をめぐって韓国人法官よりも日本人法官を信頼していたとしていたことなどであった。司法制度の近代化という価値基準を朝鮮民衆も受け入れたという評価である。

しかし実務にかかわっている日本人官僚は比較的冷静に朝鮮社会の反応を観察していた。たとえば仁川《インチョン》警察署長舘貞一は、人々が統監府の司法制度に対して好意的態度を示しているのは、「最モ劣等ナリシ韓国裁判ノ後ヲ襲ヒタル対照上ノ反響ニ外ナラサル」ためと説明している[30]。司法制度に対して朝鮮民衆が好意的であるという統監府の評価は、従来の朝鮮の司法制度と比較した場合の相対的なものにすぎないというのである。こうした観察が、先の曾禰報告書よりも朝鮮民衆の司法制度のとらえ方についてより的を射たものであったことは、司法覚書による韓国司法権の剝奪に対する民衆の反応が象徴的に示している。舘は司法覚書の締結に際し、「各個人ノ実益ニ直接ノ関係ナキ国権ノ縮少、即チ司法権ノ委任等ノ如キニ対シテハ、其ノ印象スルトコロ案外ニ冷淡ニシテ、少数ノ一部人士ヲ除クノ外、本問題ニ対シテハ殆ント相関セサルカ如キ[31]」と観察していた。憲兵隊の調査によれば、「中流以下ノ者」のなかでは、韓国が併合されると唱えたり、韓国の財政不足のために司法権委託が行われたのであり、今後、官吏はすべて日本人を用いることになると唱えたりする流言(平壌《ピョンヤン》憲兵分隊管内)がささやかれたり、「司法権委任ノ如キ頗ル歓迎ノ状態」(栄山浦《ヨンサンポ》憲兵隊分隊管内木浦《モッポ》管区)、あるいは「国民ノ権利ニ至大ノ関係アルモ、寧ロ公明ナル裁判ヲ喝望スル現状ニ於テ、適当ノ処置ト思為シ居レルモノ多」(天安《チョナン》憲兵分隊管内)いという状況であったりと、さまざまな反応が示されたが、全体的な傾向としては、同年二月の新税法(家屋税法、酒税法、煙草税法)公布時に比べれば司法権剝奪時にはさほど抵抗が起きなかったという[32]。こうした反応は、民衆の生活主義的立場においては司法権の行使主体が特段重視されていなかったことを示唆している。

しかしより重要なのは、右の曾禰報告中に表れた朝鮮民衆の動向を、整序された近代的主体として把握することが果たして妥当であるかどうかという点である。裁判所前での示威行動の消滅といった現象は、新たな司法制度の意義を朝鮮民衆が解した上でこれに従ったというよりも、むしろ新裁判所に対する民衆の不信を表したものととらえるべきであろう。つまり朝鮮民衆は、新制度にもとづいて設置された裁判所に提訴しても自らの主張が受け入れられないこと、あるいは実現されないことを感知していたと考えられる。この点について愼蒼宇は、日本の近代的統治が従来の朝鮮民衆の訴えの場を総体的に否定したため、合意形成の場が喪失されたことを包括的に論じているが[33]、たとえば次の報告からも、日本が新たな制度を導入したために混乱や不満が朝鮮社会に蓄積されている様子がうかがえる。

> 従来ハ、訴訟手続上形式ニ重キヲ置カサリシニ反シ、新制度ハ、其ノ形式全然日本ノ夫レト大差ナキヲ以テ、未タ法律思想ニ幼稚ナル韓国ノ司法制度ニ対シ、余リ綿密ナル形式ヲ要スル為、訴状ヲ提起セントセハ、悉ク代書人ニ拠ラサルヘカラス。然ルニ代書人亦之カ形式ニ通暁セサル為、容易ニ訴状ヲ受理セラル丶ニ至ラスシテ、或裁判所ノ如キハ、今ハ多忙ナリトテ訴状ヲ拒絶シタルコト一再ニ止マラストテ、其ノ不親切ヲ叫フモノナキニ非ス。[34]

新制度が訴訟手続きの形式を厳格にしたため、代書人の整備などの運用面がこれに伴わず、訴状の不受理が続き、これによって朝鮮社会に不満が生じていたというのである。あるいは、日本人司法官の多くが朝鮮語を解さず、風土・人情に精通していないため、「理非ノ判別ヲ愆《あやま》ルナキカヲ疑フモノナキニアラス」[35]といった疑念の目が新たな司法制度に向けられていた。司法事務の現場において、その公平さを評価する声も見られる一方、新たな、それも日本式の司法制度を急進的に導入したことにより生起した矛盾が蓄積していたことがうかがわれる。

そして日本人が「近代的」眼差しをもって一方的に朝鮮民衆を把握しようとしたことは、法整備のために行われた旧慣調査においても生じていた[36]。たとえば慣習調査報告書を作成するに際し、慣習調査によって新旧法令を勘案したが、その調査は朝鮮人に諮問し、返答をうながすという方法で行われたため、「雑駁矛盾ノ結果ヲ得ルニ過キ」ず、参照された新旧法令についても「大典会通竝ニ開国五百三〔一八九四〕年以後ノ法令ト明律、清律、朱子家礼ノ類ニシテ、稀ニ旧大典ヲ引用シタルモノアルモ、慣習ト法規トヲ混同シタルモノ多」かった。しかし裁判所はこうした慣習調査報告書以上の知識をもち合わせていないという現状であったという。[37]つまり日本人調査者の「近代的」眼差しからする遺漏の多い慣習調査にもとづいて整備された法制度により朝鮮民衆が司法の場において裁かれることが多かったということである。そしてこれ以後も、朝鮮民衆の多くがこうした制度に触れれば触れるほど不満を感じざるをえない構造が形成されていったと考えられる。

こうした矛盾については、第三次日韓協約体制下の司法制度改革を批判した内田良平の観察が鋭い。内田は、「韓人と日本人とは風俗習慣を異にせるのみならす、智識の程度甚たしき差あるを以て、日本人に適用して好良なる制度も韓人には適合せす、故に日本人と韓人との習慣智識の懸隔を、法律施行手続説明書位にて繋かんとするは、木に魚を求むるより不可能の事に候。然るにこんな所には少しも留意せす、日本を標準にしたる法令を雨下せしめらるゝ、韓人はタマツタものに無之候」[38]と批判した。さらに「無智の人民は目前に迫る生活難の為めに、儒生、官吏、政客等失意の者より煽動せられ、日本が韓国を取りしを以て如此困難に至れりと曲解し、相率ひて暴動するに至りし次第に候。故に其数極めて多く、此の儘にて進行せは、全国民を暴徒と見做し処分するの外致方あらさるへく候」[39]と、統監府の「文明主義」的政策自体が反日闘争を激化させているだけでなく、最終的には朝鮮社会全体を治安対象と見なさざるをえなくなると見通している。これは先に見た日本の治安当局の義兵観と重なるものであり（第一章第三節第二項参照）、朝鮮社会および民衆に対する蔑視観は度し難いものの、伊藤博文の対韓政策が朝鮮社会における政治文化とは本質的に相容れなかったことを鋭く衝く批判であり、その限りで正鵠を射たものであった。

(1)『伊藤博文伝』には、閣議決定「韓国併合ニ関スル件」を受け、伊藤が日本政府の内意を含んで司法覚書を締結させたようにあるが(春畝公追頌会編『伊藤博文伝』下巻、統正社、一九四〇年、八四七頁)、実際には、本文にあるように伊藤の意見書を受けて日本政府がそれを追認したのである。ただし、事前に伊藤・桂・小村間で打ち合わせが行われていた可能性を否定するものではない。
(2)『日本外交文書』四二―一、一七九頁。
(3)『伊藤博文伝』下巻、八四六頁。
なお、『日本外交文書』によれば、伊藤は七月三日に韓国皇帝に謁見したことになっているが(『日本外交文書』四二―一、一八〇頁)、誤りである。七月二日夜下関に到着した伊藤は、三日に当地から上記意見書を桂に送付している。
(4)『日本外交文書』四二―一、一八二頁。
(5)朝鮮総督府編『朝鮮ノ保護及併合』(朝鮮総督府、一九一八年)、二五一～二五二頁。
(6)一九〇九年七月一三日付外相小村寿太郎あて統監曾禰荒助電報第五二号(「韓国併合ニ関スル書類」国立公文書館二A―一―(別)一三九)。
(7)『日本外交文書』四二―一、一八二頁。
(8)森山茂徳『近代日韓関係史研究』(東京大学出版会、一九八七年)、二一八頁。
(9)『日本外交文書』四二―一、一七八頁。
ただしこれは事前に桂および小村の了承を得ていたものと考えられる。伊藤は、司法権の委託とともに、軍部の廃止を提案していた(『日本外交文書』四二―一、一七九頁)。
(10)同右。
(11)同右。
(12)同右。
(13)『朝鮮ノ保護及併合』、二五一～二五二頁。

(14)　江木翼「突尼斯ニ於ケル領事裁判権撤去ト韓国ニ於ケル同問題」(『法学協会雑誌』二六巻七号、一九〇八年)、長岡春一「チュニスに於ける領事裁判権の撤回事情」(『国際法雑誌』五―七号、一九〇七年)等、参照。
(15)　尚友倶楽部山縣有朋関係文書編纂委員会編『山縣有朋関係文書』一巻(山川出版社、二〇〇五年)、三五七頁。
(16)　一九〇八年六月九日付統監伊藤博文あて外相林董電報第九三号(「清韓両国ニ於ケル発明意匠商標及著作権相互保護ニ関スル日米条約締結一件」第三巻、外務省外交史料館所蔵「外務省記録」二・六・一・一六)。
(17)　「韓国ニ於ケル裁判事務ニ関スル件」(国立国会図書館憲政資料室所蔵「倉富勇三郎文書」三〇―一九、海野福寿編・解説『外交史料　韓国併合』下巻、不二出版、二〇〇三年、五六八～五七二頁)。
(18)　梅謙次郎の意見書である「韓国ニ於ケル裁判制度改正ニ関スル卑見」(『梅謙次郎文書』「韓国立法事業担任当時ニ於ケル起案書類」法政大学図書館所蔵)七四丁から、本意見書が倉富によって作成されたことが確認できる。
(19)　「韓国ニ於ケル裁判事務ニ関スル件」(『外交史料　韓国併合』下巻、五六九頁)。
(20)　同右。
(21)　辛珠柏編『日帝下支配政策資料集』八巻(高麗書林、서울、一九九三年)、一六頁。
(22)　「韓国合併ニ関スル件」(「韓国併合ニ関スル書類」所収)。なおこの秋山意見書の性格については次章で詳述する。
(23)　李英美『韓国司法制度と梅謙次郎』(法政大学出版局、二〇〇五年)や浅野豊美「保護国下韓国の条約改正と帝国法制」(『岩波講座「帝国」日本の学知』第一巻、岩波書店、二〇〇六年)に代表される近年の研究では、この点が看過されている。これらの研究は、植民地社会の動向や植民地支配のもつ暴力性を軽視し、統治者の動向にのみ関心が向けられている。このようなアプローチが植民地主義的言説を再生産しかねないものであることは序章で示したとおりである。
(24)　李熙鳳「韓末法令小考」(『学術院論文集(人文・社会科学篇)』一九号、서울、一九八〇年)、一七四頁。
なお、外国人の文官任用が大日本帝国憲法に抵触することを未然に防ぐために、韓国人の判・検事採用は特例とすべき見解がとられた(『枢密院会議議事録』一二巻、東京大学出版会、一九八五年、三七六頁)。
(25)　朝鮮総督府編『第三次施政年報』(朝鮮総督府、一九一一年)、四八頁。

(26) 同右。
(27) 同右書、四八〜四九頁。
(28) 梅謙次郎「韓国の法律制度に就いて(下)」(『東京経済雑誌』一五一四、一九〇九年)、一〇頁。
(29) 『日本外交文書』四二―一、一八七〜一八八頁。
(30) 『駐韓日本公使館記録』四〇巻、五〇三頁、『統監府文書』一〇巻、五九六頁。
(31) 同右。
(32) 『駐韓日本公使館記録』三七巻、四二一〜四三四頁、『統監府文書』一〇巻、三四五〜三五三頁。
(33) 愼蒼宇『植民地朝鮮の警察と民衆世界』(有志舎、二〇〇八年)、第六章、参照。
(34) 『駐韓日本公使館記録』四〇巻、四九〇頁、『統監府文書』一〇巻、五八八頁。
(35) 『駐韓日本公使館記録』四〇巻、四九一頁、『統監府文書』一〇巻、五八八頁。
(36) 内藤正中「韓国における梅謙次郎の立法事業」(『島大法学』三五―三、一九九一年)。
(37) 浅見倫太郎『朝鮮法制史稿』(巌松堂書店、一九二二年)、三八〇〜三八一頁。
(38) 内田良平文書研究会編『内田良平関係文書』一巻(芙蓉書房出版、一九九四年)、五九頁。
(39) 同右。

小　括

以上見てきたように、統監府の司法制度改革、特に第三次日韓協約体制の下でのそれは、「文明」の名の下に行政と司法とを分離しようとするものであったが、その試みは地方における守令をはじめとする従来の政治構造を解体しようとするものであった。また、行政と司法との分離の動きは、近代的法制度の整備とあわせて韓国における諸列強の領事裁判権を撤廃しようとする「条約改正」の性格をもっていた。そしてこのような司法制度改革は統監伊藤博文のイニシアチブの下に推進された。第三次「日韓協約」の締結を契機に、一方では日本人法官が大量聘用されたが、韓国の財政独立を志向する伊藤の韓国「自治」政策においては朝鮮人司法官の育成も期されていた。そして「条約改正」の方針としては韓国法主義がとられていた。しかし知的財産権をめぐる領事裁判権撤廃が実現すると、日本法を韓国に施行するという日本法主義を採用するに至る。帝国主義的協調体制を優先する伊藤は従来の韓国法主義を放棄したのであるが、こうした方針転換は第三次日韓協約体制を根底から変質させるものであった。

統監府による韓国司法制度改革は在韓外国人の領事裁判権の存在に大きく規定されていたが、日米条約を契機として韓国司法制度改革は韓国法主義から日本法主義へシフトしていった。日米条約の施行法規における日本法主義の採用は、従来の「自治育成」政策下での司法改革と整合性を欠くこととなり、統監府に韓国司法政策の転換を迫るものとなったのである。日本は韓国の司法機関に多くの日本人を送り込んでいたが、韓国における日本の裁判管轄権の下で在韓アメリカ国民の領事裁判権の一部を放棄するという日米条約の締結は、たとえ司法事務担当者の多くが日本人であっても、裁判管轄権を韓国がもつ限り領事裁判権撤廃は到底果たしえないことを認識させた。そしてその日本法主義への移行は、韓国法主義にもとづく韓国司法改革を推し進めてきた伊藤の判断によって行われたのである。

しかし日米条約の施行法規における日本法主義の採用は、従来の「自治育成」政策下での司法改革と論理的に矛盾するものであり、統監府に韓国司法改革政策の転換を迫るものとなった。結局、この矛盾は韓国法主義の完全放棄、すなわち裁判管轄権の日本への委託によって解消された。日本の裁判管轄権の下で、一部ではあっても領事裁判権を撤廃させることができたという事実が、「フランス主義」にもとづく司法制度の採択という政策的判断を不可逆的としたのである。こうして司法政策における「自治育成」政策は、韓国における欧米の領事裁判権撤廃＝日本への回収が実現するなかで崩壊していく。それは論理的には、伊藤の「自治育成」政策的司法制度構想が、領事裁判権撤廃が現実性をもたない段階でしか成立しえなかったという欺瞞性をいみじくも示している。

一方、司法制度改革が日本の制度導入による一方的な「近代化」であり、朝鮮社会の慣習等を基本的に無視するものであった以上、従来の公論のあり方とは根本的に齟齬をきたすこととなった。日本は自らの制度の近代性を誇ったが、それゆえ多くの朝鮮民衆は訴えの行き先を失ってしまったのである。

第二節　統監伊藤博文の民心帰服策と朝鮮の政治文化
――皇帝の南北巡幸をめぐって

前章で統監伊藤博文の韓国併合構想を明らかにするなかで、伊藤の併合構想において韓国皇帝が重要な位置を占めていることを指摘した。それでは伊藤の併合構想に韓国皇帝はどのように位置づけられていたのであろうか。あるいは、伊藤にとって皇帝は、韓国を支配する上でどのようにとらえられていたのであろうか。この点にかかわって海野福寿は、日本の韓国支配を韓国「国民」に合意させる条件に欠けると判断していたため、伊藤が第三次「日韓協約」締結時点での併合を回避したという重要な指摘をしている。(1) けだし慧眼であるが、その具体的内容について十分には展開しておらず、たとえば伊藤の皇帝利用といった観点からその内容を検討する必要がある。

伊藤はハーグ密使事件の処理に際して韓国皇帝を存続させたが、その理由を示唆するのは、次の二つの事実である。伊藤は、ハーグ密使事件の善後策を構想するにあたり、「大日本皇帝兼韓国王」の実現を期した韓国駐箚軍司令官長谷川好道の提言をしりぞけた。(2) また、桂太郎、小村寿太郎による韓国の併合についての提言を了承した一九〇九年春の時点でも、山県有朋の韓国皇帝廃止案になお反対していた。(3) これらの事実は、伊藤が第三次「日韓協約」締結時点で韓国併合を断行しなかったことと、譲位という形で善後策を講じ、制度としては皇帝を存続させたことが直接的な連関性をもっていたことを示している。伊藤が皇帝を存続させたのは、第三次「日韓協約」の締結に際して再燃した義兵闘争を鎮撫するために勅旨や宣諭使を出させたり、あるいは裁可機関として皇帝を位置づけていたりしたことを考慮すると、イデオロギー装置として皇帝を重視していたためと考えられる。つまり伊藤は、皇帝の権威を通じて日本による韓国支配の正当性をかち取ろうとしたのである。その際伊藤が支配イデオロギーとして評価したのは、月脚達彦が指摘するように甲午改革以降に涵養された「忠君愛国」意識であったと考えられる[4]。そして、伊藤が統監を辞任する直前に行った韓国皇帝の南北巡幸は、韓国皇帝の権威を利用した伊藤の民心帰服策の最たるものであった。

しかし、一九〇九年七月初旬に閣議決定された韓国併合方針を受けて、外務大臣小村寿太郎が作成した意見書では、韓国併合と同時に韓国「皇室ヲシテ名実共ニ全然政権ニ関係セザラシメ、以テ韓人異図ノ根本ヲ絶ツコト」という韓国皇帝の処遇が方針となった[5]。併合に際して「韓人異図ノ根本」となる皇帝を政治的に無力化し、そのナショナリズムを断ち切ろうという意見であり、伊藤の皇帝利用策の明確な否定である。では、どのような意味において皇帝は「韓人異図ノ根本」であったのだろうか。あるいはそうした皇帝認識はどのような背景から日本の政治家層に生じたのであろうか。

韓国併合過程に関する既存の研究では、一九〇九年初頭に行われた韓国皇帝の巡幸直後に伊藤が統監を辞任したこと、次いで日本政府が韓国併合方針を決定したことをもって、伊藤が「自治育成」政策を放棄する契機となったものと皇帝巡幸をとらえてきた[6]。民心帰服を図ろうとした皇帝巡幸が巡幸先で朝鮮民衆の強い反発に遭って失敗に終わったことで、伊藤が自身の対韓政策を放棄し、韓国併合へ方針転換したと理解するからである。民衆の反発を浴び、伊藤が自身の対韓政策を放棄するに至ったという評価自体はともかく、この巡幸を契機に、従来の日本の対韓政策、特に伊藤の皇帝利用策が日本政府内で明確に否定されるようになったことは間違いない。しかし、その際検証する必要があるのは、日本の植民地支配に対して生じた朝鮮社会のナショナリズムが質的にどのようなものであったのかという点である。すなわち皇帝巡幸をめぐる朝鮮社会のどのような動向が日本の植民地支配方式の転換をどのように規定したのかを明らかにする必要がある。

それでは皇帝巡幸において表出し、伊藤の皇帝利用策を挫折せしめたナショナリズムとは一体どのようなものであったのだろうか。この点に関してまず注目すべきなのが、日本による保護国化および巡幸を契機として、甲午改革以降進められていた独立協会による国民創出政策、そして実力養成運動下で培われた「忠君愛国」観念が民衆に純化するなかで「抗日ナショナリズム」が成立し、伊藤の自治育成政策を破綻させたとする月脚達彦の評価である。(7) 月脚は、大韓帝国期に涵養された忠君愛国的ナショナリズムが民衆にまで広がり、日本と対峙していくと展望する。特に、伊藤の皇帝利用策を大韓帝国において培われた忠君愛国観念との相関関係でとらえる指摘は示唆に富む。一方、特に民衆におけるナショナリズム生成の評価をめぐって月脚と鋭く対立するのが、「一君万民」的な勤王(勤皇)思想にもとづいた民衆の始原的ナショナリズムが巡幸を契機に高揚するととらえる趙景達の位置づけである。(8) 趙景達は、日本が韓国を保護国化した時期においては、甲午農民戦争そして大韓帝国期の民衆の変革運動を経て一君万民的観念が広範囲に及んでおり、そのような状況下で皇帝権を利用することは、日本および親日傀儡政府への民衆の闘争を苛烈化させかねず、また巡幸はそうした状況を引き起こしかねないものであったと展望する。

日本の植民地支配への対抗関係において強化されていく朝鮮ナショナリズムの起源をめぐり、国民国家形成運動において涵養された近代的なナショナリズムが民衆に浸透していくととらえる月脚と、伝統的に培われた一君万民的な皇帝観にもとづくものと位置づける趙景達とでは正反対の評価がなされているといえよう。月脚の抗日ナショナリズムの形成過程に対する評価は、上からのナショナリズムが民衆をとらえていくとするベネディクト・アンダーソンの国民国家論に適合的であり、いわゆるコロニアル・ナショナリズムの起点として皇帝巡幸を位置づけたものである。しかし、いわゆる第三世界研究への国民国家論の適用についてはすでに多くの論者から疑問が呈されているし、(9) また、その分析は、もっぱら愛国啓蒙団体や学生等、知識人の言説に対するものであるという意味で一面的である。一方、趙景達のとらえ方は、近代国家のあり方を規定する伝統社会のあり方に着目しながら国家形成過程を構造的にとらえようとするものであり、比較史的広がりをもっている。ただし、巡幸過程をめぐる民衆のナショナリズムの発揚に関する趙景達の評価は展望にとどまっており、あらためて皇帝巡幸をめぐる朝鮮民衆の動向について具体的に検討する必要がある。

こうした作業を行うことによって日本による朝鮮植民地支配体制の形成過程を動態的に把握することが可能となるであろう。そこで本節では、韓国皇帝の南北巡幸に対する朝鮮民衆の反応を検討することにより、伊藤の韓国統治政策が挫折していく過程を明らかにする。

（1）海野福寿『韓国併合史の研究』（岩波書店、二〇〇〇年）、三一五頁。
（2）一九〇七年七月一六日付寺内正毅あて長谷川好道書簡（国立国会図書館憲政資料室所蔵『寺内正毅関係文書』三八—二七）。
（3）信夫淳平『外交側面史談』（聚芳閣、一九二七年）、三六〇頁、葛生能久『日韓合邦秘史』下巻（原書房、一九六六年復刻）、七一〜七二頁。
（4）月脚達彦「「保護国期」における朝鮮ナショナリズムの展開――伊藤博文の皇室利用策との関連で」（『朝鮮文化研究』七号、二〇〇〇年）。
（5）外務省編『小村外交史』（原書房、一九六六年復刻）、八四二頁。
（6）森山茂徳『近代日韓関係史研究』（東京大学出版会、一九八七年）、同『日韓併合』（吉川弘文館、一九九二年）、海野福寿『韓国併合史の研究』。
（7）月脚達彦「「保護国期」における朝鮮ナショナリズムの展開」。
（8）趙景達『異端の民衆反乱』（岩波書店、一九九八年）、終章。
（9）趙景達『朝鮮民衆運動の展開』（岩波書店、二〇〇二年）、七頁、参照。

第一項　伊藤博文の反日運動観と反日運動の動向

一　反日運動の諸相と伊藤博文の対応

まず、日本による韓国統治政策の下で高揚する反日運動に対し、統監伊藤博文がどのような認識を示していたのかについて見ていこう。

伊藤は、日本による「施政改善」政策を遂行するなかで、愛国啓蒙運動の取り込みには一定の手ごたえを感じていた。趙景達や月脚達彦が指摘するように、近代文明至上主義的な性格をもつ愛国啓蒙運動が、当時流行していた社会進化論を受容することによって日本の侵略に妥協的な側面をもっていたためである。(1) 愛国啓蒙運動は、申采浩《シンチェホ》や朴殷植《パクウンシク》らの国権的伸張を目指す潮流と、アジアとの連帯を図ろうとする東洋主義を主張する潮流とに大きく分かれるが、後者はさらに、①同盟論、②保護国論、③合邦論の潮流に細分される。そして伊藤の韓国保護国論(→韓国併合論)が「自治論」の幻想を振りまくことによって、愛国啓蒙運動勢力のなかには、日本の侵略への批判力を弱めるどころか、これに迎合する者まで現れていた。その最たるものが一進会であることは周知のとおりである。

しかし有力な愛国啓蒙団体である大韓協会等の幹部にもまた、伊藤の唱える「自治論」そして「近代化」政策に取り込まれる者が多かった。統監辞任後であるが、一九〇九年九月、内田良平に対して伊藤は、「今日に在りては一進会のみが親日派に非ず。他の党派と雖も、日本の勢力に頼るの必要を認識せる」と述べて愛国啓蒙団体が日本の統治になびいているという認識を披瀝したという。[2] 実際、伊藤のこうした認識はまったく根拠のないものではなかった。伊藤の韓国保護国論が愛国啓蒙運動勢力を幻惑していたことは、一進会の合邦請願運動をめぐって大韓協会が示した日韓合邦反対「声明書」からもうかがうことができる。詳細については第四章で取り上げるが、一進会の日韓合邦請願に対する大韓協会の反対は保護国論の立場からなされたものだったからである(第四章第二節第一項参照)。大韓協会は日本の指導による韓国の「開明富強」化だけでなく、将来、韓国国民が日本と韓国との「合邦」を望むに至るようになるととらえており、伊藤のいう韓国保護国論→韓国併合論を内面化させていた。また、大韓協会の前身である大韓自強会は、第三次「日韓協約」において規定された統監の内政監督権の内容に関連し、統監が韓国内閣の「濫行暴政ヲ肆ニセントスルニ当リテ、之ヲ防遏スル」ことへの期待まで示していたという。[3] これらの事例から明らかなように、伊藤は、愛国啓蒙団体が日本の近代文明的施策に期待を寄せており、日本が韓国「国民」から支配の合意を得ることは将来的に可能であると明確に位置づけていたのである。

しかし一方で伊藤は、義兵闘争への対応には苦慮することとなった。義兵、特に一九〇六年に義兵将として蜂起した崔益鉉《チェイッキョン》に典型的に見られるように、その反日の論理が衛正斥邪論、すなわち華夷思想にもとづく文明観から構築されていたためである。[4] 衛正斥邪論的立場からする義兵闘争は、「忠愛」と「信義」という儒教的道義・規範を果たさない日本を批判するという論理に即して行われたものであった。これは、第二次「日韓協約」による韓国保護国化に対して立ち上がった義兵将が、それまで独立保障を唱えていた日本による食言を問題視したことによく示されている。十三道倡義大将であった李麟栄《イインヨン》が、日本官憲の尋問に際して「馬関条約(日清講和条約)通り韓国の独立及皇帝の安全を計ること」[5] を日本に対する要求として掲げたのはその好例である。韓国保護国化は、一八九五年の「日清講和条約」や対露宣戦詔書等で再三日本が公言していた韓国の独立保障を侵すものとしてとらえられたのである。

こうした義兵の反日闘争に対しても伊藤は当初、日本が統治を進める過程で次第に沈静化するという見通しをもっていた。(6) 義兵闘争の趨勢について、地方制度改革の実行時期に触れながら、「目下ノ処、之(義兵)カ鎮撫ニ関スル名案モナシ。併シナカラ、何レノ日カ此ノ暴動モ沈静ニ帰セン」(7) と楽観視していたのである。ただしその一方で、伊藤が基本的に武力による弾圧方針を施政当初から一貫して崩さなかったという点は強調されなければならない。文官としての伊藤という先入観が強かったためか、多くの先行研究がこの点を軽視してきたからである。(8) 伊藤は、義兵の高揚に対して「彼等ノ自暴自棄ハ、竟ニ我ヲシテ征服ノ止ムヲ得サルニ至ラシメサルカト憂慮ヲ懐カシム」(9) と突き放した見方を示していた。こうした伊藤の義兵に対する武力的弾圧方針について、義兵闘争の高揚に伴って伊藤が韓国統治に悲観的姿勢を示すようになってから採用されるとする見解もある。(10) しかし、右に示した義兵に対する冷淡な態度を示す史料が第三次日韓協約体制成立直後のものであることを考慮すると、松田利彦や愼蒼宇が指摘するように、義兵に対する武力弾圧については伊藤と在韓日本軍首脳との間に違いはなかったと見るべきであろう。(11)

二　朝鮮社会における社会正義希求の行方

そうした武力弾圧の一方で、皇帝の権威を利用した帰順策も継続して行われた。義兵に対する帰順策としては、宣諭使(宣撫使、慰撫使、安撫使ともいう)の利用が挙げられる。宣諭使とは、朝鮮王朝時代に災害や事変が起きた際、民心を鎮撫するために国王が派遣した官吏のことである。一九世紀中葉、壬戌民乱(一八六二年)を引き起こした朝鮮民衆は、懲罰を覚悟しつつも、苛斂誅求にあえぐ自らの生活実態を宣諭使らを通して国王に伝えようとした。(12) 朝鮮民衆にとって宣諭使は、国王・皇帝と直結する対象として見なされていたからである。日本はすでに、日露戦争段階で韓国政府に要求して宣諭使を派遣させていたが(第一章第三節第二項参照)、統監府施政下においても鎮撫策として数多く利用した。しかし、宣諭使という従来の政治作法にのっとった施策は、日本の思惑どおりには機能しなかった。これはたとえば、「其詔勅ト称スルモノ果シテ真ナラハ、単騎以テ義兵ニ諭スヘシ。而カモ之ヲナサス、炭幕歩撥ヲ以テ付送ス」(13)と、軍隊を率いて宣諭に来た使者を義兵将が逆に諭したケースに端的に表れている。本来、文治的に宣諭が行われなければならないにもかかわらず、宣諭使が軍隊を引率してくるという従来の政治作法にもとる行為がなされたとして、これに義兵が反発したのである。こうした宣諭使の行動は、詔勅の真贋を疑わせるに足るものであった。皇帝に直結すると見なされうる宣諭使に対して義兵は帰順するどころか、かえって宣諭使に対して訓諭を行うという逆転現象を見せるようにすらなったのである。

それでは、宣諭使による慰撫という政治作法が十分に機能しなくなったのは、義兵が宣諭使、さらには皇帝に政治的正当性を認めなくなったためであろうか。確かにこの時期、従来の政治文化のあり方が動揺していることは間違いない。しかし、義兵においてその政治的正当性はあくまでも皇帝に求められていた。義兵は、宣諭使派遣の背後に日本の意向が存在することを知りつつも、「偽命ト曰フト雖、既ニ宣諭ト称ス。則チ参量スルトコロナカルヘカラス。姑ク之カ為メニ其ノ生路ヲ開キ、告クルトコロアリ。望ムラクハ、須ラク亟《すみやか》ニ図ツテ身ヲ脱シ、之ニ帰シ、倶ニ賊叢ニ焚カル、ニ至ルナカルヘキナリ」(14)と宣諭使に呼びかけていたからである。この史料からは義兵の二つの政治観を読み取ることができる。第一点として指摘できるのが、たとえ偽命であっても宣諭と称している以上、それは皇帝の使者であることを参酌するという政治観である。つまり皇帝を推戴した秩序形成への志向性は依然機能していたのである。これは崔益鉉が「天兵ニ抗スレハ叛逆ナリ。我挙兵ノ素志ニ非ラス。故ニ降ルノミ」(15)とした皇帝観および勤王意識と一致するものである。しかし第二点として指摘できるのが、宣諭使に対し、道義を共にして反日義兵闘争に加わるよう呼びかけるという、儒教的民族主義にもとづいた義兵の行動論理である。そこにあるのは、皇帝に政治的正当性を認めつつも、現在において社会正義を代弁するのはあくまでも義兵であるという確固たる信念である。

こうした論理は、先に示したように、義兵に帰順を求める宣諭使が軍隊を率いて慰撫を行おうとする従来の政治作法には見られない行為を行ったことへの義兵の反発、また義兵の宣諭使に対する「今日ノ所謂宣諭ナルモノハ、果シテ君上ノ命カ、是レ博文、好道ノ命カ、抑モ完用、秉畯ノ命カ[16]」という応答からも容易に看取できよう。日本という政治文化を異にする勢力が地歩を築くなかで、宣諭使の背後に日本および親日傀儡政権の意向が存在しており、その派遣が皇帝の意思によるものでないことが容易に見透かされていたのである。なお、こうした義兵の日本批判は、狭小なナショナリズムにもとづくものではないことも指摘しておきたい。義兵が日本の支配に服さないのは、「危邦ニ入ラス、乱邦ニ居ラス、之レ仕ヘサラントスルニ非ス。道ニ由ラサルヲ悪ムモノ[17]」だったからである。つまり道義的・文明主義的論理からする日本批判であった。右に示した宣諭使に対する義兵の応答からうかがうことができるように、王朝末期の政治的混乱状況、そして日本による朝鮮侵略を契機として、かつては一致していた政治的正当性の所在とその担い手とが分裂していった。こうした義兵闘争の具体相から、従来の政治文化が動揺するなかで、従来の勤王主義的政治観にもとづきながら秩序回復を図ろうとする下からの動態的な様相を見て取ることができる。

そして社会正義を希求する動きは、朝鮮民衆にあっても義兵闘争とはやや次元を異にしながら展開され、素朴な形で民衆のナショナリズムが発現されていく。日露戦争下において在韓日本軍は、鉄道用地・軍用地の強制収用をはじめ、食糧徴発などさまざまな負担を朝鮮民衆に強要する一方、いわゆる軍律体制を敷き、日本軍にさまざまな形で従わない民衆に対して死刑を含む厳罰をもって臨んだ。日本の軍事的支配に対して不服従や忌避などの民衆の反発が繰り広げられていく。こうした民衆の自律的な動きは日本軍から「治安」紊乱と見なされていくが（第一章第三節第二項参照）、やがて義兵による反日闘争と共鳴・合流・拡散していった[18]。義兵闘争は、一九〇七年の第三次「日韓協約」締結に伴う韓国軍隊解散によってさらに高揚するが、その展開過程で闘争の担い手として、従来の儒者を中心とする義兵だけでなくいわゆる平民義兵が現れるようになる。そうした趨勢は、右に述べたような民衆の動向の一端を表していると考えられる[19]。軍隊を解散させられ、生活の場を日本によって奪われた人々が、日本に対する反発を義兵という形で表現していったのである[20]。

ただしこれを、民衆が反日運動を主体的に担うようになったととらえるのは単純かつ一面的な評価であろう。民衆の反日運動、特に義兵闘争へのかかわり方はむしろ一般には消極的ですらあったからである。たとえば、「人民ハ、賊徒再ヒ勢力ヲ得ルニ至ラハ、之レヲ勢援セントノ意向ヲ今尚ホ懐キツ、アリ[21]」という機会主義的な側面は否定できない。また、義兵を陰に陽に支援する朝鮮民衆にあっても、その姿勢は、「人民ハ、暴徒蜂起以来全ク納税セス今日ニ経過シタルハ、暴徒ノ蔭ナリ。常ニ暴徒ノ徘徊ヲ希望シツ、アリ[22]」という官憲報告からうかがえるように、生活防衛的なものであった。民衆の義兵支援には納税忌避、たとえば一九〇九年に施行された三新税（家屋税法、酒税法、煙草税法）に対する反発という側面が強かったのである。しかしそうであればこそ、自身の生活基盤を破壊するものとして日本の支配が実感されればされるほど、民衆は義兵闘争に仮託することとなる。民衆は、自らに政治的主体性を見出しえないがゆえに、義兵に社会正義の代執行を希求するようになっていったのである。さらには、日本軍の弾圧により義兵闘争が閉塞させられていくと、一般的には親日派と指弾される憲兵補助員に社会正義の実現を期待するような状況すら生まれていた[23]。

このように、民衆が、社会正義の希求を急進化させるなかで在来エリートに代執行者たらんことを求めた事例は一般的に存在する。たとえば第二次「日韓協約」締結に際して閔泳煥《ミンヨンファン》が、同協約を破棄することおよび締結に賛成した五大臣を排斥することを上疏し、これが容れられなかったため自決した有名な事件もその一例として再解釈することが可能である。同事件は、閔泳煥の民族性を示すものとして民族運動史研究でも高く評価されてきたが、閔泳煥のこの行動は、自身の信念にもとづいたものというよりは民衆の急進性に後押しされた他律的な行動であったと見なしうる。閔泳煥は、五大臣排斥の上疏の「実行ノ難キヲ知リ、之ヲ拒ミタルモ、群衆ハ堅ク執ツテ動カサル結果、右上疏ヲ奉ルニ至」ったという[24]。つまり躊躇する閔泳煥に上疏を強いたのは民衆であった。こうした民衆の行動は民乱に一般的に見られた作法であり、[25]こうした民衆とエリート層などとの互酬関係が儒教的民本主義を担保していたものと考えられる。したがって日本が朝鮮社会における社会正義のあり方を顧みないまま新たな統合原理を提示しようとしても、生活基盤を崩壊させかねない施策を行うなかで、日本の統治は民衆に受け入れられることなく、民衆の日本に対する反発はより拡散・強化されていき、あるいは潜在化していく。こうして、日本の統治に対する民衆の素朴な反発として始原的なナショナリズムが喚起されていったのである。

（1）趙景達「朝鮮における日本帝国主義批判の論理の形成——愛国啓蒙運動期における文明観の相克」（『史潮』新二五、一九八九年）、同「朝鮮近代のナショナリズムと文明」（『思想』八〇八号、一九九一年）、月脚達彦「愛国啓蒙運動の文明観・日本観」（『朝鮮史研究会論文集』二六集、一九八九年）、参照。
以下、本段における愛国啓蒙運動の性格づけについてはこれらの論考による。
（2）葛生能久『日韓合邦秘史』下巻（原書房、一九六六年復刻）、一〇七頁。
（3）『日本外交文書』四〇―一、五七三頁。
（4）崔益鉉の思想については、糟谷憲一「甲午改革後の民族運動と崔益鉉」（『旗田巍先生古稀記念　朝鮮歴史論集』下巻、龍渓書舎、一九七九年）、参照。
（5）金正明編『朝鮮独立運動』一巻（原書房、一九六七年）、四三頁。
（6）森山茂徳『日韓併合』（吉川弘文館、一九九二年）、一五九～一六〇頁。
（7）金正明編『日韓外交資料集成』六中（巌南堂書店、一九六四年）、六七八頁。
（8）森山茂徳『近代日韓関係史研究』（東京大学出版会、一九八七年）、海野福寿『伊藤博文と韓国併合』（青木書店、二〇〇四年）。
ただし、森山茂徳は、その後、伊藤の義兵対策における武力的鎮圧を強調している（森山茂徳『日韓併合』、一六〇頁）。
（9）『駐韓日本公使館記録』三〇巻、四五六頁、『統監府文書』四巻、二一二頁。

(10)　森山茂徳『日韓併合』、一六一頁。
(11)　松田利彦「朝鮮植民地化の過程における警察機構（一九〇四～一九一〇年）」（『朝鮮史研究会論文集』三一集、一九九三年）、愼蒼宇「抗日義兵闘争と膺懲的討伐」（田中利幸編『戦争犯罪の構造』大月書店、二〇〇七年）。
(12)　趙景達『朝鮮民衆運動の展開』（岩波書店、二〇〇二年）、第二章。
(13)　琴秉洞解説『秘　暴徒檄文集』（緑蔭書房、一九九五年）、二六二頁。歩撥は、朝鮮時代の伝令のこと。
(14)　同右書、三二九～三三四頁。
(15)　岩井敬太郎編『顧問警察小誌』（韓国内部警察局、一九一〇年）、一二二頁。
(16)　『秘　暴徒檄文集』、三二九～三三四頁。
(17)　同右書、三三五頁。
(18)　両班という身分的名称ではなく、儒教的普遍主義を体現する「士」意識が、近代移行期から日本の植民地統治下にかけて、民衆に拡散・体現されていく過程、およびその動向に果たす東学の役割については、趙景達『異端の民衆反乱』（岩波書店、一九九八年）、同『朝鮮民衆運動の展開』が詳しい。
(19)　義兵闘争をめぐる近年の研究成果として、愼蒼宇「無頼と倡義のあいだ――植民地化過程の暴力と朝鮮人「傭兵」」（須田努・趙景達・中嶋久人編『暴力の地平を超えて』青木書店、二〇〇四年、所収）を挙げることができる。親日派と名指された憲兵補助員から義兵に転身した姜基東という人物を取り上げ、その義賊的性格に着目しながら併合前後の朝鮮民衆の心性を実証的に明らかにしている。
(20)　愼蒼宇「憲兵補助員制度の治安維持政策的意味とその実態――一九〇八年～一九一〇年を中心に」（『朝鮮史研究会論文集』三九集、二〇〇一年）。
ただし、平民義兵が増加する一方で、伝統的知識人の論理にもとづいて義兵陣営から儒生が退去するという愼蒼宇の指摘も併せて考慮すべきである（愼蒼宇『植民地朝鮮の警察と民衆世界』有志舎、二〇〇八年、第七章、参照）。それは、ナショナリズムの拡散が伝統社会に規定されながら不均等的に展開されていたことを示している。

(21)『駐韓日本公使館記録』三六巻、三三二頁、『統監府文書』一〇巻、三二九頁。
(22) 同右。
(23) 愼蒼宇「無頼と倡義のあいだ」。
(24)『駐韓日本公使館記録』二五巻、三六一頁、活字版二四巻、四三三頁。
(25) 趙景達『朝鮮民衆運動の展開』、第三章、参照。

第二項　韓国皇帝巡幸の企図とその挫折

一　伊藤博文の皇帝利用策と韓国皇帝の南北巡幸

一九〇九年初頭、韓国皇帝純宗《スンジョン》の巡幸が二回にわたって行われた。一月七日から一三日までの日程で大邱《テグ》、釜山《プサン》、馬山《マサン》の朝鮮南東部を回った南部巡幸と、一月二七日から二月三日までの日程で平壌《ピョンヤン》、新義州《シニジュ》、義州《ウィジュ》、定州《チョンジュ》、黄州《ファンジュ》、開城《ケソン》の北西部を回った西北巡幸である。巡幸には統監や各大臣ほか日韓両国諸官二百名あまりが陪従し、巡幸先では、地方治績の下詢、孝貞の旌表、高齢者および内外国人の賜謁、各団体への賜金、殉国者致祭の沙汰等の恩賜行為がなされ(1)、また日韓両国民による歓迎会や提灯行列の催行、郡守や両班、儒生の引見など、さまざまな官製行事が行われた。さらに、韓国皇帝による日本皇室との親電交換や日本軍艦への訪問、軍事演習の観閲など日韓友好の演出が催行された。

南部巡幸は伊藤博文の発意によるものであったが、その目的は「今次の南北巡視は、其効果望尺不過得寸も、願くば南北の韓民をして一挙我に信頼するの外、途なきを知らしめんと欲する」(2)というものであった。伊藤は、南部巡幸にあたって「施政改善ノ大決心ヲ以テ〔隆熙〕元〔一九〇七〕年宗社ニ誓告セルカ、慄々兢々トシテ敢テ少怠セス。惟フニ地方ノ騒擾ハ尚寧靖遅シ」(3)という詔勅を出させた。ここに明白に表れているように巡幸は、日本の指導にもとづく「施政改善」の真意を理解せずに展開されている「地方ノ騒擾」、すなわち義兵闘争を慰撫し、日本の指導性を朝鮮民衆に認識させるための措置であった。したがって伊藤は、巡幸先で行った演説のなかで「此〔韓国〕領土と人民を干戈を以て征服するも、民の心を安ぜざれば之を治むる能はず。所謂損有つて益無きの業に過ぎざれば、寧ろ之れを扶植するに如かず、韓国を富強ならしむれば、将来力を合して東洋の形勢を維持するに好都合なり」(4)と幻想を振りまいた。第三次日韓協約体制下で日本によって韓国の開発が行われることを説きながら、民心収攬を図ろうとしたのである。

その際伊藤は、日本による韓国指導の正当性を朝鮮民衆に知らしめるために、韓国皇帝の権威を最大限利用しようとした。純宗に陪従した伊藤は、韓国皇帝が「本官ニ委ヌルニ、輔翼ノ任ヲ以テシ給ヘルハ、日韓両国ノ親和ヲ軫念セラル、ガ故」であり、また「韓帝陛下ハ、偏ニ人心ノ平穏ニ復シ、我ガ扶導ニ依リ韓国ノ富強ニ赴カムコトヲ切望シ給フ」ものであると述べ、韓国皇帝の意思によって日本が「施政改善」を行っていること、さらに「聖意ノ有ル処ハ、日韓国民ノ親睦心ヲモ徴サントスルニ在リテ、地方民心未タ穏ナラス、故ニ人民ハ平安ニ業務ニ従事セシメントノコトナリ。特ニ韓人諸君ニ望ムハ、稍モスレハ日本ノ厚意ヲ疑フモノ有レトモ、日韓人一致ハ目下ノ急務」であることを強調しながら、巡幸先の各地歓迎会で演説を繰り返した(5)。また巡幸後には伊藤の陪従に純宗が感謝する旨の勅語を出させてもいる(6)。伊藤は、皇帝の意思は日韓融和にあり、韓国国民もその聖意に従うべきであると主張し、皇帝の権威を利用しながら日本の韓国支配を正当化しようとしたのである。

さらに、詔勅や勅語、演説などのほか、皇帝の断髪姿および大元帥の軍装姿のような目で見える形での馴致策も展

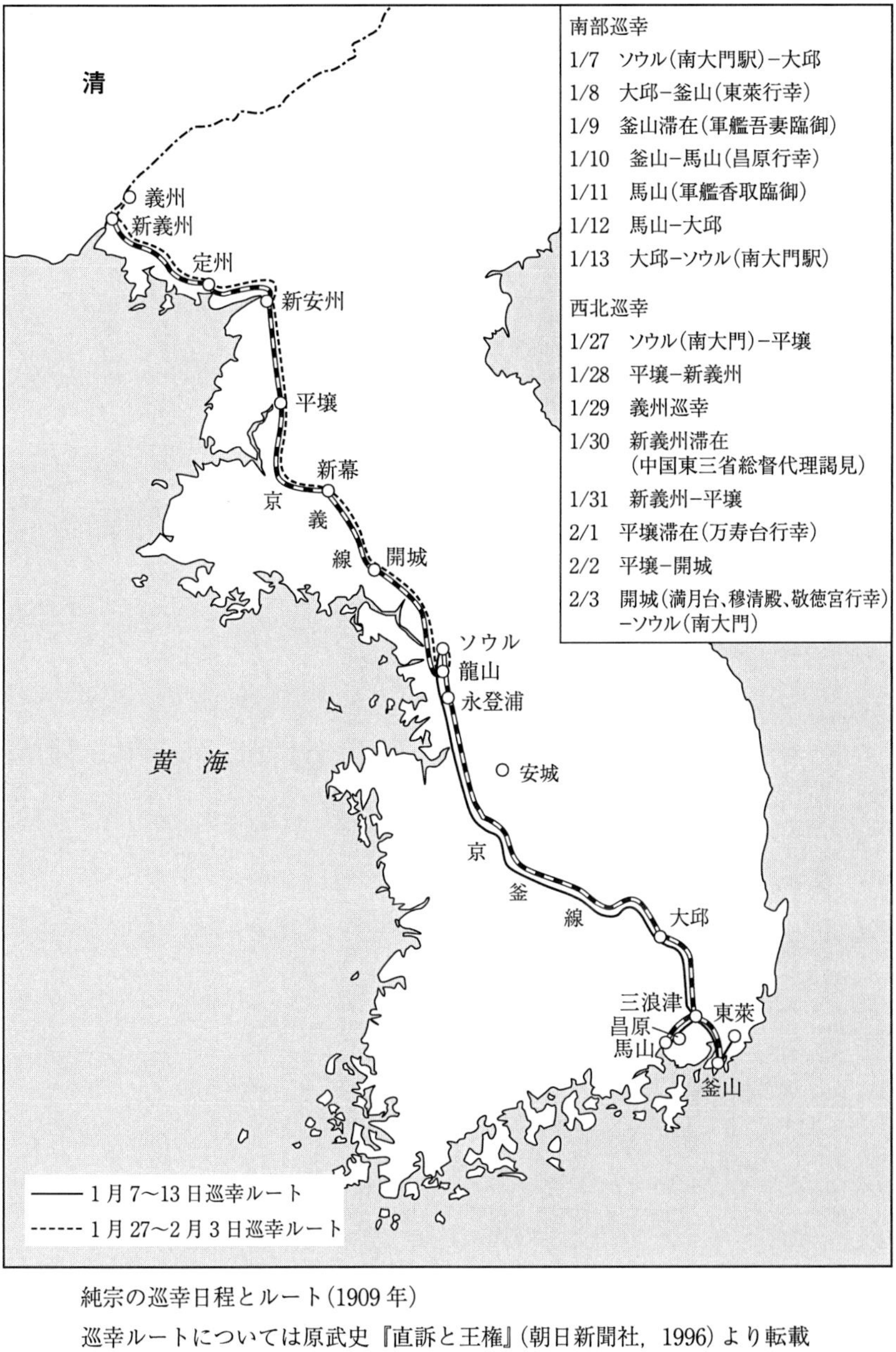

純宗の巡幸日程とルート(1909年)

巡幸ルートについては原武史『直訴と王権』(朝日新聞社, 1996)より転載

開された。月脚達彦が指摘するように、第三次「日韓協約」締結以降、急速に進められた皇帝の「可視化」による統合策を巡幸先でも展開したのである。[7] 皇帝の断髪姿は、「這回陛下御散髪ノ風貌ヲ実地ニ見聞シテ大ニ悟ル処アリタリ。従来ノ儘旧慣ニ偏ストハ聖意ニ背クモノナリ」（釜山）[8]ととらえられた。そして「皇帝陛下ニ於テモ、既ニ断髪セラレアルニモ不拘、我々臣民タル者断髪ヲ嫌忌スルハ、却テ聖旨ニ悖ルナリ」として、それまで断髪を拒んでいた慶尚道の人々のなかから、数多く断髪する者が現れたことが報告されている。[9] 巡幸を契機とした断髪については、当局にとって目に見える成果であったためか、具体的な数字を挙げながら他の地方からも同様の報告が数多く寄せられた。しかし断髪者続出という報告の一方で、官職を捨ててでも断髪しないと訴えた郡守の存在が報道されているし、[10] また断髪者続出の背景には、後述するような日本に迎合した観察使等による強制が背景にあるものと考えられる。したがってこれを過大評価することはできないが、一例を挙げれば、平壌理事庁管内では西北巡幸に際して平壌で約五〇〇名、鎮南浦《チンナムポ》で二五〇名、安州《アンジュ》郡で約二五〇名、その他合わせて約一五〇〇名ほどの断髪者が出たと報告されている。[11] また皇帝の軍装についても、「陛下軍服ノ鳳姿ト、汝等時世ニ伴ヒ旧思想ヲ改メヨトノ綸旨ニ対シ、長煙座食ノ旧夢ヲ覚醒セル者多ク」[12]という報告からうかがえるように、近代化の範を示す視覚的媒体として皇帝に一定の機能が期待されたといえるだろう。

二　皇帝巡幸に対する朝鮮社会の反応

それでは、こうした伊藤の意図に対する朝鮮社会の反応はどのようなものだったのであろうか。当局は、「韓人官民ハ、今回ノ行幸ヲ以テ千載一遇ノ盛事ナリトシ、熱誠ナル赤心ヲ以テ之カ奉迎準備ニ奔走シ……一般韓人側ハ上下相待チ熱誠ナル奉迎ノ為スノ意嚮ニシテ、韓国モ之ヨリ益開明ノ域ニ達スルナラント歓喜」[13]したと巡幸の成功を誇った。また事情に通じた者が「忠君愛国ノ思想ヲ注入喚起セシムルニ至大ノ効果アル」ものと認識したと報告されている[14]。今回の巡幸が「忠君愛国」意識を高揚させるものであり、そうした意識を梃子にして近代化を推し進める必要性が朝鮮社会に認識されるに至ったと評価したのである。確かに、一進会をはじめとする親日団体はもちろん、西北学会等の愛国啓蒙団体も皇帝の巡幸を歓迎した。また大韓協会では一月五日、尹孝定《ユンヒョジョン》宅に呉世昌《オセチャン》、権東鎮《クォントンジン》、張志淵《チャンチヨン》ら幹部が集まって巡幸への対応を協議したが、巡幸を行うこと自体には反対ではなく、結局、大邱、金山《クムサン》、稷山《チクサン》、釜山、馬山等の各支会へ歓迎の意を表するよう電報で命じるとともに、七日の出発時には南大門に集まって皇帝を見送ることに決したという[15]。また、在平壌アメリカ宣教師等は、「今般ノ行幸ハ韓国ノ啓発ニ大ナル利益アリ」として所属信徒を集め、奉迎準備を進めた[16]。次に見る国旗掲揚事件のように、愛国啓蒙団体による反日運動ももちろん展開されたが、愛国啓蒙団体の少なくとも幹部クラスには、その「忠君」意識を媒介にして巡幸を契機とした伊藤の民心帰服策に取り込まれる者が多かったと評することは可能であろう。

一方、巡幸に積極的に反対の意向を表明し、また治安当局が反日勢力として警戒していたのは安昌浩《アンチャンホ》らキリスト教系のグループであり、その一端を表すものとしてよく知られているのが平壌で起こった国旗掲揚事件である。国旗掲揚事件とは、奉迎に際して日韓両国旗を携帯せよという観察使の通達に対して安昌浩らのキリスト教系学校の教員や生徒が「伊藤統監ハ陛下ノ供奉員ナレハ、殊更ニ日本国旗ヲ携帯シ、敬意ヲ表スルノ必要ナシ」と唱えて反発し、国旗を携帯しなかっただけでなく、奉迎送にも参加しなかったというものである[17]。安昌浩らのこうした行動は、月脚が指摘するように、愛国啓蒙運動において涵養された忠君愛国的民族意識からするナショナリズムの発揚ととらえることができる[18]。また、このとき起こった日の丸焼却事件などが日本で報告されると、反韓感情が高まった[19]。一九〇七年の皇太子嘉仁の韓国巡啓に際してなされた内田良平の次のような憂慮は、こうした忠君愛国的ナショナリズムの高揚に対応したものといえよう[20]。内田は、皇太子巡啓にあたって、「韓の臣民は、其主の我儀仗兵に擁せらる、厳容を見て、或は韓兵を撤して我儀仗を用ゆるは、其主の我に拘禁せられしが如き悲観をなすものなきに非ざるべきも、我の韓皇帝を重んずるの至大なるを見て、生民漸く皇帝の尊きを知り、屢ば巡幸に値ひ、毎に其面貌を拝するに従て、士民倶に自ら愛君の念を起すべし。韓に在りては喜ぶべき現象たりと雖ども、韓民に教ふるに忠君愛国を以てするは、是れ我保護の下より独立することを教ふるなり[21]」と観察していた。忠君愛国的皇帝観を利用しようとする伊藤に対する日本側からの批判であり、また、後述する巡幸に対する朝鮮民衆の反応を併せ考えると、日本の儀仗兵による韓国皇帝の護衛が、皇帝の拘禁として朝鮮民衆の目に映じかねないとの観察は鋭い。国旗掲揚事件はこうした皇帝利用策がはらむ問題性をあぶり出すものであったことは間違いない。月脚が展望するように、忠君愛国意識から「愛国」意識が分離・純化されるなかで、日本の植民地支配に対する抵抗が強まり、「抗日ナショナリズム」が成立すると理解されるからである[22]。しかし、内田、そして月脚のこうした評価は、後述するように、朝鮮における「一君万民」思想の広がりを無視した上でしか成立しないものであった。

　巡幸という鎮撫策が地方官吏や一部の団体等、ごく限られた層にしか浸透せず、当局が誇るほどには朝鮮社会に影響を与えることはできなかったことは、国旗掲揚事件のような明確な反日運動だけではなく、民衆が示したさまざまな動向が示唆している。特に、伊藤博文や李完用《イワニョン》ら日韓高官の呼びかけは、一般民衆には冷静な態度で受け止められた。たとえば伊藤の演説に対して「重ナル韓人ハ、統監演説ノ信偽ハ、将来ノ統監政治ノ実際ニ鑑ミタル後ニアラサレハ容易ニ判定シ難シ」(平安南道警察部)と評価したといい[23]、また「統監、李総理ノ演説ヲ聴聞セル韓人ハ、僅カニ十名ニ過キストシテ、一般ニ周知セラレ」なかっただけでなく、「聴聞者ノ多数ハ口ヲ噤ンテ云ハス」(京畿道警察部)[24]という状況だったという。さらに平壌では、郡守蔡洙鉉《チェスヒョン》が「伊藤統監ハ世界ノ政治家ニシテ文筆アリト聞ク。今回ノ演説ハ別段他人ニ優リタルノ言ヲ聞カス」と評価したことが報告されている[25]。李完用の演説に至っては、西北学会員から「元両班ノ家庭ニ生育シタルモ、元来正式ノ教育ヲ受ケサルモノナレハ、過般倶楽部ニ於ケル演説ノ如キモ殊更ニ言辞ヲ飾リタルヲ以テ、却テ演説ノ要領ヲ没却シタリト評シ」、「李総理ノ演説ハ、総テ語句悉ク自己主義ニ流レ、耳ヲ傾ムクルノ価値毫モナシ」と罵る声まで上がった(26)。また、その演説を評価する場合でも、「統監演説ノ意ヲ酌ミタルモノヽ如ク、日韓関係上ノ誤解ヲ解キ、益日韓民ノ親和ヲ計ラントスルノ誠意ニ出テタルモノ(27)」とあるように、伊藤の意に即したものである点が強調されるなど、李完用自身を評価したものでは決してなかった。かつて李完用内閣が成立した際、正三品の位階から大臣に就任するものが多かったため「三品内閣」とする評価が各地方で上がったが(28)、人々のこうした認識が李完用に対する冷淡な評価につながったものと考えられる。

　しかし、それ以上に強調すべきは、各理事庁や治安当局から報告された「下流」朝鮮人の反応の無さであろう。「中流以上ノ社会ニアリテハ、聖慮ノアル所ト今回行幸ノ盛事ハ、統監指導ノ賜ニシテ、全ク維新ノ恩沢ニ依ルモノトシ、統監政治ノ信頼スヘキヲ暁知シタル者多ク」、「中流以上ノ老人中ニハ、感激ノ余、子孫ニ教ヘテ聖慮ニ悖ラサルヲ誓ハシメ、遂ニ断髪ヲ決行セシメタル者アリ(29)」という巡幸の成功を伝える報告から、逆に巡幸というイベントに対して民衆が必ずしも反応しなかった様子をうかがうことができる。巡幸の影響が「中流以上」の朝鮮社会に及ぶものでしかなかったことを当局自身が認めざるをえなかったのであり、圧倒的多数の民衆を無視した上でしか巡幸の成功を誇ることは不可能であった。

　一方、皇帝巡幸は、日本に阿附する者に対する朝鮮民衆の不平・不満をさらに高める契機となったという性格も併せもっていた。奉迎準備に際して平安南道《ピョンアンナムド》観察使李軫鎬《イチノ》は一般の寄付金を募って宴会費や道路修繕費を捻出しようとし、さらに巡幸に際して通行の便を図るべく「韓人家屋約二百軒ノ庇ヲ切」ったため、民衆の不平を招いた。観察使のこうした動きに対し、統監府が補償を行わせたり、準備を縮小させたりするなど、日本側が抑制する側に回らざるをえなくなった(30)。巡幸は、日常生活を営む民衆にとっては迷惑な出来事でもあったのである。また、巡幸に際して開城観察道臨時事務所で爆破事件が起きた。その事務所は、新たに開城郡守に任命された朴宇鎮《バクウジン》が所有する空き家であったが、当局はこの爆破事件について、朴宇鎮が「日人官吏ニ阿諛シテ郡守ニ任命」されたことに対する人々の嫉妬から起こったものであろうと報告している[31]。原理的に皇帝に任命されるという形をとる地方官についても、日本という中間勢力が入り込むことによって、民衆と乖離していったことがうかがわれる。さらに、巡幸に際して行われた下賜金が配られなかったことに対する不満の声が西北学会などからも上がるなど[32]、愛国啓蒙運動団体の巡幸に対する評価も決して手放しのものではなかった。皇帝巡幸は総体的には、帝国主義の新たな差別体制を朝鮮社会に埋め込んでいく契機でもあったと評価することができよう。

さらに注目すべきは、巡幸が朝鮮における政治文化を否定するさらなる契機となったという点である。巡幸に際し、治安当局による警備は厳戒を極めた。南部巡幸、西北巡幸ともに警務局長から関係警察部長あてに同一内容の通牒が送られているが、そこから、原武史が強調するように整序された空間を作り上げようとする明確な意図を読み取ることが可能である[33]。巡幸の拝観に際し、行列を横切らないことや、帽子、頭巾、笠等を脱ぐこと、「酔狂人、瘋癲、白痴者」には看護人をつけて拝観場所に近づけないこと、老人や病人、聾唖者には保護人をつけること、行列を二階などから見下ろさないことといった注意がなされていた[34]。したがって南北巡幸に際しても皇帝による諮問や謁見等は行われたが、それは官製行事の一環にすぎず、決して自由に行われたものではない。こうした治安当局による厳戒な警備は、朝鮮における直訴という政治作法の封鎖を招くこととなったのである。

朝鮮においては、序章で述べたように行幸に際して国王に直訴を行うことが比較的可能であり、特に英祖《ヨンジョ》・正祖《チョンジョ》の君権強化策のなかで数多くの民訴が行われていた。民訴の時代と呼ばれるゆえんである。勢道政治の下でそうした民訴は現実的には封鎖されていくものの(したがって民乱という実力行使によって民衆の社会正義の実現が希求される)、原理的には、直訴を行うことが儒教的民本主義の理想からは当為とされた。一九〇五年の「刑法大全」によって直訴は禁止されるが、そうした措置によって、政治作法あるいは民衆の政治への期待が容易に無くなっていくわけではない。

南北巡幸に際しても民衆は直訴という政治手法をとろうとしていた。たとえば次のような報告が行われていた。李秉《イビョン》夏《ハ》という人物が上奏文のようなものを携帯していたため、当局が捕捉して取り調べたところ、その書面には、父親を毒殺した犯人を死刑ではなく流刑にするよう請求する文言や、「自己の宅号を隠士と判書し、三四代忠臣の秉夏に尊称を追授せられたし」等の文言が書かれており、彼の挙動から「発狂者と認めらるゝを以て、馬山警察署に於て保護を与へ」、身元を調査したというのである。[35] ほかにも、申用源《シンヨンウォン》という人物が、舅に孝行を尽くした母親を孝子烈女の列に加えて表彰してくれるよう直訴した事例も報告されていた。[36] かつて民訴の内容は四件事と称して四つに制限されていたが、民訴の増加を受け、一八世紀初頭に、①子孫が父祖のために、②妻が夫のために、③弟が兄のために、④奴が主人のためにという、新四件事と称する代理申訴の措置が図られた。[37] したがって李秉夏や申用源の行動は伝統的な民訴の作法にもとづいて直訴を行おうとしたものと解しうるが、こうした行為は日本的な儀礼空間のなかで明確に否定されるに至ったのである。

三　朝鮮社会の集合心性の所在
——皇帝巡幸における流言の分析をめぐって

それでは朝鮮民衆は皇帝巡幸をどのようにとらえたのであろうか。この点について、治安当局が収集した流言蜚語を検討することでその一端を垣間見ていく。もとより流言蜚語は、事実自体が存在したかどうかそのものを示すと言うよりも、それを語り伝えていく民衆の心性のありようを表すものである。それゆえ民衆が権力にどのように対応したのかを端的に示している。[38]

まず、巡幸の目的を朝鮮社会がどのようにとらえていたのかについて検討する。代表的な流言として、①断髪励行のための巡幸というとらえ方を挙げることができる。また、②韓国政府の傀儡性を揶揄する流言や、③韓国併合の準備として行われたという理解が報告されている。

①について、韓国皇帝の断髪姿は日韓融和を象徴するものとして位置づけられており、当局は断髪者が続出したことをその成果として誇ったことは先に確認した。しかし、たとえば「西韓行幸ハ断髪励行ニアリ」[39]という流言は、手段と目的とが転倒して理解されていたことを示している。巡幸は、断髪を強いるために行われたものだと民衆にとらえられたのである。これに関連して月脚達彦は、制度的に断髪をいち早く求められた新式学校の学生が、長期休暇において帰省する際、義兵に襲われないようにするために休暇が近づいてくると、学校に断髪を免除するよう求めたことや、郡守から断髪の巡回指揮を命じられた面長が身に危険が及ぶのを恐れてその命令を拒否したという興味深い事実を掘り起こしている。[40]断髪した者にとっても、その態度は機会主義的であり、断髪に対する社会的抵抗感は依然として強かったことがうかがわれる。

②としては、当時巷間でささやかれていた韓国内閣更迭説を回避するために、伊藤の歓心を買おうとした閣員が巡幸を行わせたというソウル内での風聞が挙げられる。[41]他の流言の多くが巡幸企画の主体を統監府に求めるなかで、李完用内閣の傀儡性を批判したものとして興味深い。

③の範疇では、たとえば次のようなものがある。西北巡幸に際して「民ノ疾苦ヲ察セラル、ハ、哲宗《チョルジョン》大王〔二五代国王、在位一八四九～六三年〕ノ如クセヨ。何ソ多数ノ供ヲ率ヒ、多大ノ金ヲ費シ、徒ラニ国庫ヲ空フスルノ要アランヤ」[42]と、財政負担を強いる巡幸を行うことへの批判の声が上がった。当時、日本からの借款返済のために愛国啓蒙運動団体を中心に国債報償運動が展開されたことを考えれば、こうした批判が上がるのは当然といえよう。[43]またキリスト教信徒等の間では、「日本カ武力ヲ以テ韓国ヲ奪ウハ、列国ノ環視アル為不可能ナルヲ以テ、財政ヲ疲弊セシメ、遂ニ目的ヲ達セントシ、斯カル無益ノ企テタルモノナリ」[44]という流言がささやかれた。韓国の併合を目論む日本が、

韓国財政を破綻させるために皇帝巡幸を計画したのだという理解である。あるいは、「今回ノ行幸ハ陛下ノ意思ニアラズシテ、這般〔東洋〕拓殖会社創立セラレタルヲ以テ、約四百万人ノ日本人ヲ渡韓スルニ依リ、伊藤統監ハ陛下ニ行幸ヲ勧メテ、其地理ヲ巡察スルモノナリ(45)」といった風聞からは、日本による経済的植民地化が本格化することに対する抵抗感を読み取ることができる。

右に挙げた③までは具体化されていないが、皇帝巡幸の実施から、遠からぬ将来における政治的・社会的変動を民衆が嗅ぎ取っていたことを示唆するいくつかの流言も収集されている。たとえば、咸鏡北道《ハムギョンブクト》では「今回ハ万乗ノ身ヲ以テ遠ク柵外ニ巡幸セラル。或ハ何等カ災害ノ起ルモノナキカト憂懼スル者」がおり(46)、また平安北道《ピョンアンブクト》義州では、「下流人民ニシテ事理ニ通セサルモノ等ノ中ニハ、陛下ハ常ニ皇宮ニアラセラル、ニ拘ハラス、急激ニ此ノ極寒ノ時ニ際シ、当〔西北〕地方ニ行幸アルハ、必ス国民ニ動乱アル為メ、避難セラル、ナラン」と理解する者がいたことが報告された(47)。民衆は、皇帝巡幸を災害や動乱が勃発する予兆として理解したのである。こうした災害や動乱の勃発という風聞は、民衆の漠然とした不安や恐怖を表すものと考えるべきであり、これこそが右に見た流言の誘因と考えられよう(48)。また、そこから天譴思想を読み取ることも可能である。「動乱」の内容について右の報告は具体的にしていないが、たとえば義兵将延起羽《ヨンキウ》（延基宇、延基羽とも記載される）が、ソウル近郊の楊州《ヤンジュ》・積城《チョクソン》・永平《ヨンピョン》・抱川《ポチョン》・麻田《マジョン》・朔寧《サンニョン》各郡でこの時期に配布していた通文の「今聞ク処ニ依レハ、我皇上ハ遠カラス廃止セラル、ヤノ説アリ。……既ニ疆土ハ侵略セラレ、加之皇帝ヲモ廃止セラル、ニ至ラハ、国民ノ恥辱此上ナカル可シ(49)」という文言等を併せ考えると、韓国の廃滅を意味していたものと考えられる。

そしてこうした民衆の理解を顕著に表すのが、巡幸の目的を、韓国皇帝を日本に連れ去るものととらえる流言である。以下、この流言について詳しく検討する。南部巡幸の際、大邱の学生のなかには「韓皇帝陛下カ統監ノ為メニ日本国ニ拉シ去ラルニ非サルナキカヲ疑ヒ、鉄路ヲ枕トシテ之ヲ沮止《ママ》セン」と企てる者がいたという(50)。また、「鉄道沿道ノ民情ハ、間々陛下日本ニ拉去セラル、モノナリトノ無稽ノ言ヲ為ス者ナキニアラス」（京畿道）といった状況であり、「行幸ノ名義ニ止マリ、其ノ内容ハ、余儀ナキ事情ノ下ニ日本ニ拉去セラル、モノニシテ、陛下ヲ拝スルコト之ヲ空前絶後トストナシ、車窓ヲ拝シテ落涙別離ヲ惜ム者」や「頑冥思想ヲ懐ケル両班儒生等ハ、行幸ハ日本ノ圧迫ニ依リ渡日ヲ為サントスルモノナリト推シ、不快ノ感ヲ惹起セル」（忠清北道）者が続出した。[51]警務局長松井茂の調査報告によれば、同様の流言は、ほかにも忠清南道《チュンチョンナムド》、全羅南道《チョルラナムド》、慶尚南北道《キョンサン》、黄海道《ファンヘド》、咸鏡南道《ハムギョンナムド》でも確認されていた。[52]憲兵隊京畿道金浦《キムポ》分遣所長は、ソウル近郊の金浦郡における流言の発生源を「排日派」である金浦郡守と特定する調査を報告するなど、[53]こうした流言を「排日派」が主導しようとしたものと見なそうとした。

しかし、より重要なのは、そういった風聞を受容する民衆の心性である。これらの風聞の内容およびその地域的広がりから看取できるのは、朝鮮民衆が行幸を日韓親善のセレモニーとしてはとらえず、皇帝存続の危機を招来するものととらえたということであり、しかもそうした理解が巡幸路周辺に限定的に現れるのではなく、広範な地域にわたってなされていたという事実である。この地域的広がりという点に関連して月脚は、南部巡幸に対する抵抗運動が「一君万民」的な皇帝観から行われたのに対し、西北巡幸は「忠君愛国」的な皇帝観にもとづいてもっぱら行われたと性格づけしているが、[54]一君万民的皇帝観の民衆的広がりを視野に入れない疑問のある評価である。その評価は、西北巡幸における反日運動を、先に述べた国旗掲揚事件に代表させてなされたものであり、ここで見たような流言蜚語が、たとえば南部巡幸に際しても北西部地域や巡幸が行われていない地域にまで広がっていたという事実を看過している。

そしてこうした民衆の危機意識は、明治天皇が韓国皇帝の巡幸に敬意を表するという名目で、伊藤が釜山および馬山へ派遣させた第一・第二艦隊への韓国皇帝臨幸によってさらに高まることとなった。艦隊派遣は、日韓皇室の親睦を演出するとともに、「韓国上下ノ人心ニ影響ヲ与ヘタルヲ疑ハス」[55]という伊藤の明治天皇への上奏から明らかなように、日本の威容を朝鮮官民に誇示するために行われたものである。こうしたセレモニーに対する釜山の民情について、治安当局者は次のように報告している(56)。第二艦隊旗艦吾妻の臨観に際し、「「何ノ為メ軍艦来ルヤ」、「或ハ陛下ヲ日本へ連レ去ル為メニアラスヤ」トノ疑惑ヲ一同懐キタルモノ、如ク、〔一月〕八日ノ夜十二時後、行在所〔皇帝の宿泊施設〕前ニ跪キ通夜ヲ為サントシテ、警察ノ説諭ニ遇ヒ、立去リタルニ、群衆中ニハ、「コレカ最早御別レニナルヤモ知レヌカラ、如何ナルコトアルモ今夜ハ通夜スヘシ」申居リシモノモアリテ、彼等カ御別レ云々ノ語ハ、陛下カ日本ニ拉去セラル、ノ意ヲ含ミ居リシモノナリシ」という状況であったという。

この状況について南部巡幸に随行した中枢院議長金允植《キムユンシク》は、「この夜府民ら、大駕乗艦することを疑い、あるいは東渡の訛言あり、府民は結死隊《ママ》四百五十名を募り、夜に達し宮を衛る。宮内大臣は万端暁諭するも終に解散せず、巡検揮ってこれを逐散す。民情愚かといえどもまた貴ぶべきなり(57)」と記している。『大韓毎日申報』も、韓国皇帝を日本に渡航させるものと訝って四〇〇〇名あまりが決死隊を組織したという消息や、乗艦しようとする皇帝を阻止するために衣服を道路に脱いでさえぎったこと、用意していた六〇艘の木船で軍艦を包囲したことなどを報じている(58)。また『梅泉野録』によれば、港口に群がり、皇帝の車駕を護持する示威運動を行った釜山の民商は数万人に上った(59)。示威運動に参加した人数は史料によって大きく開きがあるが、その数字の差異よりも、より重要なのは、伊藤が日本の富強を誇示するために派遣させた日本の軍艦が、皇帝を日本へ連れ去るための手段として民衆の目に映ったという点である。こうした民衆の動きを目の当たりにし、伊藤は皇帝を乗艦させて釜山湾内を航行することをあきらめざるをえなかった(60)。威容を誇示して日本の韓国「指導」を正当化しようとする伊藤の意図は、民衆の皇帝幻想の前に完全に裏目に出たのである。

こうした皇帝の渡日・拉致という流言に対する民衆の示威運動に対し、治安当局は「十日、滞リナク馬山へ向ケ御発輦アラセラレタルヲ以テ、前述ノ疑惑ハ全ク氷解シ、一般地方民情御視察行幸アリシモノ感喜《ママ》シ居レリ(61)」として、行幸が滞りなく進むにつれて民衆の「疑惑」が解け、行幸を歓迎するようになったと報告している。しかし、こうした当局の理解は楽観にすぎた。たとえば次の巡幸地である馬山において、民衆の「憤鬱之心」に直面した伊藤が途中で演説を切り上げなければならなかったし、[62] 西北巡幸においても同様の「疑惑」が民衆に再浮上したからである。西北巡幸に際しても、「遂ニハ日本ヘ連行セラル、準備ニシテ、韓皇ノ意志ニハアラズ、日本ノ為メ余義《ママ》ナクサレタルナリ」[63] という理解が頻発した。さらに「平壌ニ於テハ、北韓行幸ハ日本人カ政略上誘ヒ出シタルモノニテ、之レヨリ又元山ニ御巡行ヲ勧メ、同地ヨリ日本ニ船ニテ陛下ヲ連レ行カントスルモノ」であるため、「決死隊ヲ作リ、平壌以北ノ巡行ヲ止メントノ企」てがなされたことが報告されている。[64] 巡幸途上、元山から日本へ皇帝を連行しようとしていると見なし、義州への巡幸を阻止しようとして平壌で決死隊の結成が企てられたというのである。

この西北巡幸における決死隊結成の動きについてはいくつかの報告がなされている。たとえば、京畿道楊州郡で活動していた義兵将金鳳洙《キムボンス》、李奎瓚《イキュチャン》は、同郡柳木《ユモク》洞長を集め、韓国皇帝の西北巡幸に際して「我々義兵ハ、今回皇帝陛下カ義州ヘ行幸アラセラル、ニ付、決死隊ヲ組織シ、行幸ヲ御取止マサルノ行動ヲ為サントス。否ラサレハ、今次必ス日本ニ御渡航アラセラル、ニ至ラン。然ルトキハ大韓国ハ全ク破滅スルニ至ルヘシ」[65] と演説した。また、平壌では、韓人商業会議所や泰西学校、その他キリスト教系中学校でも決死隊結成の意見が出たという。[66] 平壌理事庁理事官は、調査の結果、決死隊結成の動きは単なる流言にすぎなかったと報告しているが、[67] ここで注意したいのは、皇帝の渡日阻止という名目において義兵および愛国啓蒙団体がともに決死隊を結成しようとする動きを見せたことである。朝鮮民族運動史の立場からは、この段階では一般的に、義兵闘争と愛国啓蒙運動とが合流することなく、むしろ互いに批判しあう関係にあったことが指摘されてきた。しかし右に示した義兵、愛国啓蒙運動団体の両陣営がともに決死隊を結成しようとする動きを示していたことは、皇帝幻想を媒介にして両者を貫きうる広範な民衆的基盤が存在した可能性を示唆している。

そして日本に対する民衆の不信感は、還幸後においても、「今回西南地方ニ巡幸シ、無事還幸セラレタルモ、之レ日本人ノ計略ニシテ、韓国人ヲシテ疑念ナカラシメ、然ル後国外ニ連レ行カントスル[68]」とする流言を招いた。また、太皇帝高宗《コジョン》を日本に連れ去る布石としてまず純宗を巡幸させるという流言も同様の集合心性にもとづくものと考えられる[69]。この流言からは、民衆の皇帝イメージにおいて先帝高宗と純宗との間には明確な優先順位が存在したことがうかがえる。一九一九年に起こった三・一独立運動が高宗の葬儀を契機として起こったことが象徴するように、高宗に対する皇帝幻想は依然伏流し続けていくと考えられるからである。民衆は、伊藤をはじめとする数多くの日本人が陪従する皇帝巡幸という一大イベントから政治的変動を予期せざるをえなかったのであり、むしろ日本への反発は強まっていたといえる。徐々に民心が日本の施政になびいているという日本側の見立てはまったくの希望的観測にすぎなかったのである。

さらに日本による皇帝拉致という流言は、南北巡幸に際して起こった一過的な現象ではなく、おそらく保護国期を通じてささやかれ続けたと考えられる。一九〇七年のハーグ密使事件の善後策として高宗が譲位させられた際にも、やはり同様の風聞が流れたことが報告されているからである。ソウルでは同友会という団体が決死隊を組織し、善後策を講じるために韓国に出張していた外相林董が帰国する際に韓国皇帝を日本に同行することがあれば、それを阻止するという宣言文を発表し、実力行動をとったという[70]。また釜山理事庁からの報告では、「路傍ノ訛伝ヲ綜合スルニ、前皇帝陛下ノ所在不明ナリト云ヒ、又已ニ統監邸ニ幽囚セラレアルト称シ、又ハ日本ニ連レ行カル、抔評シ、暫時該説ノ流布シツ、アル[71]」といった状況や、「金海《キメ》郡金海邑ニ於テ韓国皇帝陛下ハ日本へ御渡航被為在コトニ決シ、草梁《チョヤン》迄下向セラレタリトノ風説起リ、為メニ一時地方人心ノ動揺ヲ来シ、愚昧ナル韓人ハ酒ヲ飲ミ、業ヲ休ミ、有事ノ時ニ応スルノ覚悟ヲナセル抔、悲観ヲ鳴ラセルモノアリ[72]」といった状況が伝えられていた。皇帝譲位を契機に、高宗が日本に連れ去られるという流言が釜山管内で広がり、朝鮮王朝時代、国政への抗議行動としてしばしば行われた民衆の示威運動である撤市などの抗議活動が行われたのである。韓国駐箚軍長谷川好道を中心に高宗を日本に連行することが検討されていたが(第二章第一節第三項参照)、この時の皇帝拉致という流言は、そうした日本の動きとは連関性をもつものではなく、おそらく自然発生的に広まったものである。さらに、そうした流言を契機とした暴動も発生した。ソウルでは、七月一八日夜、高宗が譲位すると、翌一九日朝、鍾路《チョンノ》に集まった群衆のうちの一部が侍衛歩兵第一連隊第三大隊の兵営に押しかけ、「皇帝は今日本に移されんとして仁川に向ふ途中にあり」と唱え、これに応答した兵士約一〇〇人が鍾路巡査派出所を襲い、警察官を射撃した。さらに、二〇日には「陛下は本日日本に出発す云々」と唱えながら、決死会という一団が示威運動を行うという事件が起きていた(73)。

一九〇七年の皇帝譲位および一九〇九年の南北巡幸に共通した民衆のこうした動きは、勤王(勤皇)思想が広範囲にわたっており、皇帝の危機意識を媒介にして抵抗運動が展開されていることを示している。それでは、こうした朝鮮社会に広範に見られる勤王思想と、韓国皇帝の権威を利用した伊藤の朝鮮民衆支配との関係をどのように理解したらよいであろうか。南北巡幸後の四月三〇日に押収された『新韓民報』の記事「皇室ハ国ヲ滅スノ利器ニ非ラス」の要旨からこの問題を考えてみたい(74)。同記事は、イギリスの皇室と韓国の皇室とを比較しながら、「韓人ハ主権アリテ後始メテ君主アルノ理ヲ解セス、皇室国家ヲ混同シ、遂ニ国ヲ滅セリ」と、韓国における近代的国家概念の欠如を批判する。その上で「奸譎ナル日奴ハ、此愚ヲ奇貨トシ、君主ヲ擁セハ人民ニ命令シ得ヘシトナシ、強締セル条約、一進会綱領ニ皇室尊厳ノ文字ヲ加ヘ、伊藤博文ハ皇帝ヲ西南韓ヘ連行シテ皇室ト親密ナルコトヲ示シ、皇太子ニ日女ヲ配シ、忠憤慷慨ノ民心ヲ籠絡スル妙案ヲ案出セリ」とまとめている。韓国における民衆の皇帝幻想の強さと国家観念の乏しさを批判し、そこに日本がつけ入る余地があったとする啓蒙主義的立場からの論説である。伊藤の皇帝利用策の底意を衝くものであり、その限りで統監府批判になってはいる。しかしそれだけに、その愚民観および皇帝観は伊藤のそれと軌を一にするものであり、帝国主義批判になりえていない。それどころかむしろ先に示した忠君愛国的皇帝観を利用しようとする伊藤の政策への内田良平の批判と論理的に一致したものとなっている。朝鮮民衆の国家観念の弱さを問題視するその見解は、社会進化論的な国家観の立場からなされたものであり、国家の存在意義を道義の実現よりも国権の拡張に置いていたからである。

こうした啓蒙主義的立場においては、当時展開されていた義兵闘争の抵抗論理はまったく射程に入れられていない。たとえば西北巡幸に際し、義兵将李殷瓚《イウンチャン》、尹仁順《ユンインスン》両名は、京畿・江原《カンウォン》・黄海各道の義兵に通文を送り、還幸する皇帝を京畿道抱川郡で出迎え、「吾々ハ此通リ国家ノ為メ苦労スル旨」を上奏することを呼びかけている[75]。ここに見られるのは、あくまでも勤皇意識にもとづいて義兵闘争を遂行し、さらに道義を果たす自らの立場を上疏によって正当化しようとする義兵の姿である。『新韓民報』の記事では、こうした義兵の政治的論理をとらえることができない。『新韓民報』記事執筆者が批判するような皇帝と国家とを一体化させた国家像は、日本の植民地統治が朝鮮民衆の生活を寸断するなかで、むしろこの時期に儒教的民本主義からする一君万民的な皇帝幻想を梃子にして急速に民衆レベルに広まっていったものと考えるべきであろう。仲介勢力日本と親日傀儡政権の支配が苛烈であればあるほど、そうした皇帝幻想にもとづき、民衆の思い描く社会正義の最終的な実現は皇帝に期待されることとなる。しかし、巡幸時の数々の流言が示唆するように、日本に拘束された皇帝像という理解は亡国への胎動を感じさせるものとなり、民衆の皇帝への危機意識が国家意識を高揚させていったのである。

（１）『日本外交文書』四二―一、一八三頁。
（２）春畝公追頌会編『伊藤博文伝』下巻（統正社、一九四〇年）、八二三頁。
（３）『旧韓国官報』一九〇九年一月四日付号外。
（４）『伊藤博文伝』下巻、八一八頁。
（５）『駐韓日本公使館記録』三五巻、三五～三六頁、『統監府文書』九巻、二二〇頁、小松緑『朝鮮併合之裏面』（中外新論社、一九二〇年)、五二頁。
(6)『旧韓国官報』一九〇九年二月七日付号外。
(7) 月脚達彦「「保護国期」における朝鮮ナショナリズムの展開――伊藤博文の皇室利用策との関連で」(『朝鮮文化研究』七号、二〇〇〇年)、六三〜六四頁。
(8)『駐韓日本公使館記録』三五巻、一七八頁、『統監府文書』九巻、二六四頁。
(9)『駐韓日本公使館記録』三六巻、三六〜三七頁、『統監府文書』一〇巻、二六三頁。
(10)『大韓毎日申報』一九〇九年一月九日付「愛髪郡守」。
(11)『駐韓日本公使館記録』三五巻、一二八頁、『統監府文書』九巻、三四一頁。
(12)『駐韓日本公使館記録』三五巻、四一頁、『統監府文書』九巻、二八五頁。
(13)『駐韓日本公使館記録』三五巻、一〇三頁、『統監府文書』九巻、三二八頁。
(14)『駐韓日本公使館記録』三五巻、二〇〇頁、『統監府文書』九巻、二八三頁。
(15)『駐韓日本公使館記録』三六巻、一〇〜一一頁、『統監府文書』一〇巻、二四五頁。
(16)『駐韓日本公使館記録』三五巻、一一一頁、『統監府文書』九巻、三三六頁。
(17)『駐韓日本公使館記録』三五巻、一二六頁、『統監府文書』九巻、三三九頁。
(18) 月脚達彦「「保護国期」における朝鮮ナショナリズムの展開」、六八頁。
(19) 海野福寿『韓国併合史の研究』(岩波書店、二〇〇〇年)、三三七頁。
(20) 原武史『直訴と王権』(朝日新聞社、一九九六年)、二〇九〜二一〇頁、参照。
(21) 葛生能久『日韓合邦秘史』上巻(原書房、一九六六年復刻)、三五五頁。
(22) 月脚達彦「「保護国期」における朝鮮ナショナリズムの展開」。
(23)『駐韓日本公使館記録』三五巻、二〇一頁、『統監府文書』九巻、二八四頁。
(24)『駐韓日本公使館記録』三五巻、一九九頁、『統監府文書』九巻、二八二頁。

(25)『駐韓日本公使館記録』三五巻、一二五頁、『統監府文書』九巻、三三八頁。
(26)『駐韓日本公使館記録』三五巻、一二九～一三〇頁、『統監府文書』九巻、三四二頁。
(27)同右。
(28)『日本外交文書』四〇―一、五六七頁。
(29)『駐韓日本公使館記録』三五巻、一四一、一四三頁、『統監府文書』九巻、三四九～三五〇頁。
(30)『駐韓日本公使館記録』三五巻、七九～八〇頁、『統監府文書』九巻、二九一～二九二頁。
(31)『駐韓日本公使館記録』三五巻、一二三頁、『統監府文書』九巻、三三五頁。
なお、この爆発をめぐっては、伊藤博文を暗殺するものであるという流言蜚語が広まっていた(黄玹『梅泉野録』国史編纂委員会、서울、一九五五年、四八三頁)。
(32)『駐韓日本公使館記録』三五巻、一一五頁、『統監府文書』九巻、三四〇頁。
(33)原武史『直訴と王権』、第二章、参照。
(34)松田利彦監修『韓国「併合」期警察資料』三巻(ゆまに書房、二〇〇五年)、一一〇～一一一頁。
(35)同右書、一七九～一八〇頁。
(36)同右書、二五三～二五四頁。
(37)李泰鎮(六反田豊訳)『朝鮮王朝社会と儒教』(法政大学出版局、二〇〇〇年)、三〇七～三〇八頁、原武史『直訴と王権』、三〇～三一頁。
(38)G・ルフェーヴル(二宮宏之訳)『革命的群衆』(岩波文庫、二〇〇七年)、第二章、二宮宏之『全体を見る眼と歴史家たち』(平凡社ライブラリー、一九九五年)、第二部、参照。
(39)『駐韓日本公使館記録』三五巻、二〇〇頁、『統監府文書』九巻、二八四頁。
(40)月脚達彦「「保護国期」における朝鮮ナショナリズムの展開」、六六頁。
(41)『駐韓日本公使館記録』三六巻、五〇頁、『統監府文書』一〇巻、二七二頁。

ただし、伊藤は、当時の閣内不一致を回避することも巡幸の目的の一つとして挙げていた(『駐韓日本公使館記録』三五巻、二三三頁、『統監府文書』九巻、二三八頁)。
(42)『駐韓日本公使館記録』三五巻、一一八頁、『統監府文書』九巻、三三四頁。
(43)国債報償運動については、田口容三「李朝末期の国債報償運動について」(『朝鮮学報』一二八、一九八八年)、参照。
(44)『駐韓日本公使館記録』三五巻、一一八頁、『統監府文書』九巻、三三四〜三三五頁。
(45)『駐韓日本公使館記録』三五巻、一二二頁、『統監府文書』九巻、三三四頁。
(46)『駐韓日本公使館記録』三五巻、一九七頁、『統監府文書』九巻、二八一頁。
(47)『駐韓日本公使館記録』三五巻、一〇一頁、『統監府文書』九巻、三二七頁。
(48)須田努は、ジャン・ドリュモーによりながら、恐怖と強く連関性をもって風聞が生み出されていくと指摘している(須田努『「悪党」の一九世紀』青木書店、二〇〇二年、第三章)。
(49)『駐韓日本公使館記録』三六巻、三四〜三五頁、『統監府文書』一〇巻、二六二頁。なお、延起羽は李殷瓚と行動をともにしていた旧韓国軍出身の義兵将である。
(50)『駐韓日本公使館記録』三五巻、一七五頁、『統監府文書』九巻、二六三頁。
(51)『駐韓日本公使館記録』三五巻、一九四〜一九五頁、『統監府文書』九巻、二七九〜二八〇頁。
(52)『駐韓日本公使館記録』三五巻、一九四〜一九七頁、『統監府文書』九巻、二七九〜二八二頁。
(53)『駐韓日本公使館記録』三六巻、三一頁、『統監府文書』一〇巻、二五四頁。
(54)月脚達彦「「保護国期」における朝鮮ナショナリズムの展開」、六九〜七〇頁。
(55)『駐韓日本公使館記録』三五巻、二八頁、『統監府文書』九巻、二三二頁。
(56)『駐韓日本公使館記録』三五巻、一七八〜一七九頁、『統監府文書』九巻、二六四頁。
(57)『続陰晴史』下巻(国史編纂委員会、서울、一九六〇年)、二七七頁。
(58)『大韓毎日申報』一九〇九年一月一七日付「釜民献忠」。

(59)『梅泉野録』、四八三頁。
(60)『続陰晴史』下巻、二七七頁。
(61)『駐韓日本公使館記録』三五巻、一七九頁、『統監府文書』九巻、二六四～二六五頁。
なお、金允植も「御駕が艦を下るに、疑惑すなわち解け、民情洽然とす」(『続陰晴史』下巻、二二八頁)と記している。
(62)『大韓毎日申報』一九〇九年一月一七日付「馬港民気」。
(63)『駐韓日本公使館記録』三六巻、五五頁、『統監府文書』一〇巻、二七六頁。
(64)『駐韓日本公使館記録』三五巻、一一七頁、『統監府文書』九巻、三二九頁。
なお、『伊藤博文伝』は伊藤が西北巡幸を奏請したとしているが(『伊藤博文伝』下巻、八二二頁)、西北巡幸は、伊藤ではなく韓国皇帝および韓国政府の発案により行われたと考えられる(『日韓外交資料集成』六下、一一五六頁、『駐韓日本公使館記録』三五巻、七三頁、『統監府文書』九巻、二八八頁)。
(65)『駐韓日本公使館記録』三六巻、四六頁、『統監府文書』一〇巻、二七〇頁。
(66)『駐韓日本公使館記録』三六巻、五三～五四頁、『統監府文書』一〇巻、二七四～二七五頁。『駐韓日本公使館記録』三五巻、一一〇頁、『統監府文書』九巻、三二六頁。
(67)『駐韓日本公使館記録』三五巻、一二一頁、『統監府文書』九巻、三三三頁。
(68)『駐韓日本公使館記録』三五巻、一四二頁、『統監府文書』九巻、三五〇頁。
(69)『大韓毎日申報』一九〇九年一月一二日付雑報「韓皇陛下의 地方巡狩하시는 理由」。
(70)戸叶薫雄・楢崎観一『朝鮮最近史』(蓬山堂、一九一二年)、一二三～一二四頁。
(71)『駐韓日本公使館記録』三一巻、三四頁、『統監府文書』三巻、四一三頁。
(72)『駐韓日本公使館記録』三一巻、二八頁、『統監府文書』三巻、四一八頁。
(73)「朝鮮暴徒討伐誌」(金正明編『朝鮮独立運動』一巻、原書房、一九六七年、一三七頁)。
なお、外国勢力による皇帝の連行という風聞は、壬午軍乱時の清国による大院君連行という歴史的経験を踏まえたものと考えることも可能である。

(74)『駐韓日本公使館記録』三四巻、五〇六〜五〇七頁、『統監府文書』一〇巻、五二〇頁。「皇太子ニ日女ヲ配シ」の文句を考慮すると、『大韓毎日申報』一九〇九年一月八日付「東宮許婚」を踏まえた記事と考えられる。

(75)『駐韓日本公使館記録』三六巻、六〇〜六一頁、『統監府文書』一〇巻、二八〇頁。

小括

統監府の施政に対して義兵闘争や愛国啓蒙団体による救国運動など、広範な抵抗運動が展開された。こうした動向に対して統監伊藤博文は、第三次日韓協約体制にもとづいて近代化政策を進める一方で、「君主ヲ擁セハ人民ニ命令シ得ヘシ」(『新韓民報』)ととらえ、韓国皇帝の権威を利用した民心収攬策を進めていった。そうした伊藤の皇帝利用策は、王朝末期の政治的混乱と対外危機感の高揚によって従来の統合理念が動揺するなかで甲午改革以降に進められた国民創出運動において涵養されていた「忠君愛国」的皇帝観を日本の支配に適合するように再編しようとしたものであり、一九〇九年初頭に行われた南北巡幸はそうした皇帝利用策の最たるものとして位置づけられる。伊藤の対韓政策は朝鮮民衆と共有しうる統合理念を創出しようとしたものであり、物理的暴力にもっぱら依拠した植民地統治方式ではないという意味で三・一独立運動後に第三代朝鮮総督斎藤実により行われた文化政治の先駆的形態として位置づけられるものである。国旗掲揚事件に見られるように、忠君愛国意識を純化させることによって日本への抵抗を強化させる方向性ももちろん存在したが、こうした政策によって近代的文明主義に妥協的な愛国啓蒙団体等の一部取り込みに成功していった。

しかし皇帝巡幸を通じて伊藤は、帰服を図ろうとした義兵はもちろん、朝鮮民衆のさまざまな形での反発に遭遇することとなった。皇帝と民衆とが儒教的民本主義を媒介にして原理的に直接結びつくという一君万民的な勤王（勤皇）思想が、甲午農民戦争および大韓帝国期に行われた民衆の変革運動において朝鮮社会に広く受容されていたからである。こうしたなかで皇帝の権威を利用した支配を行うことは日本にとって両刃の剣であった。それは、『新韓民報』が指摘したように、国王幻想にもとづくイデオロギー支配を成立させうる広範な基盤が存在することを意味する一方で、儒教的民本主義が色濃く根づいた朝鮮社会においては、皇帝の利用が仲介勢力への民衆の闘争を苛烈化させかねなかったからである。こうした一君万民的な皇帝幻想を支えたのは民衆の社会正義実現への希求であり、それは日本の統治が過酷なものとなればなるほど、より先鋭化されざるをえなかった。伊藤が朝鮮民衆の民心帰服を図ろうとした皇帝巡幸は、皇帝の日本への拉致という流言が暗示するように、日本に拘束された皇帝像を人々に現前化させ、またその拘束は亡国への胎動と理解されることによって民衆の始原的ナショナリズムを掘り起こしていった。皇帝に対する危機意識が国家意識の高揚へと流れ込んでいくこととなったのである。

こうして忠君愛国的論理にもとづく皇帝の支配イデオロギーを民心収攬策に利用しようとする伊藤の試みは、朝鮮社会に深く根差した一君万民的皇帝観の前に挫折させられていく。したがって韓国を併合するに際し、第三次日韓協約体制を挫折せしめた朝鮮民衆のナショナリズムの源泉を断ち切らねばならないことが日本の政治家に痛感されるに至る。それを端的に示すのが本節冒頭で示した小村意見書である。小村が韓国併合に際して韓国皇帝を政治的に無力化しようとしたのは、まさに日本への抵抗を全社会的たらしめている一君万民的皇帝観と朝鮮民衆のナショナリズムとの連関性を断ち切るためであった。物理的暴力による弾圧を行う一方で新たな統合理念を示して民心を収攬しようとする伊藤の統治構想が、伝統的な政治文化にもとづく民衆の反発の前に挫折した以上、その統治方式は物理的暴力に一元化されていくことになる。

したがって小村の意見は、朝鮮社会から支配の合意を得ようとする回路をまったく無視するものとなった。そしてそうした民心収攬を度外視した統治策は、すでに日露戦争下の義兵弾圧過程において現れていたように、朝鮮社会全体を「治安維持」の対象とせざるをえないものとなる。こうして朝鮮民衆の秩序回復へのあらゆる行動が、日本にとって「治安紊乱」と把握されていく。ここに韓国併合後に武断統治が登場する背景がある。武断統治登場の原因を、日本の支配に抵抗した義兵闘争などの民族運動が強固なものであったことに求めるだけでは十分ではない。儒教的民本主義に裏打ちされた朝鮮の政治文化が、そうした民族運動を下支えし、より強固なものにしていったのである。

第四章

併合論の相克

射殺直前の伊藤博文（1909. 10. 26　ハルピン駅頭）

前頁写真＝李圭憲『사진으로 보는 独立運動』上，서문당，서울，1987

はじめに

一九一〇年八月、日本は大韓帝国を併合した。日露戦争以降、韓国に対する実効的支配を進めてきた日本であったが、この時点で、韓国を廃滅させて日本に編入した。それでは、日本は、どのような過程を経て韓国併合を断行したのであろうか。

この問題を考える上で押さえておかなければならないのは、①それまでの統監伊藤博文の対韓政策と韓国併合との連関性をどのように把握するのか、②日本の政治指導者層において韓国の併合は当然のことと見なされていたのか否かという問題である。①については、一九〇九年六月にそれまで対韓政策の最高責任者であった伊藤博文が統監を辞任したことが、日本の韓国併合過程において一大転機となったことは、従来数多くの研究で指摘されてきた(1)。そして②については、森山茂徳の研究以降、日本の政治指導者の韓国併合に対する意向をめぐり、伊藤の保護国論にもとづいて展開された「自治育成」政策が崩壊する過程で韓国が併合されるととらえる見解が一般的である。しかし、②について言えば、これまで明らかにしてきたとおり、日本の政治指導者層には韓国を併合するという究極的な目標についての根本的対立は存在しなかった。そして本論で詳述するように、①についても、日本の政治指導者層に複数の韓国併合構想が存在していたが、一九一〇年初頭段階でも依然、伊藤の影響を受けた韓国併合構想が優勢であった。

したがって韓国併合過程を考察するにあたり、特に①について、一九〇九年段階に存在した複数の併合構想が、どのようにして実際に行われた韓国併合計画に収斂していくのかという過程について再検討する必要がある。従来の韓国併合過程に関する研究では、そもそも複数の併合構想が存在したことについては等閑視されてきたし、併合構想の差異について指摘はされても、そうした韓国併合をめぐる方法論上の差異がなぜ生じるのかという点にはほとんど関心が払われなかった。複数の併合構想の対立軸が何に基因しているのかという点を明らかにしなければ、日本の韓国併合過程および植民地支配を動態的に把握することは困難である。韓国併合構想上の差異は、併合に先立って克服すべき条件がどのようなものかという点をめぐって生じていたと考えられるためである。換言すれば、どの時点であれば韓国を併合できるのかという点についての認識の差異がその基底に横たわっているはずであり、必然的にそこでとられる政治手法も異なるものとなる。

こうした併合構想をめぐる方法論上の差異について本章では、「武断派」、「文治派」、あるいは軍部、文官派といった日本政府内の人脈的分類などではなく、それぞれの併合構想が併合時機をどのように見通していたのかという点に着目して考察していく。第三次日韓協約体制成立後の対韓政策をめぐる意見対立は、あくまでも併合の方法をめぐって発生したと考えるからである。そしてこうした視角をとることは、それぞれの併合構想が国家権力をどのように認識するのかという点をも問わずにはおかないし、さらに、その作業を通じてそれぞれの朝鮮民衆観をも描くことが可能となるはずである。ここでは最終的目標である韓国併合を「漸進」的に進めるのか、それとも「急進」的に達成するのかによって併合構想・併合論を大別し、それぞれを漸進的併合論、急進的併合論という用語を使って分析する。

そして最終的に急進的併合論、より正確に言えば、すぐにでも併合を断行するという即時併合論が漸進的併合論を圧倒したことは、韓国併合に合わせて成立した植民地統治機関のあり方、すなわち朝鮮総督府が強力な軍事力と絶大な権力を併せもったという特徴をも規定したものと考えられる。朝鮮総督府は、大日本帝国の他の植民地統治機関と比較するとき、監督機関が存在せず天皇に対してのみ責任をもつなど、その職権において抜きん出た存在であった。このような権限を付与されたことが、複数の韓国併合構想が一つに収斂していく過程とどのような連関性をもったのかを探ることも本章の課題となる。植民地権力の特徴を、被従属地域の日本への編入過程からとらえ返す視角が求められるだろう。

以下、本章では、伊藤の統監辞任および日本政府が韓国併合方針を決定した一九〇九年七月六日閣議決定「韓国併合に関する件」以降、韓国併合構想が展開していく過程について、国家権力解体の観点から明らかにしていく。

なお、本章および第五章で参照する史料中、「韓国併合ニ関スル書類」(国立公文書館二A―一―(別)一三九)について補足する。「公文別録」に収録された同史料は、長短三八編、罫紙約三〇〇葉の書類から構成され、韓国併合当時の内閣(内閣総理大臣―桂太郎、内閣書記官長―柴田家門)の下に集められた史料群である。閣議決定や電報類とともに各種意見書が綴じ込まれており、今後、韓国併合史研究を行う上で基本史料となるであろう。なお同書類は、我部政男・広瀬順皓の編集によりマイクロフィルム化されている(我部政男・広瀬順皓編『公文別録』(ゆまに書房、一九九八～二〇〇一年、R一二四)。

(1) 森山茂徳『近代日韓関係史研究』(東京大学出版会、一九八七年)、同『日韓併合』(吉川弘文館、一九九二年)、海野福寿『韓国併合』(岩波新書、一九九五年)、同『韓国併合史の研究』(岩波書店、二〇〇〇年)、参照。

第一節　伊藤博文の統監辞任と韓国併合をめぐる日本政府の動向

三年半にわたって最高責任者として対韓政策に従事してきた統監伊藤博文は、一九〇九年六月一四日付で枢密院議長に転じ、後任には副統監であった曾禰荒助が就任した。次いで七月六日、閣議決定において日本政府は韓国を併合することを正式に方針とすることを決めた。それでは伊藤の統監辞任は、統監府の政策、ひいては日本の対韓政策にどのような影響を及ぼしたのであろうか。

従来の研究では、伊藤の統監辞任をもってそれまでの「漸進主義」的な保護政策が放棄され、以後日本は韓国の併合方針に直進するという見解が大勢を占めてきた[1]。森山茂徳は、伊藤が自身の「自治育成」政策の蹉跌を認めざるをえず、統監辞任以後は桂太郎らの韓国併合論を受け入れた、ととらえた[2]。その後の研究でも、たとえばその辞任を伊藤の「改宗」と位置づけた海野福寿など、大筋で森山の見解を受け入れている[3]。すなわち伊藤の統監辞任はその韓国保護政策の挫折であり、それによって日本の対韓方針は保護国としての統治から併合へとシフトしたと理解されてきた。

しかし、第二章で明らかにしたように、伊藤は、第三次日韓協約体制によって韓国の併合を円滑に進めようとしていたのであり、伊藤を単純に保護国論者ととらえることはできない。そもそも韓国の併合に関して伊藤が「改宗」したというとらえ方は『伊藤博文伝』の編者ら（特に小松緑や倉知鉄吉）による理解にもとづくものである。伊藤の方針転換について『伊藤博文伝』は、一九〇九年七月六日の閣議決定に先立つ四月一〇日に行われた桂らとの韓国併合方針に関する会談で伊藤が桂、小村寿太郎の韓国併合方針を受け入れたことをもって、「意外にもこれに異存なき旨を言明した」と認識した(4)。伊藤が併合方針に賛意を示したことを「意外」ととらえるがゆえに、伊藤の統監辞任は「漸進主義」(韓国保護国論)が後退し、以後「急進主義」(併合論)が採用される転機となったと論理的に位置づけられたのである。

それでは、果たしてこのような伊藤への評価は的を射たものであろうか。あるいは、そうした評価が妥当でないとすれば、従来の韓国保護政策と、韓国併合を正式に方針化した閣議決定との整合性について伊藤はどのようにとらえていたのであろうか。本節では伊藤の統監辞任後の日本政府における対韓政策構想を取り上げ、伊藤の統監辞任と日本政府の韓国併合方針決定との連関性について再検討する。

(1)　たとえば『伊藤博文伝』をはじめ、枚挙にいとまがない。研究史上でも、たとえば森山茂徳『近代日韓関係史研究』(東京大学出版会、一九八七年)をはじめとする多くの研究が伊藤の統監辞任を日本政府が韓国併合方針へ転換した契機と位置づけている。一方、上垣外憲一や海野福寿は、伊藤があくまでも韓国保護国論を唱え、韓国の併合に反対していたとする見解をとっている(上垣外憲一『暗殺・伊藤博文』ちくま新書、二〇〇〇年、海野福寿『伊藤博文と韓国併合』青木書店、二〇〇四年)。しかし伊藤の対韓政策と韓国の併合とをあくまでも対立的関係でとらえるという意味で従来の研究と論理的に共通している。その点で、伊藤の対韓政策と韓国併合とは論理的に矛盾しないととらえる筆者の見解とは大きく異なる。

(2)　森山茂徳『近代日韓関係史研究』、二二五頁。

(3)　海野福寿『韓国併合』(岩波新書、一九九五年)、二〇七頁。

(4)　春畝公追頌会編『伊藤博文伝』下巻(統正社、一九四〇年)、八三八頁。

『伊藤博文伝』編纂主幹である小松緑は、「朝鮮問題は、同国を我国に併合するより外に解決の途がない旨を告げると、伊藤統監は、案外にも、それは至極同感ぢゃ」(小松緑『朝鮮併合之裏面』中外新論社、一九二〇年、一一頁)と書き記している。したがって、『伊藤博文伝』のこの記述は、小松の認識によるものと見られる。

第一項　伊藤博文の統監辞任と閣議決定「韓国併合ニ関スル件」

一　伊藤博文の統監辞任と韓国併合方針の決定

一九〇八年末から統監辞任をほのめかしていた伊藤博文[1]は、一九〇九年一月初旬から二月初旬にかけて行われた韓国皇帝巡幸の随行を終えると二月一〇日ソウルを出発し、一七日大磯に到着した。二四日、韓国施政改善および韓帝南北巡幸に関する復命書を携えて参内し、報告を行った[2]。その後、三月ごろに統監辞任の意向を固めた伊藤は五月二五日、統監職を辞するため内閣総理大臣桂太郎を通じて天皇に辞表を提出した[3]。天皇はこれを却下したが、伊藤が六月一一日に辞表を再度提出すると六月一四日付で統監辞任を認め、同日枢密院議長に任じた[4]。後任統監には副統監であった曾禰荒助が補された[5]。

一方、四月一〇日、桂と外務大臣小村寿太郎は、休養先の道後温泉から帰京した伊藤を訪問し、「韓国の現状に照らして将来を考量するに、韓国を併合するより外に他策なかるべき」ことを提案して韓国併合案を示し、伊藤の同意を得た。その際、伊藤は、「これが為め重大なる外交問題を惹起せざるやう予め手配し置く」ことを桂、小村に指示したという[6]。この会談後、桂らは、後任統監への就任が有力であった曾禰からも同案への賛意を取り付ける一方[7]、元老山県有朋にも同様の対韓方針を示して了承を得た[8]。こうして一九〇九年四月段階で韓国を併合するという合意形成が政府首脳間で図られたのである。

しかし伊藤の統監辞任、韓国併合方針の確定をもって、日本政府の韓国併合計画が実行段階に入ったと判断するのは早計である。たとえば韓国併合方針決定後も従来の韓国保護政策と整合的な対韓政策がとられたとすれば、伊藤の統監辞任をもって対韓政策が「漸進主義」から「急進主義」へ、つまり保護国としての統治から併合へと路線変更がなされたという構図は成立しないからである(9)。そこで次に、日本政府が決定した韓国併合方針の内容を検討し、その閣議決定が従来の対韓政策とどのような関係にあったのかについて考察する。

二　閣議決定「韓国併合ニ関スル件」と韓国併合問題の趨勢

日本政府は一九〇九年七月六日、「韓国併合ニ関スル件」を閣議決定し、同日裁可を受けた(10)。この閣議決定によって韓国併合を正式に政府方針としたのである。前文、第一項および第二項からなる同文書は、前文で「日露戦役開始以来、韓国ニ対スル我権力ハ漸次其大ヲ加ヘ、殊ニ一昨〔一九〇七〕年〔第三次〕日韓協約ノ締結ト共ニ同国ニ於ケル施設ハ大ニ其面目ヲ改メタリ」と従来の韓国統治政策、すなわち第三次日韓協約体制について一定の評価を与えた上で、韓国における「我勢力ハ尚未タ十分ニ充実スルニ至ラス、同国官民ノ我ニ対スル関係モ亦未タ全ク満足スヘカラサルモノアル」ため、対内・対外両側面における統一的統治機構を樹立しなければならないと位置づけた。そのために、第一項において、日本政府がこの時点で「適当ノ時期ニ於テ韓国ノ併合ヲ断行スル」方針を確認し、韓国を併合することによって朝鮮半島を名実ともに日本の支配下に入れ、韓国と各国との条約関係を消滅させることとした。つまり、従来の韓国保護政策では朝鮮に日本の勢力を樹立することも、韓国官民から支配の正当性を獲得することも困難なので、韓国併合を断行するというのである。

しかし第一項の韓国併合方針の決定以上に重要なのは、第二項で「其適当ノ時機到来セサル間ハ、併合ノ方針ニ基キ我諸般ノ経営ヲ進捗シ、以テ半島ニ於ケル我実力ノ確立ヲ期スルコトヲ必要トス」と規定したように、韓国を併合するのに適当な時機が到来するまでは、併合方針に沿った形で当面の対韓政策を遂行すると位置づけている点である。これは、この段階でとられる対韓政策があくまでも韓国の併合を至上命題とする「漸進」的なものにならざるをえなかったことを意味している。したがって同閣議決定は、実際には、韓国の併合を公式に決定したという以上の意味をもつものではなく、伊藤による既往の対韓政策を否定するものでは決してなかった。

それを明確に表すのが、「韓国併合ニ関スル件」と同時に閣議決定された「対韓施設大綱」である。[11] 同大綱は「併合ノ時機到来スル迄、大要左ノ項目ニ依リ之ヲ実行スル」という方針を掲げながら、韓国における日本の軍事力増強や憲兵および警察官の増派（第一項）、韓国に関する外交交渉事務の接収（第二項）、韓国鉄道の韓国鉄道院への移管と南満洲鉄道と連携した統一的大陸鉄道の構築（第三項）、日本人のさらなる韓国への移民（第四項）、そして中央政府および地方官庁における日本人の権限拡張（第五項）を謳っていた。同大綱は従来の統監府の政策を否定するものではなく、むしろその延長線上で立案されていたといえる。たとえば第三項が規定する韓国鉄道について言えば、一九〇九年一二月の鉄道院官制改革（勅令第三三六号）により韓国鉄道は日本の鉄道院の所管に移った。[12] 「対韓施設大綱」に対応した対韓政策が遂行されたことが看取される。

それでは、閣議決定「韓国併合ニ関スル件」および「対韓施設大綱」はどのような経緯を経て成立したのであろうか。当時外務省政務局長であった倉知鉄吉の覚書によれば、同閣議決定の原案となった韓国併合の「方針書及施設大綱書」は、小村の指示で倉知が作成し、小村が修正を加えたものである。そして同書類は、一九〇九年三月三〇日に小村から桂に提出され、四月一〇日の伊藤との会見で伊藤の同意を得たという。[13] 桂、小村が伊藤に示したとされる「方針書」は二項目からなるが、その第一項および第二項は、「韓国併合ニ関スル件」前文および第一項にそれぞれ対応する。この二つを比較すると、「韓国併合ニ関スル件」には、併合を前提にしながらも保護政策のさらなる継続を示した第二項が新たに付け加えられている。倉知の覚書には「方針書」のほかに「施設大綱書」が付属していたというが、小松緑はこの大綱書について「併合の時機が、急に到来せざる場合に於ける政策を示したに止まり、余り実価がなかつたものであるのと、尚ほ今日の外交関係に鑑み、之を発表することを憚る事情がある(14)」との理由で、その内容を明らかにしていない。そのため「韓国併合ニ関スル件」第二項がどのような経緯で加えられたのかについては史料的に確認することはできない。ただ、「併合の時機が、急に到来せざる場合」に実行されるものであるという小松の評価から類推すると、「施設大綱書」は閣議決定「対韓施設大綱」と類似した内容であったと考えられる。そして「施設大綱書」の示す内容を明示するために「韓国併合ニ関スル件」に第二項が加えられたのであるとすれば、それは伊藤の意向を反映させるために加えられたものであるととらえることもあながちうがった見方ではない。また、次項で検討する、桂内閣の逓信大臣後藤新平による覚書が、「対韓施設大綱」と同様の論理で構成されていることを考慮すれば、この段階での日本政府首脳における併合論は依然として漸進的なものであったと見るべきであろう。

ところで曾禰荒助が統監に就任するにあたって桂太郎は、山県有朋に送った書簡のなかで、「例之〔統監〕進退問題は必然切迫仕来り可申候半と推察仕候。就ては所謂時機を早からしむるには、却而有力者を必要となさず、彼等韓皇及ひ政府者等之過をなさしむる事こそ、今後の政策上、尤も妙を得へき策ならむかと存候間、断然其意〔圏点ママ〕を入れ、曾禰子をして其後任に推挙致候方、好都合(15)」と統監人事を評していた。当初桂は、伊藤の後任に寺内正毅を想定していたようであるが、曾禰を後継指名したのは、「内閣の都合(16)」によってばかりでなく、奸計をめぐらせて韓国の早期併合を実現することも期したためであった。おそらく桂が期待したのは、たとえばハーグ密使事件の再発であり、そのような「韓皇及ひ政府者等之過」により「時機を早からしむる」ことが可能になると考えていたのであろう。こうした韓国側の非を難じて併合を断行するという計略は、桂のみならず、日本の政治指導者には織り込み済みのものであった。伊藤も併合に慎重な姿勢を示す一方で、「不測ノ変起リテ韓人ノ妄動ヲ為ストキハ、勿論此限ニアラス(17)」

と駐日イギリス大使マクドナルドに語っていたからである。しかしこれは、逆に言えば、併合の口実となるような韓国側の失政、あるいは「妄動」なしには韓国の早期併合が困難であることが認識されていたことを意味する[18]。つまりこの時点で、韓国を併合するという国家的意思は明白であったが、その実行には依然乗り越えるべきハードルが存在したのである。

一方で、伊藤が統監を辞任する際、伊藤、桂、曾禰の三者会談において、「朝鮮は時機を見て之を合併するの方針を確定」する覚書を交わす一方[19]、「朝鮮の現状、列国の関係、日本の内情の三者よりして、名を捨て実を取り、茲七八年間は形勢を観るべし」という伊藤の提言を受けた密約がなされていたという[20]。これは桂が新統監曾禰に対し、「伊藤前統監の方針を体してその遺業を大成すべき旨を伊藤列坐の所で訓示した[21]」という記事とも一致する。また、一九一〇年初頭に帰朝して後、胃癌のため病床にあった曾禰が、見舞いに訪れた黒龍会同人小美田隆義に対し、韓国は併合しないことになっていると語ったとも伝えられている[22]。それを聞いた桂は「曾禰はそんなことを云つて居つたか」とうそぶいたというが、一九〇九年七月六日の閣議決定を曾禰が知らなかったとは考えられない以上、病床での曾禰の発言が意味するところは、しばらくは韓国を併合しないという政治的合意の存在である。また曾禰は韓国赴任前、内田良平に対して「韓国問題に就ては、根本の大方針は、廟議の決定する所を基礎として進むの外なし。其目的地は新橋のステーションなりとすれば、各行く道は異なれりとするも、達する場所は一ならざる可からず[23]」と述べたという。一進会とともに韓国の早期併合を意図して活動していた内田に対するこの言葉は、曾禰、そして日本政府の対韓方針の所在をいみじくも表している。つまり方法は異なっても韓国を併合するという目的は内田等と変わるところがないが、曾禰自身はひたすら廟議の示した方針、すなわちこの時点では閣議決定「韓国併合ニ関スル件」、特にその第二項の方針に沿って対韓政策を遂行するという意味である。そしてそれは伊藤路線の継承を意味する。つまり一九〇九年七月段階では「名を捨て実を取り、茲七八年間は形勢を観」てから韓国併合を実行するという漸進的併合論が伊藤、桂、曾禰の三者を基軸に採用されていたのである。

これまで検討してきたように、閣議決定「韓国併合ニ関スル件」は、①韓国の併合方針を認めるものの、②併合の時機は未定であり、したがって③それまでは併合方針にもとづいた政策を行うという内容であった。すなわち総論である①の帰結は、②という変数に規定され、それに対応して各論③が導かれるという論理構成となっている。そして、その③を具体的にしたものが閣議決定「対韓施設大綱」であった。すると、ここで問題となるのは③と伊藤の対韓政策とがどのような関係にあるのかということである。つまり③が伊藤路線の否定の上に成立するものであるならば、確かに伊藤の対韓政策の後退、あるいは挫折と評価できよう。しかし③が第三次日韓協約体制と整合的な内容であるとすれば、七月六日の閣議決定がもつ意味は、通説とは異なるものとなる。そして次に見るように、当時の日本政府も②をどのように想定するかについて、この時点では何ら具体的なプランをもっていなかった。伊藤の統監辞任について、『小村外交史』の主要著者である信夫淳平は、「伊藤は安意して韓国の後図を桂内閣に譲るの時機と認めたが故に、辞意に一段の固きを加へしのみ」[24]と評している。伊藤にやや好意的な嫌いはあるが当を得た見解と思われる。したがって閣議決定「韓国併合ニ関スル件」は、この段階ではあくまでも伊藤路線を再確認するものであったのであり、同閣議決定の歴史的位置づけは、伊藤路線が放棄されたかどうかではなく、将来における韓国併合の断行という国家的意思の確立という点に求められるのである。

（1）　原奎一郎編『原敬日記』二巻（福村書店、一九六五年）、三五一頁。

（2）　春畝公追頌会編『伊藤博文伝』下巻（統正社、一九四〇年）、八三六頁。ただし『明治天皇紀』によると「韓国内閣会議書」および「韓皇巡幸誌」を提出したのは二月二七日である（宮内庁編『明治天皇紀』一二巻、吉川弘文館、一九七五年、一八八頁）。

（3）　小松緑『朝鮮併合之裏面』（中外新論社、一九二〇年）、五七頁、『伊藤博文伝』下巻、八四一頁。

一九〇九年四月一七日付山県有朋あて桂太郎書簡（尚友俱楽部山縣有朋関係文書研究会編『山縣有朋関係文書』一巻、山川出版社、二〇〇五年、三五五頁）には統監人事に触れた記事があり、伊藤、桂、小村の三者会談が行われた四月一〇日時点には、伊藤は統監辞任の意向を桂に伝えていたと考えられる。

（4）『伊藤博文伝』下巻、八四一頁、『明治天皇紀』一二巻、二三一～二三二頁、二四一～二四二頁。
ただし、六月三日現在で伊藤の統監辞任、曾禰の統監就任という後任人事は既に確定していたから（『原敬日記』二巻、三五六～三五七頁）、天皇による伊藤の辞表却下はもはや形式的なものであった。

（5）『大韓毎日申報』一九〇九年一月八日付では、伊藤が統監を退任し、その後任に寺内正毅が内定しているという記事が報道された。

（6）『伊藤博文伝』下巻、八三七～八三八頁。

（7）倉知鉄吉述「韓国併合ノ経緯」（広瀬順晧監修・編『近代外交回顧録』第二巻、ゆまに書房、二〇〇〇年、二六四頁）。

（8）同右。

（9）本書脱稿後、松田利彦『日本の朝鮮植民地支配と警察』（校倉書房、二〇〇九年）を閲読する機会を得た。本書同様、伊藤の統監辞任後も曾禰によって漸進的併合路線が継承されたととらえている（同書、第一章第四節、参照）。

（10）『日本外交文書』四二―一、一七九～一八〇頁。

（11）同右書、一八〇頁。

（12）朝鮮総督府編『第三次施政年報』（朝鮮総督府、一九一一年）、七頁。
なお、韓国併合時に朝鮮鉄道は帝国鉄道院から切り離され、朝鮮総督府内に設置された鉄道局の所管となった。

（13）『伊藤博文伝』下巻、一〇一二～一〇一三頁、小松緑『朝鮮併合之裏面』、一五頁。

（14）小松緑『朝鮮併合之裏面』、八六頁。

（15）『山縣有朋関係文書』一巻、三五五頁。

（16）『原敬日記』二巻、三五七頁。

(17)『韓国支配政策史料集』一六巻(国学資料院、서울、一九九六年)、九〇頁。
(18) 伊藤暗殺が「時機を早からしむる」事件として韓国側にとらえられたことは容易に想像できる。したがって「韓皇及ひ政府者等之過」としないためにも、韓国政府は素早くこれに対応し、韓国皇帝が伊藤暗殺二日後の一〇月二八日にいち早く統監官邸を訪れて弔意を示し、詔勅を発して伊藤に諡号を与えるとともに、義親王を葬儀に特派すること(その後日本政府との交渉を経て宮内府大臣閔丙奭を派遣することに決定)を統監府に伝えるという対策をとった(朝鮮総督府編『朝鮮ノ保護及併合』朝鮮総督府、一九一八年、二五四～二五五頁)。
(19)『原敬日記』二巻、三九五頁。
(20) 葛生能久『日韓合邦秘史』下巻(原書房、一九六六年復刻)、六一七～六一八頁。
(21) 外務省編『小村外交史』(原書房、一九六六年復刻)、八四〇頁。
(22) 小森徳治『明石元二郎』上巻(原書房、一九六八年復刻)、三〇六～三〇七頁。
(23)『日韓合邦秘史』下巻、二〇七頁。
(24) 信夫淳平『外交側面史談』(聚芳閣、一九二七年)、三六五頁。

第二項　韓国併合論の展開

前項で見たように、一九〇九年七月六日の閣議決定によって日本政府は韓国を併合することを正式に方針化した。これに伴って次に焦点となるのは、いつ韓国を併合するのかという時機をめぐる問題である。この時期、日本の政治指導者層には併合時機をめぐって見解の相違が見られた。そうした差異は、大韓帝国を併合までにどの程度解体するのか、あるいはどの程度利用するのか、そしてどのような形で韓国を日本に編入するのかという問題をめぐって生じたものであったと考えられる。すなわち併合時機は、韓国の国家権力解体の程度と併合後の統治形態との連関性のなかで位置づけられることとなる。

それでは一九〇九年時点で、韓国の併合時機をめぐって日本政府内にはどのような認識の違いが存在したのであろうか。本項では、韓国併合方針の閣議決定後、日本の政治指導者層に存在した韓国の編入構想をめぐる対立軸を抽出する。その際に核心となるのは、韓国皇帝の処遇をどうするのかという点であり、さらにそこで必然的に生じる、韓国における植民地統治機構をどのように位置づけるのかということである。したがって本項でもこの二点に着目して韓国併合構想を検討する。

一　漸進的併合論

まず、漸進的併合論の内容から確認する。伊藤博文の構想した韓国併合論は、第二章で詳述したとおり、保護政策の進展によって韓国が日本に依存する傾向を強めさせ、その上でたとえば「聯邦」制あるいは自治植民地に類似した形式で韓国を日本に編入するというものであった。伊藤の併合論は、将来日本が朝鮮民衆から支配の正当性を獲得できることを前提としたものであり、そのような意味で彼の朝鮮民衆観はきわめて楽観的なものであった。

そして伊藤は、自身の併合構想を基本的には最期まで変えることがなかったものと思われる。一九〇九年七月の司法権委託に際して、保護政策の徹底をその目的に挙げていたことは先に見たが（第三章第一節第三項参照）、暗殺されるハルピン行き直前にも伊藤は、日韓合邦運動の説明に訪れた内田良平に対して「今日、韓国を合併するとせば、列国に対する干繫上、従前よりも一層の善政を布かざるべからず。従つて之れが実行は諸般の機関を整備せる後に於てせざるべからず」と語っていたからである。(1) この史料には、保護論者としての伊藤という立場を強調するために黒龍会の作為が存在する可能性を否定し切れないが、朝鮮民衆に「善政」を施すため韓国統治機関を整備した上で、併合を実施するという第三次日韓協約体制の中核的構想を一九〇九年秋の時点でも伊藤が堅持していたことがうかがわれる。また一九〇九年春、伊藤が山県有朋と会談した際、「最早日本　天皇兼韓国皇帝陛下となし奉りては如何」と「日韓一帝論」を唱えた山県に反駁し、伊藤は、「そは時機未だし」と答えたという。(2) 統監辞任が決定し、韓国併合方針に同意していた段階での伊藤のこの発言が意味するところは、なお韓国統治における皇帝の利用価値を認めていたということである。信夫淳平の言うように、伊藤は「併合は結局の大方針として夙に胸底に蔵せしも、但だ之を決行するの難易に就て深く慮る所があつた」(3) と考えていたと見るべきであろう。そして伊藤暗殺後も、伊藤の韓国併合路線が途絶えたわけではなかった。その最大の継承者が統監曾禰荒助であることは前項で述べたとおりである。

曾禰以外で伊藤路線を継承した潮流としては、政友会の一部有志にその存在を見出すことができる。その動向をうかがわせるのが『小川平吉文書』に収録された「日韓合併策(未定稿)」(4) である。小川平吉が一九一〇年三月中旬に政友会に復党している点、(5) 原敬が桂太郎に示した「副統監をして朝鮮内閣の総理を兼任せしむる」(6) という韓国政府の改革論と内容的に重複する点、そして何よりも政友会が伊藤の政治的基盤であった点を併せ考えると、同意見書は政友会の一部有志が作成したものと考えられる。(7) ただし、同意見書は、前段と後段とで内容が一貫しておらず、複数の人間による検討過程を示すものであり、またその内容から一進会に近い人間が関与している可能性も否定できない。

「日韓合併策」は、併合の時機を「条約改正後、成丈速ニ合併ノ名ヲ唱ヘ」ることとしているから、その限りでは次に検討する急進的併合論の範疇に属する。しかしその一方で、「明治五十年天皇陛下御即位五十周年奉祝ノ世界博覧会開設マデニ合併ノ実ヲ挙グル」ことを掲げている。形式的な併合を条約改正達成に近い時機に行う一方で(条約改正は一九一一年)、実質的な併合は「明治五十年」すなわち一九一七年までになし遂げると位置づけた。「合併後ノ朝鮮ハ御即位五十年奉祝ノ最大献上品ナリ」としているように、「明治五十年」という時機自体には象徴的意味合いしかないが[8]、少なくとも実質的な併合の達成には七年から八年程度かかるととらえている点は注目に値する。それは、この意見書の最大の特徴であるが、「明治五十年」という時機を設定し、それまでになし遂げるべき施策を具体的かつ明確に位置づけているからである。

それでは、同意見書に示された対朝鮮政策・統治方針はどのようなものであったのだろうか。それらを「明治五十年」以前になし遂げるべきもの、それ以後に採用するものとで分類すると次のとおりである。「明治五十年」以前に実行するものとしては、①二個師団の駐屯、②全国の地押調査実施、③日本民団、日本人会、学校組合の存続、④治外法権の撤去、⑤一〇〇万人以上の移民実施（鉱業移民一〇万人、水産移民一〇万人、農業移民一〇〇万人）、⑥輸出一億、輸入一億、合計二億円までの貿易額の達成、⑦内外債八〇〇〇万円の募集による五区間八〇〇マイルのさらなる鉄道敷設などである。「明治五十年」以後に行うべき施策としては、①「貴族院多額納税議員互選規則」および「衆議院議員選挙法」の各道への施行、②国会を開設して国の予算を議決し、また道会を開いて道の予算を議決すること、③日韓人の高等官に「文官任用令」を適用すること、④日本の税制の適用、⑤郡制、邑制、面制の制定あるいはその改正による自治制を敷くこと、⑥義務教育の施行、⑦日韓人を同一の地方制度下に置くことなどである。

この意見書は、「明治五十年」までを従来の国家権力機構を解体・再編するための移行期間ととらえ、実質的併合後は、参政権や義務教育などの諸権利を朝鮮人に与え、国民統合を果たすことを志向するなど、「内地延長主義」的統合策を理念型的に示しながら制度的にほぼ全面的に日本化（内地化）するという二段階の併合構想である。「明治五十年」以前に行うべき施策中、いわゆる二個師団増設問題として展開された①や、②と関連して一九一八年に完了した土地調査事業など、「日韓合併策」の内容は、韓国併合後の実際の政策展開と奇妙な一致を示している。これは、本意見書の先見性を示すものというよりは、韓国併合後、「実質的併合」を達成するためには一定の期日を要すると考えられていたことを示唆しているととらえるべきであろう。逆に言えば、こうした事実は韓国併合が早熟的に行われたことの一端を示すものである。

その際、最も重視され、「合併ノ実ヲ挙グルニ足ル」ものとしてとらえられていたのが「明治五十年」以前に達成されるべき項目⑤の一〇〇万人移民であったという点は重要であろう。それは「征服」植民地に比べ、「移民」植民地のほうが相対的に統合は容易であると考えられていたからである。[9] この部分に着目すると、台湾総督府民政局長、南満洲鉄道株式会社総裁を歴任し、第二次桂太郎内閣の逓信大臣であった後藤新平が残したメモが同様の考え方を示している。[10] それは、韓国経営を、予算および時期という観点を考慮して計画的に行うべきであるという内容であるが、そのなかで「(即、来十年間ニ)移民五十万、蓄《ママ》産牛馬各百万」と言及されており、「来十年間」に達成すべき移民や拓殖事業の数値目標を掲げている点で「日韓合併策」との共通性を想起させる。もともと台湾や関東州において財政計画にもとづいた植民地経営構想を立案・実行してきた後藤にとってこのような発想は当然のものであったろう。[11] なお、後藤のメモが、漸進的併合論との関係で注目されるのは、第三項で「韓国外交権ヲ我ニ収メタル以上ハ、可成内地ハ国王並ニ韓民ノ為スカ儘ニ任シテ、仮令其行為韓国々民ニ害アルモ、余リニ干渉ヲ試サルヲ得策トス」とまとめられている点である。一九〇九年時点で漸進的併合論を内容とする第三項が当時の閣僚の手によって記されているという事実は、日本政府内の併合論が必ずしも急進化していなかったことを意味している。

では「日韓合併策」は、併合後の統治システム、特に韓国皇帝の処遇についてどのように構想していたのであろうか。同意見書前段において、併合後の朝鮮を「日本ノ正朔ヲ用フル」とともに「朝鮮ニ於ケル外交、軍備、裁判、通信、交通并ニ爵位、勲章、栄典授与ノ大権」を天皇が総攬し、その上で「韓国皇帝ヲ朝鮮国王ト為シ、天皇ハ国王ニ朝鮮ニ於ル内政、民政、財政、学政ノ行政権ヲ委任」するものと定義している。すなわち天皇による統治権の下で、その委任を受けた範囲で「朝鮮国王」が一定の行政権を行使するという構想である。したがって国王に対し、「上奏裁可ヲ経テ臨時緊急ノ場合ニ朝鮮ニ法律ノ効力ヲ有スル命令ヲ発シ、又朝鮮ニ施行スル欽令ナルモノヲ発スル」権限とともに、「其ノ御璽ヲ鈐スルヲ得ル」ことを認めていた。韓国皇帝の地位等に関する限りでは、「日韓合併策」は、「日本ノ正朔」、すなわち日本の年号を使用することや、韓国皇帝を「朝鮮国王」とする点など、後述する一進会長・李容九《イヨング》の「政合邦」構想に共通する点が多い（第二節第一項参照）。皇帝権に関するこの内容と、先に検討した「内地延長主義」的統合策とは、その国家権力論的見地において矛盾をきたしており、史料的統一性を欠く。本意見書を複数の執筆者による検討過程を示すものととらえるゆえんである。しかし仮にそうであったとしても、同史料は、「内地延長主義」的統合策の方向性や、天皇の統治権の下で、韓国皇帝から再編された朝鮮国王に一定の行政権を認めながら朝鮮統治を構想するといった、多様な併合構想が存在したことを垣間見せるものとして重要である。

管見の限りで、最も体系的かつ具体的な内容をもつ漸進的併合論は、陸軍参事官であり寺内正毅の側近であった国際法学者秋山雅之介が作成した「韓国ノ施政ニ関スル件」「韓国合併ニ関スル件」および表題なしの意見書の三つが言及する「第一方案」である[12]。この秋山意見書については次章で詳細に検討するので、ここでは行論に関連する限りでその内容を取り上げる。

「第一方案」は、一言で言えば併合の前提として統監の権限を拡大するとともに韓国政府の改編・解体を図るというものである。韓国統治機関の改編案は大略次のとおりであった。統監府の存続を前提とした上で、統監官房、外務部、法務部のみを残して統監府の組織自体は縮小する。そして、「皇帝ノ下ニ、帝国代表者トシテ韓国ヲ指導監理及保護ノ任務ヲ有スル統監ヲ当然行政各部ノ総理トシ、韓国ノ法令ハ総テ御名御璽ノ下ニ統監ノ副署ヲ以テ公布シ、中枢院ヲ存置シテ政略上韓国元老ヲ一定ノ人員ヲ限リ顧問トシテ網羅シ、政務諮詢ノ府ト為シ置クノ外ハ、内閣及大臣ヲ廃止」するものであった。その上で韓国政府を総務部、内務部、財務部に分けて統監の下に設置し、さらに宮内府についても「宮内府ノ機関ヲ縮小シテ、単ニ少数無勢力ノ人員ヲ之ニ置キ、儀式等ヲ司掌スルノ用ニ供スルニ止ルノ方針ヲ採」るものと位置づけている。意見書で構想されている韓国政府の改編・解体後の韓国統治機構は、図4―1

○韓国官衙

- 皇帝——統監
  - (一)総務部
    - (一)庶務局
      - (一)法令その他文書の発受保管に関する事項
      - (二)法令の審査制定に関する事項
      - (三)諸官庁高等官人事に関する事項
      - (四)賞勲施表および恩給年金に関する事項
    - (二)警務局
      - (一)行政警察に関する事項
      - (二)治安警察に関する事項
      - (三)図書出版および著作に関する事項
    - (三)学務局
      - (一)教育制度に関する事項
      - (二)官公私立学校に関する事項
      - (三)学芸技能の試験に関する事項
  - (二)内務部
    - (一)地方局
      - (一)地方行政に関する事項
      - (二)宗教寺社に関する事項
      - (三)土木地理に関する事項
      - (四)衛生に関する事項
    - (二)殖産局
      - (一)農事産業に関する件
      - (二)商事工業に関する事項
      - (三)林野鉱業に関する事項
  - (三)財務部
    - (一)主計局
      - (一)歳入歳出の計算に関する事項
      - (二)金銭および物品会計の統一に関する事項
      - (三)貨幣紙幣および国債に関する事項
      - (四)国庫の出納管理および地方財務の監督に関する事項
    - (二)司税局
      - (一)国税の賦課徴収に関する事項
      - (二)税務の管理監督に関する事項
      - (三)税関に関する事項

○宮内府

- 皇帝——統監
  - 侍従職
  - 式部職
  - 内蔵職

図 4-1　第一方案における韓国行政機構改革案(「韓国ノ施政ニ関スル件」付表)

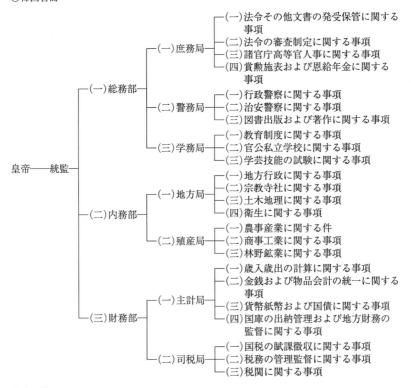

に示すとおりであるが、要するに、内閣を廃止して再編させた韓国政府を統監の下に一元化させて保護政治の拡充・徹底を図るというプランである。そして併合は、「統監府、韓国政府及同国宮内府ノ組織ヲ一新シ」、韓国政府からさらに主権を奪った上で最終的に行われるものと位置づけられていた。

それではなぜこのような改編を行うのであろうか。その理由は、①経費節減、②領事裁判権の撤廃、③「両班政治ノ廓清」に求められている。統監府を含む韓国統治機構を緊縮した上で、節減した経費を地方制度および警察制度の改善に投じ、「統監自ラ憲兵警察ヲ指揮シ、学校ヲ統轄シテ、人民ノ生活財産ヲ安固ニシ、其教育方針ヲ確定スルト共ニ、韓国政府ヲ鞭撻シテ人民ノ生活状態ヲ改良スルノ政策ヲ採リ、以テ民心ヲ収攬」した後に韓国の併合を決行すべきであるという位置づけである。つまり第三次日韓協約体制にもとづく民心収攬策では不十分であり、日本の支配に対する合意を取り付けるためには、再度、統監中心の統治機構に改編する必要があるというのである。しかし、財政健全化、対外関係の整理、近代化政策の推進が第三次日韓協約体制の骨格をなしていたことは、今まで見てきたとおりである。

「第一方案」を採用する最大の理由は、「君主及政府ハ実権ヲ失フニ至ルヘキモ、苟モ、其君主及政府ヲ、仮令名義ノミニテモ存続スル以上ハ、同国カ帝国ノ保護国タル名称ヲ継続シ得ルコト」③にあった。「対露宣戦の詔書」や「日韓議定書」、第二次「日韓協約」において、日本が韓国皇室の安寧と尊厳を維持することを保障している以上、「今日事ナキニ波ヲ起シ、帝国政府ニ於テ何等韓国官民ノ保護ニ関スル実績ノ端緒スラ示サスシテ、罪ナキ韓国皇帝ヲ廃止シ、韓国政府ヲ閉鎖シ、之ヲ帝国ノ領土ト為スコトハ、列国ニ対スル帝国永遠ノ威信上」問題があったからである。[13] つまり、「第一方案」が積極的に評価されるのは、韓国を保護国として統治するという従来の国際条約・宣言等との兼ね合いから、日本が進んで韓国を併合することは国際社会における信義を損なうことになりかねず、韓国のあらゆる実権を奪取しながらも、名目的に韓国の名称を残すという便宜上の理由からであった。そして意見書では、

「第一方案」にもとづく韓国統治機関改編後の韓国は、国際法上の属国（Etat dependant）として位置づけられていた。ここで言う「属国」とは、「本国主権ノ下ニ立チ、対外関係ハ勿論、其対内関係ニ於テモ本国ノ主権ヨリ独立シテ別箇ナル主権ヲ有スルニ非サルカ故ニ、厳正ニ云ハ、之ヲ国ト称スルコト能ハスシテ、殖民地又ハ一行政区域ト同シク本国領土ノ一部ニ外ナラスト雖モ、本国政府ノ許可ヲ得、又ハ黙認ニ依リテ、其土地人民ハ自己固有ノ政治機関ヲ有シ、本国政府ノ為メ特ニ許可又ハ黙許セラレタル範囲内ニ於テ自ラ政務ヲ行フモノ」③であった。その具体例としては、一八〇九年から一九〇五年までのロシアにおけるフィンランド、イギリスにおけるインドやカナダ、フランスにおけるアルジェリアやマダガスカル等が挙げられていた(14)。

しかし「第一方案」にもとづく韓国統治機構の改編が、統監の権限についても、いっそうの拡大を企図していた点に注意する必要がある。「韓国ノ名称ヲ存続シナカラ、同国政務ノ実権ヲ悉ク帝国ニ於テ掌握シ、韓国ヲ純然タル帝国ノ属国、即チ実際ニ於テハ帝国ノ領土ト同一トシ、統監ヲシテ同国ノ施政ヲ統一セシムル」という「革命」を行うためには、「統監ヲシテ文武ノ権力ヲ併用セシメ、……統監ハ、憲兵司令官ヲ指揮シテ、韓国ニ於ケル憲兵ト警察官ヲ統轄セシメ、以テ韓民ノ生命財産ノ安固ヲ保障スルト同時ニ、不逞ノ徒ヲ処分スルノ必要アルハ勿論、駐箚軍隊ヲ各要所ニ分屯セシメ、自ラ之ヲ統率シ、憲兵警察官ト相俟テ反抗者ヲ鎮定スルノ必要アリ」と位置づけられていた(15)。つまり韓国統治機関の改編、そして属国化を進めるに際しても、軍事的制圧が必要不可欠とされていたのである。したがって「第一方案」を選択するに際しても、「日清及日露戦後ノ実験ニ依リ、帝国陸海軍ノ畏ルヘキコトヲ知得タル国民ヲ統轄シ、其五百年来ノ政府ニ大革命ヲ施サントスルニハ、兵力ヲ掌握スル武官ノ手ニ於テ之ヲ決行セシムルコト、彼ヲシテ我陸海軍ニ反抗スルノ容易ナラサルコトヲ思ハシメテ、以テ其反抗ヲ躊躇セシムルト同時ニ、統監及部下ノ文官両ツナカラ韓国官民ノ仇敵タルコトヲ免レシムルヲ得ヘキ」ことが肝要であると位置づけられていた(16)。日清・日露両戦争の経験から、結局、武力的な威服によってしか朝鮮における民心収攬を図ることはできないと明確に認識されていたのであり、その帰結として武官統監論が主張されることとなる。そして「第一方案」で構想された併合後の統治機構は、「帝国憲法其他一切ノ法制ヲ直ニ同国ニ施行シ得ヘカラサルノ事情アルヘキカ故ニ、其合併後ハ台湾ニ於ケル如ク、之ニ総督府ヲ置キ、文武ノ職権ヲ掌握スル総督ヲシテ其政務ヲ統轄セシメ、特別会計制度ヲ設ケテ其内政ヲ整備シ、其文化ヲ向上シ、漸ヲ以テ内地ニ同化セシム」るというものであり、実際の併合後の統治機構とほとんど変わらないものであった。

しかし統合方針とかかわって、「韓国人民ノ帝国ニ同化ハ、台湾ノ土人ヨリモ却テ迅速ナルヘキ」としているように、台湾人に比べて朝鮮人は日本への同化が可能であるととらえられていた。この認識は、たとえば朝鮮人の同化は教育によって十分可能であるととらえていた原敬のそれと一致している[17]。したがって将来は、「其進歩ノ程度ニ応シ、地方自治機関ヲ興シ、其進歩如何ニ依リテハ、韓国全土ノ代表機関ヲ半島ニ設ケ」るという植民地議会設置構想だけではなく、「尚進テ、内地ト直接会計法上ノ関係ヲ生スル場合ニハ、仏国ノ安南地方ニ於ケル如ク、韓国地方ヨリ若干人ノ代議士ヲ帝国議会ニ容ルルモ可ナルヘク、其内地トノ関係一層密接スルニ至ル暁ニハ、英国ノ愛蘭ニ対スル如ク、遂ニ憲法其他ノ法制ヲ内地ト同一ニ為スノ必要」が唱えられていた。「日韓合併策」に比べると「第一方案」では、朝鮮民衆の国民統合はより困難であるととらえられているが、国民統合を行うこと自体は否定していなかった。そしてそれは、究極的には「内地延長主義」にもとづいて植民地統治を行うべきという位置づけであった。「第一方案」に対応させて伊藤の併合構想を位置づけるならば、その「聯邦」制あるいは自治植民地という統治形態は、「内地延長主義」にもとづく統合への段階的形態ととらえることができるであろう。

以上見たように漸進的併合論は、韓国をスムーズに併合するために民心収攬を重視したものであり、それゆえ併合の実行にはなお七、八年程度の時間がかかると設定したものであった。そして、論者によってその程度は異なるが、究極的には、「内地延長主義」的政策の遂行を可能とするような条件を整備するために主唱されたものであったとまとめることができるだろう。漸進的併合論は、近い将来に民心帰服を果たすことができるととらえる楽観的な統治論であった。ただしその場合であっても武力的威服は必要不可欠なものと位置づけられていた。それは、伊藤が第三次日韓協約体制下で近代文明主義的な統治策を展開する一方で、義兵等への武力弾圧を一貫して行ったことと相関関係にある。つまり伊藤に代表される漸進的併合論であっても、その統治には文明的な民心収攬策だけでなく、「膺懲」論的な民心収攬策を併存させていたということである。

二　急進的併合論

一方、意外なことに、一九〇九年段階の日本の政治指導者層において、急進的併合論に立脚した併合プランは具体性に乏しい。第二章で言及した対韓強硬策、特に黒龍会の急進的併合論は在野の活動として行われたものであり、併合推進派と見られた山県有朋や寺内正毅らがどのような併合論をもっていたのかについて史料的に後付けることは困難である。もちろん、山県らが韓国の併合に積極的であったことは間違いない。山県が伊藤博文に自身の「日韓一帝論」を披瀝していたのは前述したとおりであるし、また桂太郎は、一九〇九年七月一三日に山県に送った書簡のなかで、前日に締結された司法覚書に関連して、「為邦家千年の計画御同慶之至に御座候。今後此都合に而着々進行仕候へは到着点に達し得へき事」(18)という認識を示している。そして山県も、この書簡に対する復信で桂の意見に同意していた(19)。しかしこの桂の認識は、司法覚書という司法権の侵奪が韓国の併合プログラムの一階梯として位置づけられていたということを表すもの以上ではない。それは、この時点では漸進的併合論が主流かつ現実的であったからであり、急進的併合論において併合プラン、特に植民地行政機構に関する構想がまだ具体化していなかったからと考えられる。

一九〇九年七月時点で、唯一具体的な併合プランとして位置づけられるのが、外務大臣小村寿太郎によって作成された併合意見書である。それでは、この小村の意見書とはどのような内容をもったものであったのだろうか。小村は、七月六日の閣議決定「韓国併合ニ関スル件」を受け、併合実行の時機は「内外ノ状勢ニ依リテ決スヘキ問題ニ属シ、今ニ於テ之ヲ測知スルヲ得ザル」としながらも、併合の方法、順序等を骨格とした韓国の併合基礎案を作成した。「併合ノ宣布」「韓国皇室ノ処分」「韓半島ノ統治」「対外関係」の四項目にわたる「併合方法順序細目（対韓細目要綱基礎案）」がそれである。(20) ただし、この小村の意見書は、いつ併合が実現してもよいように、あくまでも将来の併合実行に備えた腹案として作成されたものであるという点に留意しなければならない。小村自身は韓国を併合する時機を、すでに交渉過程に入っていた条約改正（一九一一年）の動向を見据えた上で決定すべきとしていたから、(21) どんなに早くとも条約改正後を想定していたと見るべきであろう。

閣議決定「韓国併合ニ関スル件」の内容が、小村の指示にもとづいて外務省政務局長倉知鉄吉によって立案されたことは先述したが、「併合方法順序細目」もまた、小村の提示した方針をもとに倉知が立案・作成し、小村による修正を経て七月下旬、内閣総理大臣桂太郎に提出された。(22)「併合方法順序細目」のうち、韓国皇帝の処遇および植民地統治機構と関連する項目を抄出すると左のとおりである。

第一　併合ノ宣布

〔中略〕

（二）右（併合実行の）詔勅ニ於テハ、尚ホ韓半島ノ統治ノ全然天皇大権ノ行動ニ属スル旨ヲ示サレ、以テ半島ノ統治ガ帝国憲法ノ条章ニ遵拠スルヲ要セザルコトヲ明ニシ、後日ノ争議ヲ予防スルコト

第二　韓国皇室ノ処分

（一）韓国ノ併合ト同時ニ、同皇室ヲシテ名実共ニ全然政権ニ関係セザラシメ、以テ韓人異図ノ根本ヲ絶ツコト

(二)韓国皇帝ハ全然之ヲ廢位トシ、現皇帝ヲ大公殿下ト称スルコト
〔中略〕
(七)併合実行ノ際、韓国皇室ニ属スル財産ニシテ皇室私有ノ性質ヲ有スルモノハ、之ヲ大公家又ハ公家ノ所有ト為シ、私有ノ性質ヲ有セザルモノハ之ヲ帝国政府ノ所有ニ移スコト
第三　韓半島ノ統治
(一)中央官庁ノコト
(二)地方官庁ノコト　略ス
(三)裁判所ノコト
〔以下、省略〕

統治システムの観点から注目すべき点は、併合後の韓国統治が天皇大権にもとづいて行われること、また韓国皇帝を一切政治に関与させないことという二点である。特に韓国皇帝の位置づけについて言えば、たとえば「日韓合併策」や、後述する一進会の「政合邦」論と比較したとき、その差は歴然としている。小村意見書では、韓国皇帝をもはや統治機構の一端として把握しないどころか、むしろ「韓人異図ノ根本」と明確に位置づけていた。したがって併合に際して、朝鮮民衆のナショナリズムの結節点となる韓国皇帝を、王ではなく「大公殿下」と改称し、東京へ移住させて政治的に無力化することにより、そのナショナリズムの回路を断ち切ることを明確に位置づけていた。前章で見たように、皇帝の南北巡幸において民衆の始原的ナショナリズムが発現していたことを併せ考えると（第三章第二節参照）、朝鮮民衆の「一君万民」意識を断絶させるための措置といえるだろう。

そして七月下旬、小村意見書が閣議で承認された。『公爵桂太郎伝』によれば、その閣議では「併合の方法」、「併

合の宣布」、「外国に対する宣言」の三項目にわたる「韓国併合の方針大綱」が決定されたという。[23] 先の小村意見書「併合方法順序細目」と閣議決定「韓国併合の方針大綱」とを比較すると、閣議決定「韓国併合の方針大綱」は前文後半部および第一項に特色がある。「韓国併合の方針大綱」では冒頭で、両国間の条約により「韓国の任意に出てたる形式に依り、併合を実行する」ことを最善策として位置づけ、それが困難な場合は、日本が韓国に対して併合を宣言して実行するものとして、国家併合の形式について検討している。その上で、第一項(い)において「韓国は全然其の存立を失ひ、純然たる帝国領土の一部となる」という国家結合の形式についても言及していた。

しかしこの閣議決定「韓国併合の方針大綱」が、その内容はともかく、韓国の併合という政策決定に与えた影響力を過大評価することはできない。それは次の二点の理由からである。第一点は史料的な問題である。確かにこの閣議決定は、小村の意見書を閣議に付し、閣員一同これに賛成するとともに、一方的な宣言をもって韓国を併合することをも視野に入れた国家併合の方法についても検討が行われたという『小村外交史』の記事とも一致する点が多い。[24] しかし、同閣議決定の具体的内容については『公爵桂太郎伝』および『公爵山県有朋伝』という、ともに徳富蘇峰が編纂にかかわった伝記でしか確認できない。また、国立公文書館が所蔵する「韓国併合ニ関スル書類」に、七月六日の閣議決定「韓国併合ニ関スル件」および「対韓施設大綱」、一九〇九年秋に提出された小村意見書(第三項の内容も含む「併合方法順序細目」。以下、一九〇九年七月段階の意見書を小村①案、同年秋のものを小村②案と略記する)が収録されているにもかかわらず、この閣議決定「韓国併合の方針大綱」が含まれていないのは明らかに不自然である。一九〇九年七月下旬に行われた閣議で、第三項を除いた小村①案が承認され、また国家併合の方法について検討が行われたことは事実と見てよいが、明文化された「韓国併合の方針大綱」のような閣議決定の存在は疑問なしとしない。[25]

そして第二点は、より根本的な問題であるが、小村意見書「併合方法順序細目」において、小村①案で第三項「韓半島ノ統治」が省略されていることの意味である。海野福寿はこの省略について、七月下旬段階では行政機構に関しては依然検討中であったためであり、『小村外交史』編纂者の意図によるものではないと推測している[26]。閣議決定「韓国併合の方針大綱」が行政機構について言及していないこと、小村②案に「四十二年秋外務大臣案ニシテ閣議ヲ経ザルモノ」との欄外註があり、小村②案と小村①案との差異が、多少の字句の異同を除くと第三項「韓半島ノ統治」の有無であることを併せ考えると、海野の推測は妥当である。これは逆に言えば、併合後の統治機構に関する構想は一九〇九年秋の段階まで成立していなかったということである。

それはともかく、併合の時機が未確定な一九〇九年七月段階で出された小村意見書はあくまでも将来の併合を実行する上での試案の域を出るものではなかったのであり、急進的併合論はこの段階では政策論としてはまだ漸進的併合論と対立しうるレベルではなかった。結局、この時点では、日本政府内における急進的併合論は任意の時機に韓国を併合するという方針を打ち出すにとどまり、その具体性に欠けていたということができる。

以上の検討から明らかなように、漸進的併合論、急進的併合論の差異として重要なのは韓国皇帝をどのように位置づけるかという点であった。伊藤の併合論や「日韓合併策」では、韓国皇帝は重要な統治機関として位置づけていたが、小村意見書では、韓国皇帝を韓国統治に利用するどころか、その存続はナショナリズムを喚起しかねないものとして危険視しており、朝鮮民衆との断絶を図るために皇帝を廃止して日本へ移住させるものと位置づけていたのである。すなわちその併合構想は、基本的に民心収攬を度外視したものであった。

（1）　葛生能久『日韓合邦秘史』下巻（原書房、一九六六年復刻）、一〇九頁。

杉山茂丸は、内田訪問後の九月一五日、伊藤を訪ね、「韓国問題の大処分」について伊藤の同意を得たとしている（『日韓合邦秘史』下巻、一一四頁）。しかし内田に語った伊藤の言辞、伊藤の同意とされるものが、書簡などの引用ではなく、『日韓合邦秘史』の地の文で記述されていることを併せ考えると、伊藤の同意とはあくまでも杉山の希望的観測であると考えられる。

(2)『日韓合邦秘史』下巻、七一頁、信夫淳平『外交側面史談』(聚芳閣、一九二七年)、三六〇頁。
(3) 信夫淳平『外交側面史談』、三六〇頁。
(4) 小川平吉文書研究会編『小川平吉文書』二巻(みすず書房、一九七三年)、三三一～三六頁。
(5)「政友会復党案内状」(『小川平吉文書』二巻、二四頁)。
(6) 原奎一郎編『原敬日記』二巻(福村書店、一九六五年)、三九五頁。
(7) 具体的な作成者は特定できないが、その内容が詳細かつ多岐にわたっている点を考慮すると、政友会創設委員の一人であり、統監府総務長官(一九〇五年一二月～〇八年一〇月)や韓国宮内次官(〇七年八月～)を務めた鶴原定吉をその中心人物と推定するが、定かではない。今後の課題としたい。
(8) 明治五〇年には、日本大博覧会が開催されることとなっていた。この大博覧会は当初一九一二(明治四五)年に行われることになっていたが(一九〇七年勅令第一〇二号)、一九一七年に延期された(一九〇八年勅令第二〇七号)(明治編年史編纂会編『新聞集成明治編年史』一三巻、財政経済学会、一九三六年、四七〇頁)。
(9) 移民社会を中心とした植民地形成の内容については、平田雅博『イギリス帝国と世界システム』(晃洋書房、二〇〇〇年)、参照。
(10) 鶴見祐輔『後藤新平』三巻(後藤新平伯伝記編纂会、一九三七年)、三〇三頁。
『後藤新平文書』によれば、覚書の執筆年代は一九〇九年頃である(水沢市立後藤新平記念館編『後藤新平文書』同刊行、一九八〇年、目録、七〇頁)。覚書の内容自体からは年代を特定できないが、「保護国ノ威信未タ浸潤セサル」との文言を考えると保護国化後一定の時期を経ていることは間違いなく、『後藤新平文書』編纂者の考証は妥当であると考える。
(11) 後藤新平の植民地経営構想の詳細については、小林道彦『日本の大陸政策 一八九五―一九一四』(南窓社、一九九六年)、参照。
(12)「韓国ノ施政ニ関スル件／韓国合併ニ関スル件」(「韓国併合ニ関スル書類」『公文別録』国立公文書館二A―一一―(別)一三九、所収)、もう一つの表題なしの意見書は、山口県立大学附属図書館「寺内文庫」所蔵「韓国併合ニ関スル件」所収。

以下、それぞれ第一意見書、第二意見書、第三意見書と略記する。なお、これらの意見書は部分的に海野福寿編・解説『外交史料 韓国併合』下巻(不二出版、二〇〇三年)に採録されている。以下、秋山意見書からの引用は、『外交史料 韓国併合』に採録されたもののみ、註を付して引用先を記した。特に註を付していないものは、「韓国併合ニ関スル書類」からの引用である。また第三意見書については本文中に丸付き数字で示した。

(13)『外交史料 韓国併合』下巻、六八九頁。
(14)秋山雅之介『国際公法 平時』(法政大学、一九〇二年)、一三五頁。
(15)『外交史料 韓国併合』下巻、六九〇頁。
(16)同右。
(17)『原敬日記』三巻、一三一頁。
(18)尚友倶楽部山縣有朋関係文書編集委員会編『山縣有朋関係文書』一巻(山川出版社、二〇〇五年)、三五七頁。
森山茂徳は、一九〇九年七月の閣議決定直後に日本政府が併合に着手しようとしたと評価しているが、それは引用史料中の「到着点」を「刻暑迄」と読解したためである(森山茂徳『近代日韓関係史研究』東京大学出版会、一九八七年、二二五頁)。本節で検討した内容を併せ考えると、『山縣有朋関係文書』編者の翻刻に従うべきであろう。
(19)一九〇九年七月一三日付桂太郎あて山県有朋書簡(国立国会図書館憲政資料室所蔵『桂太郎関係文書』七〇―一一四)。
(20)外務省編『小村外交史』(原書房、一九六六年復刻)、八四一～八四三頁、「韓国併合ニ関スル書類」。
(21)『小村外交史』、八五九頁。
(22)『小村外交史』、八四一～八四三頁、春畝公追頌会編『伊藤博文伝』下巻(統正社、一九四〇年)、一〇一四頁、小松緑『朝鮮併合史之裏面』(中外新論社、一九二〇年)、一六頁。
(23)徳富蘇峰編『公爵桂太郎伝』坤巻(原書房、一九六七年復刻)、四五九～四六三頁。
(24)『小村外交史』、八四三頁。
(25)これは、拙速に閣議決定を行ったものと推測される。しかし本文で述べるように漸進的併合論が依然現実的であった段階では、原則としては伊藤博文らの同意を得られても、政策レベルでは対抗できるような内容をもつものではなかったと思われる。

(26)　海野福寿『韓国併合史の研究』(岩波書店、二〇〇〇年)、三六三頁。

第二節　「日韓合邦」論の封鎖
――一進会・李容九の「政合邦」構想と天皇制国家原理との相克

前節において日本の政治指導者の韓国併合構想を検討したが、韓国をどのような形で日本に編入・統合させるのかという問題は本来、日本の専権事項ではない。その併合は、韓国という相手を必要とする以上、日本への編入のされ方をめぐってもう一方の当事者である朝鮮側の意向が反映される余地があるだろう。それでは朝鮮における日本への編入構想はどのようなものであったのだろうか。朝鮮知識人を中心に展開された愛国啓蒙運動では日韓連携論が重要な位置を占めており、合邦論や保護国論として展開されていた。その最も有名なものが親日団体一進会の日韓合邦論である。かつては親日売国奴の団体として研究史的に俎上にも上されなかったが、西尾陽太郎や金東明らのいくつかの注目すべき研究がなされるに及んで、その独自の合邦構想が明らかにされてきた(1)。本節では、一九〇九年一二月四日に行われた合邦請願書の提出を頂点とする一進会の合邦運動の内実を通して、朝鮮側の編入構想を規定した思想構造を明らかにした上で、そうした構想に対して日本政府がどのように反応したのかを考察する。

（1）　西尾陽太郎『李容九小伝』（葦書房、一九七七年）、金東明「一進会と日本――「政合邦」と併合」（『朝鮮史研究会論文集』三一集、一九九三年）。

第一項　一進会の合邦請願運動と朝鮮社会の反応

一　一進会による合邦請願運動

一九〇九年九月初旬、一進会会長李容九《イヨング》の主導で一進会、大韓協会、西北学会の三派が大同団結を図る、いわゆる三派提携運動が開始され、九月二三日、三派の提携が発表された。三派提携は一進会主導の下、反李完用《イワニョン》内閣という点で一致、成立したが、一進会の意図は三派提携をもって日韓合邦の原動力とすることにあったという(1)。

三派提携運動を進める一方、一進会は合邦請願書提出に向けて動き始めた。ところが一進会が合邦請願書を提出する準備を進めていた一一月末、『大韓毎日申報』が雑報欄で「属邦宣言説」(一一月二七日)、「一進会行動」(同二八日)と題して一進会の日韓合邦運動計画を報道し、また大韓協会も一進会との連合には日韓合邦の意思はないという内容を含む「両会聯結主旨声明書草案」を機関紙『大韓民報』や『大韓毎日申報』などで一方的に発表して一進会を牽制した(2)。両会が提携した際に協定はしていたものの合意には至っていなかった宣言書には「両会ハ聯邦制度ヲ排斥シ、専ラ韓国ノ自治ヲ期ス」とあったからである。合邦請願書提出に動く「一進会ノ企図ヲ破壊」するため、大韓協会は一一月末から政見委員会の開催を一進会側に何度も催促した(3)。結局、一二月三日夜、鍾路商業会議所で行われた政見委員会で一進会と大韓協会との連合は崩壊する。大韓協会との政見委員会決裂後、一進会はそのまま会員二〇〇名を招集して臨時総会を開き、李容九が時局に対する所見を述べた後、合邦問題を提起して満場一致で可決した(4)。そして翌四日、一進会は韓国皇帝、統監、韓国総理大臣にあててそれぞれ合邦請願書を提出し、さらに声明書を発表するに至った[5]。声明書は四日付『国民新報』号外および翌日の同紙雑報欄に「政合邦の大問題(一進会の願訴)」という記事として掲載された[6]。また『皇城新聞』、『大韓毎日申報』の各紙でも合邦請願書、声明書が取り上げられた。いったん受領された合邦請願書は、韓国皇帝および韓国内閣総理大臣あてのものについては統監曾禰荒助の意向を受けて八日に却下され、九日の再願(即日却下)を経て、結局一六日に三度目の建議で受領された。

「三派連合」決裂の原因は、一進会と大韓協会との提携の際に議題となった宣言書に象徴されるとおり、大韓協会が現在の保護状態、すなわち「韓国ノ自治」の継続を望んだのに対し、一進会が合邦論、特に「政合邦」を主張した点に求められる[7]。日本の保護政策に対する態度をめぐって大韓協会と一進会が対立したのである。大韓協会、特にその幹部は文明至上主義的見地から日本の保護支配下で改革を行うことを優先していたが[8]、一進会、とりわけ李容九は現在日本が行っているような保護支配が続くことに危機感を覚えていた。それは、一一月二六日、合邦建議へと動く一進会の動きを論難した大韓協会総務尹孝定《ユンヒョジョン》に対して李容九が語った次の言葉に集約されている[9]。

> 吾国ハ日本ノ保護国ナルモ、其外形上独立国ノ如シ。故ニ国民ノ多クハ之ヲ誤解シ、変乱ヲ生ス。之レカ為メ、日本ノ憤怒ヲ招キ、国権ハ漸次墜落セリ。
>
> 仮令ハ、国権ヲ十位トスレハ現今ノ位置ハ第三位ナリ。然ルニ、之ヲモ将ニ皆無トナラントス。故ニ、吾両会ハ相呼応シテ、六、七位ノ間ニ国権ヲ進メ、而テ皇帝ヲ王ト為シ、日本ニ之ヲ請求スレハ、現状ヨリ勝ルニアラスヤ。

李容九は、国権のさらなる「墜落」を避け、失墜しつつある国権を回復するためにこそ、日本に自発的に日韓合邦を請願することが必要であると主張した。李容九の主観としては、日韓合邦提議は保護支配下で進展する日本の韓国植民地化を逃れるための最終手段であった。反李完用内閣では一致した両会も、日本の保護政策をめぐっては、現状維持を期する大韓協会と、何らかの変革、すなわち日本との「合邦」を目指す一進会では明らかに方向性を異にしていたのである。第三次日韓協約体制の下で韓国の国家権力解体を推進する日本の保護政策の真意を、親日団体である一進会こそがより的確に見抜いていたことは歴史の皮肉と言うべきであろうか。

二　合邦請願書と声明書の内容
――「政合邦」の論理

それでは一進会の唱える日本との合邦論、特に「政合邦」構想とはいったいどのようなものであったのだろうか(10)。次に「合邦上奏文」、「上統監合邦請願書」、「上総理李完用合邦請願書」(以下、三請願書と略記)および「声明書」の四つの合邦請願書を検討する。そしてその上で李容九のいわゆる「政合邦」構想の内容を明らかにする。

まず史料面で踏まえておかねばならないのは、三請願書と声明書とが作成者および作成経緯においてその性格を異にするという点である(11)。三請願書は、おそらく九月下旬から一〇月上旬にかけて、東京にいた内田良平と宋秉畯《ソンビョンジュン》が大綱を作った上で黒龍会同人の川崎三郎、葛生修亮(能久)および内田の三名が文案を作成した(12)。この文案は、黒龍会顧問であった杉山茂丸が首相桂太郎の了承を得た上でさらに伊藤博文や他の元老の了解も得ていたという(13)。そして内田らの文案をもとに一一月中旬、武田範之が合邦請願書を書き上げた(14)。

こうした経緯から明らかなように、三請願書の作成には内田ら黒龍会系人士、つまり日本側の意向が大きく働いており、したがってその文面にも彼らの合邦構想が反映されていると考えられる。逆に言えば、韓国で一進会の指揮を執っていた李容九の合邦構想はこれらの文面には明確には表れていないと見なければならない。実際、合邦請願書文案作成段階では、合邦形式をめぐって内田および宋秉畯と李容九とが食い違いを見せていた。「〔韓国〕皇帝の存置と〔韓国〕内閣の継続、即ち政権全部を統監に委任し、重複なる政治機関を撤廃して旧独逸の如き聯邦と為し、軈《ひい》ては之れを満蒙支那其他の東洋各地に及ぼすの模範を造らん」ことを意図する李容九に対し、宋秉畯は「苟くも合邦を為す以上は、此の機会に於て徹底不離のものと為し、斯くの如き憂慮を根絶し置かざる可からず。即ち合邦は韓帝の総攬する統治権の全部を挙げて日本　天皇陛下に譲渡し参らすべし」と唱えていたからである。[15] 李容九が韓国皇帝や韓国政府を存置することを意図していたのに対し、宋秉畯の合邦論は韓国皇帝による全一的な統治権が天皇に譲渡されることにより合邦がなし遂げられるという論理であった。その後両者は何度も文書を往復させて意見を交換したが、結局内田が「韓帝存置、内閣継続の如き、其の他合邦の要件に関しては、唯日本　天皇陛下の叡慮に依て決すべく、韓人の上るべき合邦建議書中には、一切記載せざるべき」旨を李容九に説得したという。[16] したがって三請願書には合邦形態が明確には言及されていない。この点からも三請願書が妥協の産物だったことをうかがうことができる。一方、三請願書とは異なり、声明書には「政合邦」という李容九の合邦構想が挿入されていた。以上の考察から明らかなように、一進会の唱える合邦論には、李容九の主唱する「政合邦」論と、内田および宋秉畯が構想した日韓合邦論の二つが存在したのである。[17]

それでは三請願書[18]および「声明書」について、その論理構成を明らかにし、それぞれの合邦論がどういうものであったのかを検討する。三請願書は韓国皇帝、統監および韓国総理大臣と、送付対象にしたがって文言はそれぞれ異なるが、基本的な論理構成は同じである。三請願書は、韓国の現況をもはや国家の体をなしていないととらえた上で、①優勝劣敗、②東亜の平和、③日韓の同祖同文という共通した三つの要素を織り交ぜながら「日韓合邦ヲ創立スルコト」〔上統監合邦請願書〕を正当化している。上書の目的は「敝皇室ノ万世ニ尊栄ナランコトヲ懐フ」ことと、「民生ノ福利一等国ノ列ニ超入スルヲ望ム」ことの二点にあった（上統監合邦請願書）。つまり韓国皇室の保全と韓国国民の権利保障である。しかし「日韓合邦」の方法については、内田が李容九を説得した際に取り決めたように、必ずしも明確ではなかった。それは統監曾禰荒助が桂にあてて「合邦ノ意味ハ、聯邦ナルカ如ク、又合併ナルカ如ク見エ、甚タ不明」[19]と報告していたことからもうかがえる。わずかに「在昔徳乙聯邦分列《ママ》シテ法朗西ノ為ニ蹂躙セラレ、徳乙聯邦統合シテ覇ヲ欧洲大陸ニ称セリ」（上総理李完用合邦請願書）と、ドイツの連邦制が言及されているにすぎない。

　一方、声明書も、韓国皇室の保全と韓国国民の日本国民と同等の政治的権利、待遇を与えることを要求する点は三請願書と変わらない。しかし声明書の特色は、「政合邦」という方法によりこれらの要求を満たすことを明示している点にある。「我韓ノ保護劣等ニ在ルノ羞恥ヲ解脱シ、同等政治ノ権利ヲ獲得スヘキ」ものである「政合邦」は、伊藤博文暗殺をきっかけとして日本の世論が唱えている「根本的解決」（＝韓国の併合）に対する防衛策であり、韓国皇室の安全を保障し、韓国人民に「一等待遇ノ福利」を享有させるために「一大政治機関」を成立させることを目的とするものであると位置づけられていた[20]。ただし、声明書では「政合邦」の具体的内容にまでは触れられていない。一九〇九年一二月三日の一進会総会では「韓国皇室ヲ永遠ニ安全ナラシムルコト。韓国政府ハ之ヲ廃シ、日本政府ニ於テ直接政令ヲ行フコト。統監府ヲ廃止スルコト。及一進会ノミヲ存シテ其ノ他ノ会ハ一切解散セシムルコト」を日本政府に提案することが議決されたという[21]。韓国皇室を保持しながら、韓国政府を廃止し日本政府が直接的に統治するという一進会総会における合邦構想は、ここで検討する「政合邦」論の内容と併せ考えると、李容九の素志ではなく、他の合邦請願書との整合性を図ったものと考えられる。したがって声明書の発表段階では「日本ノ保護ニ依リテ韓ノ社稷ヲ永遠ニ安全ナラシメム」[22]というものに後退していたのであるが、日本官憲の内偵調査によれば、「政合邦」構想の具体的な内容は次のようなものであった[23]。

一、大韓国ヲ韓国ト称スルコト
二、皇帝ヲ王ト称スルコト
三、王室ハ現今ノ儘韓国ニ存在ス
四、国民権ハ日本国民ト同等タルヘキコト
五、政府ハ現今ノ如ク存立スルコト
六、日本官吏ハ悉ク傭聘トシ、現今ヨリ其数ヲ減少スルコト
七、人民ノ教育、軍隊教育ヲ振起スルコト
八、本問題ハ韓政府ヨリ直接日本政府ニ交渉スルコト

第三項、第四項は「声明書」の内容と共通するが、注目すべきは第二項および第五項である。特に第二項の内容は、李容九が尹孝定に対して別の機会に主張していたことは先に述べた。それでは韓国皇帝を王として位置づけ、また韓国政府を存置するという合邦構想はどのような形の国家結合形態として理解したらよいであろうか。

かつては一進会の日韓合邦論として一括りにされることが多かったが、西尾陽太郎や金東明によって李容九と内田良平の両者の日韓合邦論には微妙な差異があったことが指摘されている(24)。特に金東明は、内田らの合邦構想が韓国の天皇制国家への編入を図ろうとするものであったのに対し、李容九の「政合邦」構想が、オーストリア・ハンガリー二重帝国を範にとりながら、「政治的合邦国家」条約体制を構築して韓国皇帝を王として存続させ、韓国政府による独自の内政を行うことで韓国の植民地化を回避しようとするものであった、と指摘している(25)。ともに合邦運動を進めた李容九と内田の合邦論が「空手形」に終わったとする金東明の指摘はけだし慧眼である。しかし金東明は、なぜ李容九、内田両者の合邦論が「空手形」にならざるをえなかったのかについては明らかにしていない。それを明確にし

なかったのは、李容九の「政合邦」構想を検討する際に、国際法的枠組みを無前提に適用し、李容九のもつ国家観、王権観を見逃したためであった。

この点に関連して、一進会の活動に大きくかかわった武田範之が「政合邦」論に触れながら内田に書き送った「此回の〔日韓合邦請願〕問題は、公法上の義例には当て箝め様無之候へは、新に公法学上に新義例を開くの外無之候[26]」との総括は、まさに既存の国家結合形式で「政合邦」構想を理解するという方法論上の限界を衝いたものである。「政合邦」構想を「新義例」として理解しなければならないのであれば、オーストリア・ハンガリー二重帝国等になぞらえる金東明の評価は成立しない。むしろ、合邦論がなぜ「空手形」に終わったのかという点を、日本と朝鮮の思想構造の差異という側面から再検証する必要があろう。李容九と内田の一見微妙に見える志向性の違いは、日本のアジア主義と朝鮮のそれとの思想構造的差異を浮き彫りにするはずだからである。

ところで、かねてから東アジアにおける近代思想受容の受け皿の問題が指摘され、朝鮮史においても甲申政変百周年を前後してこの問題が深められることとなったが[27]、李容九の合邦構想についてもまた、朝鮮史の文脈から理解する必要があろう。従来、一進会の合邦請願運動は、内田良平をはじめとする黒龍会系人士が直接的・間接的に一進会の運動にかかわったため、日本のアジア主義研究において主要論題の一つとなってきた[28]。特に内田に対する評価をめぐって、そこにアジアとの連帯の契機を見ようとする竹内好に代表される見解と、一進会を内田の傀儡分子として位置づけ、内田らの行動がアジア侵略に加担したものととらえる初瀬龍平に典型的に示される評価とが鋭く対立してきた[29]。しかしこれら両者の見解は、日本のアジア主義を明らかにしようとするものではあっても、連帯あるいは侵略の対象である朝鮮側の思想や行動はほとんど検討の外においてきた。すなわち、あくまでも日本の自己認識と対関係にある限りでのアジア認識として自己完結的にアジア主義をとらえてきたという問題を抱えている。朝鮮等におけるアジア主義との関連性において日本のアジア主義を再検討する必要性が叫ばれるゆえんである[30]。つまり、そこには日本と朝鮮を「アジア主義」という枠組みで一元的にとらえてよいのかどうかという問題が横たわっている。その際重要なのは、日本のアジア主義が、たとえば孫文がいう仁義、道徳にもとづいた王道としての「大アジア主義」に示されるような、アジア主義が本来もちえた普遍的原理とどのような関係にあったのかという点である。[31]それではアジア主義の普遍性はどのような指標をもって評価することができるのだろうか。これについて趙景達が取り上げた「道義」という視座を導入することが有効である。[32]孫文の「大アジア主義」が端的に示しているとおり、「アジア主義」がウエスタン・インパクトとの対抗関係において構想されているという経緯を踏まえるなら、国家主義に文明主義を優先させるあり方こそが論理的説得力をもつと考えるためである。

そして趙景達は、朝鮮におけるアジア主義を小国主義との関連性でとらえる枠組みを提示している。[33]朝鮮における小国構想は、冊封体制と「万国公法」体制の均衡の上に自らの進路を模索する「自強」論にもとづいた中立化構想からする小国主義として展開されたが、日清戦争の結果、一元的に「万国公法」体制に組み込まれるなかでアジア主義という小国構想が一般化し、小国思想の表れ方が二元化するというのである。国際環境の下で小国を自処するのであれば、アジア主義という形での小国による連合構想が当然成立しうる。そして、この趙景達の指摘を敷衍するならば、朝鮮におけるアジア主義の形成には冊封体制的発想が色濃く影を落としているはずであり、李容九の合邦論もまた小国構想としてのアジア主義という文脈からとらえ返す必要があろう。それでは李容九のアジア主義的発想、つまり日本との連帯構想はどのようなものであったのだろうか。李容九は、内田あての書簡で、樽井藤吉の『大東合邦論』に日韓連帯策の示唆を得たことを述べた上で、次のように語っている。[34]

何ぞ幸いにも、貴国〔日本〕はよく頽破の砥柱となり、清を揚げて濁を激し、大義を宇宙に伸ばして、覇権を東洋に占め、暴を懲らして弱きを済う。徳と義は並び照り、先生〔内田良平〕の高明の若きを以て時局を統察し、弊邦に賓游せらる。吾儕の冀望する所の者は、牖《まど》を開き蒙を啓き、其の文明発達を指導し、其の殖産の富源を振興することなり。民党を扶殖し、政治を改善し、貴弊両国心を併せて力を合せば、則ち鷲幟〔ロシア〕は敢ては南下せず、東洋は従りて以て維支するなり。

一進会の思想傾向については従来、日本の近代的物質文明への傾倒ばかりが強調されたが、ここで李容九が日本の「徳義」を強調していることにも留意しなければならない。李容九は、「暴を懲らして弱きを済」う「徳と義」を体現するものとして日本をとらえ、その上で日韓の連携を図ることを期している。もちろんこの書簡が内田に迎合したものであることを前提にしなければならないのはもちろんであるが、天皇による支配の下で韓国皇帝を王とし、韓国政府を継続させ、韓国国民の権利を日本国民と同等にするという「政合邦」構想を、冊封体制的文脈から読み解くことは決して飛躍した論理ではないだろう。つまり李容九は、日本の東アジアに対する帝国主義的膨張について、冊封体制を国際法で合理化して位置づけようとしたと見られる。中華の対象を中国皇帝から天皇に振り替えながら日韓の合邦を読み解いたのである。それはその国際関係に対する理解が、親日的であったために帝国主義批判を欠いていたというよりも、日本の帝国主義的対外膨張について、きわめてオプチミスティックに朝鮮的な文明解釈をなしたものだったととらえるべきであろう。「政合邦」論を「新義例」と位置づける武田の評は、まさに朝鮮的思惟の下で帝国主義が再解釈されたことを認めたものにほかならない。

以上見たように、一進会の合邦請願運動は、日本側の意向に迎合したという性格は否定できないものの、李容九の主観においては、日本の韓国国家権力解体政策への対抗措置として行われたものであった。次々に主権を奪取し、韓国統治機構の枢要部分を日本人が占めるという状況を、日本による韓国の併合に先んじて合邦を請願することで一挙に挽回しようとしたのである。そしてその「政合邦」構想は、従来言われてきた国際法上の同君連合あるいは連邦制としての国家結合を目指したものというよりも、旧来の東アジア国際秩序であった冊封体制を近代国際法的に合理化しようとしたものであったと考えられる。冊封体制下では朝貢関係をとることで相対的に独立を保つことが可能であったためである。[35] そして、そこで鍵概念となるのは、かつての中華皇帝から天皇に振り向けられた「徳義」である。「政合邦」論は日本そして天皇の「徳義」に統治原理を求め、その下で王権保持、朝鮮人民の「一等待遇ノ福利」保障を企図したものであった。帝国主義への批判力の弱さは否めないが、李容九の発想自体は日本に「王道」的統治を求めるというものであり、その意味で国家主義の上に文明主義を設定する「道義」というアジア主義の普遍性を具備したものだったのである。

一方、内田良平ら日本側人士にとって「日韓合邦」は、「合邦にても委任にても其の実質を永久的の契約とし、韓民をして独立の念すら其の心に萌する余地を存せざらしめ」るきっかけであり、「然る上にて我に同化せしめざれば、真の同化は覚束なかるべ[36]」きものと観念された。内田らの朝鮮統治構想は、初瀬龍平が端的にまとめているように、異民族支配を疑問視せず、天皇への無限の信仰を天皇制への絶対的信頼と密着させたものであり[37]、「一視同仁」にもとづく天皇制支配と何ら変わるものではなかった。それは一方的に異民族に「同化」、「皇化」を迫り、その上で天皇との関係において階層化を図るものであり、その構想は天皇制国家への統合に限りなく近づいていき、最終的には東洋盟主論へと帰結してしまうこととなる。[38]

したがって、李容九と内田の合邦構想がともに天皇の「徳義」「叡慮」に依拠するというものであっても、李容九と内田の合邦論は、その発想の前提が原理的に相容れないため、同床異夢に終わらざるをえない。それゆえ、合邦請願書作成過程で李容九の意向は内田、武田らに阻止されたのであり、李容九によるアジア主義の試みは、次に述べる日本政府による排除のみならず彼ら黒龍会系人士によって封鎖されたのである。後年、須磨の病床で李容九が内田に対して語ったとされる「われわれは馬鹿でした」という発言[39]は、日本政府および内田らによる二重の裏切りを難じたものと解すべきだろう。したがって、親日派・一進会の悲哀は土着社会および日本の国家権力から排除されたことのみならず、「同志」として活動を共にした日本人とも断絶していたという点に求められる。その意味で、一定の留保を付しながらも内田をアジア主義者と規定する竹内好のアジア主義評価[40]は、普遍主義としてのアジア主義というあり方から批判されねばならない。

三　一進会合邦請願への反対運動

一進会の合邦請願に対して韓国内では反対の声が高まり、「同会ハ殆ト孤立ノ状態ニ在」った[41]。国民大演説会[42]をはじめ、「大ニ上下ノ民心ヲ聳動シ、世上漸ク騒擾ヲ極メ、漢城ノ政界亦紊レムトスルノ状態ヲ呈」したという[43]。一進会の合邦請願書提出により「今回ノ合邦問題ノ如キハ此等ノ排日派ニ対シ民心ヲ刺激スヘキ好辞柄ヲ与フヘキハ自然ノ勢ナル[44]」べき状況が生起する。日本の対韓政策に最も抵抗を示していた義兵闘争が同年の「南韓大討伐」により沈黙を余儀なくされ、また民衆も有効な対抗手段を講じえないなかで、これらの反対運動が行われたことを一方では考慮しなければならないが、一進会に対する反対運動のうち、ここでは日本の保護政策に対する姿勢の違いを明確にするため大韓協会の反対運動の内容を検討する。ただしここではあくまでも大韓協会中央幹部の反対の内容しか明らかにできなかったことを断っておく[45]。

大韓協会は、一進会の合邦請願が公にされると幹部会議を行い、張孝根《チャンヒョグン》の提議にもとづいて一二月六日にソウル内各団体へ「非合邦ノ大輿論ヲ議決」(国民大会発起文)することを訴える通文を送るとともに、一二日に漢城府民会構内で国民大会を開催することを決定した[46]。さらに、大垣丈夫が草案を作成した一進会の合邦問題に対する声明書を国民大会および各新聞紙上で公表することも決定した[47]。結局、国民大会の開催は当局の集会差し止めにより行われることなく、また声明書も発表されず、単に大韓協会会長金嘉鎮《キムカジン》、副会長呉世昌《オセチャン》、総務尹孝定、顧問大垣丈夫の四名により声明の決定がなされたにとどまった[48]。また二〇日ごろ各道支会に対しても慎重姿勢をとるよう指示を送っているが[49]、これは大垣の意向を強く受けたものと考えられる。大垣が韓国を退去させられる際、「地方支部ヨリ如何ナル反対ノ協渉ヲ申出ルモ、此際慎重ノ態度ヲ守リ、唯タ時局ノ経過ヲ傍観スルニ止メ、自分ヨリ電報スルニアラサレハ国内ヲ動揺セシムルカ如キ行動ハ断シテ為ス可カラス」と大韓協会幹部に諭していたからである[50]。

それでは、大韓協会による一進会の合邦請願書への反対の内容はいったいどのようなものであったのだろうか。一二月四日夜、大韓協会本部で「政合邦」反対の理由として決議されたのは次の内容であった[51]。

一 現下韓国ノ形勢ヲ見ルニ、合邦セサレハ統治シ難キ状態ニ在ラス。万一今後其ノ形勢ノ険悪トナル場合ハ軍政ヲ施クトモ、亦合邦スルトモ自然ノ形勢ニ委スヘシト雖、今日ニ於テ合邦ヲ唱ヘムカ民心ヲ動乱セシムルノミナレハ、今ハ其ノ時機ニアラス。

二 日韓協約中、日本ノ保護ハ韓国カ富強ノ実ヲ挙クルヲ期トスト在リ。然レトモ韓国カ今後開明富強ニ達シタリトテ直ニ日本ニ保護解除ヲ請求シ得ルヤ。恐ラク軍備ノ拡張其ノ他負債償却等俄ニ多大ノ負担トナルヲ以テ、之ヲ請求スルハ到底不可能ナリ。自然ノ勢ヲ以テ韓人全部カ合邦ノ得策ナルヲ主張スルハ明ナリ。此ノ時ニ方リ合邦スルモ尚遅シトセス。

大韓協会における「日韓合邦」に対する基本的態度は時期尚早論であり、史料に明らかなように将来の「合邦」自体を否定したものではなかった。それは一進会の合邦問題に対する声明書にも明瞭に表れている。同声明書では、「若シ国民ノ開明ト国家ノ発達ヲ致シテ国民ノ幸福上多数ノ希望ニ依リ相当ノ方式ヲ以テ日韓ノ関係ヲ更改スルハ固ヨリ左袒スル所ナリ」と、将来の「合邦」については視野に入れながらも、現在の課題は「今ヤ保護政治カ着々進行シ、国情益々良好ニ赴キ、我国民ノ思想ハ現在ノ日韓関係ヲ標準トシテ両政府ノ政治経済相互密接シ、両国民ノ利害休戚相互共通シ、決シテ偏重スヘカラサルヲ自覚セントシ、先進国ノ善良ナル指導ニ依リテ忠実ナル民志ト良好ナル国情ヲ造リ、以テ文明富強ノ域ニ到達シ、両国協約ノ趣旨ヲ遂行センコトニ努力スル」こと、つまり日韓両国の連携の下で韓国の自強を図ることであるにもかかわらず、一進会が「我国情ヲ顧ミサル軽挙ニシテ、多数ノ民意ニ反スル」日韓合邦を突然提議し、その結果、「国民ノ反抗心ヲ挑発シ、延テ両国ノ親交ト国家ノ進歩ニ悪影響ヲ及ホス」ことを懸念している[52]。大垣による声明書草稿には「之レヲ要スルニ時期ト方式トノ問題ニテ、絶対非認ノ意味ニアラサルナリ」とあり[53]、漸進的併合論とほとんど差のないものであった。伊藤博文の韓国併合構想である第三次日韓協約体制を維持することを当面の課題ととらえていた大韓協会にとって、一進会の合邦運動は「忠実ナル民志ト良好ナル国情ヲ造」ることを脅かしかねないものだったのであり、その限りでの合邦論批判であった。

（1）　林雄介「一進会の後半期に関する基礎的研究——一九〇六年八月〜解散」（『東洋文化研究』一、一九九九年）、二七八頁。ただし、西北学会代表の鄭雲復は大韓協会幹部でもあり、林が指摘するように、実態は二派提携であった。また、大韓協会評議員張志淵、玄檃は一進会との連携に反対して評議員を辞退したという（『駐韓日本公使館記録』三七巻、五〇九〜五一〇頁、『統監府文書』一〇巻、三八七頁）。

（2）　同右論文、二七九頁。

一九〇九年一一月二六日付杉山茂丸あて菊池忠三郎電報には「鄭雲福《ママ》秘密ヲ洩ラセシ模様アリ、大韓協会ノ一部ニ動揺ヲ来タセシモ心配スル程ニハ非ズ、シカシ秘密洩レタル上ハ至急ニ運ブホウ宜シカラン」（内田良平文書研究会編『内田良平関係文書』一巻、芙蓉書房出版、一九九四年、一七三頁）とあり、西北学会の鄭雲復から一進会の合邦建議の動向が伝わったため、合邦請願書提出を急ぐよう取り図った様子がうかがえる。一方、李容九自身は大韓協会が「大方は聯邦問題に服従するもの」と見ており、もはや「聯邦を以て名義とすべきや、合邦を以て名義とすべきや」程度の問題となっているという見通しをもっていたという(一九〇九年一一月九日付宋秉畯あて李容九書簡、同書、一五六頁、葛生能久『日韓合邦秘史』下巻、原書房、一九六六年復刻、一五九頁)。

(3)『駐韓日本公使館記録』四〇巻、一九四頁、『統監府文書』八巻、三九～四〇頁。

(4)朝鮮総督府編『朝鮮ノ保護及併合』(朝鮮総督府、一九一八年)、三〇六頁、「韓国一進会日誌」(金正柱編『朝鮮統治史料』四巻、韓国史料研究所、一九七〇年)、八〇一～八〇二頁。

(5)『駐韓日本公使館記録』四〇巻、一五九頁、一九四頁、『統監府文書』八巻、四一頁、四九頁。

(6)金東明「一進会と日本――「政合邦」と併合」(『朝鮮史研究会論文集』三一集、一九九三年)、一〇八頁。

(7)同右論文、一〇七頁。

(8)趙景達「朝鮮における日本帝国主義批判の論理の形成――愛国啓蒙運動期における文明観の相克」(『史潮』新二五、一九八九年)、参照。

(9)『駐韓日本公使館記録』四〇巻、一九四頁、『統監府文書』八巻、三九～四〇頁。

(10)なお、ここで述べる一進会の「政合邦」構想は一進会本部においてのものであり、地方支部が必ずしもこれに賛成していたわけではなかったことには留意する必要がある(林雄介「一進会の後半期に関する基礎的研究」、二八〇頁)。

(11)金東明「一進会と日本」、一〇八頁。

(12)『日韓合邦秘史』下巻、一五五頁。文案作成日時は、伊藤博文の満洲行き出発が一〇月一四日であることから推定した。

(13)西尾陽太郎『李容九小伝』(葦書房、一九七七年)、一二三頁、『日韓合邦秘史』下巻、一五五頁。ただし、西尾が指摘するとおり、伊藤の満洲行き直前、すなわち一〇月中旬の時点では合邦請願書提出方針を示したにすぎず、具体的な内容に踏み込んだものではなかったと考えられる。

(14)川上善兵衛(市井三郎・滝沢誠編)『武田範之伝』(日本経済評論社、一九八七年)、三七三～三七五頁。

(15)『日韓合邦秘史』下巻、一五六～一五七頁。

ただしこれは『日韓合邦秘史』の地の文であることに注意しなければならない。これは「当時の往復書簡は、其後李完用兇変の際多く之を破棄したりし為め」(同、一五九頁)というが、たとえば一九〇九年一一月九日付宋秉畯あて李容九書簡などにはそのような内容は見えない(『内田良平関係文書』一巻、一五六～一五九頁、『日韓合邦秘史』下巻、一五九～一六四頁)。宋秉畯の見解とされるものは、宋個人の意向というよりも内田ら日本側の意向を代弁したものと考えるべきである。

なお、『日韓合邦秘史』をはじめとする黒龍会系の史料がもつ問題性は櫻井良樹が指摘するとおりであり(櫻井良樹「日韓合邦建議と日本政府の対応」、『麗澤大学紀要』五五号、一九九二年、三二一～三二四頁)、史料の引用に際しては『内田良平関係文書』を主に用い、重複するものについては『日韓合邦秘史』の該当部分を併記した。

(16) 『日韓合邦秘史』下巻、一五八頁。

(17) なお、一進会の合邦建議について、韓国言論界では「文字ノ上ニ於テハ敢テ批難ス可キナシト雖トモ、同文中政合邦ナル三字ヲ深ク研究解釈ヲ下ス時ハ、其間種々ナル意味ヲ有シ、我韓ノ亡滅該三字中ニ包含シ居ル」として、三請願書よりも「政合邦」論に批判が集中した(『駐韓日本公使館記録』四〇巻、一九六頁、『統監府文書』八巻、五〇頁)。

(18) 上書原文は漢文。上書訳文は『朝鮮ノ保護及併合』、三〇九～三一七頁、参照。

(19) 『駐韓日本公使館記録』四〇巻、一六〇頁、『統監府文書』八巻、四九頁。

(20) 『駐韓日本公使館記録』四〇巻、三四九～三五二頁、『統監府文書』八巻、四七頁。

声明書も多くの史料に引用されているが、たとえば『朝鮮ノ保護及併合』、三〇七～三〇九頁所載史料には欠落部分がある。

(21) 『朝鮮ノ保護及併合』、三〇六頁。

(22) 同右書、三〇七頁。

(23) 『駐韓日本公使館記録』四〇巻、一九三頁、『統監府文書』八巻、三九頁。

(24) 西尾陽太郎『李容九小伝』、一二三～一二四頁、金東明「一進会と日本」、一一一～一一二頁。

(25) 金東明「一進会と日本」、一一〇頁。

金東明の指摘に従えば、「政合邦」構想は、国際的には単一的主体であるが、構成国家がなお内部的に独自性を保持する国家結合形態である物的同君連合(物上連合 Real Union)を目指したものということになる。物的同君連合は歴史的には君主国について成立する国家結合形態であるが、実質的には国際法上の連邦(連合国家 Federal State)に類似しているため(高野雄一『新版 国際法概論』上巻、弘文堂、初版一九六〇年、新版一九六九年、九九頁)、一見、『日韓合邦秘史』が言及する「聯邦」制も物的同君連合として理解することができるようにも思える。しかし、「政合邦」論において李容九がなぞらえる、韓国皇帝を存続し、政権を統監に委任する形で韓国内閣を継続するという「旧独逸の如き聯邦」とは、複数の国家が条約にもとづいて結合し、ある範囲の国家機能(特に外交能力)を共同で行使する組織体である国家連合(Confederation, Confederated States)と理解すべきであろう(歴史的には一七八一年から八九年までのアメリカ連合や一八一五年から六六年までのドイツ連邦などの例がある)。本書が考察対象とする時期の国際法学界の用語法では、国家連合の意味で「聯邦」という用語を使用しており、連合国家(Federal State)を指す「合衆国」と区別しているからである。

(26)　『内田良平関係文書』一巻、一二〇頁。

(27)　「甲申政変百周年」特集号である『朝鮮史研究会論文集』二二集、一九八五年、所収の糟谷憲一、趙景達、原田環各論文および宮嶋博史「開化派研究の今日的意味」(『季刊三千里』四〇号、一九八四年)、参照。

一方、近年は山室信一『思想課題としてのアジア』(岩波書店、二〇〇一年)をはじめとして、構造ではなく伝播としての思想のあり方に着目した研究が流行しているが、これらの観点からなされる研究はアジア停滞論を再生産させかねない言説であると危惧する。

(28)　内田良平をはじめとする黒龍会系人士については、初瀬龍平『伝統的右翼内田良平の研究』(九州大学出版会、一九八〇年)、参照。

(29)　竹内好「アジア主義の展望」(同編・解説『アジア主義』筑摩書房、一九六三年)。初瀬龍平『伝統的右翼内田良平の研究』。

(30)　平石直昭「近代日本の「アジア主義」」(溝口雄三ほか編『アジアから考える』五巻、東京大学出版会、一九九四年)。

(31) アジア主義のもつ普遍性については、小路田泰直『日本史の思想』(柏書房、一九九七年)に大きな示唆を受けたが、ヘゲモニー論的関係性を強調する小路田の分析方法には疑問が残る。また、アジア主義を一元的にとらえる点で問題がある。むしろ吉野誠が剔抉したように、近代主義的アジア主義の潮流と、原理主義的アジア主義の潮流という二つのアジア主義を射程に入れてアジア主義の普遍性を理解する必要があろう(吉野誠「『大東合邦論』の朝鮮観」、『文明研究』四号、東海大学文明研究会、一九八五年)。

(32) 趙景達「近代日本における道義と国家」(中村政則ほか著『歴史と真実』筑摩書房、一九九七年)。
　趙景達は、東アジアにおける道義と国家のあり方に着目しながら、日本における政治文化が中国・朝鮮とは異なり、国家主義的であったことを指摘している。

(33) 趙景達「近代朝鮮の小国思想」(菅原憲二・安田浩編『国境を貫く歴史認識』青木書店、二〇〇二年)、一四二頁。同「アジアの国民国家構想」(久留島浩・趙景達編『アジアの国民国家構想』青木書店、二〇〇八年)、二二一～二二六頁。

(34) 『内田良平関係文書』一巻、一六二頁、『日韓合邦秘史』上巻、四三～四四頁。

(35) 浜下武志『朝貢システムと近代アジア』(岩波書店、一九九七年)。

(36) 『内田良平関係文書』一巻、一二〇頁。

(37) 初瀬龍平『伝統的右翼内田良平の研究』、一一四～一一五頁。

(38) したがって内田が後年行った日本政府批判は、天皇の「義」を問うという地平には原理的に立つことができなかったため、単なる改良運動にとどまらざるをえなかった。

(39) 内田良平「日韓合邦」(竹内好編『アジア主義』、二二七頁)。

(40) 竹内好「アジア主義の展望」、三六～三七頁。

(41) 『朝鮮ノ保護及併合』三二八頁。

(42) 国民大演説会は、一九〇九年一二月五日、西大門内円覚社で開催された一進会の合邦請願運動糾弾会であり、元老閔泳韶などを中心に、大韓協会、西北学会、漢城府民会会員らが集まって開催された。その後国民演説団会が組織されている

(『駐韓日本公使館記録』四〇巻、一九七～一九九頁、『統監府文書』八巻、五一～五二頁)。
(43) 『朝鮮ノ保護及併合』、三一八頁。
(44) 『駐韓日本公使館記録』二八巻、三三二頁、『統監府文書』二巻、二六八頁。
(45) 『駐韓日本公使館記録』所収の一九〇九年一二月から翌年一月にかけての官憲報告を見るかぎりでは、一進会に対する反対運動は散発的にしか起きていない。これはむしろ、義兵弾圧後の韓国内の政治状況をうかがわせる。当時の地方の状況については別途検討する必要がある。
(46) 『駐韓日本公使館記録』四〇巻、二〇一頁、二〇三～二〇四頁、『統監府文書』八巻、五七～五八頁。
(47) 『駐韓日本公使館記録』四〇巻、一九〇頁、『統監府文書』八巻、一〇〇頁。
(48) 『駐韓日本公使館記録』四〇巻、二五九頁、『統監府文書』八巻、一〇二頁。
(49) 『駐韓日本公使館記録』四〇巻、三八三頁、『統監府文書』八巻、一七六頁。
なお、旧稿では、従来の研究にもとづいて大韓協会については「中央、地方ともに静観の態度を崩さなかった」(拙稿「一進会の日韓合邦請願運動と韓国併合――「政合邦」構想と天皇制国家原理との相克」、『朝鮮史研究会論文集』四三集、二〇〇五年、一九四頁)と評価したが、松田利彦より、大韓協会地方支会の動向を踏まえた評価ではないとの批判を受けた(松田利彦「伊藤博文殺害事件の波紋――警察資料に見る朝鮮人社会の状況」、伊藤之雄・李盛煥編『伊藤博文と韓国統治』ミネルヴァ書房、二〇〇九年、二三四頁)。本文でも明らかにしているように、筆者の検討は中央幹部の動向にとどまっているにもかかわらず、既存研究の評価を安易に援用したのは誤りであり、旧稿の評価は撤回する。
(50) 『駐韓日本公使館記録』四〇巻、三五五頁、『統監府文書』八巻、一七八頁。
(51) 『朝鮮ノ保護及併合』三一八頁。
(52) 『駐韓日本公使館記録』四〇巻、二六〇～二六一頁、『統監府文書』八巻、一〇三頁。
(53) 『駐韓日本公使館記録』四〇巻、一九〇頁、『統監府文書』八巻、一〇一頁。

第二項　合邦請願運動に対する日本政府の対応

それでは、一進会の合邦請願運動は日本政府の推し進めた韓国併合とどのような関連性があったのだろうか。日本政府による韓国併合方針の決定と一進会の合邦請願書提出との関係性をめぐっては、①合邦請願運動における日本政府の関与、②日本政府の韓国併合決定と同運動との相関関係、の二点が研究史上の論点となってきた。姜在彦の論考に典型的に示されるように、一進会の合邦請願運動を利用して日本政府が韓国併合を実行したとする見解が数多くなされる一方、[1]両者の関係性をいち早く否定したのは山辺健太郎である。[2]山辺は、合邦請願に先行する一九〇九年七月段階で韓国併合方針が閣議決定されていたことを重視し、一進会の「進言にかかわりなく、日本の朝鮮併合の方針は、早くからきまっていた」と評価した。山辺の見解は一進会に対する図式的理解が先行しているだけではなく、「幽霊団体」説などは実証的に否定されているが、合邦請願運動と日本政府との連関性を否定する評価自体は櫻井良樹に継承されている。

櫻井は、関係史料を博捜して桂太郎ら日本の政治指導者の動向を検討し、山辺の実証的欠陥を克服した。合邦請願書提出に対する日本政府の姿勢について、政府の動向を阻害しない範囲では一進会の合邦請願運動を黙認していたが、それを積極的に利用して併合にまで進める意図も必要もなく、したがって一進会の運動は韓国併合との連関性をもつものではなかったと位置づけた。[3]合邦請願運動において日本政府の積極的関与を否定する櫻井の見解は実証的にも説得力があり、現在の研究水準を示している。

しかし櫻井の評価は、先に掲げた論点①については大筋で認められるものだが、論点②に対する見解には疑問を挟む余地がある。合邦請願運動を進める一進会の利用を日本政府が考えていなかったということと、韓国併合過程において合邦請願運動がもたらした影響、すなわちその歴史的役割とは、その評価の次元を異にするからである。言い換えれば、「併合時機」が未確定であった段階に合邦請願運動が行われたことと「併合時機」の決定との連関性をどうとらえるかという問題が依然残されている。この点を考察する上で重要なのが閣議決定「韓国併合ニ関スル件」に対する歴史的評価であるが、従来の研究は、その連関性を認めるにせよ否定するにせよ、同閣議決定を前提にして一進会の合邦請願運動を位置づけており、櫻井もまた例外ではなかった。

しかし前にも述べたように、同閣議決定は実際には韓国を併合するという総論を定めたものにすぎず、いつどのような形で韓国を併合するのかについては必ずしも明確ではなかった(第一節第一項参照)。韓国の併合という枠組みを決めた日本政府が次に検討すべき課題はどのような形で韓国を併合するのかという問題であったが、一九一〇年初頭までは漸進主義的な伊藤博文の併合構想が依然有力であったと考えられる。しかしその後、直轄植民地という統治形態による韓国併合の実行が山県有朋、桂太郎、寺内正毅を中心として決定された。この日本政府内の動きとほぼ並行して一進会切り捨てが行われたことは、一進会の利用等とは別次元で、日本政府の韓国併合への動きと、一進会の合邦請願運動とが連関性をもっていた可能性を指し示している。ここでは、韓国併合決定に関する一九一〇年前半期における日本政府の動向の背景を理解するため、一進会の合邦請願運動に対する日本政府の対応について考察し、日本政府において即時併合論が急浮上した背景を検討する。

一　山県有朋・寺内正毅の日韓合邦請願運動への関与

一進会の合邦請願書提出を日本政府や日本官憲が背後で操っているとする声は韓国内でも多く上がったが(4)、合邦請願運動に日本の政治指導者はどの程度かかわっていたのだろうか。それは合邦請願書の受領と却下が繰り返される一二月四日から一六日までの日本政府および統監府の一連のやりとりによく表れている。

一進会が合邦請願書を提出することについて好意的だったのは元老山県有朋であり、陸軍大臣寺内正毅であった。山県は内田良平から一一月二九日付で書簡を受け取ると、一二月二日に寺内に同書簡を送っている(5)。山県の意向を受け、寺内は一二月三日、「一進会カ前述ノ如キ〔日韓合邦〕請願ヲナシタル場合ニ於テハ、統監ハ泰然トシテ之ヲ受領シ、単ニ参考ニ供スベキ旨ヲ答ヘ置カレ、一面韓国政府ニ諭シ本件請願ノ如キハ目下韓国ノ情態ニ於テ一ノ政事的意見ト見ルノ外ナキヲ以テ穏当ニ之ヲ受領セシムルノ処置ニ執ラシメラレ然ルヘシ(6)」と統監曾禰荒助に対して勧告した。寺内は、山県に送った一三日付書簡中に、合邦請願書却下という統監府の対応について、「多少之考慮を尽した三日の電報は、寸効無之に相了り、誠に残念(7)」と綴っているが、この点からも寺内らの合邦請願運動に対する姿勢を読み取ることができる。

一方、統監府、特に曾禰は一進会の合邦請願運動に対して不快感を露わにした。首相桂太郎に送った電報のなかで曾禰は、「一面ニハ〔寺内〕陸軍大臣ニヨリ請願提出ノ預報モアリ、兼テヨリ内閣ニ於テ間接ニ御承知アリシ様ニモ推察セラル、モ、他ノ一面ニ於テハ其遣リ方ハ場合モ考ヘス如何ニモ軽挙ニ失シ、本官ハ衷心不審ニ堪エサル(8)」ものであると不満を隠していない。合邦請願書提出を「元来此ル大事ヲ、一進会如キモノ、行動ニ基キ、今日ニ実行セントスルカ如キハ、徒ニ平地ニ風波ヲ起シ、其局ヲ統ツコトナキニ終ルヘシ」ととらえる曾禰が最も危険視したのは、「速成ヲ欲シテ大成ヲ壊ルニ至ルハ必然ナルノミナラス、延テ　我陛下ノ御威《マ》稜《マ》ヲ傷ケンコト(9)」であった。合邦請願運動が日本政府の韓国併合方針の将来に累を及ぼすことを恐れただけではなく、天皇の「御威稜ヲ傷ケンコト」を危惧したのである。それは先に見たように合邦請願書が、一進会の要求を満たす形で日韓の合邦を実行するか否かについての判断は最終的に天皇の意思に帰着するような構造になっていたからである。

合邦請願書の提出を受けて曾禰は一二月五日、合邦請願書を返却しようという韓国政府の意向を名古屋に出張していた桂に伝え、指示を仰いだ(10)。桂が韓国政府の意向に同意を与えると(11)、曾禰は韓国大臣との協議会で「先日来李総理ヨリ御協議アリタル一進会ノ上書文ハ内閣ニテ御希望通リ御返却可然」旨を韓国政府側に伝え(12)、それに従って韓国政府は一二月七日に合邦請願書を却下した(13)。この桂と曾禰の一連のやりとりについて寺内は、「曾禰氏の浅慮と、且之れに首相の軽々に返電せられ候が、一の間違と相成申候」と批判めいた言辞を山県に書き送っている(14)。これは逆に言えば、杉山茂丸によって日本政府首脳に対する合邦請願運動の了承工作が行われていたにもかかわらず、日本政府、特に桂の意向が一進会のそれと一致していなかったということである。内田が桂を併合推進派ではなく中間派と見なしたのは、この点に由来するのであろう(15)。

一進会の合邦請願書提出に対する日本政府の本格的な対応は、名古屋および大阪に出張していた桂が一二月八日に帰京してからとなる。この間、杉山や内田は却下を受けた合邦請願書を受領させるために山県や寺内に働きかけていたが(16)、寺内は帰京した桂に一二月三日付曾禰あての電報案を示すとともに、山県の指示を伝えた。談合の末、「請願書を却下することなく留置くべきことに可取計旨」を曾禰に打電することとなった(17)。この談合を受けて桂は同日、「先般貴官就任ノ際訓示セルカ如ク帝国ニ対スル政略上ノ方針ハ一定不変之ヲ決定シ居レリ故ニ、其時機如何ヲ問ハス。苟クモ韓人ニシテ帝国政府ノ方針ニ同一ノ意見ヲ有スルモノアルトキハ政府ハ之ヲ領スルノ覚悟ヲ要スルハ当然」であり、「書面ヲ却下シ反テ反対ノ気勢ヲ高ムルハ施政ノ方針ニ反スルモノナルカ故ニ却下ヲ止メシムル様」取り図ることを曾禰に訓示した(18)。合邦請願書受領をめぐる桂の方針転換である。さらに桂は、九日午前、帰京していた韓国駐箚軍司令官大久保春野に統監府への内訓を与えた（一三日帰任）(19)。桂が大久保に命じた内訓は、大久保が理解したところでは、次のようなものであった(20)。

一　一度却下セシ一新会《ママ》ノ建白書ハ今度ハ是非受理シ置クコトニ取計ハレタシ。
二　目下一新会《ママ》排斥ノ声高ク、随テ排日親日〔傍線は原文のママ〕ノ勢力ニ甚敷不平均ヲ生セリ。此際統監ハ不偏不党ノ体度《ママ》ヲ以テ少クモ一新会《ママ》ノ勢力ヲ回復スルノ手心ニ出ンコトヲ尽力セラレタシ。

合邦請願書の受領とともに、請願書提出後の韓国情勢を沈静化させるために「不偏不党ノ体度」をとることが肝要だとしている。しかし、それを大久保が一進会の勢力回復を図るものと理解したため、のちに問題化する。また桂は、大久保への内訓とは別に、九日付で「目下ノ形勢ニ於テハ貴官ノ立場慎重ヲ要スルカ故ニ、全ク不偏不党ノ位置ニ立タル、コト」を曾禰に回訓した[21]。したがって合邦請願書提出後の韓国情勢に対する日本側の対応は「不偏不党」策を基調としたと見ることができる。合邦請願運動をめぐる法律問題[22]をも考慮して日本政府の方針が示されるまでは「可成提出却下ヲ重ネ、又ハ握リ潰フシニテ消日セシム[23]」る方針をとっていた統監府であるが、一三日に帰任した大久保が曾禰と会談を行った後、一六日に提出された請願書を受領することとなった。

以上の検討から明らかなように、当初統監府による合邦請願書却下方針に同意を与えていた桂が受領方針に転換するにあたって山県、寺内の桂に対する働きかけがなされた。しかし、これらの事実をもって日本政府、特に山県、寺内が一進会の合邦運動を利用しようとしたと見るのは早計である。『日韓合邦秘史』は、一九〇九年九月に一進会顧問に就任した杉山が、一一月中旬、一進会の合邦請願について山県、桂および寺内を訪問して了解運動を行ったことを記している。しかし櫻井良樹によれば、日本政府当局者が合邦運動について賛意を表明したことを示す史料は内田家に残されている文書中には存在しない。また『日韓合邦秘史』に記された日本政府当局者の見解とされるのはあくまでも杉山の覚書である[24]。

寺内は一一月一五日、杉山から武田範之の起草した上奏文を提示され、一進会の合邦請願手順について説明を受けた際、杉山と覚書を交わした[25]。その覚書に表れた一進会の合邦請願に対する日本政府の態度は、「始終を平然裏に看過し、愈請願書の呈出を待つて之を処理せは足れるか如しと雖も、亦事前に於て将来列強に対する処置等、深思熟慮、之れか計策を講し置くの必要あるへし」というものであった。したがって寺内は、「本事件は万事に於て齟齬の恐なきを熟慮し、且確かめたる上にあらされは、早急に実行を慎むの要ある」[26]べきことを杉山に伝えている。これは合邦運動に対して日本政府が積極的に関与しないという建前を表すものである。実際、一進会側の意向をあくまでも聞き置くという姿勢を寺内は崩さなかった。それは同覚書の後段で示された「他日機会の来るあらは、我より進て之れか処理を為すも亦妨けさるなり」という言葉に象徴されている。それは韓国の併合に関する日本政府の政策決定が一進会の合邦運動に規定されるものではないという姿勢を示すものであった。

二　日本政府による一進会の切り捨て

また、日本政府が積極的に合邦運動を利用する意向がなかったことは合邦請願運動の収拾策にも表れている。日本政府の収拾策が「不偏不党」を基軸にしていたことは先に示した。しかし櫻井良樹が指摘するように、「不偏不党」の意味するところは曖昧である。一進会が排撃されている現実を踏まえて首相桂太郎の内意を「一新会ノ勢力ヲ回復スルノ手心ニ出ンコト」に尽力することととらえ、世論を一進会の合邦論に同調させること、李完用や中枢院の合邦論攻撃を抑制することを図ろうとする韓国駐箚軍司令官大久保春野の対応から、統監曾禰荒助のように排日運動高揚の原因を一進会の行動に求め、それを抑えようとする姿勢に至るまで、「不偏不党ヲ主眼トシ排日ト親日トノ勢力平均ヲ策」す方法は多様に解釈されうるものであった[27]。結局、善後策として、一進会の背後にいた内田良平と、一進会排撃の急先鋒と見なされた大韓協会の顧問であった大垣丈夫の両者が韓国を退去させられるとともに、大久保の世論誘導の一環として在韓記者団の宣言書が発表された。(28)しかしこのような世論誘導工作について陸相寺内正毅は、「小生等ノ考ニテハ記者等ノ準備ヲ待テ着手スルカ如キ考ハ毛頭無之、政府必要ト見ル時ハ直ニ勝手ニ案分シテ可然ト決心致居申候」と大久保を難詰した。その上で「彼ノ一進会ノ挙動ノ如キ、固リ最初ハ請願書ヲ出スコトハ希望ハ不致候得共、既ニ彼等カ出スト決セハ敢テ差止ルニモ不及、只泰然之ヲ授領之処分可然トノ卑見ニ有之候次第」にすぎず、在韓記者団を利用する考えはないため、なるべく解散させるなどして静観すべきだと申し送った。さらに「是点ニ於テハ、統監殿ハ寧ロ不遠慮ノ遣リ損ネニハ無之事(29)」とまで述べている。

ここに見られるように、寺内も一進会の合邦運動に対しては請願書を受け取ることは反対していなかったが、それ以上積極的にかかわることはなく、むしろ桂のいう「不偏不党」策として曾禰のとった対応に同調した。逆に、寺内は一進会の合邦請願書提出をきっかけに韓国世論において合邦問題が政治問題化することを恐れたのである。結局、一進会の合邦請願運動に対する日本政府の関与は、合邦請願書を韓国政府に受領させるという一点にとどまった。そして日本政府にとって一進会の存在はもはや疎ましいものでしかなくなった。日本政府が一進会の切り捨てを図るゆえんである。

一九一〇年二月二日桂を訪問した杉山茂丸は、その面前で一進会へ交付するための覚書を作成し、許諾を得たという。(30)杉山が「一進会の大勝利」ととらえた桂との覚書は次のようなものであった。(31)

一、一進会及其他ノ合邦意見書ハ其ノ節ニ受理セシメ、合邦反対意見ハ悉ク却下シ居ルコトヲ了解スヘシ。
二、合邦論ニ耳ヲ傾クルト然ラサルトハ、日本政府ノ方針活動ノ如何ニアル事故、寸毫モ韓国民ノ容喙ヲ許サス。
三、一進会カ多年親日的操志ニ苦節ヲ守リ、穏健統一アル行動ヲ取リ、両国ノ為メ尽砕シ来リタルノ誠意ハ能ク了解シ居レリ。

右三条ハ尚ホ当局ノ誤解ナキ様、其筋ニ内訓ヲ発シ置クヘシ。

覚書の内容は日本政府が従来とってきた一進会への対応策を越えるものではない。むしろ重要なのは第二項に表れた「寸毫モ韓国民ノ容喙ヲ許サス」というくだりである。この方針自体は、一九〇九年一一月の寺内・杉山覚書でも言及されていたが、合邦請願書提出の前後ではその指し示す意味合いはおのずと異なる。提出以前のそれが、合邦請願運動について日本政府は積極的に関与しない、というほどの意味であったのに対し、提出後のそれは合邦請願運動自体を否定することを意味する。したがってこの覚書は初瀬龍平が評したように、一進会の日韓合邦運動を「了解」するとともに併合問題からの一進会の退却を命じたものであるととらえてよい(32)。

日本政府が一進会の完全な切り離しを検討し始めたのは、一進会に好意を示していた寺内が一九一〇年一月一〇日の日記に「内田良平来訪、一進会其他ノ事情詳細ヲ承知セリ。将来ノ処分、大ニ考慮ヲ要スルモノアリ(33)」と記していることを併せ考えると、一九一〇年に入ってからと思われるが、一九一〇年二月二日に桂が覚書を交付した時点で日本政府と一進会との断絶は決定的となった。そして四月二一日に杉山が寺内を訪れて韓国事情を談じた際も、寺内は、「当分之ヲ放擲シ置クヲ可トスル旨」を回答するにとどめ(34)、六月には、宋秉畯の訪問すら拒絶したという(35)。結局日本政府は、韓国併合計画の推進において一進会の合邦請願運動を利用しようとする姿勢を一貫して見せなかったのである。

右に述べてきたとおり、日本政府には一進会の合邦請願運動を利用して韓国併合計画を推進する意向は乏しかった。合邦請願運動に比較的好意を示していた山県有朋、寺内正毅のそれも合邦請願書提出およびその受諾を認めるものではあっても、それを韓国併合と直結させようという積極的な姿勢を示したものではなかった。積極的意味、すなわち一進会の日韓合邦運動が日本政府の韓国併合計画と連動したものであり、また日本政府がこれを利用して併合を推進しようとしたという意味においては、一進会の合邦請願運動と日本政府の韓国併合との連関性をとらえることはできない。一進会は、桂太郎がいう「彼等ヲシテ志願的ニ合併ヲ願ヒ出ダサシムル」[36]べき対象ではなかったのである。[37]

では、合邦請願運動が日本政府の韓国併合計画にもたらした歴史的役割はまったく否定されるべきものであろうか。そうではなく、合邦請願運動が韓国併合時機の決定に一定の役割を果たしたと評価すべきであろう。消極的意味、合邦請願運動に対する反作用という意味で韓国併合時機の決定に寄与したと考えるからである。従来の研究では例外なく、一九〇九年七月六日の閣議決定を韓国併合の決定的転機と見たが、そのため合邦請願運動が日本政府の韓国併合計画に与えたインパクトを見落とすことになった。同閣議決定はあくまでも韓国併合方針を総論的に定めたものにすぎず、併合時機は、併合後の統治形態(併合形態)の問題と深く関連していたため未決定であった。そのようななかで行われた一進会の合邦請願運動は、特に「政合邦」という合邦構想を明確に位置づけて行われたものであり、一進会に賛同する団体の出した意見書も「其目的とする所、悉く聯邦若くは政権委任」を主張する内容であった。[38]また、韓国内におけるそれへの反対運動においても合邦論・併合論が先鋭化していた。合邦請願書提出を契機としたこのような政治問題の発生が、逆説的に、日本の韓国併合問題の動向に強く影響を及ぼしたものと考えられる。[39]

そして、この点に日本政府が併合と同時に一進会を切り捨てた理由が求められるであろう。先に述べたとおり「政合邦」構想は、朝鮮的思惟にもとづいて日本に「徳義」の実践を求めたものであったが、これこそが天皇および日本政府に対する本質的批判につながりかねないものであった。日本政府にとって合邦請願運動は無謬性を誇る天皇の「御威稜ヲ傷ケ」かねないものと観念されたからである。同構想は、「徳義」の名分の下に天皇、日本政府の朝鮮植民地支配を制限する要素を内包させたものであった。この点にこそ、韓国併合計画が実行段階に移った時点で日本政府が一進会を切り捨て、また韓国併合後に他の団体同様、一進会が解散させられた理由が潜んでいた。たとえ親日派であっても「寸毫モ韓国民ノ容喙ヲ許サス」、朝鮮における公論の存在を認めない支配形態、換言すれば政治文化の断絶の下に「同化」を迫る支配形態こそが、日本政府そして内田良平ら日本の「アジア主義」者の共犯関係の下に推し進められた「一視同仁」的天皇制植民地支配の本質だったのである。

（1） 姜在彦「朝鮮問題における内田良平の思想と行動――大陸浪人における「アジア主義」の一典型として」（『歴史学研究』三〇七、一九六五年）、西尾陽太郎『李容九小伝』（葦書房、一九七七年）。
姜在彦が一進会独自の併合構想を認めないのに対し、西尾が日本政府の併合構想と一進会の合邦構想の差異を強調する点に違いはあるが、韓国併合過程における一進会の合邦請願運動と日本政府との結びつきを重視する点で両者の見解は共通する。
（2） 山辺健太郎『日韓併合小史』（岩波新書、一九六六年）、二二九～二三四頁。
（3） 櫻井良樹「日韓合邦建議と日本政府の対応」（『麗澤大学紀要』五五号、一九九二年）、五一頁。
（4） 朝鮮総督府編『朝鮮ノ保護及併合』（朝鮮総督府、一九一八年）、三三一頁。
（5） 櫻井良樹「日韓合邦建議と日本政府の対応」、四〇～四一頁。
（6） 『駐韓日本公使館記録』四〇巻、一五七頁、『統監府文書』八巻、四〇頁。
（7） 徳富猪一郎編述『公爵山県有朋伝』下巻（原書房、一九六九年復刻）、七五一頁。
（8） 『駐韓日本公使館記録』四〇巻、一八〇頁、『統監府文書』八巻、八八頁。
（9） 『駐韓日本公使館記録』四〇巻、一六〇頁、『統監府文書』八巻、五〇頁。
（10） 同右。
（11） 『駐韓日本公使館記録』四〇巻、一六一頁、『統監府文書』八巻、五六頁。
（12） 金正明編『日韓外交資料集成』六下（巌南堂書店、一九六五年）、一三五七頁。
（13） 『駐韓日本公使館記録』四〇巻、一七〇頁、『統監府文書』八巻、六七頁。
（14） 『公爵山県有朋伝』下巻、七五一頁。

(15)　内田良平「日韓合邦回想録」(葛生能久『日韓合邦秘史』下巻、原書房、一九六六年復刻、七七五頁)。
(16)　櫻井良樹「日韓合邦建議と日本政府の対応」、四一頁。
(17)　『公爵山県有朋伝』下巻、七五一頁。
(18)　『駐韓日本公使館記録』四〇巻、一七一～一七二頁、『統監府文書』八巻、六七頁。
(19)　『公爵山県有朋伝』下巻、七五一頁、『駐韓日本公使館記録』四〇巻、一七三～一七四頁、『統監府文書』八巻、八二頁。
(20)　一九一〇年一月六日付寺内正毅あて大久保春野書簡(国会図書館憲政資料室所蔵『寺内正毅関係文書』二三二―一七)。
櫻井良樹は、引用史料を桂の内訓そのものとはとらえず、大久保の理解によるものだとしている(櫻井良樹「日韓合邦建議と日本政府の対応」、四一頁)が、後段の検討から妥当な見解である。
(21)　『駐韓日本公使館記録』四〇巻、一七三頁、『統監府文書』八巻、八二頁。
(22)　合邦請願運動をめぐる法律問題とは、韓国皇帝に対する合邦請願が国体の変更をうながすものであり、これは謀反律に相当するものではないかという疑義である(『駐韓日本公使館記録』四〇巻、一六〇頁、『統監府文書』八巻、四九頁)。桂はこれについて一二月八日、「韓国古来ノ慣例ハ兎ニ角目下帝国カ韓国ヲ保護シ、現ニ統監ヲ置キ統監スルノ際ナレハ自然政体ニモ変化ヲ及ホシ居レハ何等旧慣ヲ顧慮スルノ要ナシ」(『駐韓日本公使館記録』四〇巻、一七一頁、『統監府文書』八巻、六七頁)と、実態論に即した回答しかしていない。原則論からすれば桂の回答は不十分であり、したがって史料に掲げたように曾禰は再度の請訓をしているのだが、それに対する日本政府の回訓は確認できない。それは「不偏不党」策という現実的な解決策をとる上で無視されたという点だけではなく、この問題が韓国統治権がどこに所在するのかを表面化させかねないことを恐れたためではないかと考えられる。
(23)　『駐韓日本公使館記録』四〇巻、一八〇頁、『統監府文書』八巻、八七頁。
(24)　櫻井良樹「日韓合邦建議と日本政府の対応」、三八頁。
(25)　内田良平文書研究会編『内田良平関係文書』一巻、芙蓉書房出版、一九九四年、二四一頁、『日韓合邦秘史』下巻、二〇二～二〇五頁。

ただしこの覚書で寺内は、一進会が行動を慎重に行うよう指示するとともに、もし一進会が合邦建議を行わなくても、他日日本政府はこれと無関係に「処理を為すも亦妨けさるなり」ことを告げている。寺内のこの回答からは一進会を消極的にしか利用しないという姿勢が透けて見える。

(26) 同右。

(27) 櫻井良樹「日韓合邦建議と日本政府の対応」、四二〜四三頁。

(28) 一九〇九年一二月一五日付寺内正毅あて大久保春野書簡付属甲号(『寺内正毅関係文書』二三二―一七)。在韓記者団の宣言書については、山辺健太郎『日本の韓国併合』(太平出版社、一九六六年)、二五三〜二五六頁、参照。

(29) 一九一〇年一月四日付寺内正毅あて大久保春野書簡付属寺内断簡(『寺内正毅関係文書』二三二―一七)。なお日付は櫻井良樹の推定による(櫻井良樹「日韓合邦建議と日本政府の対応」、五五頁)。

(30) 『日韓合邦秘史』下巻、五七一頁。官憲調査によれば、この「内訓ハ総理カ杉山ニ口頭ニテ達セラレタルモ、口頭ニテハ証明困難ナルヲ以テ、桂侯ノ面前ニ於テ筆記シ、総理ノ証認ヲ受ケタルモノナリ」という(『駐韓日本公使館記録』四〇巻、四五五頁、『統監府文書』一〇巻、五七〇頁)。

(31) 『駐韓日本公使館記録』四〇巻、四五六〜四五七頁、『統監府文書』一〇巻、五七〇頁、『日韓合邦秘史』下巻、五七三頁。

(32) 初瀬龍平『伝統的右翼内田良平の研究』(九州大学出版会、一九八〇年)、一〇八頁。

(33) 山本四郎編『寺内正毅日記』(京都女子大学、一九八〇年)、四七六頁。

(34) 同右書、五〇二頁。

(35) 『大韓毎日申報』一九一〇年六月一九日付雑報「三次拒絶」。

(36) 「日韓合併処分案」(国会図書館憲政資料室所蔵『桂太郎関係文書』書類一一二)。

(37) そもそも、『日韓合邦秘史』がなぜ「秘史」なのかという点に、韓国併合過程における一進会評価の本質が示されている。同書は、「合邦の議が前〔一九〇九〕年七月中に決定せられたりとは、全然有り得ざること」（『日韓合邦秘史』下巻、七七七頁）と内田がいみじくも語ったように、韓国併合当時の外務当局者である小松緑（統監府外務部長）らの回想に対する反論として書かれたという性格をもっている。そこには韓国併合遂行に対する黒龍会人士の功名心を容易に見て取ることができ、その文脈から韓国併合における一進会の合邦請願運動が過大評価されることとなる。

(38)　一九一〇年六月付寺内正毅あて内田良平書簡（『内田良平関係文書』一巻、八三頁）。

(39)　筆者同様に、一進会の合邦請願運動が従来とは異なる意味で韓国併合へのシフトに寄与したと位置づける研究として、松田利彦「日帝의 韓国「併合」直前에 있어서의 韓国統監府의 政治的動向——曾禰荒助統監의 併合路線을 中心으로」（抗日歴史国際学究討論会報告、二〇〇二年、中国ハルピン、のち、松田利彦『日本の朝鮮植民地支配と警察』、校倉書房、二〇〇九年、所収）がある。

なお、一進会の合邦請願運動と韓国併合との連関性に関し、天皇に徳義の実践を求める朝鮮的思惟が天皇制国家原理の批判につながるものであったため、日本政府がこれを封鎖しようとするなかで韓国の併合が決定されるという筆者の見解について松田利彦より批判を受けた（松田利彦『日本の朝鮮植民地支配と警察』、九六〜九七頁）。この点について筆者の見解を述べておきたい。松田は、右に示した筆者の主張について、朝鮮的思惟が天皇制国家原理を批判するものだと日本政府が認識していたとする論拠に乏しく、またそれを実証することも困難であると批判する。この批判は、実証的手続きおよび思想史的手続きという二つの次元で問題をはらんでいる。まず、実証的手続きに関して言えば、筆者は、朝鮮的思惟が結果として天皇制国家原理を批判するものとなったことを日本の政治指導者層が認識していた論拠として、統監曾禰荒助が合邦請願書に対して「我陛下ノ御威稜ヲ傷ケンコト」を憂慮したことを挙げた。しかし、そうした筆者の論拠を否認する理由を示さないまま、論拠に乏しいとして筆者の見解を否定している。確かに、それを山県有朋や桂太郎が承認したことまでは示しえなかったが、個々の政策がどういった過程を経て最終的な国家意思を形成するに至るのかを直接的に実証することは、実際には、政治史一般にきわめて困難な課題であるように思われる。この点は、歴史の偶然性と必然性という歴史学の方法論にすぐれてかかわる問題である。そしてこの点とも強く関連するが、思想史的手続きの次元に関して言えば、天皇の無謬性を侵しうるものに対する日本政府の過剰なまでの反応という筆者の枠組みが、いわゆる丸山政治学、特に藤田省三『天皇制国家の支配原理』(未来社、第二版、一九七四年)の議論を踏まえたものであることは贅言を要しないであろう。丸山政治学の構造的理解の方法は、歴史の偶然性を必然的たらしめる構造がどのようなものであるのかを追求しようとするに際し、大いに示唆を与える。歴史学が、そうした枠組みを金科玉条の如く扱うことは厳に慎まなければならないけれども、本論で展開したように一定の手続きを踏まえた上でならば、傍証的にしか明らかにしえない歴史的現象を理解する上ではむしろ必要な手続きとなるであろう。その点を否定することは思想史を全面的に否認するに等しい。松田が明らかにした、一進会の合邦請願運動が統監府における漸進的併合論の存立基盤を縮小させていく過程についての検証は多とするが、一進会の合邦請願運動のもつ歴史的位置を日本政治思想史的な枠組みから構造的に理解する必要性は依然残るであろう。

小括

第三次日韓協約体制の成立以降、対韓政策方針をめぐって日本の政治指導者間では、韓国を併合するか否かではなく、いつ韓国を併合するかという点に論点が移っていた。日本の政治指導者層には、漸進的併合論と急進的併合論という大きく分けて二つの併合構想が存在したが、そうした違いは、単純に併合時機をどう設定するのかという観点から生じたものではなかった。それは、複数の国家が結合して一つの国家を形成する以上、結合後の統治形態をどのように構想し、併合までに韓国の国家権力をどの程度改編するかという点から導かれたものだったのである。

一九〇九年の伊藤博文の統監辞任時点においても、漸進的併合論が依然有力であった。漸進的併合論は、旧来の国家権力および統監府を改編・解体させた上で韓国の併合を目指すものであり、形式的に皇帝等の政治権力を改編させながら、たとえば自治植民地といった編入方式が検討されていた。こうした併合構想が唱えられた背景には、朝鮮半島をめぐる国際関係への配慮だけでなく、支配の正当性を確保することが期されていたことが挙げられる。植民地支配において民心収攬が可能であるととらえる点において楽観的な統治観をそこに指摘することができる。一方、従来の政治権力の利用について消極的あるいはこれを度外視する急進的併合論においては、皇帝は反日ナショナリズムの求心的存在であると観念されるため、これを廃位して国家も廃滅させるという一地方化の編入方式が想定されていた。そこには植民地においては支配の合意は成立しないとする悲観的かつ現実的な統治観が横たわっていた。なお急進的併合論では、日本のもう一つの外交案件である条約改正を阻害しない範囲で併合時機を設定していた。

こうした日本における二つの併合構想に対してなされた朝鮮社会からの働きかけとして、一進会による日韓合邦運動を挙げることができる。一進会は、日露戦争時から一貫して親日的行動をとってきたが、一九〇九年一二月初頭に日韓合邦を求める請願書を提出した。その合邦請願運動は日本側の意向に迎合したという性格は否定できないものの、一進会会長・李容九の主観においては、日本による韓国の国家権力解体政策への対抗措置として行われたものであり、そしてその「政合邦」構想は旧来の東アジア国際秩序であった冊封体制を近代国際法的に合理化しようとしたものであり、その慕うべき「徳義」を、かつての中華皇帝から天皇に振り向けるという発想であった。帝国主義への批判力の弱さは否めないが、その発想自体は日本に「王道」的統治を求めるというものであったと評価できる。しかし天皇制国家原理において、そうした要求を突きつけること自体が不敬の対象として位置づけられることとなり、一進会は日本政府によって政治の表舞台から退場を命ぜられることとなる。日本政府は、親日団体においてすら朝鮮の公論が存在することを許さなかったのである。

こうした韓国併合をめぐる朝鮮公論の高揚と日本による抑圧という動きと軌を一にし、一九一〇年二月末までに日本政府は韓国併合の断行を決定し、併合計画が実現段階に入っていく。そうした併合時機の決定には、森山茂徳がつとに指摘したように、国際関係論的にはアメリカの満洲中立化構想に対する日露の接近という要素がかかわっていたが、日朝関係論の観点からは朝鮮における公論の封鎖という要素が影響していたといえるだろう。

第五章

韓国併合

ソウルに入る統監寺内正毅一行

前頁写真＝李圭憲『사진으로 보는 独立運動』上，서문당，서울，1987

はじめに

日本政府が一進会の切り捨てを図った一九一〇年二月を前後する時期に山県有朋、桂太郎、寺内正毅を中心に、韓国の併合をすぐにでも断行するという即時併合論と称すべき意見が急浮上する。従来方針とされてきた漸進的併合論を転じて、この即時併合論を正式に政府方針としたのが一九一〇年六月三日の閣議決定「併合後ノ韓国ニ対スル施政方針決定ノ件」(1)である。同閣議決定にもとづき、一九一〇年八月に日本は韓国を併合した。

同閣議決定は、前年七月六日の閣議決定「韓国併合ニ関スル件」の延長線上に位置すると同時に、その否定という側面をも併せもっている。前年の閣議決定がもっていた二つの柱、すなわち、①将来の併合と、②併合に向けた現実的な保護政策のうち、②の「保護ノ実権ヲ収メ」ることの放棄を意味したからである。したがって六月三日の閣議決定によって、すでに始まっていた第二回日露協商交渉の動向、つまり国際環境の調整次第で、日本が韓国併合を実現する条件が整備された。先に見たように、一九〇九年段階においてもなお漸進的併合論が合理的かつ現実的な選択肢だったのであるが、それが転換されたのである。それではどのような過程を経て漸進的併合論が放棄され、即時併合論が浮上したのであろうか。

森山茂徳はこの問題に関して、日本の満洲における行動を抑制する意味でなされたアメリカの満洲中立化案に危機感を強めた日露両国が接近する過程で一九一〇年時点での韓国併合が決定されたと説明した(2)。すなわち「満洲問題」の再緊張化が韓国併合の時機を決定したとする見解である。第一章で示したとおり、「満韓問題」という枠組みは日本の韓国従属化構想を強く規定しており、また第二章で明らかにしたように、第三次日韓協約体制は東アジア国際体制の一翼をなしていた。とするならば、一九〇九年から始まるアメリカの満洲中立化構想が日露戦後体制を変化させたとする森山の説明は十分に首肯できるものである。何よりも、国際関係論の立場からではあるが、森山のこの説明は日本がなぜ韓国を併合したのかという課題を実証的に説明しようとした唯一のものといってよい(3)。しかし、その研究史的成果を認めつつも、韓国併合という歴史的事件を、日朝関係史的観点を押さえることなく国際関係論的観点のみで説明するのはやはり一面的と言わざるをえないだろう。たとえば、日露接近を強調するのであれば、日本政府が二月中旬には韓国併合断行を決定していたこととの整合的な説明が必要となろう。日本政府は、一九一〇年三月に新日露協約締結方針を閣議決定してロシアの意向を明確に確認する以前に、韓国の併合を急遽決定していたと考えられるからである。これは森山が重視する韓国併合に関するロシアの意向が十分条件ではあるが、必要条件ではなかった可能性を示唆する。日本が韓国の併合断行を決定するに際しては、朝鮮半島を取り巻く国際関係のみならず日朝関係史的要因をも含めた複数の要因がかかわりあっていたのであり、その一つが前章で見た一進会の合邦請願運動をめぐる日韓両国の動向であった。

本章では、一九一〇年初頭から韓国併合に至るまでの過程を明らかにしながら、日本政府が即時併合論を決定した政策論理がどのようなものであり、併合後の朝鮮統治をどのように構想したのかという課題について検討する。具体的には、韓国の併合形式および韓国併合後の統治形態がどのように構想されているかに着目し、日本の韓国併合過程を明らかにしていく。

(1)　『日本外交文書』四三―一、六六〇頁。
(2)　森山茂徳『近代日韓関係史研究』(東京大学出版会、一九八七年)、二四四～二四九頁。
(3)　この点に関連して、韓国併合後ではあるが、松田利彦「日本陸軍의 中国大陸侵略政策과 朝鮮――一九一〇～一九一五

年」（『韓国文化』三一、서울、二〇〇三年、のち、松田利彦『日本の朝鮮植民地支配と警察』、校倉書房、二〇〇九年、所収）が、陸軍出先を中心にして満韓問題を関連づけようとする動きがあったことを指摘している。松田は、一九一〇年代初期から満蒙地域の確保と朝鮮の治安維持との連関性を強く意識しながら、大陸経営機関としての朝鮮総督府という性格づけが与えられていったことを明らかにしている。

第一節　韓国併合計画の開始

韓国併合断行を決定した一九一〇年六月三日の閣議決定に先立つ五月、第三代統監への就任が内定していた寺内正毅に「韓国ノ施政ニ関スル件」「韓国合併ニ関スル件」と題する意見書が提出された。秋山雅之介が作成したこの意見書は、単なる政策意見書ではなく、すでに決定していた併合断行を理論化するためのものであったが、その緒言は次のようにまとめられていた(1)。

本案竝韓国合併ノ形式ニ関スル件ハ、本〔一九一〇〕年当初ノ腹案ニシテ、先ツ第一方案トシテ、統監府並韓国政府及宮内府ニ対スル緊縮刷新ヲ決行シタル後合併ヲ決行スルヲ可トシタレドモ、同案ヲ執ラルルモ直ニ第二方案ノ合併ヲ決行セラル、モ、韓国官民中反抗アルヘキコトハ同一ナルカ故ニ、合併ニ関スル件中ニ明言シタルガ如ク、関係諸外国ノ意嚮ヲモ商量シ、此際韓国政府ヲ閉鎖シ、同国ヲ帝国ニ合併シ、其ノ結果トシテ米国ガ布哇国ヲ合併シタルト同シク、従来韓国ト諸外国間ニ存在スル条約ヲ当然消滅セシメ、領事裁判権ヲ始メ其条約上ノ特権特典ヲ抛棄セシメ得ヘキ外交上ノ関係アルニ於テハ、此際直ニ第二案ヲ執ラルルモ敢テ不可ナキモノノ如シ。

意見書は、「第一方案」、「第二方案」いずれの方案をとっても韓国官民の反発を招くのであれば、「統監府並韓国政府及宮内府ニ対スル緊縮刷新ヲ決行シタル後、合併ヲ決行スル」という「第一方案」ではなく、「関係諸外国ノ意嚮ヲモ商量シ」ながら、「韓国政府ヲ閉鎖シ、同国ヲ帝国ニ合併」する「第二方案」を選択すべきであると主張している。一九一〇年五月時点で韓国併合の断行が明確に政策化されたことをうかがわせる。しかしここで注意しなければならないのは、一九一〇年初頭には、統監府を含む韓国統治機構を改編した後、ある段階で韓国を併合するという第一方案を選択することが当然視されていたという点である。一九一〇年初頭までは「第一方案」という韓国統治機関の再編、すなわち韓国保護政策の継続が現実的な政治的選択ととらえられていたのに対し、同年五月段階では韓国併合の断行が唱えられるに至ったということである。そしてより重要なのは、どちらの方案であっても日本の統治に対して「韓国官民中反抗」あることは同様なので、「第一方案」が否定されるという論理構造となっている点である。これは併合断行の決定に際し、漸進的併合論が重視していた民心収攬が否定あるいは軽視されるに至ったということである。それでは民心収攬を否定した上で、併合後の朝鮮統治はどのように構想されるであろうか。

（1）「韓国ノ施政ニ関スル件／韓国合併ニ関スル件」（「韓国併合ニ関スル書類」『公文別録』国立公文書館二Ａ―一一―（別）一三九、所収）。

第一項　即時併合論の台頭

即時併合論が急浮上した背景を探るため、ここでは「韓国ノ施政ニ関スル件」、「韓国合併ニ関スル件」という表題の付された二つの意見書および表題無しの意見書の三つの史料を検討する（以下、第一意見書、第二意見書、第三意見書とそれぞれ略記する。また秋山意見書と総称する）[1]。第一・二意見書は、陸軍参事官秋山雅之介が一九一〇年五月に起草し、次期統監に内定していた陸軍大臣寺内正毅に提出した書類である[2]。陸軍省罫紙四〇枚にわたる長大なもので、末尾には「朝鮮総督府官制」案が付されており、韓国併合方針がかなり具現化した段階で執筆されたことがわかる。第三意見書も、第一・二意見書が論じる「第一方案」「第二方案」が随所で参照されている点から、やはり秋山が作成したものと考えられる。秋山意見書は、秋山の個人的な政策提言として起草されたものではなく、当時政府内で浮上した即時併合論を理論的に裏づけるために作成されたものと推定される。

秋山意見書の目的は、統監府を含む韓国の行政機関改革を経て一定期間統治を行った上で併合を行うという二段階的併合論である「第一方案」を排し、韓国政府をただちに廃止して韓国を併合しようという「第二方案」を採択すべきと論じる点にある(3)。韓国を併合する前提をどのようにとらえるかをめぐって、併合論が二つに大別されることは先に明らかにしたが(第四章第一節第二項参照)、「第一方案」は、併合にふさわしい時機がくるまでできるかぎり併合に即応した形態に韓国を改編していくという漸進的併合論の範疇に属している。一方、「第二方案」は急進的併合論に属する見解であるかに見えるが、詳細に検討すると「第二方案」はすでに急進的併合論の論理的帰結ですらなく、もはや即時併合論と呼ぶべき内容になっている。以下、秋山意見書に沿って即時併合論の内容を検討する。

一　「第一方案」による韓国統治機構改編論と韓国の併合

秋山意見書は、「第一方案」すなわち漸進的併合論を否定し、即時併合論である「第二方案」の採択を主張するという論理構成になっている。したがって秋山雅之介はまず、漸進的併合論による韓国行政機関の改革案を検討している。その内容については前述したので、ここでは統治機関および即時併合論とかかわる問題をいくつか抽出する。

「第一方案」は、韓国統治機関の整理・緊縮を行い統監の下に韓国政府および宮内府を編成し、憲兵警察や学校の整備を図って民心を収攬するとともに(4)、各国の韓国における領事裁判権を放棄させた上で、韓国を「合併」するという具体的内容をもつ構想である。(5) 秋山意見書は従来の「統監統治」そのものを否定することを前提条件としており、したがって即時併合を提言する「第二方案」はもちろん、仮に「第一方案」を選択する場合であっても、それは現統治体制の維持を意味せず、あくまでも統治機構の改編が必然視される。

それではなぜ統治機構の改編が必要とされるのであろうか。それは統治機構の簡略化という改革案に明確に示されるように、統監府や韓国政府をはじめ、「韓国ニ於テハ、帝国ノ主権ヲ行使スル帝国官衙ト、韓国ノ主権ニ基ク同国官衙トヲ併存」(六四四)させている点に求められる。すなわち韓国における主権の交錯状況を解消しなければならないというのである。そもそも秋山は、「韓国人民カ数百年来暴政ノ為メ塗炭ノ苦ニ陥リ居ル」状態を逆に利用し、「従来ノ統監政治ニシテ、此〔「韓民ヲシテ帝国ノ措置ヲ嘔《ママ》歌セシムル」という〕政策ニ出テ、韓民ニシテ其徳沢ニ浴シ居ルノ実蹟《ママ》」さえあれば、「韓国官民ノ大ナル反抗ニ遭遇スルコト」なく、したがって列強各国の干渉を招く可能性も低いため、容易に韓国の「合併」を達成することができると位置づけていた(六四二～六四三)。しかし、主権を異にする諸官庁が並存することにより、従来の統監府による対韓政策は統一的に行われず、そのため「統監制度実施以来五年ノ今日、未タ充分ナル治績ヲ挙クルコト能ハス」(六四四)と把握されることとなる。したがって「第一方案」は、あくまでも「今日我国カ、遽ニ其皇帝ヲ廃止シ、政府ヲ閉鎖シテ、同国官民間ニ大ナル反対ナキカ如キ我徳沢ノ普及シ居ラサル事情」(六四六)に即して選択される次善策なのである。統監府による従来の施政では支配の正当性を獲得できないことを十分認識するがゆえに、併合を将来の目標としながら、なお支配の合意を得ようというものであった。

そしてそれは、秋山が第一意見書および第二意見書で最も重視していたところであるが、列強各国の韓国における領事裁判権を放棄させるためにも必要な措置であった。「第一方案」は韓国国内外における併合への障壁を乗り越えるために唱えられたものであり、その政策的核心は「韓国合併ノ決行ヲ容易ニシ、同国官民ノ大ナル反抗ヲ避クルト共ニ、諸外国ヲシテ其合併ニ対シ有力ナル意義ヲ挟ムノ余地ナカラシメ」(六五九)る点にこそ求められる。「第一方案」すなわち漸進的併合論の政策的合理性は、先述したように支配の正当性をかち取ることに置かれていたのであり、正当性の獲得は列強の干渉を防ぐためにも必要な措置であったということである。したがってこの観点から秋山は、前年に行われた一進会の合邦請願運動を強く批判する。韓国統治の実績も示さないまま、冒険主義的な大陸浪人の意向を容れた一進会の親日的言動に即応して韓国を併合すれば、対外的には日本の国際的信用を著しく損なうとともに、その措置のために韓国官民の反抗を招来するというのである。(6) つまり機会主義的な韓国の併合は明確に否定されるものであった。

では、なぜこの時点で韓国統治機関を改編する必要があるのだろうか。秋山は改革を急ぐ理由を、「今後十年ヲ出テス、右〔アメリカ、ドイツ〕等諸強国ニ於テ有力ナル海軍ヲ我近海ニ派遣スル場合ニ於テハ、韓国在留ノ各自国人民ノ利益問題ニモ容喙スヘク、此場合ニ、若シ帝国ト英国トノ同盟ハ存続スルコトアリトスルモ、欧米本国間ノ国交ニ直接影響ヲ来ス時期ニ於テ、英国ハ東洋問題ノ為メ我国ノ主張ヲ支持スルコト今日ノ如ク容易ナラサル事情アルト共ニ、我国モ亦、諸強国ニ対シテ外交上此回満洲中立ニ関スル米国ノ提議ニ対スルト同一歩調ニ出ツルコト難カルヘシ」（六五二）と説明した。列強各国の東アジアへのさらなる進出が予想されるなかで、列強の思惑が再び韓国に対しても及びかねない情勢を懸念していたのである。そしてそのような懸念が満洲中立化問題(7)への対応から生じていたことがうかがえる。韓国統治機関を改革するという政策が、東アジア、特に満洲地域をめぐる国際情勢の変化と連関性をもって構想されていることに留意する必要がある。森山茂徳がつとに指摘しているように、国際関係論の観点からはアメリカの満洲中立化構想阻止を目的として日露両国が接近するなかで韓国併合の趨勢が決定するととらえられてきたからである。(8) 森山の指摘はおおむね首肯できるものであり、筆者も東アジア国際情勢の変化は、韓国併合という政策決定に重要な役割を果たしたと考える。しかし、その一方で、政策的論理としては、そうした国際情勢の変化は直近の韓国併合へと直結するものではなく、韓国統治機関の改編によって対応することが可能であるととらえられていたことには注意が必要である。

それでは、日本政府はいったいどのような法的根拠から韓国統治機関改革を行うことができると位置づけられるのであろうか。統監府改革は日本勅令にもとづく官制改革により日本が独自に行うことができるが、韓国政府を解体して統監の下に再編するためには、たとえば司法事務委託に関する覚書のような一定の法的手続きが必要ではないかという疑問が当然生じるからである。しかし秋山は、新たな条約締結による内政権委託を行うことなく、「第一方案」にもとづく改革を展開することが可能であると位置づけている。それは「日韓議定書」や第二回「日英同盟協約」、「日露講和条約」の条文にもとづいて「帝国政府ハ他国ノ干渉ヲ来スコトナク、従来同国ニ於テ行ヒタル政治上各種ノ改良ヲ実行シ得」るからである。そしてさらに、第三次「日韓協約」にもとづいて「統監府ノ緊縮ハ勿論、韓国政府及宮内府ノ機関改革ハ統監ヨリ韓国政府ニ対スル一片ノ指導ニ依リ之ヲ実行シ得ル」からであった(六六二〜六六三)。第三次「日韓協約」のもつ歴史的役割の一端をうかがわせる見解である。

また「第一方案」の採用は、従来の韓国をめぐる国際関係の経緯からも妥当であると見なされた。それは日本政府による韓国の独立保障と韓国皇帝の保全という観点にもとづくものである。一九〇五年の第二回「日英同盟協約」や「日露講和条約」、一九〇七年の「日仏協約」、第一回「日露協約」などでは韓国の独立保障は言及されていなかったが、一九〇二年の第一回「日英同盟協約」では「清帝国及韓帝国ノ独立ト領土保全トヲ維持スルコト」(前文)が謳われていただけでなく、日露宣戦の詔勅にも「帝国ノ重ヲ韓国ノ保全ニ置クヤ、一日ノ故ニ非ス。是レ両国累世ノ関係ニ因ルノミナラス、韓国ノ存亡ハ、実ニ帝国安危ノ繋ル所タレハナリ。……露国ハ、既ニ帝国ノ提議ヲ容レス、韓国ノ安全ハ方ニ危急ニ瀕シ、帝国ノ国利ハ将ニ侵迫セラレムトス」とあった。さらに一九〇四年の「日韓議定書」では「大韓帝国ノ独立及領土保全ヲ確実ニ保証スルコト」(第三条)とともに「大韓帝国ノ皇室ヲ確実ナル親誼ヲ以テ安全康寧ナラシムルコト」(第二条)が規定されていた。したがって何の名分もなく、「帝国政府ニ於テ、何等韓国官民ノ保護ニ関スル実績ノ端緒スラ示サスシテ、罪ナキ韓国皇帝ヲ廃止シ、韓国政府ヲ閉鎖シ、之ヲ帝国ノ領土ト為スコトハ、列国ニ対スル帝国永遠ノ威信上不可ナリトシ、此際、帝国政府ニ於テ韓国統治ノ実権ヲ掌握スルモ、少クモ韓国ノ名称ヲ存続スルヲ得策ナリトセラル」のであれば、「韓国ノ名義ハ依然トシテ存続スヘキカ故ニ、従来、帝国ノ宣言及日韓両国間ノ協約等ニ照スモ、明文上何等ノ矛盾ナクシテ、同国施政ノ統一ヲ期シ得ヘキ」であるから、「第一方案」を採用し、韓国を日本の属国とすべきであると位置づけた。(9) 内閣総理大臣桂太郎が伊藤博文後の統監人事をめぐって、韓国政府の失政を期待していたのは先に見たところであるが（第四章第一節第二項参照）、これも名分なき併合が困難であると日本政府首脳に認識されていたことを示している。「第一方案」は、支配の正当性を獲得することを目指すという点からだけでなく、日本政府による従来の韓国独立保障および韓国皇室の保全を形式的に維持するという国際関係の側面からも説得力をもつ構想だったのである。

二　即時併合論としての「第二方案」

「第一方案」は、韓国内外から日本の韓国支配の正当性を獲得するために韓国統治機関の改編を行った上で韓国を併合するという内容であり、統治機関の改編という段階を経る以上、必然的に併合までに一定の時間を要することとなる。それゆえであろうか秋山は一転して、「第一方案」をとらず、「帝国政府トシテハ、斯ル方策（第一方案）ニ出ツルヨリモ、寧ロ当初ヨリ断然タル処置ヲ採リ、韓国皇帝ヲ廃止シ、政府ヲ閉鎖シテ帝国ニ合併ヲ決行シ、一挙ニシテ韓国人民ヲシテ独立復活ノ観念ヲ根絶セシムル」内容の「第二方案」を採用することを主張する。(10) 韓国皇帝を廃止し、政府を閉鎖して韓国を「合併」するという内容である。

しかし「第二方案」は当然大きな問題点を抱えることとなる。「第一方案」が支配の正当性を確保し、内外の同意を取りつけた上で韓国を併合するという構想であるのに対し、「第二方案」は「帝国政府ニ於テ、未夕韓国官民ニ対シテ帝国保護ノ実蹟《ママ》ヲ其端緒スラ示スコトナク、韓民ノ意嚮ヲ無視シ、其反抗ハ兵力ヲ以テ圧抑シ、又諸外国ニ対シテハ、韓国ノ現状ニ於テ各本国人民ノ保護上提起スルコトアルヘキ多少ノ異議ニ重キヲ措カス、之ヲ強制シテ其領事裁判権ヲ始メ条約上諸種ノ特権及特典ヲ抛棄セシメムトスルモノ」(六六二)となりかねなかったからである。つまり「第二方案」を選択することは、韓国併合に際し、支配の正当性を度外視することを意味する。そして支配の正当性を得られない段階で併合を断行するために、韓国民衆の意向を武力的に圧殺するとともに、対外的には各国の条約上の特権を強制的に放棄させるという手段をとらざるをえないものとなる。したがってその実行には、「直ニ韓国ヲ帝国ニ合併スルモ、韓国官民ノ大ナル反抗ナク、又、韓国ノ条約国タル諸外国ニ於テモ、従来、統監政治ノ施政並ニ韓国ニ於ケル帝国裁判所及監獄等ノ設備ニ照シ、同国ニ於ケル各自国人民ノ保護上、之ニ故障ヲ唱フルコトナシトノ自信アルニ於テ」行わなければならないという限定条件が付されることとなる。[11]つまり、①併合への韓国民衆の反発が僅少であること、②韓国との条約締結国が韓国の併合を非難しないこと、という二つの前提条件が要求されることとなる。逆に言えば、韓国官民の反抗を招くことなく、また韓国の条約国から反発を招かないという二つの条件を満たす見込みさえ立てば、論理的には、併合が実行に移されることとなるであろう。

それでは、ただちに韓国を併合する理由はいったいどこにあったのだろうか。奇妙なことに、この点について秋山意見書では明確にされていない。小松緑に「漸進論」との批判を受けたゆえんである。小松は、併合の時機について「〔寺内正毅〕統監の最も近親してゐた部下の有力なる一人から漸進説が出た」[12]と記している。その「漸進論」の内容は「先づ韓国に於ける施設の改善を遂行し、韓民の我に帰服したる後に至り併合を実行するを得策とす」という、「第一方案」であり、小松の言う「部下の有力なる一人」が秋山であることは疑いがない。[13]小松はこの「漸進論」に反対して「漸進ト速断トノ間ニハ、或ハ紛擾ニ緩急ノ差アラム。然レドモ緩ナレバ長キニ亘リ、禍根益々民心ニ播延シテ終ニ抜クベカラザルニ至ルノ虞アリ。之ニ反シ、急ナレバ、縦シ激烈ナル紛擾ヲ醸ストスルモ、ソハ一時ニシテ止ムノ利アラム。今ノ時ハ果決断行ノ時ニシテ、好機真ニ逸スベカラザル[14]」と述べたという。朝鮮民衆の反抗は、緩急どちらの併合論であっても起こりうる以上、「禍根益々民心ニ播延シテ終ニ抜クベカラザルニ至ルノ虞」を回避するためにもただちに併合を実行すべきであるとの意見である。

しかし実際には、秋山も本節の冒頭で示したように小松と同意見であった。秋山が「第一方案」を排する明確な理由は、自家撞着の感もあり、必ずしも積極的に併合を進める理由にはなりえないが、すべての主権の行使を他国に委任することは国家の消滅を意味するという国際法理論に求められていた。また「第一方案」は、韓国皇帝を廃止しないことから、「仮令名義上ノミニテモ、韓国皇帝ノ存続スル間ハ、皇帝ハ常ニ陰謀ノ府トナルヘキコト疑ナキヲ以テ、機会アル毎ニ帝国官憲ニ対スル韓民ノ紛擾アルヘキコト[15]」への懸念が大きかったものと思われる。第三次日韓協約体制の成立によって皇帝の権限が大きく制限され、その政治的実権はほとんど形骸化していたにもかかわらず、宮廷伏魔殿説に類した理由から「第一方案」がしりぞけられたのである。しかしこれはまた皇帝の南北巡幸において日本が直面した「一君万民」的皇帝観にもとづく民衆のナショナリズムの広がりへの恐怖を正面に据えた意見でもあった（第三章第二節参照）。「韓民ノ紛擾」が皇帝を媒介にして起こることを明確に位置づけていたからである。

しかし、これまで述べてきたことから明らかなように、秋山意見書は「第二方案」、すなわち即時併合論の採用という秋山の主張に反し、むしろ漸進的併合論である「第一方案」の妥当性をあとづけたものとなっている。これは、一九一〇年五月段階においても、政策的合理性は依然「第一方案」にあったことを示す。言い換えれば、即時併合論は、支配の正当性確保という政策的論理ではなく、きわめて政治的な判断にもとづいて浮上したものであったと言えよう。

以上見てきたように、これら「第一方案」、「第二方案」という二つの併合論から看取されるのは、国家権力についての理解の相違である。漸進的併合論と急進的併合論、さらには即時併合論の違いは、その正当性をかち取ることができるという楽観論に立つのか、あるいはかち取りえないという悲観論に立つのかという点から生じている。したがって統治に際して武力を行使するか否かは統治の本質なのではなく、あくまでも二義的な方法論なのである。朝鮮総督寺内正毅の下での朝鮮統治がいわゆる武断統治の性格を色濃く帯びることになったのは、朝鮮民衆から支配の正当性を獲得することはできないとする悲観論に立つがゆえである。支配の正当性をかち取ることができないまま相対的に安定した支配を志向するならば、軍事力に依拠せざるをえないからであり、それは秋山意見書でも見通されていたところであった。つまり支配の正当性の所在をめぐって、国家権力あるいは統治機構をどのように構想するのかという政治手法の相違が浮かび上がるのである。

そして、韓国を併合する上で最大の問題となったのは、秋山意見書から読み取ることができる限りで言えば、①韓国民心の収攬、②韓国と条約を結んでいる各国の併合への同意、の二つである。そして、それらは日本政府が締結してきた数々の国際条約などで規定されたものでもあった。それではこれらの条件を満たすために、日本政府はどのような対応を図っていったのであろうか。次に韓国併合準備過程を検討し、上記二つの問題について日本政府がどのように対処したのかを考察する。

（１）「韓国ノ施政ニ関スル件／韓国合併ニ関スル件」（「韓国併合ニ関スル書類」『公文別録』国立公文書館二A―一一―（別）一三九、所収）。もう一つの表題なしの意見書は、山口県立大学附属図書館「寺内文庫」所蔵「韓国併合ニ関スル件」所収。なお、これらの意見書は部分的に海野福寿編・解説『外交史料　韓国併合』下巻（不二出版、二〇〇三年）に採録されている。以下、本項における秋山意見書からの引用は、『外交史料　韓国併合』による。ただし、同書で省略されている部分については、「韓国併合ニ関スル書類」から引用し、本文中にマイクロフィルムの通し番号を記した。

（２）渡辺清『秋山雅之介伝』（秋山雅之介伝記編纂会、一九四一年）、一二九頁。

(3)『外交史料　韓国併合』下巻、六八五頁。
(4)なお、秋山において収攬すべき民心の対象は、「元来韓国ニ於テ両班ノ歓心如何ヲ顧慮スルノ遑ナク……此等ノ輩ニシテ、衆望ヲ維キ居ル者ハ中枢院ニ網羅シテ之ニ衣食ノ資ヲ与ヘ置クト共ニ、両班全般ノ意嚮如何ニ重キヲ措カス」とあることからわかるように、両班などの旧来のエリート層ではなく、新興エリート層であった。
(5)『外交史料　韓国併合』下巻、六八六頁。
(6)同右書、六九一頁。
(7)寺本康俊『日露戦争以後の日本外交』(信山社、二〇〇〇年)、参照。
(8)森山茂徳『近代日韓関係史研究』(東京大学出版会、一九八七年)、第二部第二章、参照。
(9)『外交史料　韓国併合』下巻、六八九〜六九〇頁。
(10)同右書、六八七頁。
(11)同右書、六八六頁。
(12)小松緑『朝鮮併合之裏面』(中外新論社、一九二〇年)、八一頁。
(13)小松緑『明治史実外交秘話』(中外商業新報社、一九二七年)、四三四頁。
(14)小松緑『朝鮮併合之裏面』、八三頁。
(15)『外交史料　韓国併合』下巻、六九〇頁。

第二項　日本政府による韓国併合実行計画の推進

一　韓国併合準備計画の開始

それでは、日本政府は韓国の併合断行をいつ決定したのであろうか。筆者は、次に示す事実から、一九一〇年二月中に決定されたと考える。一九〇九年一二月二二日に開会した第二六帝国議会では、統監政治に対する批判が噴出し、統監政治をこのまま続行するのか、それとも韓国併合を実施するのかという対韓政策の確定を要求する声が日本政府に突きつけられた(1)。こうしたなかで一九一〇年二月一八日、内閣総理大臣桂太郎は貴族院議長徳川家達の求めに応じて開催した予算委員会秘密会において、「対韓国施設の大方針廟算大に定まり、根本的解決遠からざるべし」と言明した(2)。秘密会でとはいえ「根本的解決」が遠からぬ時期に行われるとの意思を帝国議会に表明したのである。「対韓国施設の大方針」とは前年七月六日の閣議決定「韓国併合ニ関スル件」を指すと考えられるが、ここで重要なのは、統監政治に対する国内の批判を受け、そうした方針が廟議で決定されていること、「根本的解決」が遠からぬ将来に行われることが帝国議会に示されたという事実である。これは、政府首脳間では韓国に対する「根本的解決」の実行が二月一八日までには決まっていたことを示唆する。

そして、副統監選任に関する日本政府内での人事面での動きもこうした動向を裏づけている。一九一〇年初頭に帰京した統監曾禰荒助は、その後、葉山の自宅で病床に伏し、以後帰韓することはなかった(九月一三日死去)。曾禰の病状悪化と並行して一月中に政府首脳間で副統監人事が進められたが(3)、その後、その人事が進展した形跡はない。しかし四月下旬になって再び副統監設置問題が浮上する(4)。「第一方案」にもとづく韓国統治機関改革論が「本年当初ノ腹案」であったという先述の秋山意見書の指摘を踏まえると、一月中と四月下旬の二つの副統監人事は、まったく異なる性格をもったものと見ることができる。前者が秋山意見書のいう「第一方案」にもとづく措置であるのに対し、後者は韓国併合計画の断行がスタートしたことを意味するからである。一月初めに行われた桂太郎・原敬会談において原は、副統監による韓国総理大臣の兼務案を唱え、桂もこれに同調したという[5]。その席上で桂は、原に対し、「一進会などの合邦論をなすを機会として朝鮮の裁可権を我に収めて王位を虚器となすか、今暫くは此儘に置くべきやは未定なり」と語っていた[6]。「王位を虚器となす」とあるから、少なくとも実際に行われた韓国併合を意味するものではなく、したがってこの段階では併合断行もまた未決定であったと推測される。桂が残した覚書では「副統監ヲ任命スルヤ否、……統監府ノ組織ハ、現今之儘ニ据置クヤ否、統監府ノ改正ヲ必要トスレハ、其後ノ組織如何[7]」と、副統監の任命と統監府の改正が対になって検討されていた。さらに、伊東巳代治は、統監府総務長官事務取扱石塚英蔵あて書簡草稿中で「当初者、副統監之任命有之候上者、新に総務長官を置くの必要なく、老兄〔石塚英蔵〕之代理権を解《と》くと共に、欠員之儘ニ致し置、有吉〔忠一〕者単ニ内務部長ニ任するの内定に有之候[8]」と統監府人事を観測していた。これらの事実を併せ考えると、一月中に進められた副統監人事は、秋山意見書のいう「第一方案」に即した韓国統治機関改編策の一環であったといえる[9]。それに対して四月下旬の副統監人事は、後に述べるように併合実行計画に沿って進められたものであった。

また、外交面での日本政府の動向も、二月中に韓国併合決定が行われたことを示している。二月二八日、外務大臣小村寿太郎は、イギリス駐箚大使らに一九〇九年七月六日の「対韓併合方針及施設大綱ニ関スル閣議決定」全文を添付した公信を送付した[10]。その公信中で、「当分現状ヲ維持」し、「併合断行迄ニハ尚多少ノ時日アル可シ」と後段で付言している。しかし、日本政府が韓国併合の意思を各国に通告したことの意味は大きい。それは、日本政府の韓国併合への意志を対外的に明言するものであったからである。したがってこの時点での各国政府への通告は、韓国併合の実行方針確定を意味するものにほかならない。

これらの事実からうかがえるように、日本政府内では二月中に韓国の併合をめぐる方針を、将来のある時点での併合から併合早期断行へと転換させた。ただし三月中まではあくまでも韓国併合を実行する方針が確定した段階にとどまっていた。[11] それは、まだ韓国併合に対する列強の意向が明確ではなかったからである。次に明らかにするように、日露協約交渉ではロシアから韓国併合に対する意思を確認してはじめて併合計画が実行に移されることとなる。したがって日本政府において韓国併合計画が進行し始めるのは、ロシアの意向が明らかとなる四月中旬以降であろう。[12] 山県有朋は、四月二七日付の寺内正毅あて書簡で、寺内の意見書に対し、「一刀両断之時期到達可致候」と書き送り、計画の確定を指示した。[13] こうして四月末には韓国併合計画が実行段階に入ったのである。

二　閣議決定「併合後ノ韓国ニ対スル施政方針」と韓国併合計画の具体化

三月二四日に第二六議会が終了すると、四月五日、寺内正毅は首相桂太郎から統監就任の内儀を受けた。[14] 寺内の統監就任が内定すると、桂および寺内は四月中旬に統監曾禰荒助をそれぞれ訪問した。曾禰は、四月二二日付桂あて書簡で進退伺いをしており、[15] 五月初めに統監更迭に同意した上で辞表を提出した。[16] また寺内が陸軍大臣兼任ということもあったのであろう、副統監を設置することが四月下旬に検討されている。[17] 桂は原敬に対して、内閣から副統監を選抜する意向を漏らしていたが、[18] 五月一一日、寺内は前逓信大臣であり山県有朋の養子である山県伊三郎に副統監就任を要請し、一三日に承諾を得た。[19] 天皇への内奏は五月一二日に行われた。

併合を含む対韓基本構想は山県、桂、寺内の三者を軸に進められたが、[20] 五月三〇日に寺内が陸軍大臣兼任で統監に就任すると韓国併合計画は急加速する。日本政府は五月二七日および三〇日に行われた閣議で寺内が提出した意見書にもとづいて韓国問題を協議したが、三〇日におおよその議案が決定し、[21] 六月三日の閣議で「併合後ノ韓国ニ対スル施政方針」一三項目が決定された。[22] 同閣議決定において日本政府は、韓国併合後の行政制度、財政制度などの方針を定めた。この閣議決定は、五月二四日に「条件」として山県および桂に寺内が提示した「韓国処分ノ意見書」と同内容であり[23]、閣議決定当日の日記に「嘗テ提出セシケ条書ノ全部ノ承認ヲ得タリ[24]」と記したとおり、寺内の意向が強く反映されたものであった。なかでも寺内が主張したのは、朝鮮総督府の会計を「特別会計ニ移スコト」と、朝鮮鉄道を総督府所轄にすることの二点であった[25]。朝鮮において特別会計制度による財政独立を確立し、朝鮮総督府の政治権力としての自立性を高めることが、その最大の目的であったと推測される[26]。

一方、桂は、一進会とも関係があり、衆議院議員でもあった小川平吉に対し、併合意見書を提出させている[27]。同意見書は、表題に「一九一〇年一月提出」とあるが、「小川平吉文書」に収録された意見書「韓国合併ニ関聯セル施設概要」の編集状況、『寺内正毅日記』の記事[28]および雑誌『朝鮮』一九一〇年五月号に掲載された「今は同志の間でも合併論を云々するよりは合併されたる後を如何にす可きやについて研究してゐる」という小川の論文[29]から考えると、桂、寺内に提出されたのは五月初頭と見るべきである。その内容は、実際に行われた韓国併合の内容と大きく変わるものではない。これは、小川らの意見が韓国併合計画に反映されたというよりも、日本政府が韓国併合への反対勢力の動向を見極めるために、桂らが小川グループらの併合構想について探りを入れ、政府の併合案とほとんど大差ないことを確認するためのものであったと見られる[30]。小村案がすでに前年中に構想されていたことを併せ考えるとき、小川グループの意向を反映させる必然性に乏しいからである。

またこうした動きとは別に、一八九五年の閔妃殺害事件時の駐朝公使であった三浦梧楼は、五月一七日付の寺内あて書簡の付属書として「合邦処分案」を送った[31]。同案では、「親王統率ノ下ニ韓満大都督府ヲ平壌ニ開ク事」と「軍政ノ下ニ韓国統監ヲ置キ、韓ノ民政ヲ総裁セシムル事」などを提言している。この意見書は、「韓満大都督府」の下に民政機関として「韓国統監」を再編することを提起したものであり、第一章で見た満韓統一的植民地統治機関設立構想の系譜に位置づけられる。こうした統一的大陸経営機関設置という意見は、実際の併合には反映されなかったが、

日露戦争直後の陸軍の大陸経営構想が韓国併合に際しても再度主張されていたことは留意しておく必要があろう。(32)

六月三日の閣議決定を受け、内閣、法制局、拓殖局などの各関係官庁実務官僚により、六月下旬から七月上旬にかけて具体的な併合実行プランが協議された。併合準備委員会である。その一員であった小松緑によれば、この委員会は「併合後に於て、若し本国政府部内から、種々の異議が起つて、一貫した政策の遂行を妨げる」ことがないように、「啻に大綱のみならず、細目に渉つてまでも、予め明確に決定し、将来に於て、議論を容る丶の余地を防ぐ為に、一々箇条書を作り、正式の閣議決定を求めて置く」という寺内の意向により組織された。(33)同委員会では、外交関係事項については外務省政務局長倉知鉄吉、韓国関係事項については統監府外務部長小松緑がそれぞれ原案を作成し、それについて協議、決定した。(34)参加者は、内閣書記官長柴田家門を議長とし、倉知、小松両名、法制局長安広伴一郎、拓殖局副総裁後藤新平、法制局書記官中西清一、拓殖局書記官江木翼、統監府会計課長児玉秀雄、統監府参事官中山成太郎であった。(35)なお拓殖局は、六月二二日、中央集権的な植民地監督機関として内閣外局として開設されたものであり、台湾、樺太および韓国に関する事務を統理し、外交事務以外の関東州に関する事務も管掌する機関であった。初代総裁は桂太郎が兼任したが、拓殖局はそもそも韓国併合を当面の目的として設置されたという。(36)「韓国併合ニ関スル書類」に収録された史料のうち、併合準備委員会で審議されたと思われる文書の多くが拓殖局で作成されたものと考えられる。

(1)　海野福寿『伊藤博文と韓国併合』(青木書店、二〇〇四年)、一八二～一八五頁。
(2)　尚友倶楽部・広瀬順晧編『田健治郎日記』一(芙蓉書房出版、二〇〇八年)、三一八頁。
(3)　一九一〇年二月二日付桂太郎あて山県有朋書簡には「予テ御内話有之候副統監人物之事も種々考慮致候得ヘトモ、御確定シ仕候人物未見致候。併シ吉原〔三郎カ〕ハ猶御再考相成度」(国立国会図書館憲政資料室所蔵『桂太郎関係文書』七〇―一一八)とある。二月初旬段階で具体的な人選まで進められていたことがわかる。

(4)　山本四郎編『寺内正毅日記』(京都女子大学、一九八〇年)、五〇三頁。
(5)　原奎一郎編『原敬日記』二巻(福村出版、一九六五年)、三九五頁。
(6)　同右。
(7)　「日韓合併処分案」所収、第二番目の覚書(『桂太郎関係文書』書類一一二)。
(8)　一九一〇年六月付石塚英蔵あて伊東巳代治書簡草稿(大石眞・広瀬順皓解説『伊東巳代治関係文書』マイクロフィルム版、北泉社、一九九五年)。
(9)　一九一〇年一月一七日付桂太郎あて曾禰荒助書簡で言及されている「御申越之一条」(『桂太郎関係文書』五二―二〇)は第一方案の実行を指すものと推測するが、確証はない。
(10)　『日本外交文書』四三―一、六五九～六六〇頁。
(11)　一九一〇年三月二〇日、山県有朋および寺内正毅が桂太郎のもとを訪れ、曾禰の統監更迭、合邦断行の二案を勧告したというが(小森徳治『明石元二郎』上巻、原書房、一九六八年復刻、三五一頁)、同日の寺内の日記にはそのような記事は見えない。本文に示したとおり、三月段階ではロシアをはじめとする列強の意向は明らかになっておらず、仮に山県・寺内の勧告が事実だとしても、あくまでも方針にとどまるものと考えられる。
(12)　桂は四月中旬、改野耕三に韓国併合を秋ごろに決行することを漏らしている(『原敬日記』三巻、二一頁)。また『江木翼伝』によれば、桂は四月、江木翼に韓国併合方針を伝えるとともに、植民地制度の調査を命じたという(江木翼君伝記編纂委員会編『江木翼伝』江木翼君伝記編纂委員会、一九三九年、四三頁)。
(13)　一九一〇年四月二七日付寺内正毅あて山県有朋書簡(国立国会図書館憲政資料室所蔵『寺内正毅関係文書』三六〇―七九)。
(14)　『寺内正毅日記』、四九八頁。
なお寺内の統監就任にあたっては、桂太郎、山県有朋、寺内正毅、小村寿太郎の四者会談で決定したという(『明石元二郎』上巻、三〇九頁)。

(15)　一九一〇年四月二二日付桂太郎あて曾禰荒助書簡(『桂太郎関係文書』五二一―一一)。

(16)　一九一〇年五月一日付桂太郎あて曾禰荒助書簡(『桂太郎関係文書』五二一―一二)、『原敬日記』三巻、二四頁。

(17)　『寺内正毅日記』、五〇三頁。

(18)　『原敬日記』三巻、二四頁。
なお、原敬は副統監を後藤新平と目していた。

(19)　『寺内正毅日記』、五〇七頁。
副統監に内定した山県伊三郎は、逓信次官仲小路廉に総務長官への就任を交渉していたが、不調に終わる(『寺内正毅日記』、五一〇～五一一頁)。結局六月初旬、総務長官に有吉忠一、内部長官に宇佐美勝夫の就任が内定した(一九一〇年六月八日付桂太郎あて寺内正毅書簡、『桂太郎関係文書』六二一―一五)。

(20)　海野福寿『韓国併合史の研究』(岩波書店、二〇〇〇年)、三八〇～三八一頁。

(21)　斎藤子爵記念会編『子爵斎藤実伝』二巻(斎藤子爵記念会、一九四一年)、一二一頁、「明治四十三年通信日記」(水沢市立後藤新平記念館編『後藤新平文書』R七八、雄松堂フィルム出版、一九八〇年)、『寺内正毅日記』、五一一～五一二頁。

(22)　『日本外交文書』四三―一、六六〇頁。

(23)　「韓国併合ニ関スル書類」(『公文別録』国立公文書館二A―一一―(別)一三九)、『寺内正毅日記』、五一〇頁。

(24)　『寺内正毅日記』、五一三頁。

(25)　同右。
前述したとおり朝鮮鉄道の管轄については、もともと一九〇九年七月六日の閣議決定で「韓国鉄道ヲ帝国鉄道院ノ管轄ニ移シ、同院監督ノ下ニ南満洲鉄道トノ間ニ密接ナル連絡ヲ付ケ、我大陸鉄道ノ統一ト発展ヲ図ル事」とされていた(第四章第一節第一項、参照)。朝鮮鉄道を総督府管轄下に置くことについて、逓相後藤新平との意見対立の末、首相桂太郎の調整を経て寺内の主張が通った経緯がある(小林道彦『日本の大陸政策』南窓社、一九九六年、一九五頁、一九一〇年五月三一日付桂太郎あて寺内正毅書簡、『桂太郎関係文書』六二一―一五)。これは朝鮮の財政独立という寺内の意向を示唆するものである。

(26)　小林道彦『日本の大陸政策』、二一三頁、参照。

(27)　「明治四十三年一月桂首相ト寺内統監トニ交付セル韓国合併ニ関聯セル施設概要」(小川平吉文書研究会編『小川平吉関係文書』二巻、みすず書房、一九七三年、三〇頁)。

本書類は、国立国会図書館憲政資料室蔵『小川平吉文書』中に同文のものが三つある。そのうち最も現物に近いと思われる謄写版の書類には「四月提出」とある。『小川平吉関係文書』二巻に採録された「一月」交付の書類とされるものには「(合邦七カ月前)」との付記があること、また寺内「統監」に交付したとの記述から考えて、後年、関係者が伝記史料を作成する際に編纂したものであろう。

(28)　『寺内正毅日記』、五〇五頁。

(29)　小川平吉「故伊藤公の合併論と予の合併論」(『朝鮮』二七巻、一九一〇年五月)、一〇頁。

(30)　望月小太郎の追悼座談会で、大谷誠夫の発言中にこの事情について触れたくだりがある。やや長文であるが引用する。

「[桂太郎は]果して今日になつて、誰もまだ併合を唱へないのに、君方[望月小太郎、柴四朗、大竹貫一、五百木良三、小川平吉ら]がかういつて来られる。併合に就ては私も同意見だから必ずやります。たゞ併合した後はどういふ組織にしたらいいか、部下の者に命じても、他の国を取つた歴史が無いからと云つて誰にも書けない。一つその官制を書いて貰ひたい——といふことだつた。それから早速竹芝館に寄つて、宋秉畯なんぞも来て、大体の事を書いた。軍人を総督にすること、威力が必要であること、日本人を大臣にすれば次官には朝鮮人を持つて来る、朝鮮人が大臣なら日本人を次官にする、といふ風にやる。各地を監察せしめて訴を聴かせる、といふやうなことがあつた。宋秉畯と望月君が主になつてやつたのだが、そいつを桂の所に持つて行つたらこれで安心だ、これだけの骨組さへ出来れば、あとのこまかい官制のやうなものは誰にでも出来るから、これでやります、と云つてゐた」(須永元編『樗堂言行録』政教社、一九三九年、一二〇～一二一頁)。

(31)　一九一〇年五月一七日付寺内正毅あて三浦梧楼書簡(『寺内正毅関係文書』一六三—四)。

(32)　飯嶋満は、朝鮮総督府がもともと大陸統治機関として構想されたことを示唆しており(飯嶋満「戦争・植民地支配の軍事装置」山田朗編『戦争Ⅱ』青木書店、二〇〇六年）、日本の大陸政策における朝鮮総督府の位置づけを考える上で興味深い指摘である。

(33) 小松緑『朝鮮併合之裏面』（中外新論社、一九二〇年）、八八頁。

小松の回想は、桂太郎に対し、「諸種ノ準備ヲ為サスシテ、合併ヲ発表シ、之ニ着手スル、所謂大阪陣ニ陥ルナルカヲ疑フ」（『桂太郎関係文書』書類一一二）と詳細な併合計画の立案を求めていた寺内正毅の意見を併せ考えると妥当である。

(34) 同右書、八九頁。

(35) 同右書、八九～九〇頁。

なお、財政に関しては大蔵次官若槻礼次郎と韓国度支部次官荒井賢太郎が担当しており（若槻礼次郎『古風庵回顧録』読売新聞社、一九五〇年、一五三頁）、両名が併合準備委員会に参加したことも考えられる。

(36) 『江木翼伝』、四九頁。

もともと積極的大陸政策を進めるため、桂太郎―後藤新平ラインで植民地統治を一元化する機関として「拓殖省」を設置することが構想されており、拓殖局は、拓殖省設置を志向して暫定的に置かれたものである（小林道彦『日本の大陸政策』、一九三～一九六頁、一九一〇年六月九日付「拓殖局官制審査報告」、『審査報告書　明治四一年～四三年』、国立公文書館二Ａ―一五―七（枢）Ｃ一三）。後藤は、拓殖務省設置構想を台湾民政長官時代から唱えていたが（小林道彦『日本の大陸政策』、九七～九八頁）、満鉄総裁時代にも井上馨に対し、拓殖務省を設置して台湾、関東州および満洲に関する統一的な植民地行政を行う必要性を披瀝していた（一九〇七年一〇月一〇日付伊藤博文あて林董書簡、『伊藤博文関係文書』六巻、塙書房、一九七八年、四一二～四一三頁）。このように、当初は桂―後藤ラインにおいて拓殖局の創設が構想されたが、一九一〇年に入って協議を重ねるなかで、寺内・山県の意向を受け、結局寺内に主導権を握られるようになったと考えられる（『寺内正毅日記』、「明治四十三年通信日記」の一九一〇年一月～五月の当該部分）。後藤らの狙いは、小林道彦の論考によれば、陸軍主導の植民地統治を牽制することであったと考えられるが、この点についてはなお考察を要するため、今後の課題としたい。

第三項　併合構想の具現化
——憲法施行問題を焦点に

韓国併合に関する実務的問題を検討した併合準備委員会であるが、そこでは、どのような形で韓国を日本に編入するのかという併合形態をめぐる問題についても議論されたという。それでは韓国併合に際し、日本政府内では併合形態についてどのような議論が展開されたのであろうか。この問題について、特に憲法施行問題を焦点にして検討を行う。憲法施行問題に注目するのは、これが日本の統治構造において併合後の植民地朝鮮をどのように位置づけるかという点を端的に表していると考えるからである。

一般的に植民地への憲法施行問題は、植民地統治機関への立法権の一般的委任および植民地への法律施行形式をめぐって議論となる。これが、韓国併合当時、すでに台湾総督への立法権委任をめぐって議会だけでなく法学界でも広く議論されていた六三問題である。六三問題とは、植民地である台湾に帝国憲法が施行されるか否かをめぐって生じた法制度上の問題である。帝国憲法では「天皇は帝国議会の協賛を以て立法権を行ふ」(第五条)とされており、立法権の行使には議会の協賛が必要であると理解されるため、議会の権限が基本的に及ばない形態で行政官である台湾総督に立法権を委任することが憲法上許されるか否かという点が最大の争点となった。六三問題の名称は、台湾総督に法律の効力を有する命令(律令)を発布する権限を認めた一八九六年法律第六三号「台湾ニ施行スヘキ法令ニ関スル法律」にちなむ。植民地台湾における憲法施行問題に関してはこれまで、政策立案過程を中心に、中村哲や春山明哲、江橋崇等による実証的研究が積み重ねられてきた(1)。さらに近年、日本帝国法制の構造について国籍法、選挙法などの公法や「内外地関渉法」といった観点から研究蓄積がなされている[2]。その一方で、朝鮮における憲法施行問題については、帝国議会での議論について史料紹介的に言及したものは散見されるものの[3]、政策立案過程に関する実証的研究は乏しい。史料的制約がその最たる理由であるが、問題の基本的構造が六三問題と同一ととらえられ、朝鮮への憲法施行問題が個別に考察されなかったこともその一因であろう。確かに、韓国併合に際して朝鮮総督に立法権委任が行われる一方で、政府見解では併合後の朝鮮には台湾などと同様に憲法が施行されることが示された。しかし、日本政府は当初、閣議決定において、併合後の朝鮮には憲法を施行せず、天皇大権により統治を行う方針を採用していた。最終的には他の植民地同様に憲法が施行されるという公式見解に収斂していったが、韓国併合実行計画の当初は朝鮮には憲法を施行しない方針だったのである。

ではなぜ、朝鮮への憲法施行をめぐって日本政府の見解は変化したのであろうか。筆者はその変遷過程に、朝鮮を植民地化する際に固有の問題群が表れていると考える。結果的に他の植民地同様に問題は処理されたが、そのことが問題の構造まで同じであることを意味しないのは言うまでもない。憲法が植民地に施行されるか否かという六三問題の一般的論点とともに、朝鮮に先行する日本の植民地であった台湾・樺太への憲法施行に関する従来の政府見解が踏襲されず、なぜ朝鮮への憲法不施行が韓国併合構想において当初唱えられたのかという個別的論点が検討される必要があるだろう。

では、朝鮮への憲法施行に関する個別的論点とはいったいどのようなものであろうか。それは、日本が韓国をどのような形で併合するのかという併合形態をめぐる問題であった。結果的には他の植民地と同様の形態で日本に編入されることとなったが、これまで述べてきたように、韓国を日本へ編入するにあたっては、その方式をめぐって多様な選択肢が存在した。そして、併合形態をめぐる議論は、憲法施行問題と連関性をもっていた可能性が高い。具体的には、一方では日本が韓国を「強制的」に併合するのか、あるいは「任意的」に併合するのかという併合形式をめぐる問題群であり、他方では併合後の韓国をたとえば連邦制等の形態で編入するのかどうかという「国家結合・国家併合」をめぐる問題群である。以下、これらの個別的論点をも考慮に入れながら、朝鮮への憲法施行問題を検討していく。

一　韓国併合計画における憲法施行論の動向

まず、韓国併合準備過程において憲法施行問題が日本政府内でどのように論議されたのかを検討する。六月三日の閣議決定「併合後ノ韓国ニ対スル施政方針決定ノ件」一三項目中、植民地朝鮮における法制度に関連する条項を掲げれば次のとおりである[4]。

一、朝鮮ニハ当分ノ内憲法ヲ施行セス、大権ニ依リ之ヲ統治スルコト。
一、総督ハ天皇ニ直隷シ、朝鮮ニ於ケル一切ノ政務ヲ統轄スルノ権限ヲ有スルコト。
一、総督ニハ大権ノ委任ニ依リ法律事項ニ関スル命令ヲ発スルノ権限ヲ与フルコト。但シ本命令ハ別ニ法令又ハ律令等、適当ノ名称ヲ付スルコト。

この閣議決定において、併合後の朝鮮の統治原理は帝国憲法によらず、天皇大権によることが確認された。また、朝鮮総督に広範な行政権を付与するとともに、立法権を委任することが決定された。この閣議決定が寺内正毅の意向を強く反映したものであったことは先述したが、寺内は、併合後の朝鮮への憲法施行について「本国と全然事情を異にする新領土に憲法を施行することは、施政上、甚だ不便[5]」と主張していた。寺内は、一九〇七年の樺太の民政移行に際して「同島〔樺太〕の長官に裁判始め一切を委任する事を主張し、……陸軍は台湾の小形に規定せんとする」[6]意向を示して内務大臣原敬と対立した経緯があり、植民地への憲法不施行論を素志としていたと考えられる。しかし台湾総督に立法権が委任されていたとはいえ、政府の公式見解では憲法が施行されるとしていた台湾等と比較するとき、「当分ノ内憲法ヲ施行セス」と規定した六月三日の閣議決定は明らかに従来の政府見解との整合性を欠く。では、台湾等との整合性は問題とならなかったのであろうか。また従来の政策と整合しないとすれば、その不整合性から生じうる政治的齟齬をどのように解消しようとしたのであろうか。この点について桂太郎内閣閣僚の見解を見よう。

内閣総理大臣桂太郎も憲法不施行論を想定していたことは、寺内と綿密に事前交渉を行っていたこと、および宋《ソン》秉畯《ビョンジュン》意見書[7]への回答メモにおいて「憲法ハ無用」[8]としていることからもうかがえる。外務大臣小村寿太郎もまた憲法不施行を唱えていた。小村は、一九〇九年七月六日の閣議決定を受けて作成し、桂に提出した意見書のなかで、併合実行の際の「詔勅ニ於テハ、尚ホ韓半島ノ統治ノ全然天皇大権ノ行動ニ属スル旨ヲ示サレ、以テ半島ノ統治ガ帝国憲法ノ条章ニ遵拠スルヲ要セザルコトヲ明ニシ、後日ノ争議ヲ予防スルコト」[9]が肝要であると位置づけている。朝鮮統治を天皇大権に属するものと位置づけ、帝国憲法の条章、すなわち実定憲法典によるものではないから、それを韓国併合時に詔勅により宣言すべきだというのである。そしてその詔勅によって、「後日ノ争議」すなわち朝鮮に関する憲法施行問題の惹起を封じる必要性を主張した[10]。逓信大臣後藤新平も同じく憲法不施行論であったようである。後藤の覚書にも憲法不施行方針の理由をうかがわせる部分がある[11]。

一、三千年来、君民ノ関係ト同一ナル関係、新版図ノ人民ニ与ヘラルヘキカ。

一、大権統治トスヘキコト。

一、主権者ノ意志ノ発表ヲ待テ、始メテ新領土ニ施行セラルヘキモノナリ。

一、従来ノ事歴ハ、憲法当然新領土ニ行ハル、モノト解釈スルノ外ナシ。
一、従来政府ノ意見ハ不可トシ、取消スコト。
一、折衷説ヲ以テ韓国ニ施行セサル方法。
一、韓国ハ土地人民共ニ占領セラル、モノナリ。故ニ台湾ト樺太トハ同シカラス。

覚書の作成日時は不明だが、おそらく六月三日の閣議決定に関連するものと考えられる。本覚書がどのような意図で書かれ、また各項目が相互に関連性をもつといえるかどうかについても疑問が残る。しかし、海軍大臣斎藤実のメモを併せて検討すると、各項目がそれぞれ関連性をもっているととらえるのが妥当である。[12]後藤の覚書から、「三千年来、君民ノ関係ト同一ナル関係」、すなわち日本本国の法制度を新領土の人民に与えることへの疑問から植民地朝鮮への憲法施行を否定していることがうかがえる。しかし台湾、樺太に対する従来の政府見解からは憲法が施行されると解釈するほかないため、これを不可として取り消すべきであると結論づけた。朝鮮に憲法を施行しないのは、韓国が日本により「土地人民共ニ占領セラル」、つまり「強制的併合」[13]がなされるものだからである。条約により日本に割譲(国家の一部の任意的併合)された台湾や樺太と比べるとき、朝鮮が「強制的併合」により「占領」されるのであれば憲法を施行する必然性は薄いととらえられた。「慣例、先例、歴史ト沿革ニ依レバ、一(帝憲新領土ニ行ハル、モノ)ニ依ルト解釈ス」るほかない従来の意見について、「正誤スルヨリ外ニ道ナシ」とする斎藤のメモでも、台湾、樺太と朝鮮との違いを、やはり「土地人民ヲ挙テ来ルモノ故ニ異ナレリトス」る点に求めていた。ここに従来の政府見解との整合性を考慮することなく憲法不施行論を正当化することができる最大の理由が求められたことがうかがえる。ただし、後藤の覚書で「折衷説」による憲法不施行論も考慮されていることには留意が必要である。憲法のうち施行される部分と施行されない部分があるという見解であるが、後述するように最終的にはこの折衷説に政府見解が収斂することになるからである。

右の小村意見書および後藤覚書の論理をより明確に示したのが「〈秘〉合併後半島統治ト帝国憲法トノ関係」(以下、憲法意見書と略記)という意見書である。[14] 山本四郎によれば、この意見書の筆者は不明であるが、[15] 陸軍省罫紙に記載された点、先に検討した「韓国ノ施政ニ関スル件」「韓国合併ニ関スル件」と筆跡が酷似している点、そしてその内容の三点から、秋山雅之介の手になるものと見て間違いない。憲法意見書は寺内の憲法不施行説を理論的に裏づけるために起草されたものであり、「韓国ノ施政ニ関スル件」「韓国合併ニ関スル件」とほぼ同時期に寺内に提出されたと考えられる。憲法意見書の内容は大略次のとおりである。

意見書によれば、まず併合後の朝鮮に「帝国内地ニ於ケル一切ノ法律規則ヲ、合併ト同時ニ之ニ適用シ得ヘカラサルハ勿論、同半島ニ対シテハ、其民情風俗及慣習等ニ鑑ミ、文化ノ程度ニ応シテ、住民ノ幸福ヲ増進シ、其知識ヲ開発シ、漸ヲ以テ内地人民ニ同化セシムルニ適切ナル法制ヲ之ニ布キ、内地ト同化スルニ至ル迄ハ」日本内地とは異なる特別法制にもとづいた統治を行う必要があるという(六三頁)。その上で、ヨーロッパ植民諸国も各植民地に本国同様の法律・法規をすべて適用することは不可能であるため「特別ノ立法及行政ヲ為スノ制度」を敷いているという一般論が記されている。そして、各国がどのような植民地行政・法制度を敷くかは自国の憲法に規定されることとなると述べる。すなわちイギリス、フランス、ドイツ各国では憲法の解釈上は議会が植民地に関する立法権を掌握しているが、植民地に直接適用する法律を制定する一定の権限を議会に残す一方、法律によって皇帝または政府に立法権を委任していた。それは、台湾統治において法律事項を勅令および律令で規定する制度と変わるところがなかった。一八九六年法律第六三号では内地の法律は勅令によって台湾に施行される形式をとっていたが、一九〇六年法律第三一号および一九〇七年法律第二五号によって「法律ノ委任ニ依リ、〔日本〕政府ハ台湾及樺太ニ於ケル法律事項ヲ、勅令ヲ以テ規定スルコトト為シタルト同時ニ、台湾ニ付テハ帝国議会ノ協賛アリタル法律ヲ以テ直接ニ其立法ヲ為シ得ルコト」（六六頁）となった。一九一〇年段階では、内地の法律中、その全部あるいは一部を勅令によって施行するほか、台湾・樺太に施行することを目的とする法律については帝国議会がこれら植民地にも立法協賛権を直接行使することができたのである。

しかし意見書はここで、「韓国ヲ合併シテ帝国ノ領土ノ一部トセラレタル場合ニ、帝国憲法ノ解釈上、韓半島ニ対シテモ当然其通用アリトシ、其地ノ法律事項ニ付テハ帝国議会ニ於テ之カ協賛権ヲ有スルコト恰モ今日台湾及樺太島ニ於ケルト同一ト為スノ必要アリヤ」（六六〜六七頁）という疑問に対して次のように反論する。まず、憲法上の主権者として議会が大きな権限をもつ英仏独諸国と日本とは「政体及国体」が異なり、天皇は日本の主権を代表するのではなく、「帝国ノ主権ハ天皇ト一体ヲ為シ、天皇ハ主権ヲ親シク掌握セラレ居リテ、帝国議会ハ単ニ憲法ニ規定シタル権限内ニ於テ、帝国立法上ノ協賛機関タルニ過キサル」（六七頁）ものとして帝国議会が位置づけられる。すなわち、立法機関として多大な権限をもつ英仏独各国の議会とは異なり、「皇位主権説」の立場から帝国議会は立法権の協賛機関にすぎないととらえ、議会による植民地への立法権行使には積極的意義を認めていないのである。さらに、帝国憲法施行時、同憲法の条章により統治されるべき地域に台湾、朝鮮などが含まれていないことは明らかであるから、「之カ適用ヲ台湾・樺太・関東州及韓半島ニ拡張セラントスルニ付テハ、帝国主権者ニ於テ、其意思ヲ表明セラレテ甫《はじ》メテ、内地以外ナル帝国領土ニ其適用アルヲ当然ト謂ハサルヲ得ス」（六八頁）と規定した。つまり新領土における帝国憲法条章の適用については主権者の意思表明を必要とすると位置づけたのである。

日本の植民地の場合、台湾や朝鮮のように本国に隣接し、また民情、風俗等がやや似ているがゆえに、主権者が新領土に憲法を施行する意思を表明する必要性について疑義がもたれるが、これがヨーロッパ植民国のようにアフリカ等を植民地とするのであれば「何人ト雖モ其殖民地ノ統治ニ関シテ帝国憲法ノ規定ヲ悉ク之ニ適用スヘキモノト主張スルモノナカルヘ」（六八頁）きことは異議を差し挟むまでもない。ゆえに「独リ朝鮮ニ対シテノミ従来政府ノ方針ト全然反対ノ見解ヲ採リ、同半島ニ限リテハ大権直接ノ統治ト為スコト憲法ノ解釈ヲ二三ニシ、論理一貫セストノ批難ナキヲ保セスト雖モ、此批難タル有力ト為ス能ハス」（六八頁）と定義し、台湾との整合性による朝鮮への憲法施行論をしりぞける。帝国憲法中のすべての条項を領土に施行するかどうかは主権者である天皇の大権に属するのであるから、「朝鮮ノ統治ニ付テハ、之ヲ大権直接ノ統治トセラルルモ、理論上台湾及樺太ニ関スル実例ト毫モ抵触アルコトナシ」と位置づけられることとなる。しかし、「従来台湾ニ付テハ偶々閣議決定アリタルニ拘ラス、遂ニ其決定ノ自然消滅ト為リタル先例モアルカ故ニ、若シ本見解ノ如ク朝鮮ニ対シテ大権直接ノ統治主義ヲ採ラルルニ於テハ、閣議決定ノ形式ニテハ不可ナルヘク、必スヤ詔書ヲ以テ之ヲ言明」（六九頁）すべきことを献策した。朝鮮への憲法不施行という政治的決定は台湾・樺太の事例と理論上は抵触しないが、併合後の朝鮮を大権統治で行い、実定憲法典を朝鮮に施行しないようにするためには、台湾の「先例」を併せ考え、閣議決定ではなく詔勅によって朝鮮への憲法不施行を宣言すべきである、とまとめている。

憲法意見書は、台湾への帝国議会の立法協賛権を認めるなど、植民地へ憲法を施行すべきでないと主張しているわけではなく、またなぜ朝鮮に憲法を施行しないのかという点について必ずしも明確にしているわけではない。これは憲法意見書が、朝鮮への憲法不施行という命題を法理論的に正当化するという具体的な政策判断に沿って執筆されたという目的とおそらく無関係ではない。しかしヨーロッパ植民国の法制度との比較によって憲法不施行論を唱えているということから、憲法意見書の目的が議会の関与を排除する点にあったことは容易に見て取れるであろう。本意見書の政策提言は、植民地朝鮮に対する議会関与の排除、詔書による大権統治の宣言など、政府当局者の見解と一致しており、何よりも台湾との論理的整合性を排した点において寺内の立論を擁護するものであった。

二　憲法施行論への転換

併合準備委員会でも朝鮮への憲法施行をめぐって議論が紛糾したが、寺内の意向もあって憲法不施行という方針が有力であったという[16]。当事者の一人である小松緑の回想によれば、憲法施行をめぐって二つの意見が対立した。一つは、「憲法は、其の発布当時の帝国臣民を予想して制定されたものであるから、明治初年時代の日本人の文化程度にも及ばない新付人民に、それを適用するのは、啻に不便なるのみならず、憲法制定の精神に副ふものでない」という意見であり、もう一つの意見は「憲法の施行地域には何等の制限がない。苟くも新領土が帝国の版図に編入せらるゝ以上、新領土も亦帝国であるから、帝国に行はるべき憲法は、当然新領土にも及ぶ」というものであった。しかし、一八七一年にアルザス・ロレーヌ地方がドイツに編入された際にとられた憲法手続きを参照し、「憲法制定当時に於て予想しなかつた新領土に対しては、別段の手続を執るに非ざれば、憲法の自然に施行せらるべき筈がないといふ議論が多数を占め」、委員会では朝鮮への憲法不施行論でほぼ合意した。ここに見られる憲法論はいわゆる六三問題の基本的論点を踏襲したものであり、特に目新しいものではない。しかし、特別な手続きをとることなしに自動的には憲法が植民地に施行されないという意見が多数を占めたという点は重要である。先述した、詔勅による植民地への憲法施行手続きの必要性と一致する見解だからである。なお、併合準備委員会の答申を受けて七月八日に閣議決定された「併合実行方法細目」は個別的な政策事項に関する実務的内容が主であり、憲法施行問題には触れられていない。単に「朝鮮人ノ国法上ノ地位」という項目で、朝鮮人は原則として内地人と同一の地位をもつとされているのみである。

憲法施行問題について閣議では、七月一・二日の両日に集中的に審議された[17]。その審議内容は不明であるが、七月二日の閣議決定「憲法ノ釈義」では、「韓国併合ノ上ハ、帝国憲法ハ当然此ノ新領土ニ施行セラル、ルモノト解釈ス。然レトモ、事実ニ於テハ新領土ニ対シ帝国憲法ノ各条章ヲ施行セサルヲ適当ト認ムルヲ以テ、憲法ノ範囲ニ於テ除外法規ヲ制定スヘシ」との方針が示された[18]。すなわち憲法が「新領土」に施行されると「解釈」するが、実際には憲法各条章の適用は行わず、憲法の範囲内で除外法規を制定する、という決定である。先に見たとおり、六月三日閣議決定では朝鮮への憲法不施行論が採択されたが、七月二日の閣議決定においては、憲法の条章、すなわち憲法の実定法典部分を施行することは否定しながらも、一転して憲法自体は「当然此ノ新領土ニ施行セラルルモノ」と「解釈」されることとなった。つまり政府は、憲法の解釈により憲法不施行論と施行論とを架橋し、この問題の解決を図ったのである。これはまさに、後藤の覚書にあった、折衷説によって憲法を「韓国ニ施行セサル方法」であった。この閣議決定の変更について小松は次のように説明している[19]。一八九八年六月二四日の台湾総督あて内務大臣芳川顕正訓令で、「帝国憲法ハ台湾ニ施行セラレタルモノトス」としている以上、朝鮮で憲法不施行とするわけにはいかないという意見が出された。そのため「新領土には、理論上、当然憲法が行はるゝものとし、実際に於ては、其の条章を実行せずして、憲法の範囲内で、特別法を制定」するという方針をとったというのである。つまり、憲法の範囲内で立法権の一般的委任を行う「特別法」を制定することへと転換した理由は、台湾との整合性に求められた。

台湾との整合性により朝鮮にも憲法が施行されるとすることになったとの小松の回想は、第二七議会の貴族院特別委員会での首相桂太郎の答弁[20]により裏づけられるところである。特別委員会で桂は次のように説明した。韓国併合後、朝鮮に憲法が施行されないという見解が多数であった。しかし台湾領有にあたって「政府ハ我ガ新領土ニ憲法ガ行ハレルト云フ解釈ヲ採リ」、一八九六年法律第六三号を制定し、また樺太を編入したときも、樺太に憲法が施行されるという解釈をとったという経緯があった。台湾および樺太に憲法が施行されることは、別々の「政府」(台湾―第二次伊藤内閣、樺太―第一次西園寺内閣)から出された見解であった。「二個ノ政府」から出された見解であるにもかかわらず、これを無視し、「朝鮮併合、即チ我ガ新領土ニ対シマシテ更ニ此見解ヲ異ニスルト云フコトハ宜シクナイト云フ考ヘヲ以チマシテ、即チ憲法ガ行ハレルト云フ方ノ見解ヲ採」ったと桂は答弁した。つまり、従来の政府によって台湾および樺太にそれぞれ憲法が施行されるという見解がとられてきたのであるから、それらの政府見解と整合性を保ったという説明である。「我ガ新領土ニ対シマシテ、更ニ此見解ヲ異ニスル」ことを意図したのは、ほかならぬ桂をはじめとする政府当局者であり、牽強付会の説と言うほかないが、朝鮮への憲法施行について、台湾等との整合性が議会に対する主要な説明原理となっていたことを確認することができる。

しかし台湾との整合性による路線変更という小松の説明にはいくつかの疑問が残る(21)。台湾との整合性は当初から自明であったはずである。また憲法施行論であっても、台湾では実際には憲法の各条章は施行されておらず、実態としては憲法不施行状態と大差はなかった。にもかかわらず、なぜ日本政府は当初、不施行論をとったのであろうか。右に見たように、台湾との整合性による憲法施行論は説明原理にすぎない。それでは政府が従来の憲法不施行論から憲法施行論へ転換した理由は何だったのだろうか。

憲法不施行という六月三日の閣議決定が七月初旬には憲法施行論へ転換したわけだが、政府への直接的な反論者として想定できるのは、議会、山県有朋を除く元老(特に井上馨、松方正義)、枢密院である。しかし時期的問題から前二者は排されるため(22)、考えられるのは枢密院による政府への牽制である。国立公文書館所蔵の枢密院議事録等では該当記事を確認できないが、枢密院では六月二五日前後に朝鮮への憲法施行問題が検討されており(23)、この議論の動向が七月二日の閣議決定に直接的に結びついたと思われる。朝鮮への憲法施行問題に関する閣議決定が行われた七月二日夜、逓相後藤新平が枢密院顧問官の芳川顕正、加藤弘之、伊東巳代治と会談しているが(24)、この事実は憲法施行問題における枢密院側の牽制が存在した可能性を示す。増田知子によれば、国務に関する詔勅によって政治的対立を解消するという手法は、一九〇〇年体制の確立によりこの時期にはとられなくなっていた(25)。植民地への憲法施行に関する二つの政府見解がすでに存在しており、政府が朝鮮への憲法不施行を貫徹するためには詔勅による憲法不施行宣言が必要であったことは、秋山雅之介および外相小村寿太郎の意見書で見たとおりである。したがって日本国内における政治的意思決定のあり方という観点から見たとき、詔勅による朝鮮への憲法不施行という政治手法が枢密院の反対を受けることは容易に想像できる。

三　併合形式と憲法施行論の連関性

しかし、枢密院の牽制という要素だけで政府の方向転換を説明するのはやはり不十分である。台湾等との整合性による転換を説明することはできても、当初、憲法不施行論が唱えられたことを説明できないからである。そこで次に、憲法施行をめぐって韓国併合に固有な要因がどのようなものであったのかを検討する。

韓国を日本に編入するにあたり、どのような形式で日本に併合するのかが政府内で議論された。韓国併合当時、外務省政務局長であった倉知鉄吉は、韓国「併合」という用語を使用した理由を説明するために朝鮮総督府外事局長小松緑に後年送った覚書のなかで次のように当時を回想している(26)。

> 当時我官民間に韓国併合の論少からざりしも、併合の思想未だ十分明確ならず、或は日韓両国対等にて合一するが如き思想あり、又或は墺匈国の如き種類の国家を作るの意味に解する者あり、従て文字も亦合邦或は合併等の文字を用ひたりしか、自分は韓国が全然廃滅に帰して帝国領土の一部となるの意を明かにする……。

この覚書に従えば、日本政府が韓国を「全然廃滅に帰して帝国領土の一部」とすることは当初から疑いようのない前提として位置づけられている。また一九〇九年七月末の閣議決定「韓国併合の方針大綱」においても「韓国は全然其の存立を失ひ、純然たる帝国領土の一部となるへきこと」[27]が決められていたというから、これらの史料によれば、韓国併合は併合後の韓国を日本の一地方とする併合形式しか存在しなかったかのようにとらえざるをえない。しかし、一九一〇年初頭に至っても複数の併合構想が存在していたことは先に見たとおりである。そして併合準備委員会においても国家連合や連邦制などの国家結合および強制的併合・任意的併合という国家併合の形式が検討された形跡がある。タイプ打ちで全五三頁にわたる「〈秘〉国家結合及国家併合類例」[28]という書類がそれであるが、おそらく江木翼を中心に拓殖局で編纂されたものと考えられる。

後藤新平の覚書において、韓国の「土地人民共ニ占領」すること、すなわち「強制的併合」が憲法不施行を正当化する大きな理由となっていたことは先に述べた。「国家結合及国家併合類例」では、国家の併合方法について大きく「平和的手段」と「強力的手段」の二つに分けているが、「平和的手段」をさらに、①併合条約によるものと、②被併合国の併合の宣言を併合国が受諾するものとに分類している。[29]日本政府の韓国併合構想では、「強制的併合」をとる場合であっても武力的征服は想定されておらず、その内容は「我か一方の行為に依り、帝国政府に於て韓国に向て併合を宣言すること」[30]というものであった。「平和的手段」の②に相当する処置である。「強制的併合」ないし「任意的併合」という併合形式に併合後の統治形態が逐一対応するわけではないが、先に見たとおり、韓国を「占領」するという名目が憲法不施行論の有力な理由になっていた。しかし「強制的併合」論が後退するなかで、[31]憲法不施行論を強弁することが難しくなったことは容易に想像できる。そして最終的に韓国併合は、韓国皇帝が天皇に一切の韓国統治権を完全且つ永久的に譲与するという条約の形式で行われることとなる。

それでは、韓国併合後の統治形態、つまり国家結合をめぐる議論は憲法施行問題とどのような関連性をもったのであろうか。併合準備委員会において議論された憲法施行論の内容は、後藤新平のメモ[32]によれば次のようなものと考えられる。

一、日本皇帝兼朝鮮皇帝ニ非ラス。日本皇帝ノ治下ニ合併シ、特別ノ州制ヲ設ケラルヘシ。〔中略〕

一、憲法ハ朝鮮ニ施行セラルヘキモノナリ。然ルニ直ニ実行ノ困難ナル事ヲ認ムルカ故ニ大権ニ委任スヘシ。而シテ憲法ノ施行ハ、何時ニテモ大権ノ発動ニヨリ、施行ヲ宣言セラルヘキモノトス。

ここで留意すべきは、憲法施行に関する議論と同時に、天皇の韓国皇帝兼掌が否定されている点である。先に検討したとおり、一進会の「政合邦」論は併合構想が具体化した時点では排除されていたが(第四章第二節参照)、「国家結合及国家併合類例」では、オーストリア＝ハンガリー帝国のような「同君合同」(Real Union)やドイツ連邦のような「聯邦」(Confederation)制、アメリカ合衆国のような「集合国」(Federal State)などの国家形態が検討されていた。朝鮮の一地方化という選択肢以外で最も実現する可能性が高かったのは、後藤の覚書の内容を併せ考えると、「数国カ内部ノ組織、立法及行政ヲ原則トシテ互ニ別異ニシ、各一国ヲ成シナカラ共同ノ君主ヲ戴キ、数国ノ共同事務ヲ共同ニ処理スル機関ヲ有シ、外部ニ対シテハ単一ノ国際法上ノ人格ヲ有スル[33]」「国際法ノ主体タル同君合同」である。「内部ノ組織、立法及行政ヲ原則トシテ互ニ別異ニ」するのであるから、当然、憲法施行は問題とならないはずである。しかし「同君合同」の形式による併合も否定されるなかで、憲法施行問題との整合性をも図る必要性が生じたと考えられる。

この点について、日本政府内部の議論とは別に、国際法学者有賀長雄の見解を参照しながら論点を整理する。韓国併合を間近に控え、日本の言論界では対韓政策意見がさまざまに唱えられていたが、そうしたなかで有賀は、韓国併合直前、韓国の併合形式と憲法との関連性について次のように述べている[34]。

まず、韓国との「合邦」には対等、非対等の方法があるが、日韓の既往の歴史を考えると非対等しか問題にならないとして対等「合邦」を排除する。したがって先に検討した同君連合、国家連合、連邦制等の編入方式は検討の対象としていない。その上で、非対等の「合邦」方式には、(Ⅰ)属邦として合邦、(Ⅱ)植民地として合邦、(Ⅲ)一地方として合邦の三種類があるが、その際、①「合邦せらるゝ国に従来存したる君主の処分」、②「合併者たる国の憲法と被合併国との関係」、③「合併者たる国の法律及び其の諸外国と締結せる条約と被合併国との関係」といった観点から検討する必要がある。Ⅰの属邦の場合には、韓国皇帝はそのまま存続させることができ、また韓国のみで適用する地方的憲法を作ることもできるが、日本の法律や日本が結んだ条約は韓国に適用される。しかし、韓国皇帝に政治的権利を部分的にでも与えることには問題があるため、Ⅰの方式は採用しないとする。Ⅱの植民地化の場合、(ⅰ)直轄植民地と(ⅱ)自治植民地という二つの方式がありうるが、ⅰの直轄植民地であれば、従来の統治機構はまったく否定され、また本国の憲法はほとんど施行されず、法律、各種条約の適用はかなり制限される。またⅱの自治植民地の場合は、「自治の憲法あり、自治議会を開き、自治の法律を作り、母国の条約に明文を設け、之を適用せざる事多し」と位置づけられる。ⅰは既往の対韓政策と齟齬をきたすものであり、またⅱは、検討にすら値しないと有賀は一蹴している。Ⅲの一地方化の場合は、北海道等と同様であり、憲法、法律、条約は当然適用されるが、憲法については、たとえば参政権問題等の条項を適用させるために改憲が必要とされた。

有賀自身は、合邦形式の選択は憲法施行問題と照らし合わせると難問であると指摘するのみで、結局いずれをとるべきかについては態度を留保している。ここで押さえておかなければならないのは、併合形式の選択において、特に君主の取り扱いと憲法問題とが密接に連関したものとしてとらえられていたという点である。Ⅰの場合には、君主の存続、属邦のみでの憲法制定、したがって本国の憲法は不施行ということになり、Ⅱ—ⅰでは君主の廃止、憲法の原則的不施行、Ⅱ—ⅱでは、君主ではなく自治政府による統治、自治植民地における憲法制定、したがって本国憲法の不施行、Ⅲでは、君主廃止、憲法施行（ただし改憲を伴う）とまとめられるであろう。その際、Ⅰの検討において、部分的にも皇帝権が存続することを問題視している点は重要である。

以上見てきたように、併合後の朝鮮への憲法施行問題は、植民地への憲法施行問題という一般的論点のみならず、どういった形式で韓国を日本に編入するのかという個別的論点をも含みながら展開された。結局、日本の一地方化という編入方式がとられるなかで、台湾同様の憲法施行論が選択されるに至ったのである。

（1）中村哲『植民地統治法の基本問題』（日本評論社、一九四三年）、同「植民地法」（鵜飼信成ほか編『講座　日本近代法発達史』五巻、勁草書房、一九五八年）、春山明哲「近代日本の植民地統治と原敬」（春山明哲・若林正丈『日本植民地主義の政治的展開――一八九五～一九三四』アジア政経学会、一九八〇年）、江橋崇「植民地における憲法の適用――明治立憲体制の一側面」（『法学志林』八二―三・四、一九八五年）。

（2）水野直樹「国籍をめぐる東アジア関係」（古屋哲夫・山室信一編『近代日本における東アジア問題』吉川弘文館、二〇〇一年）、田中隆一「帝国日本の司法連鎖」（『朝鮮史研究会論文集』三八集、二〇〇〇年）など。

（3）新井勉「朝鮮制令委任方式をめぐる帝国議会の奇態な情況について――第二七議会における緊急勅令の法律への変更」（『法学紀要（日本大学法学部）』三六、一九九五年）、崔錫栄『일제의 동화이데올로기의 창출』（書景文化社、서울、一九九七年）、二〇～二九頁。

（4）『日本外交文書』四三―一、六六〇頁。

（5）小松緑『朝鮮併合之裏面』（中外新論社、一九二〇年）、九四頁。

（6）原奎一郎編『原敬日記』二巻（福村出版、一九六五年）、一八三～一八四頁。

（7）宋秉畯「日韓合邦ノ先決問題」（「韓国併合ニ関スル書類」、『公文別録』国立公文書館二―A―一一（別）一三九、所収）。なおこの意見書は、一進会の合邦請願書提出から「爾来未タ数月ナラズ」とあり、一九一〇年に入ってから提出されたものである。『寺内正毅日記』には四月一一日に杉山茂丸が宋秉畯意見書を持参したとの記事があり（山本四郎編『寺内正毅日記』京都女子大学、一九八〇年、五〇〇頁)、この意見書が本意見書に相当すると思われるが、詳細は不明。
(8)「日韓合併処分案」(国立国会図書館憲政資料室所蔵『桂太郎関係文書』書類一一二)。
(9) 外務省編『小村外交史』(原書房、一九六六年復刻)、八四二頁。
(10) ちなみに、この意見書を受けたとされる一九〇九年七月下旬の閣議決定では、この項目は外されている(徳富蘇峰編『公爵桂太郎伝』坤巻、原書房、一九六七年復刻、四六〇～四六三頁)。
(11) 鶴見祐輔『後藤新平』三巻(後藤新平伯伝記編纂会、一九三七年)、三〇七頁。
(12) 国立国会図書館憲政資料室所蔵『斎藤実関係文書』五三―一一。
(13)「強制的併合」および「任意的併合」については、立作太郎『平時国際法論』(日本評論社、一九三一年)、三四三～三四六頁、海野福寿『韓国併合』(岩波新書、一九九五年)、二二一～二二三頁、参照。
(14) 山本四郎編『寺内正毅関係文書 首相以前』(京都女子大学、一九八四年)、所収。以下、本意見書からの引用は本文に頁数のみ記す。なお、同史料は「韓国併合ニ関スル書類」にも収録されている。
(15) 同右書、解題、三頁。
(16) 小松緑『朝鮮併合之裏面』、九四～九五頁。
(17) 山本四郎編『寺内正毅日記』(京都女子大学、一九八〇年)、五一五頁、斎藤子爵記念会編『子爵斎藤実伝』二巻(斎藤子爵記念会、一九四一年)、一二二頁、「明治四十三年通信日記」(水沢市立後藤新平記念館編『後藤新平文書』R七八、雄松堂フィルム出版、一九八〇年)、一九一〇年七月二日条、一九一〇年七月二日付寺内正毅あて桂太郎書簡、国立国会図書館憲政資料室所蔵『寺内正毅関係文書』一〇四―一四)。なお、『寺内正毅関係文書』目録によれば、一〇四―一四書簡は一九〇九年七月二日付であるが、以上の史料との検討から一九一〇年のものと判断した。
(18)「韓国併合ノ上帝国憲法ノ解釈」(「韓国併合ニ関スル書類」、所収)。
小松緑『朝鮮併合之裏面』、一〇六頁および「総督府施設歴史調査書類」(『寺内正毅関係文書 首相以前』、一七八～一七九頁)では、「憲法ノ釈義」の通牒および六月三日の閣議決定一三項目中九項目についての再確認が七月一二日の閣議で行われたことになっている。しかし「韓国併合ニ関スル書類」および一九一〇年七月二日付寺内正毅あて桂太郎書簡から「憲法ノ釈義」の閣議決定および寺内への通達が七月二日に行われたことは明らかである。七月一二日にも閣議が行われているが、海軍大臣斎藤実の当日の日記には「一時半ヨリ首相邸閣議。予算方針変」(『斎藤実関係文書』二〇八―四〇)とあり、「総督府施設歴史調査書類」にある七月一二日の決定は、閣議決定ではなく元老会議での決定を指すものと考えられる(『寺内正毅日記』、五一七頁、参照)。六月三日および七月二日の閣議決定を同じ閣員が再確認する必然性は乏しいからである。外事課長兼中枢院書記官長であった小松緑は「総督府施設歴史調査書類」の編集作業にもかかわったと考えられ、これらの日時の混乱はおそらく小松の錯誤によるものと考えられる。以後の伝記類もすべて小松の回想にもとづいており、これらの間違いを継承しているため、あえて一言しておく。また『朝鮮併合之裏面』一〇六頁では本書類が「桂首相ヨリ寺内総督宛通牒」として掲げられている。これは本書類に寺内の花押がないことおよび寺内あて桂書簡を併せ考えると、七月二日の閣議決定に寺内が欠席したため、特に寺内に示されたものと推測する。

(19)　小松緑『朝鮮併合之裏面』、九五～九六頁。

(20)　『帝国議会貴族院委員会議速記録(明治篇)』二七巻(東京大学出版会、一九八七年)、二二五頁。

(21)　実際に、台湾との論理的整合性が究極的には説得力をもたなかった事例として、第二七議会に臨むため帰国していた朝鮮総督寺内正毅と西園寺公望の会談でのやりとりが挙げられる。一九一〇年一一月二五日、寺内が西園寺公望と会談した際、西園寺が、朝鮮における憲法施行論に触れ、朝鮮を「憲法外となしても妨げなかりしならん」と回答したという。桂太郎からこの話を聞いた原敬は、「何かの誤解かも知れず」と記しているが(『原敬日記』三巻、六三～六四頁)、西園寺の回答は、朝鮮への憲法不施行論が台湾との整合性に必ずしも規定されるところではなかったことを示している。

(22)　韓国併合に関する元老会議は七月一二日、山県有朋の主唱で、寺内の送別会の前に山県、井上馨、松方正義、大山巌、桂首相、小村外相、寺内によって官邸で行われた。この元老会議で韓国併合の概要および将来の目的を談合した(一九一〇年七月一〇日付桂太郎あて山県有朋書簡、『桂太郎関係文書』七〇―一二七、『公爵桂太郎伝』坤巻、四八八頁、『寺内正毅日記』、五一七頁)。桂は一九一〇年七月一一日付山県あて書簡中、「実は既定の〔韓国併合〕方針を遂行仕候訳にて、此際異論出候とも、致方無之。……幸に諸元老之賛成を得は、此上の幸福に有之申候」(『公爵桂太郎伝』坤巻、四八九頁)としており、山県以外の元老との連絡は憲法施行問題も含めて密でなかったと推定され、憲法施行問題に関して元老の反対という要素は排される。また議会についても閉会中であり、直接的な反対者たりえない。

(23)一九一〇年六月二五日付桂太郎あて山県有朋書簡(『桂太郎関係文書』七〇―一二五)。

(24)「明治四十三年通信日記」、一九一〇年七月二日条。

(25)増田知子『天皇制と国家』(青木書店、一九九九年)、五九頁。

(26)春畝公追頌会編『伊藤博文伝』下巻(統正社、一九四〇年)、一〇一三頁。

(27)『公爵桂太郎伝』坤巻、四六〇頁。

ただし、前述したように、同閣議決定が実際に存在したかどうかについては疑問がある。

(28)「国家結合及国家併合類例」(「韓国併合ニ関スル書類」所収)。

(29)「国家結合及国家併合類例」、七頁。

(30)『公爵桂太郎伝』坤巻、四六〇頁。

(31)海野福寿『韓国併合史の研究』、三五七頁。

(32)『後藤新平』三巻、三〇七～三〇八頁。

(33)「国家結合及国家併合類例」、二頁。

(34)有賀長雄「合邦の形式」(『政友』一二〇号、一九一〇年七月)、四一頁。

なお、有賀による日韓合邦形式の類型については、海野福寿が簡潔にまとめている。海野福寿編集・解説『外交史料　韓国併合』(不二出版、二〇〇三年)、六一九～六二一頁。

第四項　韓国併合をめぐる国際関係の調整

日本政府は韓国の併合準備を進める一方、併合にあたって、列強が併合に同意を示すかどうかを懸念していた。同盟国であるイギリスはもとより、特にロシアから併合への同意を取りつけることを重視していたのは、韓国併合実施の時機をめぐって桂太郎が覚書で「目下交渉中ニ在ル魯国トノ事件結了後ノ最近時機以テ撰択ニ適当トス」(1)と位置づけたことからもうかがえる。したがって両国から同意を取りつけたことが韓国併合断行の合図となる。ここでは、韓国併合準備計画と同時進行で進められた第二回「日露協約」交渉において、「韓国問題」がどのように取り上げられたのかを検討し、さらに韓国併合をめぐる日英交渉について言及する。

一　第二回「日露協約」の締結

一九一〇年四月五日から第二回「日露協約」交渉が開始された。この交渉は、一九〇九年一二月にアメリカから日・露・英・独・仏各国に提起された満洲鉄道中立案に対する拒絶を契機に、満洲における共通利益の擁護をめぐって日露両国が接近していたことを受けたものであった(2)。そしてこの交渉を利用し、日本政府は日本が韓国を併合することに関するロシア政府の意向を探った。以下、「日露協約」交渉において「韓国問題」がどのように扱われたのかについて考察する(3)。

一九一〇年三月五日、外務大臣小村寿太郎は、山県有朋、井上馨、大山巌各元老が参席した閣議に、満洲問題の解決を目指した「日露協商ニ関スル閣議決定案」を提出し、大筋で了承を得た(4)。三月一九日、小村は、帰国中であった駐露大使本野一郎に対して閣議決定の内容を伝えるとともに仮協約案を交付し、帰任後ロシア政府と意見交換を行うよう訓令した(5)。本野は帰任すると、四月五日以降、ロシア外務大臣イズヴォリスキー(Aleksandr P. Izvol'skii)、大蔵大臣ココフツォフ(Vladimir N. Kokovtsov)、総理大臣ストルイピン(Petr A. Stolypin)と日露協約の件について協議した(6)。

この会談のなかでイズヴォリスキーは「韓国問題」に関心を寄せ、「日本国ガ韓国ニ於ケル現状ヲ変更スルノ措置ヲトル場合ニハ、今回行ハントスル協商ノ未来ニ関シ、大ニ懸念ニ堪ヘサル」ことを強く申し出た。そして日本政府が「韓国ノ事態ヲ変更セラル、コト」については「最モ慎重ナル注意ヲ喚起シ置クヲ必要ト認ム」ることを本野に伝え、日本を牽制した。これに対して本野は、個人的見解と断りながらも日本政府が韓国を併合する方針であることを明言した。さらに韓国問題が新「日露協約」締結の障害になるのかどうか、また同問題を日露協約交渉の入り口議論と見なすのかどうかについてロシア側の意向を探っている。イズヴォリスキーは「此問題ヲ以テ新協商締結ノ妨害物トナナシ、若ハ先決問題ト認メント欲スルニ非ス」と回答し、本野の質問を否認した。ロシア側の懸念は、かつてボスニア・ヘルツェゴビナ両州をオーストリアが併合した際のように、日本が韓国を併合することがロシア世論を硬化させかねないという点にあった(7)。本野はストルイピンと会見した際にも「韓国問題」に対するロシア側の態度を探ったが、ストルイピンは「日本国ガ将来韓国ヲ合併セントスルハ無論万已ムヲ得サルコトナルヘク、露国ニ於テモ之ニ対シ別ニ異議ヲ唱フヘキ理由モ権利モナシ」と併合への同意をほのめかしつつも、併合実行の時機については日本側の考慮を求めている(8)。さらに本野は二〇日、ロシア外務次官サゾノフ(Sergei D. Sazonov)と会談した。その席でサゾノフは、新協約については「大体ノ精神ニ付テハ露国政府ニ於テモ全然同意ナルカ故ニ、其成立ヲ見ルコト難カラサルヘシ」としながらも、「韓国問題」に触れ、併合の時機については日本側に注意をうながした(9)。

その後、イズヴォリスキーによって起草された新協約案が五月一八日、本野に示され、これをもとに文言修正が行われた。日本では六月一八日に協約最終案文を承認し、日露両政府からイギリス・フランス両政府に通知された後、七月四日、第二回「日露協約」(全三カ条、秘密協約六カ条)がペテルブルグで調印された(10)。

「韓国問題」は、第二回「日露協約」には具体的な条文となっては表れなかったが、一連の交渉結果から日本政府は、ロシア政府が韓国の「併合其物ニ対シテ何等異存ヲ挟ムヘキ理由ナキコトヲ明言(11)」したものと判断した。ロシア首相、外相の談話、また本野が韓国を併合するという日本政府の意向をロシア政府へ通知したことにより、日本政府はロシア政府が韓国併合の実行を黙認するものととらえたのである。すなわち日本政府は、四月中旬段階でロシアが日本の韓国併合に対して積極的に抗議することはありえないという判断を下したものと考えられる。こうしてロシアから同意を取りつけたことにより、日本の韓国併合計画は実行段階に突入する。

二　韓国併合をめぐるイギリスとの利害調整

一方、イギリスとの関係で問題となったのは、イギリスをはじめとする韓国の条約国がもっていた諸特権の処理をめぐってである。イギリスは、日本が韓国併合を実行すること自体には早くから同意を示していた。五月一九日、本国政府の訓令を受け、日本政府の意向を探るため外相小村寿太郎を訪問した駐日イギリス大使マクドナルド(Claude M. MacDonald)は、「英国政府ニ於テモ勿論併合ニ対シ異存アル筈ナシト信スト雖、突然併合ノ実行セラル、カ如キコトアリテハ、同盟ノ関係上面白カラサル(12)」旨を開陳した。またイギリス外務大臣グレー(Edward Grey)は、イギリス駐箚大使加藤高明との会談の席上、「韓国ニ於テ日本国ノ勢力ヲ増加スルコトニ対シテハ、英国政府ニ於テ何等反対スヘキ理由ナキ(13)」ことを伝えていた。つまりイギリスも併合の時機については日本側の考慮をうながしたものの、併合自体には同意を示していた。

イギリス政府が最も関心を寄せたのは、「韓国併合後同国ハ全然日本国ノ一部トナルヘキヤ、又同国ト他国トノ条約ハ併合ト共ニ廃滅ニ帰スヘキヤ」という点、そしてもし韓国と第三国の条約が消滅するのであれば「同国トノ間ノ協定税率モ亦消滅スヘキヤ」[14]という点であった。当時日本政府は、関税自主権回復の実現を目指した通商条約改正交渉を各条約国と進めており、[15]「日本国ノ新税率ハ又朝鮮ニモ行ハル、ニ至ラン」[16]ことをイギリスは懸念したからである。したがってグレーは、日本による韓国の併合に理解を示す一方で、韓国と第三国との条約が併合により消滅するという日本政府の意向について難色を示していた。第三国との条約には変更を加えないと宣言した保護国を併合して条約を消滅させるという、かつてフランスがマダガスカルを併合した際の事例にならった日本の見解は、「仏国ヨリハ前年ノ関係上右様ノ勧告ヲ為シ来ルコトハナカルヘキモ、米国若シクハ大陸ニ於ケル或ル国々ヨリハ勧告ヲ受クルモ知レス」、その際にイギリス政府は世論の批判を受け、窮地に追い込まれかねないと考えていたからである。[17]その上で「日本国政府ニ於テ、合併後モ朝鮮ニ於ケル外国人ノ権利ニ対シテハ何等ノ変動ヲ加ヘスト宣言セハ最モ善シ、左ナクトモ、合併後或ル considerable period ノ期間何等之ニ削減ヲ加ヘサル旨ヲ保障スルコト」を提案した。[18]韓国の併合によっても韓国と第三国の条約関係を変更しないことを希望したのである。グレーの回答は協定関税率のみならず、領事裁判権の維持などにも含みをもたせたものであったが、経済上の理由以外にイギリスは日本の韓国併合に反対しないかどうかという加藤の追及を受けて「自分一己ノ考ニテハ経済上以外ノ点ニ付テハ差シタル故障モ起ラサルヘキ」ことを言明した。[19]結局、この後の日英交渉では関税率に関する問題が焦点となる。

そして数回の交渉を経た後、七月一七日、閣議決定「併合実行方法細目」も受け、小村は加藤を通じて次のような日本政府の見解をイギリス政府に通告した。[20]それは、近日中に韓国を併合すること、併合後は韓国と第三国との条約を廃棄することを明らかにした上で、条約消滅にもかかわらず、①「朝鮮ト外国間ノ輸出入貨物及朝鮮開港ニ入ル外国船舶ニ対シテハ、当分ノ間輸出入税及噸税ヲ現在ノ儘ニ据ヘ置キ、日本関税法ヲ適用セス、且朝鮮日本間ニ出入スル貨物及朝鮮開港ニ入ル日本船舶ニモ右ト同率ノ課税ヲナスコト」、②「従来ノ韓国開港場ハ、馬山ヲ除クノ外、依然開港トナシ、且新タニ新義州ヲ開港中ニ加フルコト」、③「朝鮮開港間及朝鮮開港ト日本開港間ノ沿岸貿易ハ当分之ヲ外国船舶ニ許スコト」、すなわち併合後も一定期間は「日本関税法」を適用せず、現行関税率に据え置く旨を各国に宣言するというものであった。西原借款で有名な西原亀三は、日本政府のこの措置について「関税ハ十ヶ年現行率ヲ課セラル、コトトナル。実ニ無意味ノ合併ト云ヘ《ママ》可シ」と批判する記述を残しているが、[21] 日本政府は、経済関係については譲歩してでも、韓国の併合に対する関係諸国の了解を取りつけることを優先したのである。

　こうして日本政府は、八月初旬までには韓国併合に伴う関税措置についてイギリス政府との基本的合意を得た。そして韓国と第三国の条約が廃滅することに伴って発生した問題、すなわち在朝イギリス国民の領事裁判権撤廃、借地権や各国居留地処分等の積み残された問題は、併合後に処理交渉が行われることとなった。領事裁判権については一九一一年一月までに、各国居留地については一九一四年三月にそれぞれ撤廃された。[22]

　こうして韓国併合をめぐる日英間の最大の懸案が処理されたことにより、七月に締結された第二回「日露協約」とあわせ、日本政府は韓国併合をめぐる国際的調整を基本的に終えたのである。

（1）「日韓合併処分案」中第四文書「韓国始末ノ要領」（国立国会図書館憲政資料室所蔵『桂太郎関係文書』書類一一二）。徳富蘇峰編『公爵桂太郎伝』坤巻（原書房、一九六七年復刻）にも同書類が掲載されている。なお、「日韓合併処分案」中第三番目の覚書と同一内容であるが、文言が多少異なる。

（2）森山茂徳『近代日韓関係史研究』（東京大学出版会、一九八七年）、二四八〜二四九頁。

（3）なお、第二回「日露協約」交渉全般に関しては、寺本康俊『日露戦争以後の日本外交』（信山社、二〇〇〇年）、四七〇〜四九八頁、海野福寿『韓国併合史の研究』（岩波書店、二〇〇〇年）、三五八〜三六〇頁、外務省編『小村外交史』（原書房、一九六六年復刻）、七九七〜八三〇頁、参照。
（4）『小村外交史』、八二〇〜八二二頁、山本四郎編『寺内正毅日記』（京都女子大学、一九八〇年）、四九〇頁。
（5）『小村外交史』、八二三頁。
（6）『日本外交文書』四三―一、一一〇頁。
（7）『日本外交文書』四三―一、一一一頁。
（8）『日本外交文書』四三―一、一一二頁。
（9）『日本外交文書』四三―一、一一八頁。
（10）海野福寿『韓国併合史の研究』、三六〇頁。
（11）『日本外交文書』四三―一、六五九頁。
（12）同右。
（13）『日本外交文書』四三―一、六六三頁。
（14）『日本外交文書』四三―一、六六二〜六六三頁。
（15）『小村外交史』、八七一〜八七九頁、参照。
（16）『日本外交文書』四三―一、六六三頁。
（17）『日本外交文書』四三―一、六六四頁。
なお、「大陸ニ於ケル或ル国々」とは、具体的にはドイツを想定しているものと考えられる。
（18）同右。
（19）同右。
（20）『日本外交文書』四三―一、六六五頁。
なお、『日本外交文書』四三―一、所収の韓国併合関係記事中、併合による被併合国と第三国との条約消滅に対して、日本政府がこれを既定の方針とする記事は、七月六日付駐英大使加藤高明あて電報第一〇一号中において小村の駐日英国大使に対する回答が初出である(『日本外交文書』四三―一、六六二～六六三頁)。そして、来電一五〇号(同書、六六三～六六四頁)中、イギリスがフランスのマダガスカル併合の事例に言及して、日本の韓国併合を牽制しようとする質疑への回答を、七月一七日付駐英大使加藤高明あて電報第一〇九号で、「日本政府は、マダガスカルの事例に関するイギリスとフランス間の議論において、一般的に、併合の結果として生じうる結果についてどのような疑問も見出すことができないどころか、その一致が示しているのは、併合が被併合国のもつすべての現存する条約を廃棄するという原則を承認しているということである」(同書、六六六頁)とする判断をそれぞれ伝えている。従来の併合事例に併せ見ても、国際法的に併合によって被併合国と第三国間の条約が廃棄されうると判断した様子がうかがえる。

(21)　山本四郎編『西原亀三日記』(京都女子大学、一九八三年)、二二頁。

(22)　拙稿「日本の韓国司法権侵奪過程――「韓国の司法及監獄事務を日本政府に委托の件に関する覚書」をめぐって」(『文学研究論集(明治大学大学院)』一一集、一九九九年)、同「朝鮮における各国居留地撤廃交渉と条約関係」(『文学研究論集(明治大学大学院)』一四集、二〇〇一年)。

第二節　韓国併合の断行

第一項　「韓国併合ニ関スル条約」締結過程

次に「韓国併合ニ関スル条約」の締結過程を検討するが、これについては海野福寿の詳細な研究があるので[1]、ここでは必要最小限の言及にとどめ、国称および王称をめぐる問題に焦点を絞り、韓国併合と王権の問題について考察する。

まず条約締結過程について、韓国併合後、朝鮮総督寺内正毅が内閣総理大臣桂太郎に提出した報告書「韓国併合始末」を参照しながら概略的に述べる[2]。五月三〇日に統監に就任した寺内は、すぐには着任せず、副統監山県伊三郎を先遣させる一方で、先述したように、実務官僚で編成された併合準備委員会に詳細な併合計画を立案させた。その上で七月一五日に新橋駅を出発し、二三日着任した。寺内は、七月八日付で桂から「適当ノ時機ニ於テ韓国併合ヲ断行スヘキ旨」[3]を通牒されていたが、着任後しばらくは目立った行動を起こさず、韓国情勢を探るとともに、韓国政府に日本の意向を間接的に伝えるなどして水面下での交渉を進めていた[4]（九～一〇頁）。寺内が韓国併合に関する条約締結交渉に着手する意向を示したのは、八月一三日になってからである。同日寺内は、週明け一六日ごろから韓国併合断行に着手し、週内に条約締結までこぎつける意向を外務省に伝えた。(5)「韓国併合始末」によれば、李完用《イワニョン》内閣は、日本側が同内閣を更迭して新たに宋秉畯《ソンピョンジュン》内閣を組織し、新内閣と併合交渉を行うことを危惧していたが、統監府側がそうした意向をもっていないことを保障したことにより、交渉が開始された(九～一一頁)。

寺内は八月一六日午前九時半、同月一三日から関東をはじめ広い範囲で起こった水害を見舞うという名目で統監邸を訪問した首相李完用に対し、正式に韓国の併合を提議した。寺内は、「現在ノ如キ複雑ナル制度」では韓国皇帝の安全保障と韓国国民全般の福利保護を達しえないために韓国を併合すると説明した(一四～一五頁)。日本側が当初作成した併合条約案前文には、「韓国ノ現制ヲ以テ公共ノ安寧秩序ヲ保持スルニ不十分ナリト認メ、根本的ニ之ヲ改善スルノ急務ナルコトヲ顧ヒ、且韓国人民ヲシテ永久ノ康寧ヲ享ケ、善政ノ徳沢ニ浴シ、生命財産ノ完全ナル保護ヲ得セシムコトヲ欲シ、此ノ目的ヲ達スルニハ全然韓国ヲ日本国ニ併合スル外ナキコトヲ確信」したために韓国を併合するとあり、(6)こうした内容にもとづいた提案であったと推測される。つまり第三次日韓協約体制にもとづく過渡的な植民地統治体制に対する明確な否定である。

その際寺内は、従来の日韓関係および将来の「両国民ノ輯睦ヲ図ル」という目的から、威圧や一方的な宣言といった方法ではなく、「合意的条約ヲ以テ相互ノ意思ヲ表示スル」形式で韓国を併合する意向を伝えた(一二～一三頁)。フランスのマダガスカル併合やアメリカのハワイ併合などの形式ではなく、あくまでも日韓両国が合意の上で併合を行うという形式を整えようとしたのである。これは、桂のメモにある「彼等ヲシテ、志願的ニ合併ヲ願ヒ出ダサシムル」方法の一環として位置づけられるものである。(7)

さらに寺内は、韓国政府内での協議の便宜を図るために覚書を李完用に手交した。覚書では、「韓国併合ニ関スル条約」第三条から第七条の内容に反映されることとなる、韓国併合時に日本が韓国に保障すべき五項目の内容をはじめ、併合断行の理由、併合に伴う韓国皇帝や韓国皇族、内閣等の高官、一般人民の処遇、併合条約締結の順序が提示された。その交渉の席で李完用は、韓国の併合についてはやむをえない旨を表明したが、併合後の国称および皇帝の尊称(王称)については異を唱えた(二四〜二五頁)。その後、覚書をもち帰った李完用は、韓国内閣で協議した結果を同日午後九時、農商工相趙重応《チョチュンウン》を通じて寺内に伝えたが、その際、国称および王称問題について再考をうながした。さらに李完用は翌一七日、韓国政府の意見をまとめることを条件に、国称と王称に関して自身の意見を容れるよう寺内に伝えた(三四頁)。李完用にとっては、国称および王称の保持が最大の懸案事項であったのである。後述するように、日本は李完用の主張のうち、韓国という国号の保持については早くからしりぞけたが、王称問題については承諾した。これが韓国併合に際して日韓間で行われた唯一の交渉事項であった。

一八日、寺内は李完用に、韓国政府側の要求を日本政府が受領した旨を伝えるとともに、条約締結交渉の全権委員として李完用を任命する勅語案および条約案を提示し、条約締結交渉を開始するよううながした(三五〜三六頁)。これを受けて同日、李完用は閣議を開催し、日本側の併合要求について協議した。併合の受け入れに難色を示す内部大臣朴斉純《パクチェスン》および度支部大臣高永喜《コヨンヒ》は説得できたものの、学部大臣李容植《イヨンシク》は最後まで反対したため、後日開催予定の御前会議へ参席させないよう、水害見舞いと称して日本に特派させることに決した(その後、李容植は体調不良を名目に、特派および御前会議出席を中止)。その後李完用は、寺内の助力も得ながら御前会議開催の準備を進め、二二日午後二時に御前会議を開催し、「韓国併合ニ関スル条約」案の裁可を得た。そして李完用は午後四時に統監邸を訪問し、同条約案に記名調印した。その際李完用は、「国民授産の方法」、「王室ニ対スル待遇」、「国民教育」の三項目について寺内の注意をうながした(三八〜五二頁)。こうした経緯を経て「韓国併合ニ関スル条約」が締結され、二九日、韓国条約締結諸国に向けた「韓国併合ニ関スル宣言」や日韓両皇帝による詔書、詔勅、「朝鮮総督府設置ニ関スル件」をはじめとする各種勅令等が公布された。

統監府が韓国併合条約の締結交渉に際して特に配慮したのが、韓国の治安問題であった。一九一〇年六月二四日締結された「韓国警察事務委託ニ関スル覚書」によって韓国から警察権を奪取した日本は、有名な憲兵警察制度を整備する一方、五月ごろから統監府は在韓日本軍をソウルに移動させ始め、併合に際して想定される「騒乱」に対応するための治安維持網を整備した[8]。ここで注目すべきは、韓国併合時に韓国軍の解散が見送られたという点である。第三次「日韓協約」時にわずかに親衛隊が残され、韓国軍が解散されたが、併合にあたっては、あえて軍隊解散を行わなかった。第三次「日韓協約」締結に際して「韓国政府カ、地方駐屯ノ鎮衛隊全部及侍衛隊ノ大部ヲ解散スルニ方リ、非常ナル紛擾ヲ生シ、其ノ解散ノ命ニ服セスシテ、強力ヲ以テ抵抗ヲ試ミタルモノアリ。又解散兵ニシテ相率ヰテ暴徒ニ投シタル者亦尠カラ」(五七頁)ざる状況があったためである。こうした動向は同時期の黄海道・江原道の「暴徒討伐」計画の中止[9]と対にしてとらえるべきであろう。憲兵警察制度の整備にもとづいた、「地方ノ民心ヲ鎮圧シ、併セテ暴徒ヲシテ蠢動ノ余地ナカラシム[10]」る封じ込め作戦とともに、「常ニ其(韓国軍隊)ノ行動ヲ監視シ、万一ノ変ニ備フルノ用意ヲ為サシメ」(五九頁)るという在韓日本軍による徹底監視の下で併合時の治安維持に備えた。つまり、在韓日本軍は朝鮮民衆のみならず、韓国軍をもその治安対象にしながら韓国併合を実施したのである。こうした治安維持網の整備について寺内は、「独リ京城ノミナラス、地方ニ於テモ、極メテ平静ニシテ、暴徒ノ併発ヲ見サルハ大ニ慶賀スヘキコトナリ。然レトモ、一面ニ於テハ軍隊、警察ノ威力ト不断ノ警備ハ、間接ニ多大ノ効果ヲ示シタルハ亦争フヘカラサル事実ナリ[11]」と、統監就任以来の治安維持方針が奏効して韓国併合が大過なく行われたと誇っている。このように、日本は圧倒的な軍事力を背景として韓国併合を断行したのであった。

ただし、こうした「平静」を朝鮮社会の側からも読み解く必要があるだろう。日本軍による義兵弾圧作戦が併合時まで展開され、対日武装勢力による抵抗が閉塞状況にあったこととともに、皇帝巡幸時などに朝鮮民衆が一面で示していたような皇帝あるいは国家に対する客分意識、あるいは高宗《コジョン》と純宗《スンジョン》に対する皇帝幻想の差異が、併合に際して朝鮮社会が「平静」を保ったことに強く影響を及ぼしていると考えられる。特に後者の皇帝幻想の差異について、単純な比較はできないが、朝鮮社会にとっては韓国併合よりも高宗が退位させられた第三次「日韓協約」のほうが危機意識としてより本質的なものであったことを示唆していよう。それは、一九一九年に勃発し、全国的に展開された三・一独立運動が高宗の死を契機としていたことと決して無関係ではないと思われる。

（1）　海野福寿『韓国併合史の研究』（岩波書店、二〇〇〇年）、第五章第二節、参照。
（2）　一九一〇年一一月七日付首相桂太郎あて朝鮮総督寺内正毅報告書「韓国併合始末」（『明治四十三年公文雑纂　巻十九』国立公文書館二A—一三—一一五七）所収、海野福寿編『韓国併合始末　関係資料』（不二出版、一九九八年）。以下、本節における「韓国併合始末」からの引用は同書により、本文中に引用頁のみ記す。
（3）　「韓国併合ニ関スル書類」（『公文別録』国立公文書館二A—一一—（別）一三九）。
（4）　なお、小松緑によれば水面下で交渉を担当したのは李人植という人物であったという（小松緑『明治史実外交秘話』中外商業新報社、一九二七年、四三八〜四五一頁）。
（5）　『日本外交文書』四三—一、六七五頁。
（6）　「韓国併合ニ関スル書類」。
（7）　国会図書館憲政資料室所蔵『桂太郎関係文書』書類一一二、徳富蘇峰編『公爵桂太郎伝』坤巻（原書房、一九六七年復刻）、四六五頁。
従来、この「志願的ニ合併ヲ願ヒ出ダサシムル」を一進会の合邦請願運動ととらえる向きがあったが、誤りである。後段に「目下交渉中ニ在ル魯国トノ事件」とあり、日露協約交渉中の覚書であることから、一九一〇年五月頃に作成されたものと考えられる。特に『桂太郎関係文書』書類一一二の四番目の文書は、櫻井良樹によれば寺内正毅執筆の付箋が付されており（櫻井良樹「日韓合邦建議と日本政府の対応」『麗澤大紀要』五五、一九九二年）、統監就任内儀後の桂、寺内間のやりとりを示している。
（8）　海野福寿『韓国併合史の研究』、三六八〜三八〇頁。

(9)　同右書、三七九頁。
(10)　金正明編『朝鮮駐劄軍歴史』(巌南堂書店、一九六七年)、三四七頁。
(11)　寺内正毅「韓国併合ト軍事上ノ関係」(『韓国併合始末　関係資料』)、七八頁。

第二項　国称および王称をめぐる交渉

次に、韓国併合交渉に際して問題となった国称および王称をめぐる動向について検討する。これらは併合後の韓国を日本帝国においてどのように位置づけるのかという点と強くかかわっていると考えられるからである。

寺内正毅は李完用との八月一三日の最初の交渉で、韓国併合後の韓国皇室の取り扱いについて、現在の宮廷費額を維持し、日本皇族としての礼遇を与えるとともに、皇帝については「太公」、皇太子については「公」とし、太公家を世襲させる一方、太皇帝は一代限りの「太公」という称号を与えることを提起した。そして「太公」、「公」の尊称については、「現今ヨリハ稍々降レルカ如シト雖、史ヲ案スルニ、此ノ国歴代ノ王朝ハ終始正朔ヲ隣国ニ奉シ、近ク日清戦役前後迄ハ王殿下ト称セラレ、其ノ後、日本国ノ庇護ニ依リ、独立ヲ宣布シ、始メテ皇帝陛下ト称セラレタルニ過キサレハ、今、太公殿下トシテ日本皇族ノ礼遇ヲ受ケラルルハ、之ヲ十数年以前ノ地位ニ比シ、必スシモ劣等ナリト謂フヘカラス」と説明した(一七〜二一頁)。日清戦争以前は冊封体制の下で王という称号が用いられていたが、併合後は王号ではなく「太公」号を用いるというのである。この「太公」(グラン・デュック)号は、小松緑によれば外務省の発案であったが(1)、そもそも一九〇九年七月六日閣議決定「韓国併合ニ関スル件」を受けて作成された小村寿太郎意見書「併合方法順序細目」で「大公」、「公」号に変更すると規定されていた(2)。

それでは日本は、なぜ「太公」号を主張したのであろうか。寺内が李完用に手交した覚書で太公号への改変をもって「数百年来ノ尊厳ヲ激変スルモノト認ムルカ如キハ、無稽ノ甚シキモノ」(一九頁)と、韓国側から批判を受ける可能性に機先を制していたことを考慮すると、新たな尊称を名乗らせることにより、従来の王権との連続性を断絶させることを期したものと考えられる。また、「之(王位)ヲ存続スルトキハ、却テ将来ニ禍根ヲ貽シ」(二六頁)かねないという寺内の説明は、小村意見書の「同皇室ヲシテ名実共ニ全然政権ニ関係セサラシメ、以テ韓人異図ノ根本ヲ絶ツ」という意図と一致する。つまり「太公」号の呼称は、韓国皇帝を政治的に無力化するとともに、伝統的王権のあり方から切り離すための措置であったと考えられる。

こうした寺内の要求に対して李完用は、「嘗テ韓国カ清国ニ隷属シタル時代ニ於テモ、猶ホ国王ノ称号ヲ存シタル歴史」があり、「一般人民ノ感情ニ影響スル所鮮少ナラサルモノアリ」として王号を主張し、「其ノ宗室ノ祭祀ヲ永久ニ存続セシメ」ることを求めた(二五頁)。一方、覚書には国称に関する記述はないが、先述したとおり、寺内の提言および覚書を受けて李完用は国号についても留保を要請したから、この会談で国称に関する提言がなされたことは間違いない。しかし、次に見る趙重応と寺内との会談の内容を併せ考えると、七月八日の閣議決定「併合実行方法細目」で決定された朝鮮という国称に変更する方針は伝えられなかったものと考えられる。この席上、李完用は、依然韓国という国号を用いることを要求した。そして同日夜の趙重応を通じた回答において、李完用は、韓国政府および元老を説得するためにも、国号および王称の保持を再度要請している[3]。

王称については、「他ノ交渉事項ヲ円満ニ進行セシメ、成ルヘク穏和ニ本件ヲ纏ムルカ為ニハ、彼ノ主張ヲ容ル、ヲ得策[4]」として譲歩する意向を示した。ただしここで注意が必要なのは、寺内による「李王」等の提案が、李完用ら韓国側から「朝鮮王」という要求が出ることを予防するためであったという点である[5]。寺内は、韓国皇帝が併合後、王号を称する場合であっても「朝鮮王ト称セスシテ、単ニ李王ノ隆称ヲ賜ルモ将来何等ノ支障ナカルヘシ」(三五頁)

としていた。近年、韓国併合時に公布された詔書「朕天壌無窮ノ丕基ヲ弘クシ国家非常ノ礼数ヲ備ヘムト欲シ、前韓国皇帝ヲ冊シテ王ト為シ、昌徳宮李王ト称シ、嗣後此ノ隆錫《りゅうせき》ヲ世襲トシテ以テ其ノ宗祀ヲ奉セシメ、皇太子及将来ノ世嗣ヲ王世子トシ、太皇帝ヲ太王ト為シ、徳寿宮李太王ト称シ、各其儷匹《れいひつ》ヲ王妃太王妃又ハ王世子妃トシ竝ニ待ツニ皇族ノ礼ヲ以テシ特ニ殿下ノ敬称ヲ用ヰシム」を根拠として、日本が朝鮮を冊封体制下に編入したとする理解がなされている。[6] 冊封体制という東アジアにおける伝統的な国際関係と、国際法体制のせめぎ合いから韓国併合を読み解こうというその意図は理解できるが、そもそも日本側が王号を排し、太公号を使おうとしていた点や、爵号に地域名あるいは民族名を冠するという冊封体制下の一般的な君主号を使わせず、皇族に準じるとはいえ、単に李王家の長として処遇しようとした点を併せ考えると、従来的な意味での冊封体制と単純に比定することには無理があろう。

一方、国号について李完用は、「古来ノ歴史ニ顧ミルモ、国号迄モ失フニ至リテハ、著シク韓国上下ノ感情ヲ害シ、紛擾ヲ来スコトナキヲ保シ難」く、また王称についても「古来ノ歴史ニ照ラシ、曩ニ清国ニ隷属シタル時代ニ用ヒタル称号ヲ其ノ儘踏襲セムトスルニ外ナラス。太公ナル称号ハ世界ノ事例ヨリ観レハ美ナラムモ、韓国ノ事情ハ之ニ異ルモノアル」と趙重応を介して主張した(三〇〜三三頁)。これに対し寺内は、国称について「帝国政府ニ於テモ、之ヲ朝鮮ト改ムル筈ナレハ、此ノ点ニ関シテハ彼我ノ間ニ懸隔ナキ」と説明したところ、趙重応は「朝鮮ノ名ヲ存セラルルニ於テハ誠ニ幸ナリ」(三二〜三三頁)と答えたという。先に述べた一三日の交渉において韓国という国号の存置を要望していた李完用が、なぜ朝鮮という国称を受け入れたのかは不明であるが、「清国ニ隷属シタル時代ニ用ヒタル称号ヲ其ノ儘踏襲セムトスル」にすぎないという王称に関する主張と併せ考えると、清国との宗属関係のアナロジーにおいて併合を受け入れることは許容範囲であったと考えられる。こうして寺内は趙重応に対し、「一　韓国ノ国号ヲ自今朝鮮ト改ムルコト／二　皇帝ヲ李王殿下、太皇帝ヲ太王殿下及皇太子ヲ王世子殿下ト称ス」と日本政府に稟議することを伝え、李完用と交渉を妥結したのである(三三頁)。

それではなぜ日本は韓国という国号を朝鮮に改称させたのであろうか。その最大の理由が、大韓帝国という国家を廃滅させるにもかかわらず、国号をそのまま残すことは併合の実を損ないかねないものであったためであることは容易に想定できる。この点と関連して秋山雅之介はその意見書で次のように述べていた。(7)

第一方案ノ如ク韓国皇帝ヲ存続シ、少クモ名義上韓国政府ヲ存続スルニ於テハ帝国ノ属国トシテ韓国ノ名称ヲ存続シ得ヘキモ、韓国皇帝ヲ廃止シ、同政府ヲ閉鎖シ、帝国官衙ニ於テ其土地人民ヲ統治スル以上ハ、韓国ハ属国トシテ存続シ得ヘカラサルカ故ニ、韓国ノ名義ヲ存続スルコト能ハス。

韓国併合が日本に韓国を植民地として編入するものであり、「第一方案」のように属国としても存続されるものではない以上、韓国という国号についても廃止しなければならないとされたのである。

それでは、なぜ日本は、朝鮮と改称することにしたのであろうか。一九一〇年六月から七月にかけて開催された併合準備委員会では、併合後の呼称について「南海道」や「高麗」とするといった案が出た。小松緑によれば「韓国を併合して帝国の一部とする以上、その名称を南海道とするがい丶といふ説も出たが、台湾の旧称を存した例によつて朝鮮とすることに極まつた(8)」という。台湾との整合性において「旧称を存し」て朝鮮に決定されたとする回想である。しかし台湾との整合性で「旧称」を用いるというのであれば、「韓国」という「旧称」を排する必然性については疑問が残るであろう。一方、「高麗」を主張したのは逓信大臣兼拓殖局副総裁であった後藤新平であった。後藤は「韓人の歴史的心理を顧念して高麗と称するの議を出したが、桂、寺内等の賛同を得ず、議は遂にこれを「朝鮮」と為すに決した(9)」という。「韓人の歴史的心理」への配慮から、旧称である「高麗」を選択するというのであるから、逆に言えば、「朝鮮」という呼称は、朝鮮人の「歴史的心理」を蹂躙しようとする意図にもとづいて選択されたということになるであろう。後藤の「高麗」案に賛同しなかったのが桂太郎、寺内正毅であったという回想が示唆するように、朝鮮という呼称を強く主張したのは寺内であったと考えられる。日本政府が「韓国ヲ改称シテ朝鮮トスルコト」を閣議決定したのは七月八日であるが、すでに六月三日の閣議決定「併合後ノ韓国ニ対スル施政方針決定ノ件」では、たとえば「朝鮮ニハ当分ノ間憲法ヲ施行セス」といった文言に表れているように「朝鮮」という呼称がすでに使用されていた。そして同閣議決定の素案を作成したのが寺内だったことは先述したとおりである。また寺内が、同年四月に山県有朋に提出した意見書も「朝鮮事情」と題しており[10]、意識的に「朝鮮」という呼称を用いていることがうかがえる。

では、なぜ寺内は朝鮮という呼称を用いたのであろうか。その理由として、次の二つが考えられる。

まず、右で述べたように、朝鮮人の「歴史的心理」を積極的に否定する必要があったという点である。朝鮮という呼称について、併合後の日本言論界では「彼の「朝鮮」と云ふ名は、支那の属国の様な状態に陥つた時に、支那人の用ひた名だよ。それを独立せしため時《ママ》に「韓国」と改めさしたのだ[11]」という日本政府の見識の無さを批判する声が上がっていた。かつての中国との宗属関係のような形態に逆戻りさせる呼称だという批判である。しかし、その点にこそ日本政府の意図があったと考えられる。大韓帝国の成立にあたり、国王高宗がそれまでの「朝鮮」を廃して「大韓」を新しい国号としたのは、「朝鮮」が箕子朝鮮以来の中国から冊封された国名であり、天下を支配する名称としてふさわしくないからであった。すなわち、従来の従属的な国家のあり方を否定する必要から「大韓」が選ばれたのである[12]。つまり歴史的に、「韓」という国号は対清独立を図るために選択された名称であり、その意味で朝鮮におけるナショナリズムの求心点となるものであった。しかし寺内は、先述した寺内と李完用の交渉過程で朝鮮における王称の歴史的経緯に触れた際、朝鮮の対清独立を「日本国ノ庇護」によるものだととらえていた。この点から明らかなように、「朝鮮」を廃止し、「韓」という国号を選択した韓国の自主的な動向を積極的に否定したのである。そうした自主性の積極的否定は、「大韓ナショナリズム」を否定し、「支那の属国の様な状態に陥つた時に、支那人の用ひた名」としての「朝鮮」を用いさせることで、かつての従属性を呼び起こさせ、併合後の朝鮮に劣位を植えつけようとしたものだったと考えられる。

もう一つは、大陸政策との連関性である。これを示唆するのは、小川平吉が桂および寺内に提出した意見書「韓国合併ニ関聯セル施設概要」中で「朝鮮ト云フ名ハ、昔時遼東迄ヲモ包含シタルニ因ミテ、特ニ朝鮮総督府ト名ヅク。韓国ト云ヘル名ハ、可成人ノ記憶ヨリ除去セント欲スルナリ(13)」と言及していた点である。小川は、「韓国」という呼称を朝鮮人から忘却せしめるとともに、「遼東迄ヲモ包含シタル」名称として「朝鮮」を採用すべきであると論じていた。つまり、朝鮮半島という空間に支配領域を限定させないために「朝鮮」という呼称を選択すべきだというのである。この点について史料的にこれ以上深めることはできないが、寺内あるいは朝鮮総督府が朝鮮と満洲の制度的一体化を構想していたとする松田利彦らの指摘(14)および第一章で述べたことを踏まえるならば、韓国併合を、日露戦争時に陸軍出先が志向した積極的大陸政策の延長線上に位置づけることができるであろう。

このように、併合後の韓国の呼称をめぐっては、朝鮮人に独立心を喚起させないという狙いとともに、将来の積極的大陸政策を志向するという観点からも「朝鮮」が選ばれたものと考えられる。

（１）　小松緑『朝鮮併合之裏面』（中外新論社、一九二〇年）、九〇頁。
（２）　外務省編『小村外交史』（原書房、一九六六年復刻）、八四二頁。
（３）　『日本外交文書』四三―一、六七八頁。
（４）　同右。
（５）　一九一〇年八月二三日付書記官長柴田家門・統監秘書官児玉秀雄あて電報六一号（「韓国併合ニ関スル書類　着電」国立公文書館二A―三四―三（単）一六九一）。

（6）　吉野誠『明治維新と征韓論』（明石書店、二〇〇二年）、二二八頁、山室信一『日露戦争の世紀』（岩波新書、二〇〇五年）、三〇頁。
（7）　山口県立大学附属図書館「寺内文庫」所蔵「韓国併合ニ関スル件」。
（8）　小松緑『明治史実外交秘話』（中外商業新報社、一九二七年）、四三二頁。
（9）　『小村外交史』、八四六頁。
（10）　一九一〇年四月二七日付寺内正毅あて山県有朋書簡（国立国会図書館憲政資料室所蔵『寺内正毅関係文書』三六〇―七九）。
（11）　沢柳政太郎「「朝鮮」と云ふ名に就いて」（『朝鮮』三六号、一九一一年二月、四三頁）。
（12）　奥村周司「李朝高宗の皇帝即位について――その即位儀礼と世界観」（『朝鮮史研究会論文集』三三集、一九九五年）、一五一頁。
（13）　「明治四十三年一月桂首相ト寺内統監トニ交付セル韓国合併ニ関聯セル施設概要」（小川平吉文書研究会編『小川平吉関係文書』二巻、みすず書房、一九七三年、三〇頁）。
（14）　松田利彦「日本陸軍의 中国大陸侵略政策과 朝鮮――一九一〇～一九一五年」（『韓国文化』三一、서울、二〇〇三年）、飯嶋満「戦争・植民地支配の軍事装置」（山田朗編『戦争Ⅱ』青木書店、二〇〇六年）。

小　括

日本政府は韓国併合の断行を決定すると、対外的には、急進的併合論がその連動性を重視していた条約改正に先んじ、英露両国との交渉を経て韓国併合についての了承を得た。一方、第三代統監に寺内正毅が就任すると詳細な韓国併合プランが練られていったが、そのなかで最も焦点となったのは、やはり、韓国をどのような形で大日本帝国に編入するかという問題であった。この段階では具体的に、併合後の朝鮮における憲法施行問題という形で編入問題が取り扱われた。日本政府は当初、韓国を併合する際に併合後の朝鮮には憲法を施行しないことを閣議決定した。これは議会の干渉を避け、朝鮮総督府の自立性を高めるという寺内の意向が強く反映されたものであったが、朝鮮への憲法不施行および天皇大権による朝鮮統治を行うことは他の閣僚においても一致したところであった。日本古来の君民関係同様の権利関係は朝鮮民衆に与えられるべきではないからであり、また「韓国ハ土地人民共ニ占領」されるものであったからである。一国をなしていた韓国を併合するにあたっては、先行事例である台湾や樺太とは異なり、さまざまな併合形式および併合形態が想定され、これらの併合構想は政府における朝鮮への憲法不施行論とも密接に結びついていた。この点に他の植民地との整合性に拘束された憲法施行論を否定する理由が求められていたからである。

しかし、台湾・樺太という植民地については憲法が施行されるという政府見解がすでに存在しており、朝鮮での憲法不施行論を政府見解とするためには詔勅の形式によって天皇の意思を表明するという手続きが必要であった。結局、国内的な政治意思決定の次元では枢密院および議会の牽制を受ける懸念があったため、韓国併合のあり方をめぐっては「任意的併合」によって「特別ノ州制」として編成していくという方針の下、朝鮮に憲法が施行されると「解釈」する一方で、憲法の条章については施行しないという「折衷論」の方針に収斂していったのである。

日本は併合交渉に先立ち、憲兵警察制度を設置するとともに治安維持網を整備して韓国併合に備えた。日本の圧倒的な軍事力の前に韓国併合は「平静」のうちに断行された。ただしそうした「平静」は、「南韓大討伐」をはじめとするそれまでの徹底的弾圧によって義兵闘争が閉塞させられていたことや、高宗と純宗に対する皇帝幻想の差異などが影響していた。統監府および韓国政府間での韓国併合条約交渉は、ほぼ日本側の筋書きどおりに行われ、交渉らしい交渉は行われなかった。交渉の席上で問題になったのは、併合後の国号や韓国皇帝の王称だけであった。韓国側は

「朝鮮王」号を希望したが、日本はこれを容れず、最終的に「李王」という名称にすることを決定した。日本は韓国併合に際して公布した併合の詔書において冊封体制的立場から併合を説明しているが、実際の交渉では、当初「王」号を使用しようとしなかったことや、爵号に地域名あるいは民族名を冠するという冊封体制下の一般的な君主号ではなく、単に李王家の長として処遇しようとしたことを併せ考えると、むしろ冊封体制にもとづいて併合を理解することを否定しようとしたといえるだろう。一方、併合後の国号に「朝鮮」が選ばれたのは、「韓国」という呼称にもとづくナショナリズムの高揚を封鎖するとともに、日露戦争に際して陸軍内で生起していた積極的大陸政策にも対応するためであったと考えられる。

終　章

韓国併合にあたってソウルの景福宮勤政殿に掲げられた日章旗(上)と併合を祝賀する東京の提灯行列(1910. 8. 29)

前頁写真＝(上)李圭憲『사진으로 보는 独立運動』上，서문당，서울，1987，(下)毎日新聞社提供

まとめ

以上、日本による韓国併合過程および朝鮮植民地化過程を伊藤博文の韓国併合構想を中心に検討してきた。各章冒頭に掲げた論点については各章末でそれぞれまとめたので、ここでは序章で掲げた論点に即して本論全体のまとめを行う。

全体をまとめるに先立ち、本書の基本的な視点に再度言及しておきたい。従来の韓国併合史研究では、大日本帝国への朝鮮の一地域化という、実際に行われた韓国併合の編入方式、および統治形態に整合的な観点から日本の韓国併合過程、および朝鮮植民地統治の成立過程について検討してきた。そのような研究状況のなかで森山茂徳は、併合を直接的には志向しない統監伊藤博文の韓国保護国論を検討することによって、韓国併合過程を動態的に把握する枠組みを提示した。しかし、こうした森山による伊藤の韓国保護国論および韓国併合構想のとらえ方もやはり不十分なものであった。森山は保護統治か併合かという二項対立によって韓国併合過程を把握したため、朝鮮植民地化をめぐって日本の政治指導者間にあった従属国、直轄植民地、自治植民地、委任統治など、複数の編入構想が存在し、相克している状況を視野に収めえなかったからである。

また韓国併合によって成立した植民地統治形態に適合する対韓政策という形でのみ韓国併合過程をとらえる従来の枠組みは、日本による植民地化過程を正確に把握することができないという構造的欠陥を抱えていた。意識的であれ無意識的であれ、一九一〇年の韓国併合がなぜ断行されたのかを起点にして研究を行うため、植民地化過程のさまざまな動向を見落とすことになったのである。既往の研究は、韓国併合という歴史的事件を原因論的に探ろうとすることに急で、歴史主義的な省察を十分に展開できなかったといえる。歴史的過程で実現されなかった選択肢を掘り起こした上で、そうした選択肢の実現を制約する要因を探ることにより、日本の朝鮮植民地化過程を動態的かつ構造的にとらえ直す必要がある。したがって本書では、日本の政治指導者における複数の韓国併合・朝鮮植民地化構想、特に日本の対韓政策をリードした伊藤博文のそれを具体的に検討する一方、日本の朝鮮植民地化過程を規定する朝鮮社会の反応を射程に収めながら日本の韓国併合過程を考察した。

日本政府が韓国の併合を決定した一九〇九年段階において日本の政治指導者には、韓国併合の時機をめぐって大きく二つに分けられる見解が見られた。それは、併合の時機を六、七年後程度に設定する漸進的併合論と、数年以内に想定する急進的併合論である。しかしその区分は、併合が早いか遅いかという単純な併合時機をめぐって生じたのではない。そうした差異が生じるのは、韓国をどのような形で併合するのか、つまり韓国をどのような形で日本に編入するのかという編入方式の相違にもとづいていた。そしてそうした韓国の編入構想の差異が、編入後の植民地統治をどのように構想するのかという点に規定されていたことは言うまでもない。どのような植民地統治を行うかという問題は、併合までに克服すべき課題を明確にするからである。併合時機の差異は、併合までに韓国の国家権力をどの程度解体するのか、あるいは利用するのか、朝鮮の民心収攬をどの程度重視するのか、という点から生じるものであった。換言すれば、そうした複数の編入構想が存立したのは、日本による朝鮮植民地化をめぐる支配の合意、すなわちヘゲモニーの形成をどのようにとらえるのかという問題と密接にかかわっていた。もちろん、そうした複数の朝鮮植民地化構想が存在する背景に、韓国の国際的地位をめぐって各種国際条約等により日本が唱えてきた韓国独立の保障および韓国皇室の安寧保持という名分が存在していた点を見逃すことはできない。しかし、こうした韓国をめぐる国際情勢のありようもまた、朝鮮民衆からの支配の合意調達をめぐる問題と強く連関性をもつものであった。

それでは、本書が中心的課題としてきた伊藤博文の朝鮮植民地化構想および韓国併合構想はどのようなものであったのだろうか。また、そうした対韓構想は日本の大陸政策および東アジア国際関係とどのようにかかわっていたのであろうか。

この問題を考察するために本書では、日露戦争を前後する時期における伊藤の対韓政策、および大陸政策がどのようなものであり、また第三次「日韓協約」を契機として成立した第三次日韓協約体制の形成過程、およびその内容がどのようなものであったのかを検討した。

日本の朝鮮植民地化を本格化させる端緒となったのは一九〇四年に勃発した日露戦争であったが、同戦争下の対韓政策は日本の大陸政策と強い関連性をもっていた。一九〇〇年の義和団事件を契機とするロシア軍の満洲駐屯は、従来の日本の大陸政策上の課題であった「韓国問題」に「満洲問題」を接合させることとなったためである。この「満韓問題」を最終的に解決するために日本は日露戦争を引き起こしたのであるが、緒戦において韓国を軍事的に制圧した日本は、日露開戦をにらんで戦前から締結交渉を行っていた日韓秘密条約よりもさらに韓国の主権侵害を推し進めた内容をもつ「日韓議定書」の締結を韓国に強要した。そして同条約により日本は、韓国従属化を図っていく。したがって戦線を北上させる一方、日本は韓国の具体的な経営構想を検討し始めた。日本政府は、韓国を究極的には従属国化あるいは「併合」することを方針化したが、日露戦争下において可能な限り植民地化を進めることが閣議決定された。この閣議決定をめぐって日本の政治担当者間では、「韓国問題」の解決方針については保護国化という方針に意見の差異はほとんどなかった。その一方で「満洲問題」の解決については、欧米列強への満洲の門戸開放を基調とし、たとえば満鉄による消極的満洲経営が構想されていく。日本の積極的な満洲経営が欧米列強の反発と清国官民の利権回収熱の高揚を招き、東アジアの不安定要因に転化しかねないことを、山県有朋を含めた元老、特に伊藤が危惧したためである。したがって、日露開戦を背景として在韓日本軍および満洲軍といった軍出先機関による満韓地域に対する積極的植民地経営構想が唱えられるに至ると、これを抑制する必要性が生じることとなる。伊藤は統監に就任すると、統監による軍隊指揮権問題および「満洲問題に関する協議会」を通じて軍出先機関による膨張的な大陸政策を抑制し、「満韓問題」の分節化を図っていく。

それでは、伊藤によって進められた第三次日韓協約体制とはどのような内容をもつものであったのだろうか。日本は一九〇五年一一月に締結された第二次「日韓協約」により韓国を保護国化すると、一九〇六年二月、統監府を設置した。初代統監として赴任した伊藤は、基本的には漸進主義をとりながらも政治的変革の機会をうかがっていた。その際、伊藤が重視したのは皇帝の権限抑制と傀儡政権による国家的従属関係の構築であった。皇帝権の制限については、顧問警察による宮廷警備や宮禁令、宮中・府中の別に関する詔勅を公布させるなどの措置により、その掘り崩しを図った。また、一九〇七年五月に、親日傀儡政権を形成させるために李完用《イワニョン》内閣を成立させるとともに、一方で皇帝の権限を抑制するために大宰相制を採用した「内閣制度」を同年六月に導入するなどの官制改革を行わせた。伊藤は朝鮮植民地化を推進するために、第二次「日韓協約」による外交権奪取からさらに一段階進展させて韓国を属国化することを企図していたが、そうした伊藤の対韓政策構想を加速度的に進める役割を果たしたのが、一九〇七年六月に起こったいわゆるハーグ密使事件である。

伊藤は同事件を契機に、反日的言動を繰り返していた韓国皇帝高宗《コジョン》を譲位させるとともに、第三次「日韓協約」および「日韓協約規定実行ニ関スル覚書」によって、日本が韓国内政権に干渉する法的根拠を獲得し、統監および統監府の植民地権力機構化を進展させていった。第三次「日韓協約」によって、行政指導権（第一条）、立法承認権（第二条）、人事同意権（第四条）など、統監の権限を強化する一方、「日韓協約規定実行ニ関スル覚書」によって日本人が政権中枢を掌握する方途を得た。いわゆる「次官政治」である。韓国の主権を侵奪しながらも、民心を収攬し、支配の合意を獲得するために韓国皇帝の存続を図る一方、日本の指導・監督によって植民地財政の独立を基調とする韓国の「自治」育成＝統監府を中核とする地方「自治」の受け皿としての植民地統治体制への編成を企図していった。こうして第三次「日韓協約」を結節点として、統監府の植民地統治機関化、統監府を中心とした日本人による韓国政権中枢の掌握、裁可機関への改編などによる皇帝権の制限、親日傀儡政権による国家的従属化を基本的内容とする、第三次日韓協約体制と呼びうる統治体制が成立した。こうして中央においては、傀儡政権を維持しうる限りにおいて、安定的な統治体制が形成されることとなった。

それでは第三次日韓協約体制では、日本帝国への韓国の編入をどのように構想していたのであろうか。伊藤は、第三次日韓協約体制を自身の併合構想にもとづく過渡期的支配体制と位置づけていたが、その編入方式としては、たとえば「聯邦」制に言及していた。しかし韓国の従属性を強化させようとする第三次日韓協約体制下での具体的政策は、国際法上の「聯邦」制、すなわちドイツ帝国等の連合国家（連邦）の形態ではなく、自治植民地に類似した形式で韓国を日本に編入するというものであり、そうした併合構想を前提にして植民地化政策が進められていくこととなった。また同体制の下で進められた近代文明主義的改革は、朝鮮半島に対する欧米列強の干渉を可能な限り避けようとするものであったという意味において列強と協調的な国際関係を志向していた。さらに言えば、第三次日韓協約体制は、先に示した日本の大陸構想における「満韓問題」の連関性を断ち切り、単独で「韓国問題」を解決しようとするものであったという意味で、日露戦後の東アジア国際秩序の一翼を担うという側面を併せもっていた。

それでは、第三次日韓協約体制の下で進められたいわゆる近代文明主義的政策は、具体的にどのようなものであったのだろうか。本書では、統監府による近代文明主義的政策について、特に韓国司法制度改革の展開過程を考察した。同政策は従来の韓国地方制度の改編を目指すものであると同時に、在韓外国人の領事裁判権撤廃を意図したものであった。領事裁判権の存在は、日本が韓国に対する排他的独占権を目指す上で障害となったからである。統監府は当初、韓国の司法制度および法制度を「泰西主義」的に整備して領事裁判権を撤廃することを期していたが、一九〇八年に締結された「韓国ニ於ケル発明、意匠、商標及著作権保護ニ関スル日米条約」を契機として韓国司法制度改革はいわゆる韓国法主義から、韓国に日本法を適用する日本法主義にシフトしていった。こうした政策的判断は伊藤によって行われたものであったが、この措置により従来の司法改革と整合性を欠くこととなった。こうして領事裁判権の一部回収は、統監府に韓国司法政策の転換を迫るものとなり、結局、韓国法主義の完全放棄、すなわち裁判管轄権の日本への委託によって解消された。領事裁判権撤廃方式をめぐって伊藤による「自治」育成政策は欧米列強との関係を重視するなかで齟齬をきたすようになったのである。一方、文明主義的なその司法制度改革に対する朝鮮社会からの評価は、決して悪いものではなかったが、従前の司法制度に比して相対的に評価されたにすぎず、必ずしも手放しの評価ではなかった。むしろその近代的制度の整備ゆえに生じる煩瑣な手続き等により従来の公論のあり方とは本質的に乖離すらしていったのである。

一方、日本が推し進めた政策に対する反日運動が広範に展開された。これに対し、伊藤は、近代文明的政策を進める一方、韓国皇帝の権威も利用しながら民心収攬策を進めていく。伊藤は、朝鮮において展開された開化政策を通じて形成されてきた近代文明主義に対応する勢力が存在しており、また甲午改革や独立協会運動の過程を通じて涵養された「忠君愛国」的国王・皇帝観にもとづいて義兵や朝鮮民衆を取り込むことができるととらえていたからである。そして近代文明的政策により、近代文明主義に妥協的な愛国啓蒙運動団体等の一部取り込みには成功したといえるだろう。

しかし、皇帝を利用して行った南北巡幸において、帰服を図ろうとした義兵はもちろん、朝鮮民衆の広範な反発に遭遇することとなった。日本が韓国を保護国化した時代は、甲午農民戦争、そして大韓帝国期の民衆闘争を経て「一君万民」的な勤王(勤皇)思想にもとづく民衆の変革運動が展開されていたが、こうした「一君万民」思想が民衆的な広がりをもつなかで、韓国皇帝の権威を利用して支配を行おうとすることは、日本にとって両刃の剣であった。このような伊藤の民心帰服策は、開化政策の流れを汲む「忠君愛国」的論理にもとづいて皇帝の支配イデオロギーを利用しようとしたものであり、朝鮮社会との間に新たな政治文化を創出することを試みたものといえよう。その意味で伊藤の皇帝利用策は一九二〇年代に展開される「文化政治」の先駆的形態として位置づけられるものであった。しかし、朝鮮民衆の「一君万民」社会の希求の前にその思惑は外れ、むしろ民衆の始原的ナショナリズムをさらに掘り起こすこととなった。伊藤は朝鮮民衆の自律的な動向の前に挫折させられていったのである。儒教的民本主義が色濃く根づき、「一君万民」的王権観が広がりを見せていた朝鮮社会において皇帝権を利用することは、仲介勢力である日本および親日傀儡政府への朝鮮民衆の闘争を苛烈化させかねなかったからである。これが小村寿太郎が韓国併合構想案を作成する際に、韓国皇帝を政治的に無力化しなければならないと判断した理由である。伊藤は、新たな政治文化の創出を企図する一方、物理的暴力による弾圧を継続させていたが、政治文化の共有という民心収攬策が挫折した以上、その統治は物理的暴力に一元化されていく。第三次日韓協約体制の挫折であった。

伊藤の対韓政策＝第三次日韓協約体制は、直接的には伊藤の統監辞任そして暗殺という形で頓挫していくように見える。従来の韓国併合史研究において伊藤の統監辞任および暗殺が日本の対韓政策の転機として位置づけられてきたゆえんである。しかしこうした見解は、第三次日韓協約体制下の植民地政策と朝鮮社会との矛盾関係を踏まえない、言い換えれば朝鮮社会の動向への理解を欠いた統治者側の視座ないしは日本史の文脈から韓国併合過程を理解したものである。朝鮮史の視座から見るとき、第三次日韓協約体制は、本質的には朝鮮社会とのかかわりにおいて挫折していったととらえるべきであろう。

そして、民心収攬を度外視した統治策は、すでに日露戦争下の義兵弾圧過程において先駆的に現れていたように、朝鮮社会全体を「治安維持」の対象とせざるをえないものであった。朝鮮社会においては、朝鮮従来の秩序観にもとづいて、儒教的民本主義からする自律的な秩序回復が期されていたのであるが、日本軍と朝鮮民衆との間では政治文化が共有されることがなかったためである。日本側にとっての「治安維持」とは、伝統的秩序観を否定した上ではじめて成立する概念であり、自律的に秩序回復を期そうとする韓国軍等を含めた朝鮮民衆の従来どおりの行動は、日本軍によって「治安紊乱」と把握されていく。ここに韓国併合後の「武断統治」が胚胎する契機があった。さらに一九〇九年末に起きた親日団体一進会の合邦請願運動は、その運動自体が朝鮮社会の韓国併合をめぐる朝鮮の公論の所在をクローズアップさせていったが、他方で、その朝鮮的思惟にもとづいた併合構想は天皇制支配原理に抵触しかねないものであった。そうした状況を危険視した日本政府は、朝鮮における公論の徹底排除を図るなかで韓国併合を断行していったのである。

課題と展望
——植民地研究の自立的展開のために

序章で述べたように、本書が重点を置いたのは、被従属地域とされた朝鮮を中心に据えて韓国併合過程を再検討することであった。そうした方法をとったのは、伊藤博文の朝鮮植民地化政策が韓国併合後の「武断政治」より相対的に穏当であったことを強調し、伊藤の対韓政策と併合後の植民地統治とを対立的に描こうとする従来のアプローチが、従属地域から帝国主義をとらえ返すという作業を軽視していると考えるからである。伊藤の対韓政策を陸軍との相対的関係から肯定的に評価する眼差しは、帝国主義の本質についての理解を妨げてしまうどころか、図らずも植民地主義的見地にさえ立ち至ってしまいかねない。

それでは伊藤博文による韓国併合構想の具体的展開である第三次日韓協約体制をどのように理解したらよいのだろうか。伊藤の対韓政策は、一方では、近代主義的な方法により新たな政治文化を構築しようとするものであり、その意味で三・一独立運動後の一九二〇年代に採用されるいわゆる文化政治の先駆的形態として位置づけられる。しかしその統治は、他方では物理的暴力をその統治構想の根幹に据えていた。そしてそこで進められた皇帝利用策および近代文明化政策は民衆を排除してはじめて成立するものであり、本論で検討してきたように、植民地権力と民衆との間に政治文化の共有がなされることは、根本的になかったと見ることができるだろう。

したがって伊藤の韓国統治政策が朝鮮社会との関係において失敗に終わるしかなかったように、その後、一九二〇年代に展開される文化政治もやはり支配の同意を取りつけることに失敗していくと考えられる。植民地統治のあり方も、一般的な統治と同様に、それまでの社会の支配のありよう、あるいは秩序観といった政治文化との相関関係に規定されている。(1)しかし、植民地統治の場合、公論を封鎖し、政治文化の共有という支配者と被支配者の回路が存在しないために、帝国主義者が従来の政治文化を基本的に無視することとなり、したがってその統治は必然的に暴力的なものとならざるをえない。(2)朝鮮社会の政治文化と日本の統治方式のあり方が衝突し、後者が前者を暴力的に押さえ込んだまま統治を展開させていったために、新たな政治文化の共有化という試みは基本的には失敗していったと考えられる。まして文化政治期に朝鮮社会からの参政権要求や植民地議会設置要求も拒否し、地方諮問機関の設置による朝鮮人上層の懐柔にとどまったことを考えるとき、日本側が近代的な政治文化の共有を全面的に図ろうとしたとはいえないであろう。(3)

そして、新たな政治文化の提示・共有に失敗したまま、物理的暴力により被従属地域を押さえ込んだことに植民地支配の本質を見ようとする本書の視角から韓国併合過程および朝鮮植民地化過程をとらえるとき、一九一〇年の「韓国併合ニ関スル条約」のもつ歴史的意味は決して大きくない。日本の朝鮮植民地化政策に対する朝鮮社会の反発や反日義兵闘争は、同時に「正義」の所在をめぐる闘争という意味で朝鮮社会の秩序形成への志向としても評価しうるものであった。しかし日本は、こうした秩序形成の胎動を、自らの目指す秩序に対する「治安紊乱」要因と見て徹底的に弾圧していった。こうした秩序形成＝新たな政治文化の共有化の動きに対する断絶という意味においては、一九〇五年の第二次「日韓協約」や一九〇七年の第三次「日韓協約」のほうが、植民地化過程においてより本質的な意味をもっている。韓国併合時の朝鮮社会の「平静」は、もちろん徹底した治安体制が整備されていたことを背景としたものではある。しかし、同時に、たとえば高宗と純宗《スンジョン》に対する皇帝幻想の差異などが第三次「日韓協約」締結時と併合時との朝鮮社会の対応の違いをもたらしたという側面も無視できないと思われる。こうした視角をもつことができなかったため、従来の韓国併合史研究や、「武断統治」と「文化政治」の対立をより重視する朝鮮植民地研究は植民地を正面に据えることができなかったのである。いまなお「第三世界」と呼ばれる多くの地域において人々が暴力と貧困とにあえぐなか、帝国主義の構造を解明する植民地研究の一環としての韓国併合史研究は、ようやくその緒に就いたばかりである。

右のように日朝関係史および朝鮮史の観点から日本の朝鮮植民地化政策をとらえ返す必要性を強調した上で、最後に、蛇足ではあるが、日本政治思想史的文脈に立ち返って、なぜ一九一〇年に日本が韓国を併合したのかという課題について筆者の見通しを示してみたい。ただしこれはきわめて粗雑なラフスケッチであり、本格的な検討については他日を期さなければならないことをあらかじめお断わりしておきたい。

一九一〇年の韓国併合が行われた理由について原敬は、桂太郎の「功名の為め」であり、「要するに山県始め官僚派功名を急ぎたる結果」(4)ときわめて冷淡に評した。しかしこの原の評は桂をはじめとする「官僚派」にとっては、この時期に韓国を併合することが必要とされていたことを示唆している。『小村外交史』は、「日韓の当時の関係に鑑み、これが断行を一日緩うせば一日の難きを増すのみならず、前述の如く寧ろ速にこれを断行して国際上に於ける我が位地を鮮明ならしむるに若かずと認め」(5)ためと、国際関係論的見地に限定した叙述ではあるが、やはり桂が一九一〇年の併合を主導したことを明らかにしている。それではなぜ「官僚派」、特に桂はこの時期に韓国を併合しなければならないととらえたのであろうか。満洲問題をめぐる東アジア国際関係の変化によって一九一〇年の韓国併合を位置づけた森山茂徳の見解は従来なされた唯一の説得的な説明であるが(6)、本書では、一進会の日韓合邦請願運動を事例にしながら、朝鮮的思惟が天皇制国家原理に抵触するためにその封鎖を図る必要があり、そうした思惟のあり方、そしてそれにもとづいた運動もまた、この時期の韓国併合断行に影響を与えたことを指摘した。これは、いわゆる一九〇〇年体制の下で成立した藩閥と政党の妥協・提携関係が、日露戦争を経て再編されていく政治的動向の一環に韓国併合が位置づけられていたとの判断からである。

日本が朝鮮植民地化を推し進め、韓国を併合した時期は、日本政治史においてはいわゆる大正デモクラシー期に該当している。中村政則・江村栄一・宮地正人らの先駆的研究以来、大正デモクラシーの起点は、日比谷焼打事件に求めるのが一般的である(7)。それでは何ゆえ日比谷焼打事件は大正デモクラシーの起点となりうるのであろうか。アンドルー・ゴードンは同事件に参加した大衆の政治意識を分析するなかで、大正デモクラシーにつながる「民衆主義的国家主義」という政治意識が発現したことを指摘している(8)。すなわち後の政党内閣の出現につながるような政治意識が日比谷焼打事件において表れていると見る評価である。しかし、そうした点と同時に、本書にとってより重要なのは、同事件が日露講和条約反対を明確に打ち出した運動として展開されたという点である。「天皇ハ戦ヲ宣シ和ヲ講シ及諸般ノ条約ヲ締結ス」(大日本帝国憲法第一三条)とあるように、条約締結権は天皇大権に属するものであった。日比谷焼打事件における「民衆主義的国家主義」という政治意識が、結果的に、講和条約反対という形で天皇大権に抵触しうるものとして展開されたのである。こうした政治意識の展開は、藩閥政治家だけでなく、政党政治家も含めた日本の政治指導者層にとって天皇制国家の危機的状況としてとらえられたものと考えられる。したがって藩閥・政党両政治家にとって一九〇〇年体制を日露戦後においてどのように改編させながら、政治運営を進めていくのかという点が課題となるであろう。その政治的表れがいわゆる桂園時代の出現であり、政治運動としての大正デモクラシーであったと考えられる。

この問題を深めるにあたって本書との関連で示唆的なのが、三谷太一郎による次の指摘である。[9] 三谷は、戦争のもつ「革命」性に着目しながら、日本近代史において、戦争が戦前体制に対して国内的にも対外的にも変革的影響を及ぼしてきたとしている。そして近代国民国家形成後の戦争が、国内的には民主化や軍事化(あるいは非軍事化)として現れ、対外的には植民地化(または逆に脱植民地化)や国際化として現れたという見通しを提示した。この三谷の指摘を敷衍するならば、大多数の日本人にとって大正デモクラシーが、大局的には日露戦争の帰結としてとらえられるべきものである限り、日露戦後の「民主化」は、韓国併合という新たな植民地化の進展によって担保されることとなろう。それは天皇制統治構造における相対的上昇(＝「民主化」)が新たな最下層の編入(＝植民地化)を必要とするという、この統治構造の根幹にかかわる問題でもあったからである。したがって日露戦争にもとづく日本国民の「民主化」要求は、日比谷焼打事件から大正政変に至る一連の動きとしてとらえられるべきものとなろう。そして、その動向の最中に朝鮮という新たな植民地が獲得されたことは、三谷の基本的シェーマの妥当性を裏づけているように思われる。それは日比谷焼打事件に関与した勢力が、朝鮮の植民地化において一貫して強硬論を唱えたことと決して無関係ではないのである。そして「民主化」と植民地化が表裏一体の関係にあるとすれば、その「民主化」をどこまで許容するかについて国家的判断が常に下されることとなろう。その意味で、一九一〇年から翌年にかけて起こった韓国併合、大逆事件、南北朝正閏問題は天皇制国家原理の所在にかかわる一連の事象であり、政治指導者層の政治的危機意識の表れとして理解することが可能である。いわゆる大正デモクラシーの展開過程は朝鮮植民地化過程と表裏一体の関係にあり、そのことが一九一〇年に日本が韓国併合を断行したことと結びついていると考える。

(1)　小谷汪之「植民地国家の正統性」(木村靖二・中野隆生・中嶋毅編『現代国家の正統性と危機』山川出版社、二〇〇二年）、参照。

（2）趙景達「暴力と公論――植民地朝鮮における民衆の暴力」（須田努・趙景達・中嶋久人編『暴力の地平を超えて』青木書店、二〇〇四年、のち、趙景達『植民地期朝鮮の知識人と民衆』有志舎、二〇〇八年、所収）、参照。

（3）文化政治期に展開された政策については、姜東鎮『日本の朝鮮支配政策史研究――一九二〇年代を中心として』（東京大学出版会、一九七九年）、糟谷憲一「朝鮮総督府の文化政治」（『岩波講座　近代日本と植民地』二巻、岩波書店、一九九二年）、参照。

（4）原奎一郎編『原敬日記』三巻（福村出版、一九六五年）、二四頁、四〇頁。

（5）外務省編『小村外交史』（原書房、一九六六年復刻）、八五九頁。

（6）森山茂徳『近代日韓関係史研究』（東京大学出版会、一九八七年）。

（7）中村政則・江村栄一・宮地正人「日本帝国主義と人民」（『歴史学研究』三二七号、一九六七年）、宮地正人『日露戦後政治史の研究』（東京大学出版会、一九七三年）、松尾尊兊『大正デモクラシー』（岩波書店、一九七四年）。

（8）アンドルー・ゴードン「戦前日本の大衆政治行動と意識をめぐって――東京における民衆騒擾の研究（一九〇五～一九一八年）」（『歴史学研究』五六三号、一九八七年）。

なお、同論文中でゴードンは、分析概念として問題の多い大正デモクラシーに代えて「インペリアル・デモクラシー」という概念を提唱している。「天皇」と「帝国」という二つの意味を喚起し、政党政治の終焉までを見通すものとして「大正デモクラシー」という用語よりは妥当性をもっている。しかしその概念の内容はいかにも一国史的で、三谷の提示する「民主化」と植民地化の表裏一体性が射程に収められていない。近代日本における「民主化」が、他方における植民地化を媒介にしてしか進行しないという側面をより重視する必要がある。

（9）三谷太一郎「戦時体制と戦後体制」（『岩波講座　近代日本と植民地』八巻、岩波書店、一九九三年、のち、三谷太一郎『近代日本の戦争と政治』岩波書店、一九九七年、所収）。

あとがき

本書は、二〇〇七年度に明治大学大学院文学研究科に提出した博士学位請求論文「日本の朝鮮植民地支配体制形成に関する研究――韓国併合過程をめぐって」を再構成した上で加筆・修正したものである。本書を執筆するにあたっては、同論文の三分の一程度を削除、圧縮した上で新たに四〇〇字詰め原稿用紙換算で一〇〇枚程度加筆した。本書および同論文は、基本的に一貫した問題意識に即して書き下ろしたものであるが、その内容については既発表論文をもとにしている。本書を構成する既発表論文の初出と本書の構成部分とを発表順に並べると次のとおりである。

① 「日本の韓国司法権侵奪過程――「韓国の司法及監獄事務を日本政府に委托の件に関する覚書」をめぐって」(『文学研究論集(明治大学大学院)』一一集、一九九九年)――第三章第一節第一項・第三項、第五章第一節第四項

② 「統監伊藤博文の韓国法治国家構想の破綻――「韓国ニ於ケル発明、意匠、商標及著作権保護ニ関スル日米条約」施行に伴う韓国国民への日本法適用問題をめぐって」(『姜徳相先生古希・退職記念 日朝関係史論集』新幹社、二〇〇三年)――第三章第一節第二項〜第三項

③ 「伊藤博文の韓国併合構想と第三次日韓協約体制の形成」(『青丘学術論集』二五集、二〇〇五年)――第二章第一節第二項〜第二節

④ 「韓国併合と朝鮮への憲法施行問題――朝鮮における植民地法制度の形成過程」(『日本植民地研究』一七集、二〇〇

五年）——第五章第一節第三項

⑤「日露戦争と日本の対朝鮮政策——大陸構想との関連から」（安田浩・趙景達編『戦争の時代と社会』青木書店、二〇〇五年）——第一章第二節第一・二項

⑥「一進会の日韓合邦請願運動と韓国併合——「政合邦」構想と天皇制国家原理との相克」（『朝鮮史研究会論文集』四三集、二〇〇五年）——第四章第二節

⑦「日露戦争期日本の対韓政策と朝鮮社会——統監の軍隊指揮権問題における文武官の対立を中心に」（『朝鮮史研究会論文集』四四集、二〇〇六年）——第一章第三節

その他の部分については基本的に書き下ろしであるが、第四章第一節については二〇〇三年七月の日本植民地研究会大会で、第三章第二節については二〇〇七年七月の東アジア近代史研究会でそれぞれ行った口頭報告の内容をもとにしている。また後者については圧縮、再構成した上で「伊藤博文の韓国統治と朝鮮社会——皇帝巡幸をめぐって」（『思想』一〇二九号、二〇一〇年）として発表した。

本書を構成する論文を発表順に示したのは私の研究遍歴を明らかにしたかったからであるが、こうして並べてみると、領事裁判権撤廃問題、韓国司法制度改革、植民地支配体制の形成、朝鮮思想史、アジア主義、対外関係史、朝鮮民衆運動史と、ほとんど脈絡なく関心が移り変わってきたことがわかる。自分としては一貫したテーマに即して研究を積み重ねてきたと虚勢を張りはするが、計画的に研究を積み上げてきたとはどうにも言いがたい。学位請求論文の草稿は、実際には二〇〇二年段階で七割ほどできあがっていたのであるが、問題関心の移り変わりによる統一性の欠如等ゆえに、完成までにさらに五年の月日を要することとなった。目の前にある関心事にしか力を注げない私の性分ゆえである。それゆえ学位請求論文を書き上げるにあたっては、いつまでも全体像を示そうとしない私に歯がゆさを

感じた方々の叱咤という外在的な要因のほうが大きかった。そうした意味でも本書は多くの方々のご厚意に支えられて完成したものといえる。怠惰な私の性分を恥じるとともに、諸氏の励ましに感謝したい。

論文審査では、山田朗(明治大学教授)、海野福寿(明治大学名誉教授)、趙景達(千葉大学教授)の諸先生方にお世話になった。主査を務めていただいた山田朗先生には、卒業論文の作成以来ご指導いただいている。当時、明治大学に赴任されたばかりの先生は、在外研究の海野福寿先生に代わって私たちの卒論指導を担当された。私のような好き勝手ばかりしている学生に、さぞかし困惑されたことと思う。ご迷惑ばかりおかけしてきたことをお詫びするとともに、温かく研究活動を見守っていただいたことに感謝したい。

大学院に入ってから本格的にご指導いただいたのは海野福寿先生である。先生は、懇切丁寧に、あるいは先生得意の皮肉交じりに、歴史学とは何か、史料批判とは何かといった歴史学の基礎体系を叩き込んでくださった。私の社会科学に関する理解の土台は、ほとんどこの時期に訓練されたものといっても過言ではない。大学院で先輩との議論の機会に恵まれなかった私にとって、授業が終わった後などに先生の研究室を訪れ、それこそ大学の門が閉まるまで先生と侃々諤々の議論を交わした日々は忘れがたい。無礼な物言いや、聞きかじり、読みかじりからの思い付きを簡単に口にする私の浅はかさを「まだまだわかっていませんね」とたしなめながらも、自由闊達に議論できる環境をつくっていただいたことに感謝してもしきれない。また韓国に留学するきっかけをつくってくださったのも先生である。近代日朝関係史を研究対象として選びながらも、二〇代半ばまで朝鮮語をきちんと習得しようとしない私を見かねた先生が、明治大学の協定校であった高麗大学校への留学を強く勧めてくださった。昨今ではさして珍しいことではないかもしれないが、当時、日本史研究室から外国、それもアジアの国へ留学することは決して一般的ではなかった。日本経済史の研究をされていた先生が、日本帝国主義史研究の深化の必要性を痛感し、朝鮮史研究を志して朝鮮語の学習を始められたのは五五歳のときだったという。その意味でも、私にとって直接的な先達である。そしてそれ以上に先生から徹底的に教え込まれたのは、歴史学の基礎中の基礎である批判精神である。自身の師を学問的に乗り越える「師殺」こそが研究者の本質であるというのが先生の口癖だった。その言葉は先生と同じテーマを選んだ私に常に向けられていたように思う。先生は学位請求論文にオリジナリティを求め、論文集に類したものの提出を厳禁されたが、その教えに対し、私の研究、そして本書が果たしてこたえるものになっているかどうか内心忸怩たる思いである。

二〇〇一年に海野先生が定年退職されると、植民地研究をしている私たち学生を指導するために兼任講師としていらしたのが趙景達先生である。当時、少しずつ発表していた私の論文は、手堅い実証研究として一部では評価されるようになっていたが、その一方で私は、自身の研究を積み重ねるほど、植民地支配の本質を摑み損ない、ますますそこから遠ざかっているような気がしていた。そうした折に民衆運動史研究をされている先生と出会ったことは僥倖であった。先生と議論を重ねるなかで、植民地研究の課題について次第に目の前が晴れていく思いがした。そこで学んだのは「下から」歴史を見ることの重要性であるが、それは私にとってまさに朝鮮研究を始めた原点への回帰だったからである。そして先生との議論を通じて朝鮮史を学ぶことの意味がようやく理解できたように思う。また、先生にはさまざまな研究会やプロジェクトに誘っていただき、第一線で活躍する多くの研究者と交流する機会を得ることができた。そうした経験を通じ、自分の専門に偏らずに広い視野から歴史を見つめることが可能になったように感じている。その意味で趙景達先生には私の研究の幅を広げていただいた。感謝に堪えない。

歴史研究を志してからこれまで、多くの方々にお世話になった。高麗大学校の崔徳寿先生には、留学時に無理を言って指導教授を引き受けていただいて以来のお付き合いである。あまり真面目に研究に取り組まなかった私に対し、先生は折に触れて気にかけてくださった。いまでも先生が日本にいらっしゃるたびにご連絡を頂戴するが、そのご厚情に感じ入るばかりである。ともに研鑽に励んできた愼蒼宇氏(都留文科大学非常勤講師)のアクチュアルな問題意識には常に啓発されてきた。彼との議論なしには現在の私の研究はありえない。篠原啓方氏(関西大学助教)とは韓国留学以来の付き合いである。研究もさることながら、長く韓国に住んだ彼の経験から韓国社会について学ぶことが多い。松田利彦氏（国際日本文化研究センター准教授）には、研究上数多くの示唆を与えていただいたばかりでなく、研究会への参加や史料提供など、公私にわたって便宜を図っていただいている。須田努氏（明治大学准教授）には、共同研究などで研究上いろいろと気にかけていただいているばかりでなく、非常勤講師を紹介していただくなど、何かとお世話になっている。学生時代以来アルバイトでお世話になっている山中正巳氏には、折に触れて研究資金の援助を受けた。篤志家的なそのご厚情に大いに励まされるだけでなく、逼迫した生活を物心両面で支えていただいた。そのほかにも学生生活、教員生活を続けるなかで、歴史学研究会や朝鮮史研究会をはじめ数多くの研究会や学習会などで多くの方々にお世話になった。一人ひとりの名前を挙げるときりがないので、失礼を承知で割愛させていただくが、先輩諸氏に感謝を申し上げたい。また、郷里に帰るたびに温かく私を迎えてくれる幼馴染みたちにも感謝する。ともすると学界生活にどっぷりとつかり、現実から遊離しかねない私を、彼らの存在が実際社会に引きとどめ続けてくれている。

私の研究課題とかかわり、当初日本史研究を志した私が朝鮮研究を始めるに至った原点を記しておきたい。

一九八九年五月、片田舎に住んでいた高校生の私は、テレビに映し出される光景に上気しながら、「すごいことが起こっているよ」と家族に一方的にまくし立てた。テレビは広場で民主化を要求する若者の姿を映し出していた。それから一カ月間、私は日々テレビにかじりついてニュースを追った。なぜそこまで熱中したのかは当時わからなかったが、自らの力で歴史の歯車を動かそうとする彼らの姿に、安穏とした私自身の生活を引き合わせ、何ともいえない渇望感に駆られたのだろうといまになって思う。それだけに、六月四日の光景は忘れることができず、その理不尽さへの憤りは大きかった。学園祭のポスター作成の課題に、迷うことなく、その光景をモチーフにしたことを覚えている。しかし、そうした私の憤りはそのまま持続されることなく、受験に追われるなかで急速に冷め、日々の生活のなかに埋もれていった。

その後、郷里を離れ、私は東京で大学生活を始めることとなった。歴史研究へのあこがれは子供の頃から強かったが、対象地域や時期などについては曖昧模糊としていた。中学生の頃から何となく中国に関心をもっていた私は東洋史を受験したが、浪人の末、入学したのは日本史専攻であった。その意味で、必ずしも確固たる思いを秘めて歴史研究の門を叩いたとは言えない。事実、大学三年生になって卒業論文の作成を意識しはじめたときも、近代史を対象とすることは決めていたが、何を研究するのかについては考えあぐねていた。中国への茫漠たる関心から日本の中国侵略を研究することについても考えたが、植民地の問題についても考察してみたいと思うようになっていた。

そこで研究対象として選ぼうと思ったのが沖縄である。内国植民地とも呼ばれる沖縄というフィールドから日本帝国主義の問題を考えてみたいと思ったのである。歴史意識の「スパーク」(色川大吉)を期待しつつ、大学祭の期間を利用して一人沖縄に出かけた。いまになって振り返ると、この沖縄旅行が私の歴史研究の方向性を決めた。

沖縄へ出かけた私は、ガイドブック片手に戦跡めぐりをしていた。本島南部の鍾乳洞を見終え、次はどこを見ようかと思案して歩いていた私に、あるタクシー運転手が声をかけてきた。比嘉さんとおっしゃったろうか、三時間ほどガマなど、観光客向けではない沖縄戦址を案内してもらった。彼は、ご自身の沖縄戦の体験を交えながらいろいろな話を聞かせてくれ、沖縄史を研究してみたいと話す私に対して賛意を示してくれた。そして最後に、喜屋武岬に連れて行ってくれた。同地は沖縄戦最後の激戦地としても有名であるが、彼はそこでも、迫りくる米軍の攻撃から逃れるために人びとが身を寄せた壕を指差しながら、ここが沖縄住民の逃げ込んだところ、ここが朝鮮人の逃げ込んだところ、と一つひとつ丁寧に説明してくれた。朝鮮人壕と説明された場所を目の前にして私は慄然とした。そこは、穴とはとても言えない単なる岩の割れ目だったからである。私は、戦場という生存をめぐる究極の場においても、歴然たる民族差別が存在しているという事実に衝撃を受けた。その光景を目の当たりにし、やはり日本における植民地の問題として朝鮮を避けては通れないと思い直すに至ったのである。

東京に戻り、朝鮮研究をすることを決意した私であったが、その研究の導きの糸となったのが、明治大学で長く教鞭をとられていた姜徳相先生(滋賀県立大学名誉教授)である。先生は、大学三年生の時に聴講した東アジア史という授業で、日本近代史においてトゲのように刺さり、日本の民主化のくびきとなっている朝鮮問題を正面から見据えるべきことをわれわれ学生に訴えかけていた。日本の曲がり角には常に朝鮮が存在している。それがなぜなのかを日本人は考えなければならないというのが先生の持論であった。私は先生が語りかける具体的な歴史像の数々に驚きを隠せなかった。その一方で、そうした授業を受けながらも、沖縄に出かけるまでは、朝鮮のことについてはできるだけ目をそらしたかったというのが私の偽らざる思いであった。そこには直視し難いものが横たわっていることが明白だったからである。そこから逃げ出したかったことを告白せねばならない。

日本における朝鮮問題に取り組むことにした私は翌年も先生の授業を聴講したが、そこで先生に声をかけていただき、当時勤務されていた一橋大学のゼミに参加させてもらった。そこで朝鮮史に関するさまざまなことを学び知ったが、同時に思い知らされたのは私自身の無知からくる無邪気さであり、傲慢さであった。郷里には多くの在日朝鮮人が住んでおり、また私の高校にも少なからぬ在日朝鮮人が通学していた。しかし、私にとって「朝鮮」は存在していないに等しかった。現在ではありえない話だが、当時は地元で発行されている新聞に高校の合格者名が掲載されていた。そのなかにあった一字姓の名前を見て、高校に行ったら中国語を教えてもらおうなどと本気で考えたことがある。自身の不明を恥じるばかりである。幼少の頃から在日朝鮮人のおじさんにかわいがってもらった経験等があったにもかかわらず。その意味で、先生との出会いは私にとって、いままで自分の周囲に常に存在しながらも、私の無知ゆえに認識できなかった「見えざる他者」と遭遇することにほかならなかった。以来、私にとって歴史研究は、「他者」への認識を妨げている自分の無知との格闘である。その意味で先生の存在なくしては現在の私の研究はありえない。

姜徳相先生の多年にわたるご指導とご厚情に感謝申し上げる次第である。

本書の出版にあたっては、岩波書店の平田賢一氏にお世話になった。私が朝鮮研究を志すにあたって強く影響を受けたのは故梶村秀樹氏であるが、梶村氏に感化されて学生時代に愛読したのがニム・ウェールズ『アリランの歌』である。その『アリランの歌』(岩波文庫版)を編集されたのがほかならぬ平田氏である。今回、その平田氏にご担当いただいたことは、私にとって誠に感慨深い。以前、一度だけ仕事をご一緒させていただいたことはあったものの、「学位請求論文を書いたので見ていただきたいのですが」という私の不遜かつ不躾な申し出に、ご多忙中にもかかわらず、嫌な顔ひとつせず対応していただいた。また、本書の執筆にあたっては、平田氏より的確かつ有益なご指摘を数多くいただいた。その「宿題」に答えるためにさらに月日を費やすことになり、たいへんご迷惑をおかけすることになった。本書は、偶然にも韓国併合一〇〇年に当たる二〇一〇年に世に問うこととなったが、平田氏の励ましがなければもっと遅延したに相違ない。ご迷惑をおかけしたことにお詫びを申し上げるとともに、平田氏のご尽力に感謝したい。

最後に、私事で恐縮であるが、自分勝手なことばかりし、いつまでも迷惑ばかりかける息子を温かく見守ってくれる郷里の父母、そして何より私の研究に理解を示し、励まし続けてくれる妻めぐみと幸宗、幸祐の二人の息子にお礼を申し上げ、本書を捧げる。

二〇〇九年一二月

小川原　宏幸

■岩波オンデマンドブックス■

伊藤博文の韓国併合構想と朝鮮社会
——王権論の相克

2010年 1月27日　第1刷発行
2024年 9月10日　オンデマンド版発行

著　者　小《お》川《がわ》原《ら》宏幸《ひろゆき》

発行者　坂本政謙

発行所　株式会社 岩波書店
〒101-8002 東京都千代田区一ツ橋 2-5-5
電話案内 03-5210-4000
https://www.iwanami.co.jp/

印刷／製本・法令印刷

ISBN 978-4-00-731477-3　　Printed in Japan

人名索引

＊朝鮮人名は，音読みで配列し，(　)内に朝鮮語読みをカタカナで示した.

ア 行

青木周蔵　74, 81
秋山雅之介　232, 300, 354-356, 361, 379, 385, 408
荒井賢太郎　179, 373
有賀長雄　205, 210, 387
有吉忠一　366, 371
安駉寿(アン・キョンス)　37
安昌浩(アン・チャンホ)　261
アンダーソン，ベネディクト　247
飯嶋満　372
五百木良三　372
井口省吾　105, 106
伊地知幸介　62, 67, 74, 76, 92, 112
石塚英蔵　178, 366
イズヴォリスキー Aleksandr P. Izvol'skii 133, 134, 136, 185, 394, 395
板垣雄三　17
伊藤俊介　42, 51
伊藤博文　3, 4, 6, 11, 21, 28, 34, 36, 47, 52, 73, 74, 80, 81, 84, 91, 95-97, 100, 103, 104, 107, 111, 113, 115, 123, 125, 129, 131-138, 142-144, 146-148, 153, 156-158, 160, 163, 164, 166-169, 171, 173, 175-177, 183, 185, 190, 193, 197, 198, 201, 202, 206, 213, 214, 217, 218, 220, 221, 224, 226, 228, 230, 233, 239, 240, 243, 245, 248-250, 258, 260, 262, 272, 277, 278, 283, 286, 288, 290, 292, 294, 296, 305, 309, 312, 316, 318, 326, 327, 333, 345, 360, 417-419, 422-424
伊東巳代治　147, 366, 384
井上勲　22
井上一次　112
井上馨　38, 42, 52, 56, 100, 114, 158, 373, 384, 391, 393
井上清　11, 13
井上毅　56
尹孝定(ユン・ヒョジョン)　261, 319, 325
尹仁順(ユン・インスン)　273
上原専禄　17
宇佐美勝夫　371
内田良平　239, 249, 261, 273, 292, 296, 309, 316-323, 330, 334, 335, 337, 339, 341, 344
梅謙次郎　202, 203, 207, 241
海野福寿　5, 29, 60, 96, 100, 169, 174, 176, 177, 184, 245, 286, 287, 308, 392, 400
英祖(ヨンジョ)　24, 264
江木翼　369, 370, 386
江口朴郎　16
江橋崇　374
江村栄一　427
延起羽(ヨン・キウ)　267
大垣丈夫　324, 325, 337
大久保春野　335-337
大沢界雄　105
大島健一　105
大竹貫一　372
大谷喜久蔵　115, 117
大谷誠夫　372
大山巌　76, 99, 104, 141、158, 391, 393
岡喜七郎　179
岡本隆司　57, 58
小川平吉　185, 297, 368, 372, 410

奥村周司　49
小美田隆義　292

カ 行

河元鎬(ハ・ウォノ)　52
改野耕三　370
桂太郎　5, 77, 79, 84, 99-101, 103, 121, 141, 158, 226, 227, 229, 240, 245, 285, 286, 288, 290-292, 294, 297, 305, 306, 316, 318, 333, 336-338, 342, 351, 360, 365, 367, 369, 370, 373, 377, 391, 393, 400, 408-410, 426
加藤高明　395, 396
加藤弘之　384
加藤増雄　81
上垣外憲一　287
川崎三郎　316
韓圭卨(ハン・キュソル)　90
木内重四郎　178
木村幹　54
魚允中(オ・ユンジュン)　37, 39
魚潭(オ・タン)　172
姜基東(カン・キドン)　119, 256
姜在彦(カン・チェオン)　332, 341
姜再鎬(カン・チェホ)　93
金允植(キム・ユンシク)　37, 39, 54, 269
金嘉鎮(キム・カジン)　37, 325
金鶴羽(キム・ハグ)　37
金玉均(キム・オッキュン)　44, 50
金弘集(キム・ホンジプ)　37, 39
金升旼(キム・スンミン)　144-146
金東明(キム・トンミョン)　313, 319, 329
金鳳洙(キム・ポンス)　270
葛生修亮(能久)　316
倉知鉄吉　7, 286, 290, 306, 369, 385
倉富勇三郎　179, 207, 230, 234, 241
グレー Edward Grey　395
玄檃(ヒョン・ウン)　326
権東鎮(クォン・トンジン)　261
権瀅鎮(クォン・ヒョンジン)　37
元容八(ウォン・ヨンパル)　118
呉世昌(オ・セチャン)　261, 325
高永喜(コ・ヨンヒ)　151, 226, 402
洪英植(ホン・ヨンシク)　44
高宗(コジョン)　4, 8, 24, 37, 49, 52, 58, 61, 63, 67, 84, 85, 89, 90, 93, 129, 131, 138, 142-146, 149, 152, 156, 157, 159-161, 163, 164, 167, 171, 172, 175, 176, 182, 193, 226, 271, 403, 404, 409, 412, 426
ココフツォフ Vladimir N. Kokovtsov　394
小路田泰直　330
児玉源太郎　106, 107
児玉秀雄　369
後藤新平　103, 291, 299, 310, 369, 371, 373, 377, 384, 386, 408
ゴードン，アンドルー　427
小林道彦　96, 103, 104, 106, 108, 373
小松緑　7, 286, 287, 291, 344, 361, 369, 373, 382, 384, 385, 391, 405, 408
小宮三保松　179
小村寿太郎　61, 65, 66, 73, 79, 80, 84, 89, 96, 99, 100, 121, 135, 139, 168, 227, 240, 245, 246, 279, 287, 288, 290, 294, 305, 306, 366, 370, 377, 385, 391, 395, 405, 423

サ 行

崔益鉉(チェ・イッキョン)　145, 250, 252
崔時亨(チェ・シヒョン)　27
蔡洙鉉(チェ・スヒョン)　262
崔済愚(チェ・チェウ)　26
西園寺公望　133, 137, 158, 162, 166, 170, 214, 391
斎藤実　158, 278, 378, 391
斎藤力三郎　112, 113
阪谷芳郎　141, 158
櫻井良樹　328, 332, 336, 337, 404
サゾノフ Sergei D. Sazonov　394
幣原坦　91
信夫淳平　293, 297

柴四朗　372
柴田家門　77, 285, 369
柴田三千雄　16
純祖(スンジョ)　25
純宗(スンジョン)　4, 162, 164, 182, 257, 271, 403, 412, 426
徐英姫(ソ・ヨンヒ)　84
徐光範(ソ・クァンボム)　44
申采浩(シン・チェホ)　249
愼蒼宇(シン・チャンウ)　15, 43, 118, 119, 238, 251, 256
末松謙澄　147, 153, 189
杉山茂丸　309, 316, 335, 336, 338, 389
スチーブンス D. W. Stevens　83, 91
ストルイピン Petr A. Stolypin　394
正祖(チョンジョ)　24, 25, 264
全琫準(チョン・ポンジュン)　27, 44, 45
宋秉畯(ソン・ピョンジュン)　150, 151, 160, 180, 316, 317, 328, 339, 372, 377, 389, 401
曾禰荒助　99, 178, 184, 217, 219, 226, 236, 286, 288, 291, 292, 294, 297, 318, 334, 336, 337, 342, 365, 367, 370
孫文　321

タ 行

大院君(テウォングン)　24, 37, 38, 43, 44, 277
高橋秀直　59
高平小五郎　215
竹内好　320, 324
武田範之　316, 320, 322, 323, 336
多胡圭一　116
立作太郎　68, 76
舘貞一　237
田中義一　105
田保橋潔　39
樽井藤吉　321
俵孫一　179
千葉功　34, 107
趙義淵(チョ・フィヨン)　37, 39
趙景達(チョ・キョンダル)　16, 19, 22, 29, 30, 42, 45, 53, 116, 120, 247, 249, 321, 330
張孝根(チャン・ヒョグン)　324
張志淵(チャン・チヨン)　261, 326
趙重応(チョ・チュンウン)　151, 163, 168, 402, 406, 407
張博(チャン・パク)　45
趙秉世(チョ・ピョンセ)　86
沈相薫(シム・サンフン)　86
珍田捨巳　168
月脚達彦　5, 20, 37, 40, 45, 46, 48, 50, 51, 246, 247, 249, 260-262, 266, 268
都築馨六　115, 161
鶴原定吉　310
鄭雲復(チョン・ウンボク)　326
鄭化栢(チョン・ファベク)　118
鄭道伝(チョン・トジョン)　23
デニソン H. W. Denison　213, 217-219
寺内正毅　84, 100, 103, 104, 121, 123, 141, 158, 184, 232, 291, 300, 305, 333-336, 338, 339, 343, 351, 355, 363, 367, 370, 373, 376, 379, 381, 382, 391, 400, 402, 404-411
都冕会(ト・ミョネ)　156
遠山茂樹　17, 41
徳川家達　365
徳富蘇峰　12, 308

ナ 行

永井和　10
仲小路廉　371
中塚明　11-13
中西清一　369
長浜盛三　179
永原慶二　13
中村哲　374
中村平治　41
中村政則　427

長森藤吉郎　82
中山成太郎　369
鍋島桂次郎　178
南延哲(ナム・ヨンチョル)　172
西尾陽太郎　313, 319, 327, 341
西原亀三　397
任善準(イム・ソンジュン)　150
乃木希典　123
野沢武之助　201

ハ 行

長谷川好道　105, 115, 121, 123, 146, 149, 162, 167, 179, 184, 185, 245, 272
初瀬龍平　320, 323
パブロフ Aleksandr I. Pavlov　62
林権助　60, 61, 64-66, 73, 79, 80, 84-86, 90, 115, 120
林董　130, 133, 136-138, 141, 157, 158, 160, 165, 166, 213, 216, 217, 219, 221, 230, 271, 326
原敬　158, 214, 297, 304, 366, 367, 371, 377, 391, 426
原武史　264
ハルバート H. B. Hulbert　58
春山明哲　374
閔泳煥(ミン・ヨンファン)　254
閔泳綺(ミン・ヨンギ)　150
閔泳韶(ミン・ヨンソ)　330
閔泳喆(ミン・ヨンチョル)　61, 62, 86, 88
閔炯植(ミン・ヒョンシク)　144
閔宗植(ミン・チョンシク)　144
閔妃(ミンビ)　38
閔丙奭(ミン・ビョンソク)　295
福島安正　105
ブランソン George de Plancon　132, 137
ベーコン Robert Bacon　215
ベッセル E. T. Bethell　204
朴殷植(パク・ウンシク)　249
朴宇鎮(パク・ウジン)　263
朴泳孝(パク・ヨンヒョ)　37, 38, 44, 163, 172
朴斉純(パク・チェスン)　68, 144, 148, 226, 402
ホブズボーム　18, 20
堀和生　15, 186

マ 行

マクドナルド Claude M. MacDonald　292, 395
増田知子　384
松井茂　179, 268
松石安治　112
松岡康毅　214
松方正義　74, 100, 141, 158, 384, 391
松田利彦　251, 331, 344, 353, 410
松寺武雄　201
丸山重俊　144, 179
三浦梧楼　39, 368
三谷太一郎　428
宮嶋博史　42
宮地正人　427
陸奥宗光　47, 55
明治天皇　268, 288
目賀田種太郎　83, 91, 93
望月小太郎　372
本野一郎　133-137, 185, 394, 395
森山茂徳　4, 6, 11, 52, 129, 132, 136, 140, 149, 183, 203, 224, 226, 255, 283, 286, 311, 347, 351, 358, 417, 427

ヤ 行

安広伴一郎　369
安丸良夫　28, 118
山県有朋　5, 56, 76, 77, 79, 99, 100, 103, 105, 107, 121, 125, 133, 141, 158, 173, 229, 245, 288, 291, 297, 305, 333-336, 339, 351, 367, 370, 373, 384, 391, 393, 409, 419, 427
山県伊三郎　367, 371, 400

山辺健太郎　4, 11, 12, 332
山本権兵衛　100
山本四郎　379
由井正臣　95
兪吉濬(ユ・キルジュン)　37, 39, 42, 47, 48, 53, 162
芳川顕正　383, 384
吉田松陰　22
吉野誠　330
嘉仁(大正天皇)　261

ラ 行

ライト Luke E. Wright　212
李瑋鍾(イ・ウィジョン)　156
李殷瓚(イ・ウンチャン)　273
李夏栄(イ・ハヨン)　150
李完用(イ・ワニョン)　145, 148, 157, 160, 163, 167, 168, 175, 226, 228, 262, 263, 337, 401, 402, 405-407, 409
李基東(イ・キドン)　172
李圭瓚(イ・キュチャン)　270
李甲(イ・カプ)　172
李鴻章　57
李根沢(イ・クンテク)　61, 62, 86-88
李載克(イ・チェゴク)　144
李載崑(イ・チェゴン)　151, 163, 167, 226
李址鎔(イ・チヨン)　60-63, 66, 86
李儁(イ・チュン)　156
李人植(イ・インシク)　404
李相卨(イ・サンソル)　156
李泰鎮(イ・テジン)　22, 24, 29, 52
李軫鎬(イ・チノ)　263
李道宰(イ・トジェ)　163, 172
李秉武(イ・ピョンム)　150, 167, 168
李容九(イ・ヨング)　300, 314, 317-323, 326, 329, 346
李容植(イ・ヨンシク)　402
李容翊(イ・ヨンイク)　62, 67, 81, 86
李麟栄(イ・イニョン)　250
柳永益(ユ・ヨンイク)　40, 45, 46
林在徳(イム・チェドク)　172
レーニン　16
ローズベルト T. Roosevelt　215

ワ 行

若槻礼次郎　373
渡辺浩　22

事項索引

ア 行

愛国啓蒙運動　47, 142, 249, 261, 270, 313, 422
アジア主義　54, 320, 321, 323, 330, 341
移秩法　24
一君万民　21-29, 46, 120, 247, 262, 268, 273, 279, 307, 362, 422, 423
一視同仁　323
一進会　54, 118, 119, 148, 150, 249, 250, 300, 313-316, 323, 324, 326, 332-334, 338, 341, 343, 344, 346, 351, 352, 358, 366, 368, 387, 389, 404, 424, 427
委任統治　3, 417
依用　216
岩倉遣外使節　189
ウィーン体制　188
衛正斥邪　39, 250
易姓革命　23
王道論　23, 53, 54
オーストリア・ハンガリー(二重)帝国　7, 319, 387
乙種真正保護国　77
穏健開化派　37, 38, 50, 53

カ 行

「外交政略論」　56
合衆国→連合国家
合邦請願運動　54, 250, 352, 358, 404, 424, 427
桂・タフト覚書　58
「韓国経営機関の首脳について」　113
「韓国経営に関する所感摘要」　113, 119
韓国警察事務委託ニ関スル覚書　403
韓国司法及監獄事務委托ニ関スル覚書　211, 224, 226, 228, 230, 234, 237, 305, 359
韓国駐箚軍　74, 85, 95, 97, 107, 113, 115-117, 120, 124, 126
韓国駐箚隊　74, 85
韓国ニ於ケル発明，意匠，商標及著作権ニ関スル日米条約　215, 229, 230, 232, 233, 243, 421
韓国併合　3, 7, 8, 13, 283, 351, 352, 402, 404, 407, 410-412, 417, 424, 426-428
「韓国併合始末」　400, 401
「韓国併合ニ関スル件」　229, 289, 290, 292, 293, 306, 308, 333, 351, 365, 400, 405
「韓国併合ニ関スル条約」　400-402, 425
「韓国併合の方針大綱」　308, 386
韓国法主義　205, 211, 213, 217, 220, 225, 230, 232-234, 243, 422
「韓国保護権確立ノ件」　98
観察使　198, 200, 201, 260, 261, 263
慣習調査　238
官制釐正所委員会　89
関東軍　96
関東州　96
関東総督府　107
関東都督府　96
箕氏朝鮮　409
議政府会議規程　86
議政府官制　86, 151
義兵　114, 117, 126, 422
義兵闘争　142, 146, 245, 250, 252-254, 258, 270, 278, 324
宮禁令　143, 146, 182, 193, 420
急進開化派　38, 50

急進的併合論　284, 305, 309, 345, 346, 356, 411, 418
旧本新参　42
郷会　24, 25
強制的併合　378, 386
郷戦　24
巨文島占拠事件　56
居留地　397
義和団事件　33, 57, 124, 419
軍国機務処　37, 38
郡守　198, 200, 201, 209, 260, 266
君臣共治　24, 48
軍隊解散　119, 189, 253, 403
軍隊指揮権問題　34, 95, 96, 101, 103, 104, 108, 111, 125, 420
軍律　116
軍律体制　116, 253
桂園時代　427
刑法大全　146, 264
撃錚　24
憲兵警察制度　403, 412
憲兵補助員　254, 256
憲法施行問題　374, 375, 382, 384, 389, 412
皇位主権説　380
工業所有権保護同盟条約(パリ条約)　212
甲午改革　36-49, 57, 84, 114, 125, 200, 246, 278, 422
甲午政権　44-46, 201
甲午農民戦争　25-28, 36, 45, 49, 125, 247, 279, 422
甲午農民戦争(第2次)　38, 43, 44
甲種真正保護国　68, 76
甲申政変　37, 38, 50, 320
皇帝巡幸(南北巡幸)　197, 246, 248, 257, 262, 264, 278, 288, 307, 362, 403, 422
高麗(王朝)　23
国学　21
国債報償運動　148, 266
国際法体制→万国公法体制
国民国家論　41, 48, 247
黒龍会　292, 297, 305, 316, 320, 323, 344
国家結合　308, 319, 320, 323, 386
国家連合(聯邦, 集合国)Confederation 188, 296, 304, 329, 386, 388, 421
国旗掲揚事件　261, 262, 268, 278
顧問警察　193, 420
顧問政治　83

サ　行

裁判所構成法　200, 235
冊封体制　24, 48, 53-55, 321-323, 346, 407, 413
三・一独立運動　271, 278, 404, 425
三国干渉　38, 57
三政紊乱　25
参与官　167, 178-180
次官政治　178, 193, 203
直訴　264
始興民乱　120
自強論　42, 52, 54
施政改善　36, 70, 83-86, 88, 90, 131, 142, 149, 151, 180, 199
施政改善ニ関スル協議会　179, 183
「自治育成」政策　4, 5, 8, 183, 203, 213, 220, 224, 230, 233, 243, 246, 286, 420
自治植民地　3, 7, 189, 190, 296, 304, 346, 388, 417, 421
資本主義萌芽論　29
社会進化論　273
集合国→国家連合
従属国　78, 417
儒教的民本主義　22-27, 29, 42, 43, 52, 118, 126, 146, 255, 264, 273, 279, 280, 423
守令—吏郷支配構造　25, 26, 29, 199
上言　24
小国構想(主義)　53, 55, 58, 321
上疏　146, 254
小農社会　24

初期義兵　39
植民地近代性論　15
壬午軍乱　53, 56, 277
壬戌民乱　25, 251
新聞紙法　171
申聞鼓　23, 24
政合邦　300, 307, 315, 318, 322, 329, 340, 346, 387
「政戦両論概論」 99
西北学会　264, 314
西友会　148
政友会　297, 310
『西遊見聞』 42
制令　223
勢道政治　24-26, 29, 48, 264
一九〇〇年体制　384, 427
漸進的併合論　284, 296, 299, 304, 309, 312, 326, 345, 351, 356, 362, 363, 418
宣諭使　120, 245, 251-253
即時併合論　284, 351, 352, 356, 362, 363
属国(属邦)　53, 193, 303, 388
徂徠学　22

タ 行

大韓協会　249, 250, 314-316, 324, 326
大韓自強会　148, 250
「対韓施設綱領決定ノ件」 71, 77, 83
「対韓施設大綱」 290, 291, 293, 308
大韓帝国　3, 48, 57, 125, 126, 283, 295, 408, 409
大韓毎日申報　148, 204, 269, 314
大逆事件　428
大宰相制　156, 193, 420
第三次日韓協約体制　3, 4, 8, 84, 90, 108, 130-132, 143, 157, 176, 177, 180, 182, 185, 187, 194, 197, 198, 203, 208, 214, 225, 232, 239, 242, 243, 245, 251, 279, 286, 289, 316, 326, 352, 401, 419, 421, 423
大正政変　428
大正デモクラシー　427, 428
「対清政策所見」 133
大東合邦論　321
大日本帝国憲法　241, 376, 380, 427
対露宣戦の詔書　62, 250, 302
台湾総督　374, 383
拓殖局　369, 373, 386
他律性(停滞性)史観　39
断髪令　39
忠君愛国　46, 246, 261, 268, 272, 278, 422
中立化構想　50, 53, 55, 57, 61
朝鮮(王朝)　23, 27, 48
「朝鮮政略意見案」 56
朝鮮総督　96, 363, 376
朝鮮総督府　284, 368, 410, 412
「朝鮮弁法八ケ条」 56
朝鮮民事令　223
徴兵制　190
直轄植民地　3, 7, 388, 417
鎮衛隊　39, 200
『鄭鑑録』 26
「帝国ノ対韓方針」 71, 77, 83, 98
天譴思想　24
天皇制国家　21, 28, 319, 323, 344, 346, 427, 428
ドイツ帝国　188, 192
ドイツ連邦　188, 192, 387
東学　26, 49
統監　4, 34, 96, 102, 125, 178, 185, 367, 419
統監府　3, 4, 95, 97, 102, 119, 125, 129, 131, 142, 193, 420
統監府及理事庁官制　95, 96, 98, 100, 101, 104, 107, 178
統監府裁判所　225, 234
統監府司法庁　234
統監府法務院　230
同君連合(同君合同)Real Union　322, 329, 387, 388
統帥権　104

蕩平政治　24, 29
東洋拓殖会社　267
東洋盟主論　323
徳望家(的秩序観)　25, 26, 29
独立協会　45, 47, 422
土地家屋証明規則　218
土地調査事業　298

ナ　行

内閣官制　151, 152, 180
内在的発展論　29, 41
内地延長主義　298, 300, 304
南韓大討伐　13, 412
南北巡幸→皇帝巡幸
南北朝正閏問題　428
二個師団増設問題　298
西・ローゼン協定　70, 78
「日英同盟協約」(第1回)　99, 359
「日英同盟協約」(第2回)　68, 81, 359
日仏「明治四〇年協約」　138, 359
「日露協約」(第1回)　138, 169, 359
「日露協約」(第2回)　393, 395, 397
日露協約交渉(第1回)　6, 129, 133
日露協約交渉(第2回)　351, 393, 397
「日露講和条約」(ポーツマス条約)　38, 132-134, 137-139, 359, 427
日露戦争　3, 33, 36, 58, 75, 104, 115, 116, 124, 125, 251, 410, 413, 419, 427, 428
「日韓合併策」　297-300, 307, 309
日韓議定書　3, 33, 60, 61, 63, 64, 66, 67, 70-73, 76, 79, 80, 82, 85, 87, 88, 92, 98, 116, 124, 134, 142, 178, 302, 359, 419
日韓協約(第1次)　3, 60, 71, 76, 80, 83, 98
日韓協約(第2次)　4, 34, 60, 64, 76, 83, 95, 97, 101, 113, 115, 116, 129, 131, 134, 142, 148, 156, 178, 193, 204, 215, 221, 250, 254, 302, 420, 426
日韓協約(第3次)　3-8, 129-132, 143, 145, 147, 153, 157, 163, 167, 168, 170, 175, 176, 178-180, 182, 185, 186, 193, 197, 202, 206, 207, 243, 250, 253, 260, 305, 359, 404, 419-421, 426
「日韓協約規定実行ニ関スル覚書」　178-180, 193, 420
日韓同盟工作　60
日韓密約　62, 84, 88
日清講和条約(下関条約)　250
日清戦争　33, 37, 48, 57, 321
日本法主義　205, 219, 220, 225, 230, 232, 234, 243, 422
任意的併合　378, 386, 412
能保護国　169

ハ　行

ハーグ密使事件　4, 5, 129, 131, 147, 156-158, 160, 176, 185, 193, 245, 271, 291, 420
『梅泉野録』　269
幕藩体制　22
万国公法体制　48, 53-55, 321, 407
「半島総督府条例」　74, 113
日比谷焼打事件　427, 428
閔妃殺害事件　38, 64, 80, 368
武官統監論　111, 113, 115, 116, 122, 126, 184, 304
副統監　178, 179, 365-367
富国強兵　42
武断統治　8, 11, 12, 18, 96, 97, 280, 363, 424, 426
物的同君連合(物上連合)→同君連合
附庸国 Vassalitat　78
文化政治　8, 18, 97, 278, 423, 425, 426
「併合後ノ韓国ニ対スル施政方針決定ノ件」　351, 367, 376, 409
「併合実行方法細目」　382, 396, 406
併合準備委員会　369, 373, 374, 382, 386, 400
「併合方法順序細目」　306, 396, 405
平民義兵　253

ベルヌ条約　212
変乱　25
保安法　171, 172
法典調査局　207
朋党政治　24
法務補佐官　201
保護国(被保護国)　4, 60, 68, 78, 83, 97, 98, 113, 124, 142, 149, 193, 227, 250, 396
褓負商　85

マ 行

「満韓経営綱領」　103
満韓交換論　33, 108
満韓不可分論　33, 107
満韓不可分論＝満韓交換論　34
満洲軍　34, 104, 106, 107, 125, 419
満洲中立化　347, 351, 352, 358
満洲問題に関する協議会　107, 420
水戸学　21
南満洲鉄道株式会社(満鉄)　96
民衆主義的国家主義　427
民訴　264
民乱　25, 26, 45, 254, 264

ヤ 行

猶興会　185, 191

ラ 行

立法協賛権　380
律令　374
両截体制　53
領事裁判権　198, 204-207, 211, 212, 219, 226, 227, 234, 358, 396, 397, 421
両班　25, 30, 256
聯邦→国家連合
連合国家(連邦)Federal State　329, 421
連邦制　318, 322, 376, 386, 388
露韓条約　79
露館播遷　37, 39, 62, 84, 125
六三問題　374, 375, 382